“全民普法手册”系列

全民反诈骗普法手册

QUANMIN FANZHAPIAN
PUFA SHOUCE

（第二版）

法律出版社法规中心　编

法律出版社
LAW PRESS · CHINA
北京

图书在版编目（CIP）数据

全民反诈骗普法手册 / 法律出版社法规中心编.
2 版. -- 北京 : 法律出版社, 2025. -- ISBN 978 -7
-5244 -0112 -4

Ⅰ. D924.334

中国国家版本馆 CIP 数据核字第 20250F1P40 号

全民反诈骗普法手册
QUANMIN FANZHAPIAN PUFA SHOUCE

法律出版社法规中心 编

责任编辑 翁潇潇
装帧设计 李 瞻

出版发行 法律出版社
编辑统筹 法规出版分社
责任校对 张红蕊
责任印制 耿润瑜
经　　销 新华书店

开本 A5
印张 11.875　**字数** 353 千
版本 2025 年 4 月第 2 版
印次 2025 年 4 月第 1 次印刷
印刷 北京盛通印刷股份有限公司

地址:北京市丰台区莲花池西里 7 号(100073)
网址:www.lawpress.com.cn
投稿邮箱:info@lawpress.com.cn
举报盗版邮箱:jbwq@lawpress.com.cn

销售电话:010 - 83938349
客服电话:010 - 83938350
咨询电话:010 - 63939796

书号:ISBN 978 - 7 - 5244 - 0112 - 4　**定价**:46.00 元

凡购买本社图书,如有印装错误,我社负责退换。电话:010 - 83938349

目　　录

一、电信网络诈骗

二、金融诈骗

三、个人信息保护

四、其 他

附 录

一、电信网络诈骗

中华人民共和国反电信网络诈骗法

1. 2022 年 9 月 2 日第十三届全国人民代表大会常务委员会第三十六次会议通过
2. 2022 年 9 月 2 日中华人民共和国主席令第 119 号公布
3. 自 2022 年 12 月 1 日起施行

目　　录

第一章　总　　则

第一条　【立法目的】①为了预防、遏制和惩治电信网络诈骗活动，加强反电信网络诈骗工作，保护公民和组织的合法权益，维护社会稳定和国家安全，根据宪法，制定本法。

第二条　【电信网络诈骗定义】本法所称电信网络诈骗，是指以非法占有为目的，利用电信网络技术手段，通过远程、非接触等方式，诈骗公私财物的行为。

---

① 条文主旨为编者所加，下同。——编者注

第三条 【适用范围】打击治理在中华人民共和国境内实施的电信网络诈骗活动或者中华人民共和国公民在境外实施的电信网络诈骗活动，适用本法。

境外的组织、个人针对中华人民共和国境内实施电信网络诈骗活动的，或者为他人针对境内实施电信网络诈骗活动提供产品、服务等帮助的，依照本法有关规定处理和追究责任。

第四条 【反电信网络诈骗工作原则】反电信网络诈骗工作坚持以人民为中心，统筹发展和安全；坚持系统观念、法治思维，注重源头治理、综合治理；坚持齐抓共管、群防群治，全面落实打防管控各项措施，加强社会宣传教育防范；坚持精准防治，保障正常生产经营活动和群众生活便利。

第五条 【维护合法权益及保密规定】反电信网络诈骗工作应当依法进行，维护公民和组织的合法权益。

有关部门和单位、个人应当对在反电信网络诈骗工作过程中知悉的国家秘密、商业秘密和个人隐私、个人信息予以保密。

第六条 【各级政府、部门的职责】国务院建立反电信网络诈骗工作机制，统筹协调打击治理工作。

地方各级人民政府组织领导本行政区域内反电信网络诈骗工作，确定反电信网络诈骗目标任务和工作机制，开展综合治理。

公安机关牵头负责反电信网络诈骗工作，金融、电信、网信、市场监管等有关部门依照职责履行监管主体责任，负责本行业领域反电信网络诈骗工作。

人民法院、人民检察院发挥审判、检察职能作用，依法防范、惩治电信网络诈骗活动。

电信业务经营者、银行业金融机构、非银行支付机构、互联网服务提供者承担风险防控责任，建立反电信网络诈骗内部控制机制和安全责任制度，加强新业务涉诈风险安全评估。

第七条 【有关部门、单位协作配合】有关部门、单位在反电信网络诈骗工作中应当密切协作，实现跨行业、跨地域协同配合、快速联动，加强专业队伍建设，有效打击治理电信网络诈骗活动。

第八条 【各级政府和有关部门加强宣传】各级人民政府和有关部门

应当加强反电信网络诈骗宣传，普及相关法律和知识，提高公众对各类电信网络诈骗方式的防骗意识和识骗能力。

教育行政、市场监管、民政等有关部门和村民委员会、居民委员会，应当结合电信网络诈骗受害群体的分布等特征，加强对老年人、青少年等群体的宣传教育，增强反电信网络诈骗宣传教育的针对性、精准性，开展反电信网络诈骗宣传教育进学校、进企业、进社区、进农村、进家庭等活动。

各单位应当加强内部防范电信网络诈骗工作，对工作人员开展防范电信网络诈骗教育；个人应当加强电信网络诈骗防范意识。单位、个人应当协助、配合有关部门依照本法规定开展反电信网络诈骗工作。

第二章 电 信 治 理

第九条 【实名登记制度】电信业务经营者应当依法全面落实电话用户真实身份信息登记制度。

基础电信企业和移动通信转售企业应当承担对代理商落实电话用户实名制管理责任，在协议中明确代理商实名制登记的责任和有关违约处置措施。

第十条 【对电话卡数量和异常办卡的限制】办理电话卡不得超出国家有关规定限制的数量。

对经识别存在异常办卡情形的，电信业务经营者有权加强核查或者拒绝办卡。具体识别办法由国务院电信主管部门制定。

国务院电信主管部门组织建立电话用户开卡数量核验机制和风险信息共享机制，并为用户查询名下电话卡信息提供便捷渠道。

第十一条 【识别、核验涉诈异常电话卡用户】电信业务经营者对监测识别的涉诈异常电话卡用户应当重新进行实名核验，根据风险等级采取有区别的、相应的核验措施。对未按规定核验或者核验未通过的，电信业务经营者可以限制、暂停有关电话卡功能。

第十二条 【物联网卡用户风险评估制度及监测预警机制】电信业务经营者建立物联网卡用户风险评估制度，评估未通过的，不得向其销售物联网卡；严格登记物联网卡用户身份信息；采取有效技术措施限定物联网卡开通功能、使用场景和适用设备。

单位用户从电信业务经营者购买物联网卡再将载有物联网卡的设备销售给其他用户的,应当核验和登记用户身份信息,并将销量、存量及用户实名信息传送给号码归属的电信业务经营者。

电信业务经营者对物联网卡的使用建立监测预警机制。对存在异常使用情形的,应当采取暂停服务、重新核验身份和使用场景或者其他合同约定的处置措施。

第十三条 【规范主叫号码管理】电信业务经营者应当规范真实主叫号码传送和电信线路出租,对改号电话进行封堵拦截和溯源核查。

电信业务经营者应当严格规范国际通信业务出入口局主叫号码传送,真实、准确向用户提示来电号码所属国家或者地区,对网内和网间虚假主叫、不规范主叫进行识别、拦截。

第十四条 【涉诈相关设备、软件限制】任何单位和个人不得非法制造、买卖、提供或者使用下列设备、软件:

(一)电话卡批量插入设备;

(二)具有改变主叫号码、虚拟拨号、互联网电话违规接入公用电信网络等功能的设备、软件;

(三)批量账号、网络地址自动切换系统,批量接收提供短信验证、语音验证的平台;

(四)其他用于实施电信网络诈骗等违法犯罪的设备、软件。

电信业务经营者、互联网服务提供者应当采取技术措施,及时识别、阻断前款规定的非法设备、软件接入网络,并向公安机关和相关行业主管部门报告。

第三章 金 融 治 理

第十五条 【建立客户尽职调查制度】银行业金融机构、非银行支付机构为客户开立银行账户、支付账户及提供支付结算服务,和与客户业务关系存续期间,应当建立客户尽职调查制度,依法识别受益所有人,采取相应风险管理措施,防范银行账户、支付账户等被用于电信网络诈骗活动。

第十六条 【对金融账户的数量和异常开户的限制】开立银行账户、支付账户不得超出国家有关规定限制的数量。

对经识别存在异常开户情形的，银行业金融机构、非银行支付机构有权加强核查或者拒绝开户。

中国人民银行、国务院银行业监督管理机构组织有关清算机构建立跨机构开户数量核验机制和风险信息共享机制，并为客户提供查询名下银行账户、支付账户的便捷渠道。银行业金融机构、非银行支付机构应当按照国家有关规定提供开户情况和有关风险信息。相关信息不得用于反电信网络诈骗以外的其他用途。

第十七条　【风险防控机制】银行业金融机构、非银行支付机构应当建立开立企业账户异常情形的风险防控机制。金融、电信、市场监管、税务等有关部门建立开立企业账户相关信息共享查询系统，提供联网核查服务。

市场主体登记机关应当依法对企业实名登记履行身份信息核验职责；依照规定对登记事项进行监督检查，对可能存在虚假登记、涉诈异常的企业重点监督检查，依法撤销登记的，依照前款的规定及时共享信息；为银行业金融机构、非银行支付机构进行客户尽职调查和依法识别受益所有人提供便利。

第十八条　【监测识别异常账户、可疑交易】银行业金融机构、非银行支付机构应当对银行账户、支付账户及支付结算服务加强监测，建立完善符合电信网络诈骗活动特征的异常账户和可疑交易监测机制。

中国人民银行统筹建立跨银行业金融机构、非银行支付机构的反洗钱统一监测系统，会同国务院公安部门完善与电信网络诈骗犯罪资金流转特点相适应的反洗钱可疑交易报告制度。

对监测识别的异常账户和可疑交易，银行业金融机构、非银行支付机构应当根据风险情况，采取核实交易情况、重新核验身份、延迟支付结算、限制或者中止有关业务等必要的防范措施。

银行业金融机构、非银行支付机构依照第一款规定开展异常账户和可疑交易监测时，可以收集异常客户互联网协议地址、网卡地址、支付受理终端信息等必要的交易信息、设备位置信息。上述信息未经客户授权，不得用于反电信网络诈骗以外的其他用途。

第十九条　【保证交易信息的真实、完整、一致】银行业金融机构、非银行支付机构应当按照国家有关规定，完整、准确传输直接提供商品或者服务的商户名称、收付款客户名称及账号等交易信息，保证交易信息的真实、完整和支付全流程中的一致性。

第二十条　【即时查询、紧急止付、快速冻结、资金返还制度】国务院公安部门会同有关部门建立完善电信网络诈骗涉案资金即时查询、紧急止付、快速冻结、及时解冻和资金返还制度，明确有关条件、程序和救济措施。

公安机关依法决定采取上述措施的，银行业金融机构、非银行支付机构应当予以配合。

第四章　互联网治理

第二十一条　【互联网服务真实信息登记制度】电信业务经营者、互联网服务提供者为用户提供下列服务，在与用户签订协议或者确认提供服务时，应当依法要求用户提供真实身份信息，用户不提供真实身份信息的，不得提供服务：

（一）提供互联网接入服务；

（二）提供网络代理等网络地址转换服务；

（三）提供互联网域名注册、服务器托管、空间租用、云服务、内容分发服务；

（四）提供信息、软件发布服务，或者提供即时通讯、网络交易、网络游戏、网络直播发布、广告推广服务。

第二十二条　【对涉诈账号的处置措施】互联网服务提供者对监测识别的涉诈异常账号应当重新核验，根据国家有关规定采取限制功能、暂停服务等处置措施。

互联网服务提供者应当根据公安机关、电信主管部门要求，对涉案电话卡、涉诈异常电话卡所关联注册的有关互联网账号进行核验，根据风险情况，采取限期改正、限制功能、暂停使用、关闭账号、禁止重新注册等处置措施。

第二十三条　【对涉诈移动互联网应用程序的监测】设立移动互联网应用程序应当按照国家有关规定向电信主管部门办理许可或者备案手续。

为应用程序提供封装、分发服务的，应当登记并核验应用程序开发运营者的真实身份信息，核验应用程序的功能、用途。

公安、电信、网信等部门和电信业务经营者、互联网服务提供者应当加强对分发平台以外途径下载传播的涉诈应用程序重点监测、及时处置。

第二十四条 【对互联网域名的监测】提供域名解析、域名跳转、网址链接转换服务的，应当按照国家有关规定，核验域名注册、解析信息和互联网协议地址的真实性、准确性，规范域名跳转，记录并留存所提供相应服务的日志信息，支持实现对解析、跳转、转换记录的溯源。

第二十五条 【禁止为他人实施电信网络诈骗提供支持帮助及电信业务经营者、互联网服务提供者的合理注意义务】任何单位和个人不得为他人实施电信网络诈骗活动提供下列支持或者帮助：

（一）出售、提供个人信息；

（二）帮助他人通过虚拟货币交易等方式洗钱；

（三）其他为电信网络诈骗活动提供支持或者帮助的行为。

电信业务经营者、互联网服务提供者应当依照国家有关规定，履行合理注意义务，对利用下列业务从事涉诈支持、帮助活动进行监测识别和处置：

（一）提供互联网接入、服务器托管、网络存储、通讯传输、线路出租、域名解析等网络资源服务；

（二）提供信息发布或者搜索、广告推广、引流推广等网络推广服务；

（三）提供应用程序、网站等网络技术、产品的制作、维护服务；

（四）提供支付结算服务。

第二十六条 【技术支持和协助办案】公安机关办理电信网络诈骗案件依法调取证据的，互联网服务提供者应当及时提供技术支持和协助。

互联网服务提供者依照本法规定对有关涉诈信息、活动进行监测时，发现涉诈违法犯罪线索、风险信息的，应当依照国家有关规定，根据涉诈风险类型、程度情况移送公安、金融、电信、网信等部门。有关部门应当建立完善反馈机制，将相关情况及时告知移送单位。

第五章 综合措施

第二十七条 【公安机关防治措施】公安机关应当建立完善打击治理电信网络诈骗工作机制，加强专门队伍和专业技术建设，各警种、各地公安机关应当密切配合，依法有效惩处电信网络诈骗活动。

公安机关接到电信网络诈骗活动的报案或者发现电信网络诈骗活动，应当依照《中华人民共和国刑事诉讼法》的规定立案侦查。

第二十八条 【金融、电信、网信部门监督检查】金融、电信、网信部门依照职责对银行业金融机构、非银行支付机构、电信业务经营者、互联网服务提供者落实本法规定情况进行监督检查。有关监督检查活动应当依法规范开展。

第二十九条 【个人信息保护】个人信息处理者应当依照《中华人民共和国个人信息保护法》等法律规定，规范个人信息处理，加强个人信息保护，建立个人信息被用于电信网络诈骗的防范机制。

履行个人信息保护职责的部门、单位对可能被电信网络诈骗利用的物流信息、交易信息、贷款信息、医疗信息、婚介信息等实施重点保护。公安机关办理电信网络诈骗案件，应当同时查证犯罪所利用的个人信息来源，依法追究相关人员和单位责任。

第三十条 【宣传教育防范及举报奖励】电信业务经营者、银行业金融机构、非银行支付机构、互联网服务提供者应当对从业人员和用户开展反电信网络诈骗宣传，在有关业务活动中对防范电信网络诈骗作出提示，对本领域新出现的电信网络诈骗手段及时向用户作出提醒，对非法买卖、出租、出借本人有关卡、账户、账号等被用于电信网络诈骗的法律责任作出警示。

新闻、广播、电视、文化、互联网信息服务等单位，应当面向社会有针对性地开展反电信网络诈骗宣传教育。

任何单位和个人有权举报电信网络诈骗活动，有关部门应当依法及时处理，对提供有效信息的举报人依照规定给予奖励和保护。

第三十一条 【禁止非法买卖、出租、出借及冒用他人身份开立电话卡、账号等】任何单位和个人不得非法买卖、出租、出借电话卡、物联网卡、电信线路、短信端口、银行账户、支付账户、互联网账号等，不得提供实名核验帮助；不得假冒他人身份或者虚构代理关系开立上述卡、账户、账号等。

对经设区的市级以上公安机关认定的实施前款行为的单位、个人和相关组织者，以及因从事电信网络诈骗活动或者关联犯罪受过刑事处罚的人员，可以按照国家有关规定记入信用记录，采取限制其有关卡、账户、账号等功能和停止非柜面业务、暂停新业务、限制入网等措施。对上述认定和措施有异议的，可以提出申诉，有关部门应当建立健全申诉渠道、信用修复和救济制度。具体办法由国务院公安部门会同有关主管部门规定。

第三十二条　【监测识别、动态封堵和处置机制】国家支持电信业务经营者、银行业金融机构、非银行支付机构、互联网服务提供者研究开发有关电信网络诈骗反制技术，用于监测识别、动态封堵和处置涉诈异常信息、活动。

国务院公安部门、金融管理部门、电信主管部门和国家网信部门等应当统筹负责本行业领域反制技术措施建设，推进涉电信网络诈骗样本信息数据共享，加强涉诈用户信息交叉核验，建立有关涉诈异常信息、活动的监测识别、动态封堵和处置机制。

依据本法第十一条、第十二条、第十八条、第二十二条和前款规定，对涉诈异常情形采取限制、暂停服务等处置措施的，应当告知处置原因、救济渠道及需要提交的资料等事项，被处置对象可以向作出决定或者采取措施的部门、单位提出申诉。作出决定的部门、单位应当建立完善申诉渠道，及时受理申诉并核查，核查通过的，应当即时解除有关措施。

第三十三条　【网络身份认证公共服务】国家推进网络身份认证公共服务建设，支持个人、企业自愿使用，电信业务经营者、银行业金融机构、非银行支付机构、互联网服务提供者对存在涉诈异常的电话卡、银行账户、支付账户、互联网账号，可以通过国家网络身份认证公共服务对用户身份重新进行核验。

第三十四条　【预警劝阻和救助】公安机关应当会同金融、电信、网信部门组织银行业金融机构、非银行支付机构、电信业务经营者、互联网服务提供者等建立预警劝阻系统，对预警发现的潜在被害人，根据情况及时采取相应劝阻措施。对电信网络诈骗案件应当加强追赃挽损,完善涉案资金处置制度,及时返还被害人的合法财产。对遭受重大生活困难的被害人,符合国家有关救助条件的,有关方面依照规定给予救助。

第三十五条 【特定地区风险防范】经国务院反电信网络诈骗工作机制决定或者批准,公安、金融、电信等部门对电信网络诈骗活动严重的特定地区,可以依照国家有关规定采取必要的临时风险防范措施。

第三十六条 【特定地区人员出境限制】对前往电信网络诈骗活动严重地区的人员,出境活动存在重大涉电信网络诈骗活动嫌疑的,移民管理机构可以决定不准其出境。

因从事电信网络诈骗活动受过刑事处罚的人员,设区的市级以上公安机关可以根据犯罪情况和预防再犯罪的需要,决定自处罚完毕之日起六个月至三年以内不准其出境,并通知移民管理机构执行。

第三十七条 【国际合作】国务院公安部门等会同外交部门加强国际执法司法合作,与有关国家、地区、国际组织建立有效合作机制,通过开展国际警务合作等方式,提升在信息交流、调查取证、侦查抓捕、追赃挽损等方面的合作水平,有效打击遏制跨境电信网络诈骗活动。

第六章 法律责任

第三十八条 【组织、策划、实施、参与电信网络诈骗活动或为电信网络诈骗活动提供帮助的法律责任】组织、策划、实施、参与电信网络诈骗活动或者为电信网络诈骗活动提供帮助,构成犯罪的,依法追究刑事责任。

前款行为尚不构成犯罪的,由公安机关处十日以上十五日以下拘留;没收违法所得,处违法所得一倍以上十倍以下罚款,没有违法所得或者违法所得不足一万元的,处十万元以下罚款。

第三十九条 【电信业务经营者的法律责任】电信业务经营者违反本法规定,有下列情形之一的,由有关主管部门责令改正,情节较轻的,给予警告、通报批评,或者处五万元以上五十万元以下罚款;情节严重的,处五十万元以上五百万元以下罚款,并可以由有关主管部门责令暂停相关业务、停业整顿、吊销相关业务许可证或者吊销营业执照，对其直接负责的主管人员和其他直接责任人员，处一万元以上二十万元以下罚款：

（一）未落实国家有关规定确定的反电信网络诈骗内部控制机制的；

（二）未履行电话卡、物联网卡实名制登记职责的；

（三）未履行对电话卡、物联网卡的监测识别、监测预警和相关处置职责的；

（四）未对物联网卡用户进行风险评估，或者未限定物联网卡的开通功能、使用场景和适用设备的；

（五）未采取措施对改号电话、虚假主叫或者具有相应功能的非法设备进行监测处置的。

第四十条　【银行业金融机构、非银行支付机构的法律责任】银行业金融机构、非银行支付机构违反本法规定，有下列情形之一的，由有关主管部门责令改正，情节较轻的，给予警告、通报批评，或者处五万元以上五十万元以下罚款；情节严重的，处五十万元以上五百万元以下罚款，并可以由有关主管部门责令停止新增业务、缩减业务类型或者业务范围、暂停相关业务、停业整顿、吊销相关业务许可证或者吊销营业执照，对其直接负责的主管人员和其他直接责任人员，处一万元以上二十万元以下罚款：

（一）未落实国家有关规定确定的反电信网络诈骗内部控制机制的；

（二）未履行尽职调查义务和有关风险管理措施的；

（三）未履行对异常账户、可疑交易的风险监测和相关处置义务的；

（四）未按照规定完整、准确传输有关交易信息的。

第四十一条　【电信业务经营者、互联网服务提供者的法律责任】电信业务经营者、互联网服务提供者违反本法规定，有下列情形之一的，由有关主管部门责令改正，情节较轻的，给予警告、通报批评，或者处五万元以上五十万元以下罚款；情节严重的，处五十万元以上五百万元以下罚款，并可以由有关主管部门责令暂停相关业务、停业整顿、关闭网站或者应用程序、吊销相关业务许可证或者吊销营业执照，对其直接负责的主管人员和其他直接责任人员，处一万元以上二十万元以下罚款：

（一）未落实国家有关规定确定的反电信网络诈骗内部控制机制的；

（二）未履行网络服务实名制职责，或者未对涉案、涉诈电话卡关联注册互联网账号进行核验的；

（三）未按照国家有关规定，核验域名注册、解析信息和互联网协议地址的真实性、准确性，规范域名跳转，或者记录并留存所提供相应服务的日志信息的；

（四）未登记核验移动互联网应用程序开发运营者的真实身份信息或者未核验应用程序的功能、用途，为其提供应用程序封装、分发服务的；

（五）未履行对涉诈互联网账号和应用程序，以及其他电信网络诈骗信息、活动的监测识别和处置义务的；

（六）拒不依法为查处电信网络诈骗犯罪提供技术支持和协助，或者未按规定移送有关违法犯罪线索、风险信息的。

第四十二条　【非法制造、销售、提供电信网络诈骗的设备、软件或者支持、帮助涉诈活动的法律责任】违反本法第十四条、第二十五条第一款规定的，没收违法所得，由公安机关或者有关主管部门处违法所得一倍以上十倍以下罚款，没有违法所得或者违法所得不足五万元的，处五十万元以下罚款；情节严重的，由公安机关并处十五日以下拘留。

第四十三条　【电信业务经营者、互联网服务提供者未监测识别和处置涉诈活动的法律责任】违反本法第二十五条第二款规定，由有关主管部门责令改正，情节较轻的，给予警告、通报批评，或者处五万元以上五十万元以下罚款；情节严重的，处五十万元以上五百万元以下罚款，并可以由有关主管部门责令暂停相关业务、停业整顿、关闭网站或者应用程序，对其直接负责的主管人员和其他直接责任人员，处一万元以上二十万元以下罚款。

第四十四条　【非法买卖、出租、出借及冒用他人身份开立电话卡、账号等的法律责任】违反本法第三十一条第一款规定的，没收违法所得，由公安机关处违法所得一倍以上十倍以下罚款，没有违法所得或者违法所得不足二万元的，处二十万元以下罚款；情节严重的，并处十五日以下拘留。

第四十五条 【渎职责任】反电信网络诈骗工作有关部门、单位的工作人员滥用职权、玩忽职守、徇私舞弊，或者有其他违反本法规定行为，构成犯罪的，依法追究刑事责任。

第四十六条 【民事责任】组织、策划、实施、参与电信网络诈骗活动或者为电信网络诈骗活动提供相关帮助的违法犯罪人员，除依法承担刑事责任、行政责任以外，造成他人损害的，依照《中华人民共和国民法典》等法律的规定承担民事责任。

电信业务经营者、银行业金融机构、非银行支付机构、互联网服务提供者等违反本法规定，造成他人损害的，依照《中华人民共和国民法典》等法律的规定承担民事责任。

第四十七条 【公益诉讼】人民检察院在履行反电信网络诈骗职责中，对于侵害国家利益和社会公共利益的行为，可以依法向人民法院提起公益诉讼。

第四十八条 【行政复议或行政诉讼】有关单位和个人对依照本法作出的行政处罚和行政强制措施决定不服的，可以依法申请行政复议或者提起行政诉讼。

第七章 附 则

第四十九条 【法律适用】反电信网络诈骗工作涉及的有关管理和责任制度，本法没有规定的，适用《中华人民共和国网络安全法》、《中华人民共和国个人信息保护法》、《中华人民共和国反洗钱法》等相关法律规定。

第五十条 【施行日期】本法自 2022 年 12 月 1 日起施行。

中华人民共和国网络安全法

1. 2016 年 11 月 7 日第十二届全国人民代表大会常务委员会第二十四次会议通过
2. 2016 年 11 月 7 日中华人民共和国主席令第 53 号公布
3. 自 2017 年 6 月 1 日起施行

目　　录

第一章　总　　则

第一条　【立法目的】为了保障网络安全，维护网络空间主权和国家安全、社会公共利益，保护公民、法人和其他组织的合法权益，促进经济社会信息化健康发展，制定本法。

第二条　【适用范围】在中华人民共和国境内建设、运营、维护和使用网络，以及网络安全的监督管理，适用本法。

第三条　【方针体系】国家坚持网络安全与信息化发展并重，遵循积极利用、科学发展、依法管理、确保安全的方针，推进网络基础设施建设和互联互通，鼓励网络技术创新和应用，支持培养网络安全人才，建立健全网络安全保障体系，提高网络安全保护能力。

第四条　【国家制定完善网络安全战略】国家制定并不断完善网络安全战略，明确保障网络安全的基本要求和主要目标，提出重点领域的网络安全政策、工作任务和措施。

第五条 【国家采取措施维护安全和秩序】国家采取措施，监测、防御、处置来源于中华人民共和国境内外的网络安全风险和威胁，保护关键信息基础设施免受攻击、侵入、干扰和破坏，依法惩治网络违法犯罪活动，维护网络空间安全和秩序。

第六条 【国家倡导形成网络良好环境】国家倡导诚实守信、健康文明的网络行为，推动传播社会主义核心价值观，采取措施提高全社会的网络安全意识和水平，形成全社会共同参与促进网络安全的良好环境。

第七条 【国家建立网络治理体系】国家积极开展网络空间治理、网络技术研发和标准制定、打击网络违法犯罪等方面的国际交流与合作，推动构建和平、安全、开放、合作的网络空间，建立多边、民主、透明的网络治理体系。

第八条 【主管部门】国家网信部门负责统筹协调网络安全工作和相关监督管理工作。国务院电信主管部门、公安部门和其他有关机关依照本法和有关法律、行政法规的规定，在各自职责范围内负责网络安全保护和监督管理工作。

县级以上地方人民政府有关部门的网络安全保护和监督管理职责，按照国家有关规定确定。

第九条 【网络运营者基本义务】网络运营者开展经营和服务活动，必须遵守法律、行政法规，尊重社会公德，遵守商业道德，诚实信用，履行网络安全保护义务，接受政府和社会的监督，承担社会责任。

第十条 【维护网络数据完整性、保密性、可用性】建设、运营网络或者通过网络提供服务，应当依照法律、行政法规的规定和国家标准的强制性要求，采取技术措施和其他必要措施，保障网络安全、稳定运行，有效应对网络安全事件，防范网络违法犯罪活动，维护网络数据的完整性、保密性和可用性。

第十一条 【网络行业组织按章程促进发展】网络相关行业组织按照章程，加强行业自律，制定网络安全行为规范，指导会员加强网络安全保护，提高网络安全保护水平，促进行业健康发展。

第十二条 【依法使用网络的权利保护与禁止行为】国家保护公民、法人和其他组织依法使用网络的权利，促进网络接入普及，提升网络服务水平，为社会提供安全、便利的网络服务，保障网络信息依法有序自由流动。

任何个人和组织使用网络应当遵守宪法法律，遵守公共秩序，尊重社会公德，不得危害网络安全，不得利用网络从事危害国家安全、荣誉和利益，煽动颠覆国家政权、推翻社会主义制度，煽动分裂国家、破坏国家统一，宣扬恐怖主义、极端主义，宣扬民族仇恨、民族歧视，传播暴力、淫秽色情信息，编造、传播虚假信息扰乱经济秩序和社会秩序，以及侵害他人名誉、隐私、知识产权和其他合法权益等活动。

第十三条　【为未成年人提供安全健康的网络环境】国家支持研究开发有利于未成年人健康成长的网络产品和服务，依法惩治利用网络从事危害未成年人身心健康的活动，为未成年人提供安全、健康的网络环境。

第十四条　【对危害网络安全的举报】任何个人和组织有权对危害网络安全的行为向网信、电信、公安等部门举报。收到举报的部门应当及时依法作出处理；不属于本部门职责的，应当及时移送有权处理的部门。

有关部门应当对举报人的相关信息予以保密，保护举报人的合法权益。

第二章　网络安全支持与促进

第十五条　【网络安全国家标准、行业标准】国家建立和完善网络安全标准体系。国务院标准化行政主管部门和国务院其他有关部门根据各自的职责，组织制定并适时修订有关网络安全管理以及网络产品、服务和运行安全的国家标准、行业标准。

国家支持企业、研究机构、高等学校、网络相关行业组织参与网络安全国家标准、行业标准的制定。

第十六条　【政府投入与扶持】国务院和省、自治区、直辖市人民政府应当统筹规划，加大投入，扶持重点网络安全技术产业和项目，支持网络安全技术的研究开发和应用，推广安全可信的网络产品和服务，保护网络技术知识产权，支持企业、研究机构和高等学校等参与国家网络安全技术创新项目。

第十七条　【国家推进体系建设,鼓励安全服务】国家推进网络安全社会化服务体系建设,鼓励有关企业、机构开展网络安全认证、检测和风险评估等安全服务。

第十八条　【国家鼓励开发数据保护和利用技术,支持创新网络安全管理方式】国家鼓励开发网络数据安全保护和利用技术,促进公共数据资源开放,推动技术创新和经济社会发展。

国家支持创新网络安全管理方式,运用网络新技术,提升网络安全保护水平。

第十九条　【网络安全宣传教育】各级人民政府及其有关部门应当组织开展经常性的网络安全宣传教育,并指导、督促有关单位做好网络安全宣传教育工作。

大众传播媒介应当有针对性地面向社会进行网络安全宣传教育。

第二十条　【国家支持网络安全人才培养】国家支持企业和高等学校、职业学校等教育培训机构开展网络安全相关教育与培训,采取多种方式培养网络安全人才,促进网络安全人才交流。

第三章　网络运行安全

第一节　一般规定

第二十一条　【网络安全等级保护制度】国家实行网络安全等级保护制度。网络运营者应当按照网络安全等级保护制度的要求,履行下列安全保护义务,保障网络免受干扰、破坏或者未经授权的访问,防止网络数据泄露或者被窃取、篡改:

(一)制定内部安全管理制度和操作规程,确定网络安全负责人,落实网络安全保护责任;

(二)采取防范计算机病毒和网络攻击、网络侵入等危害网络安全行为的技术措施;

(三)采取监测、记录网络运行状态、网络安全事件的技术措施,并按照规定留存相关的网络日志不少于六个月;

（四）采取数据分类、重要数据备份和加密等措施；

（五）法律、行政法规规定的其他义务。

第二十二条　【网络产品、服务应当符合国家标准强制性要求】网络产品、服务应当符合相关国家标准的强制性要求。网络产品、服务的提供者不得设置恶意程序；发现其网络产品、服务存在安全缺陷、漏洞等风险时，应当立即采取补救措施，按照规定及时告知用户并向有关主管部门报告。

网络产品、服务的提供者应当为其产品、服务持续提供安全维护；在规定或者当事人约定的期限内，不得终止提供安全维护。

网络产品、服务具有收集用户信息功能的，其提供者应当向用户明示并取得同意；涉及用户个人信息的，还应当遵守本法和有关法律、行政法规关于个人信息保护的规定。

第二十三条　【网络关键设备和网络安全专用产品的认证、检测】网络关键设备和网络安全专用产品应当按照相关国家标准的强制性要求，由具备资格的机构安全认证合格或者安全检测符合要求后，方可销售或者提供。国家网信部门会同国务院有关部门制定、公布网络关键设备和网络安全专用产品目录，并推动安全认证和安全检测结果互认，避免重复认证、检测。

第二十四条　【网络运营者应当要求用户提供真实身份信息】网络运营者为用户办理网络接入、域名注册服务，办理固定电话、移动电话等入网手续，或者为用户提供信息发布、即时通讯等服务，在与用户签订协议或者确认提供服务时，应当要求用户提供真实身份信息。用户不提供真实身份信息的，网络运营者不得为其提供相关服务。

国家实施网络可信身份战略，支持研究开发安全、方便的电子身份认证技术，推动不同电子身份认证之间的互认。

第二十五条　【网络运营者应当制定、实施应急预案】网络运营者应当制定网络安全事件应急预案，及时处置系统漏洞、计算机病毒、网络攻击、网络侵入等安全风险；在发生危害网络安全的事件时，立即启动应急预案，采取相应的补救措施，并按照规定向有关主管部门报告。

第二十六条　【开展网络安全活动、向社会发布安全信息，应遵守国家

规定】开展网络安全认证、检测、风险评估等活动,向社会发布系统漏洞、计算机病毒、网络攻击、网络侵入等网络安全信息,应当遵守国家有关规定。

第二十七条 【任何人不得进行危害网络安全的活动】任何个人和组织不得从事非法侵入他人网络、干扰他人网络正常功能、窃取网络数据等危害网络安全的活动;不得提供专门用于从事侵入网络、干扰网络正常功能及防护措施、窃取网络数据等危害网络安全活动的程序、工具;明知他人从事危害网络安全的活动的,不得为其提供技术支持、广告推广、支付结算等帮助。

第二十八条 【网络运营者应为公安机关、国家安全机关提供技术支持和协助】网络运营者应当为公安机关、国家安全机关依法维护国家安全和侦查犯罪的活动提供技术支持和协助。

第二十九条 【国家支持网络运营者合作】国家支持网络运营者之间在网络安全信息收集、分析、通报和应急处置等方面进行合作,提高网络运营者的安全保障能力。

有关行业组织建立健全本行业的网络安全保护规范和协作机制,加强对网络安全风险的分析评估,定期向会员进行风险警示,支持、协助会员应对网络安全风险。

第三十条 【履行职责中获取的信息,不得用于其他用途】网信部门和有关部门在履行网络安全保护职责中获取的信息,只能用于维护网络安全的需要,不得用于其他用途。

第二节 关键信息基础设施的运行安全

第三十一条 【关键信息基础设施重点保护】国家对公共通信和信息服务、能源、交通、水利、金融、公共服务、电子政务等重要行业和领域,以及其他一旦遭到破坏、丧失功能或者数据泄露,可能严重危害国家安全、国计民生、公共利益的关键信息基础设施,在网络安全等级保护制度的基础上,实行重点保护。关键信息基础设施的具体范围和安全保护办法由国务院制定。

国家鼓励关键信息基础设施以外的网络运营者自愿参与关键信息基础设施保护体系。

第三十二条 【编制、实施关键信息基础设施安全规划】按照国务院规定的职责分工，负责关键信息基础设施安全保护工作的部门分别编制并组织实施本行业、本领域的关键信息基础设施安全规划，指导和监督关键信息基础设施运行安全保护工作。

第三十三条 【关键信息基础设施建设要求】建设关键信息基础设施应当确保其具有支持业务稳定、持续运行的性能，并保证安全技术措施同步规划、同步建设、同步使用。

第三十四条 【运营者的安全保护义务】除本法第二十一条的规定外，关键信息基础设施的运营者还应当履行下列安全保护义务：

（一）设置专门安全管理机构和安全管理负责人，并对该负责人和关键岗位的人员进行安全背景审查；

（二）定期对从业人员进行网络安全教育、技术培训和技能考核；

（三）对重要系统和数据库进行容灾备份；

（四）制定网络安全事件应急预案，并定期进行演练；

（五）法律、行政法规规定的其他义务。

第三十五条 【关键信息基础设施的国家安全审查】关键信息基础设施的运营者采购网络产品和服务，可能影响国家安全的，应当通过国家网信部门会同国务院有关部门组织的国家安全审查。

第三十六条 【安全保密协议的签订】关键信息基础设施的运营者采购网络产品和服务，应当按照规定与提供者签订安全保密协议，明确安全和保密义务与责任。

第三十七条 【收集和产生的个人信息和重要数据应当在境内储存】关键信息基础设施的运营者在中华人民共和国境内运营中收集和产生的个人信息和重要数据应当在境内存储。因业务需要，确需向境外提供的，应当按照国家网信部门会同国务院有关部门制定的办法进行安全评估；法律、行政法规另有规定的，依照其规定。

第三十八条 【网络安全及风险的检测评估】关键信息基础设施的运营者应当自行或者委托网络安全服务机构对其网络的安全性和可能存在的风险每年至少进行一次检测评估，并将检测评估情况和改进措施报送相关负责关键信息基础设施安全保护工作的部门。

第三十九条 【关键信息基础设施的安全保护措施】国家网信部门应当统筹协调有关部门对关键信息基础设施的安全保护采取下列措施：

（一）对关键信息基础设施的安全风险进行抽查检测，提出改进措施，必要时可以委托网络安全服务机构对网络存在的安全风险进行检测评估；

（二）定期组织关键信息基础设施的运营者进行网络安全应急演练，提高应对网络安全事件的水平和协同配合能力；

（三）促进有关部门、关键信息基础设施的运营者以及有关研究机构、网络安全服务机构等之间的网络安全信息共享；

（四）对网络安全事件的应急处置与网络功能的恢复等，提供技术支持和协助。

第四章 网络信息安全

第四十条 【建立用户信息保护制度】网络运营者应当对其收集的用户信息严格保密，并建立健全用户信息保护制度。

第四十一条 【网络运营者对个人信息的收集、使用】网络运营者收集、使用个人信息，应当遵循合法、正当、必要的原则，公开收集、使用规则，明示收集、使用信息的目的、方式和范围，并经被收集者同意。

网络运营者不得收集与其提供的服务无关的个人信息，不得违反法律、行政法规的规定和双方的约定收集、使用个人信息，并应当依照法律、行政法规的规定和与用户的约定，处理其保存的个人信息。

第四十二条 【网络运营者应确保其收集的个人信息安全】网络运营者不得泄露、篡改、毁损其收集的个人信息；未经被收集者同意，不得向他人提供个人信息。但是，经过处理无法识别特定个人且不能复原的除外。

网络运营者应当采取技术措施和其他必要措施，确保其收集的个人信息安全，防止信息泄露、毁损、丢失。在发生或者可能发生个人信息泄露、毁损、丢失的情况时，应当立即采取补救措施，按照规定及时告知用户并向有关主管部门报告。

第四十三条 【个人有权要求对其信息予以删除或更正】个人发现网络运营者违反法律、行政法规的规定或者双方的约定收集、使用其个人信息的,有权要求网络运营者删除其个人信息;发现网络运营者收集、存储的其个人信息有错误的,有权要求网络运营者予以更正。网络运营者应当采取措施予以删除或者更正。

第四十四条 【个人和组织不得非法获取、向他人提供个人信息】任何个人和组织不得窃取或者以其他非法方式获取个人信息,不得非法出售或者非法向他人提供个人信息。

第四十五条 【部门及其工作人员的保密义务】依法负有网络安全监督管理职责的部门及其工作人员,必须对在履行职责中知悉的个人信息、隐私和商业秘密严格保密,不得泄露、出售或者非法向他人提供。

第四十六条 【个人和组织不得利用网络实施违法犯罪活动】任何个人和组织应当对其使用网络的行为负责,不得设立用于实施诈骗,传授犯罪方法,制作或者销售违禁物品、管制物品等违法犯罪活动的网站、通讯群组,不得利用网络发布涉及实施诈骗,制作或者销售违禁物品、管制物品以及其他违法犯罪活动的信息。

第四十七条 【网络运营者应当对用户发布的信息进行管理】网络运营者应当加强对其用户发布的信息的管理,发现法律、行政法规禁止发布或者传输的信息的,应当立即停止传输该信息,采取消除等处置措施,防止信息扩散,保存有关记录,并向有关主管部门报告。

第四十八条 【电子信息、应用软件不得设置恶意程序,含有禁止信息】任何个人和组织发送的电子信息、提供的应用软件,不得设置恶意程序,不得含有法律、行政法规禁止发布或者传输的信息。

电子信息发送服务提供者和应用软件下载服务提供者,应当履行安全管理义务,知道其用户有前款规定行为的,应当停止提供服务,采取消除等处置措施,保存有关记录,并向有关主管部门报告。

第四十九条 【网络信息安全投诉、举报制度】网络运营者应当建立网络信息安全投诉、举报制度,公布投诉、举报方式等信息,及时受理并处理有关网络信息安全的投诉和举报。

网络运营者对网信部门和有关部门依法实施的监督检查,应当予以配合。

第五十条 【国家网信部门和有关部门对违法信息停止传播】国家网信部门和有关部门依法履行网络信息安全监督管理职责，发现法律、行政法规禁止发布或者传输的信息的，应当要求网络运营者停止传输，采取消除等处置措施，保存有关记录；对来源于中华人民共和国境外的上述信息，应当通知有关机构采取技术措施和其他必要措施阻断传播。

第五章 监测预警与应急处置

第五十一条 【网络安全监测预警和信息通报制度】国家建立网络安全监测预警和信息通报制度。国家网信部门应当统筹协调有关部门加强网络安全信息收集、分析和通报工作，按照规定统一发布网络安全监测预警信息。

第五十二条 【关键信息网络安全监测预警和信息通报制度】负责关键信息基础设施安全保护工作的部门，应当建立健全本行业、本领域的网络安全监测预警和信息通报制度，并按照规定报送网络安全监测预警信息。

第五十三条 【网络安全风险评估及应急预案】国家网信部门协调有关部门建立健全网络安全风险评估和应急工作机制，制定网络安全事件应急预案，并定期组织演练。

负责关键信息基础设施安全保护工作的部门应当制定本行业、本领域的网络安全事件应急预案，并定期组织演练。

网络安全事件应急预案应当按照事件发生后的危害程度、影响范围等因素对网络安全事件进行分级，并规定相应的应急处置措施。

第五十四条 【应对网络安全风险采取的措施】网络安全事件发生的风险增大时，省级以上人民政府有关部门应当按照规定的权限和程序，并根据网络安全风险的特点和可能造成的危害，采取下列措施：

（一）要求有关部门、机构和人员及时收集、报告有关信息，加强对网络安全风险的监测；

（二）组织有关部门、机构和专业人员，对网络安全风险信息进行分析评估，预测事件发生的可能性、影响范围和危害程度；

（三）向社会发布网络安全风险预警，发布避免、减轻危害的措施。

第五十五条 【网络安全事件的应对】发生网络安全事件，应当立即启动网络安全事件应急预案，对网络安全事件进行调查和评估，要求网络运营者采取技术措施和其他必要措施，消除安全隐患，防止危害扩大，并及时向社会发布与公众有关的警示信息。

第五十六条 【有关部门对网络运营者代表人或负责人约谈】省级以上人民政府有关部门在履行网络安全监督管理职责中，发现网络存在较大安全风险或者发生安全事件的，可以按照规定的权限和程序对该网络的运营者的法定代表人或者主要负责人进行约谈。网络运营者应当按照要求采取措施，进行整改，消除隐患。

第五十七条 【处置的法律依据】因网络安全事件，发生突发事件或者生产安全事故的，应当依照《中华人民共和国突发事件应对法》、《中华人民共和国安全生产法》等有关法律、行政法规的规定处置。

第五十八条 【特定区域限制网络通信】因维护国家安全和社会公共秩序，处置重大突发社会安全事件的需要，经国务院决定或者批准，可以在特定区域对网络通信采取限制等临时措施。

第六章 法律责任

第五十九条 【不履行安全保护义务的法律责任】网络运营者不履行本法第二十一条、第二十五条规定的网络安全保护义务的，由有关主管部门责令改正，给予警告；拒不改正或者导致危害网络安全等后果的，处一万元以上十万元以下罚款，对直接负责的主管人员处五千元以上五万元以下罚款。

关键信息基础设施的运营者不履行本法第三十三条、第三十四条、第三十六条、第三十八条规定的网络安全保护义务的，由有关主管部门责令改正，给予警告；拒不改正或者导致危害网络安全等后果的，处十万元以上一百万元以下罚款，对直接负责的主管人员处一万元以上十万元以下罚款。

第六十条 【设置恶意程序，对安全缺陷、漏洞未及时补救，擅自终止安全维护的法律责任】违反本法第二十二条第一款、第二款和第四十八条第一款规定，有下列行为之一的，由有关主管部门责令改正，给予警告；拒不改正或者导致危害网络安全等后果的，处五万元以上五十万元以下罚款，对直接负责的主管人员处一万元以上十万元以下罚款：

（一）设置恶意程序的；

（二）对其产品、服务存在的安全缺陷、漏洞等风险未立即采取补救措施，或者未按照规定及时告知用户并向有关主管部门报告的；

（三）擅自终止为其产品、服务提供安全维护的。

第六十一条　【违反真实身份信息制度的法律责任】网络运营者违反本法第二十四条第一款规定，未要求用户提供真实身份信息，或者对不提供真实身份信息的用户提供相关服务的，由有关主管部门责令改正；拒不改正或者情节严重的，处五万元以上五十万元以下罚款，并可以由有关主管部门责令暂停相关业务、停业整顿、关闭网站、吊销相关业务许可证或者吊销营业执照，对直接负责的主管人员和其他直接责任人员处一万元以上十万元以下罚款。

第六十二条　【违法开展网络安全活动，发布安全信息的法律责任】违反本法第二十六条规定，开展网络安全认证、检测、风险评估等活动，或者向社会发布系统漏洞、计算机病毒、网络攻击、网络侵入等网络安全信息的，由有关主管部门责令改正，给予警告；拒不改正或者情节严重的，处一万元以上十万元以下罚款，并可以由有关主管部门责令暂停相关业务、停业整顿、关闭网站、吊销相关业务许可证或者吊销营业执照，对直接负责的主管人员和其他直接责任人员处五千元以上五万元以下罚款。

第六十三条　【从事或者辅助危害网络安全活动的法律责任】违反本法第二十七条规定，从事危害网络安全的活动，或者提供专门用于从事危害网络安全活动的程序、工具，或者为他人从事危害网络安全的活动提供技术支持、广告推广、支付结算等帮助，尚不构成犯罪的，由公安机关没收违法所得，处五日以下拘留，可以并处五万元以上五十万元以下罚款；情节较重的，处五日以上十五日以下拘留，可以并处十万元以上一百万元以下罚款。

单位有前款行为的，由公安机关没收违法所得，处十万元以上一百万元以下罚款，并对直接负责的主管人员和其他直接责任人员依照前款规定处罚。

违反本法第二十七条规定，受到治安管理处罚的人员，五年内不得从事网络安全管理和网络运营关键岗位的工作；受到刑事处罚的人员，终身不得从事网络安全管理和网络运营关键岗位的工作。

第六十四条　【侵害个人信息的法律责任】网络运营者、网络产品或者服务的提供者违反本法第二十二条第三款、第四十一条至第四十三条规定，侵害个人信息依法得到保护的权利的，由有关主管部门责令改正，可以根据情节单处或者并处警告、没收违法所得、处违法所得一倍以上十倍以下罚款，没有违法所得的，处一百万元以下罚款，对直接负责的主管人员和其他直接责任人员处一万元以上十万元以下罚款；情节严重的，并可以责令暂停相关业务、停业整顿、关闭网站、吊销相关业务许可证或者吊销营业执照。

违反本法第四十四条规定，窃取或者以其他非法方式获取、非法出售或者非法向他人提供个人信息，尚不构成犯罪的，由公安机关没收违法所得，并处违法所得一倍以上十倍以下罚款，没有违法所得的，处一百万元以下罚款。

第六十五条　【使用未经或未通过安全审查的网络产品或服务的法律责任】关键信息基础设施的运营者违反本法第三十五条规定，使用未经安全审查或者安全审查未通过的网络产品或者服务的，由有关主管部门责令停止使用，处采购金额一倍以上十倍以下罚款；对直接负责的主管人员和其他直接责任人员处一万元以上十万元以下罚款。

第六十六条　【在境外存储或向境外提供网络数据的法律责任】关键信息基础设施的运营者违反本法第三十七条规定，在境外存储网络数据，或者向境外提供网络数据的，由有关主管部门责令改正，给予警告，没收违法所得，处五万元以上五十万元以下罚款，并可以责令暂停相关业务、停业整顿、关闭网站、吊销相关业务许可证或者吊销营业执照；对直接负责的主管人员和其他直接责任人员处一万元以上十万元以下罚款。

第六十七条　【设立用于实施违法犯罪活动的网站、通讯群组或发布违法犯罪活动信息的法律责任】违反本法第四十六条规定，设立用于实施违法犯罪活动的网站、通讯群组,或者利用网络发布涉及实施违法犯罪活动的信息,尚不构成犯罪的,由公安机关处五日以下拘留,可以并处一万元以上十万元以下罚款;情节较重的,处五日以上十五日以下拘留,可以并处五万元以上五十万元以下罚款。关闭用于实施违法犯罪活动的网站、通讯群组。

单位有前款行为的,由公安机关处十万元以上五十万元以下罚款,并对直接负责的主管人员和其他直接责任人员依照前款规定处罚。

第六十八条　【对法律法规禁止发布或传输的信息未采取处置措施的法律责任】网络运营者违反本法第四十七条规定,对法律、行政法规禁止发布或者传输的信息未停止传输、采取消除等处置措施、保存有关记录的,由有关主管部门责令改正,给予警告,没收违法所得;拒不改正或者情节严重的,处十万元以上五十万元以下罚款,并可以责令暂停相关业务、停业整顿、关闭网站、吊销相关业务许可证或者吊销营业执照,对直接负责的主管人员和其他直接责任人员处一万元以上十万元以下罚款。

电子信息发送服务提供者、应用软件下载服务提供者,不履行本法第四十八条第二款规定的安全管理义务的,依照前款规定处罚。

第六十九条　【不按要求采取处置措施,拒绝、阻碍监督检查,拒不提供技术支持协助的法律责任】网络运营者违反本法规定,有下列行为之一的,由有关主管部门责令改正;拒不改正或者情节严重的,处五万元以上五十万元以下罚款,对直接负责的主管人员和其他直接责任人员,处一万元以上十万元以下罚款:

(一)不按照有关部门的要求对法律、行政法规禁止发布或者传输的信息,采取停止传输、消除等处置措施的;

(二)拒绝、阻碍有关部门依法实施的监督检查的;

(三)拒不向公安机关、国家安全机关提供技术支持和协助的。

第七十条　【发布或传输禁止信息的法律责任】发布或者传输本法第十二条第二款和其他法律、行政法规禁止发布或者传输的信息的,依照有关法律、行政法规的规定处罚。

第七十一条　【违法行为记入信用档案】有本法规定的违法行为的,依照有关法律、行政法规的规定记入信用档案，并予以公示。

第七十二条 【国家机关政务网络运营者不履行安全保护义务的法律责任】国家机关政务网络的运营者不履行本法规定的网络安全保护义务的，由其上级机关或者有关机关责令改正；对直接负责的主管人员和其他直接责任人员依法给予处分。

第七十三条 【网信部门和有关部门违反信息使用用途及工作人员渎职的法律责任】网信部门和有关部门违反本法第三十条规定，将在履行网络安全保护职责中获取的信息用于其他用途的，对直接负责的主管人员和其他直接责任人员依法给予处分。

网信部门和有关部门的工作人员玩忽职守、滥用职权、徇私舞弊，尚不构成犯罪的，依法给予处分。

第七十四条 【民事责任、治安处罚、刑事责任】违反本法规定，给他人造成损害的，依法承担民事责任。

违反本法规定，构成违反治安管理行为的，依法给予治安管理处罚；构成犯罪的，依法追究刑事责任。

第七十五条 【境外机构、组织、个人损害关键信息基础设施的法律责任】境外的机构、组织、个人从事攻击、侵入、干扰、破坏等危害中华人民共和国的关键信息基础设施的活动，造成严重后果的，依法追究法律责任；国务院公安部门和有关部门并可以决定对该机构、组织、个人采取冻结财产或者其他必要的制裁措施。

第七章 附 则

第七十六条 【用语定义】本法下列用语的含义：

（一）网络，是指由计算机或者其他信息终端及相关设备组成的按照一定的规则和程序对信息进行收集、存储、传输、交换、处理的系统。

（二）网络安全，是指通过采取必要措施，防范对网络的攻击、侵入、干扰、破坏和非法使用以及意外事故，使网络处于稳定可靠运行的状态，以及保障网络数据的完整性、保密性、可用性的能力。

（三）网络运营者，是指网络的所有者、管理者和网络服务提供者。

（四）网络数据，是指通过网络收集、存储、传输、处理和产生的各种电子数据。

（五）个人信息，是指以电子或者其他方式记录的能够单独或者与其他信息结合识别自然人个人身份的各种信息，包括但不限于自然人的姓名、出生日期、身份证件号码、个人生物识别信息、住址、电话号码等。

第七十七条 【涉密网络安全保护规定】存储、处理涉及国家秘密信息的网络的运行安全保护，除应当遵守本法外，还应当遵守保密法律、行政法规的规定。

第七十八条 【军事网络安全保护规定】军事网络的安全保护，由中央军事委员会另行规定。

第七十九条 【施行日期】本法自 2017 年 6 月 1 日起施行。

中华人民共和国数据安全法

1. 2021 年 6 月 10 日第十三届全国人民代表大会常务委员会第二十九次会议通过
2. 2021 年 6 月 10 日中华人民共和国主席令第 84 号公布
3. 自 2021 年 9 月 1 日起施行

目　　录

第一章　总　　则

第一条 【立法目的】为了规范数据处理活动，保障数据安全，促进数据开发利用,保护个人、组织的合法权益,维护国家主权、安全和发展利益,制定本法。

第二条 【适用范围】在中华人民共和国境内开展数据处理活动及其安全监管,适用本法。

在中华人民共和国境外开展数据处理活动,损害中华人民共和国国家安全、公共利益或者公民、组织合法权益的,依法追究法律责任。

第三条 【概念】本法所称数据,是指任何以电子或者其他方式对信息的记录。

数据处理,包括数据的收集、存储、使用、加工、传输、提供、公开等。

数据安全,是指通过采取必要措施,确保数据处于有效保护和合法利用的状态,以及具备保障持续安全状态的能力。

第四条 【数据安全保障】维护数据安全,应当坚持总体国家安全观,建立健全数据安全治理体系,提高数据安全保障能力。

第五条 【主管机关】中央国家安全领导机构负责国家数据安全工作的决策和议事协调,研究制定、指导实施国家数据安全战略和有关重大方针政策,统筹协调国家数据安全的重大事项和重要工作,建立国家数据安全工作协调机制。

第六条 【职责分工】各地区、各部门对本地区、本部门工作中收集和产生的数据及数据安全负责。

工业、电信、交通、金融、自然资源、卫生健康、教育、科技等主管部门承担本行业、本领域数据安全监管职责。

公安机关、国家安全机关等依照本法和有关法律、行政法规的规定,在各自职责范围内承担数据安全监管职责。

国家网信部门依照本法和有关法律、行政法规的规定,负责统筹协调网络数据安全和相关监管工作。

第七条 【权益保护】国家保护个人、组织与数据有关的权益,鼓励数据依法合理有效利用,保障数据依法有序自由流动,促进以数据为关键要素的数字经济发展。

第八条 【数据处理原则】开展数据处理活动,应当遵守法律、法规,尊重社会公德和伦理，遵守商业道德和职业道德，诚实守信，履行数据安全保护义务，承担社会责任，不得危害国家安全、公共利益，不得损害个人、组织的合法权益。

第九条 **【宣传普及】**国家支持开展数据安全知识宣传普及，提高全社会的数据安全保护意识和水平，推动有关部门、行业组织、科研机构、企业、个人等共同参与数据安全保护工作，形成全社会共同维护数据安全和促进发展的良好环境。

第十条 **【加强行业自律】**相关行业组织按照章程，依法制定数据安全行为规范和团体标准，加强行业自律，指导会员加强数据安全保护，提高数据安全保护水平，促进行业健康发展。

第十一条 **【国际交流合作】**国家积极开展数据安全治理、数据开发利用等领域的国际交流与合作，参与数据安全相关国际规则和标准的制定，促进数据跨境安全、自由流动。

第十二条 **【投诉举报】**任何个人、组织都有权对违反本法规定的行为向有关主管部门投诉、举报。收到投诉、举报的部门应当及时依法处理。

有关主管部门应当对投诉、举报人的相关信息予以保密，保护投诉、举报人的合法权益。

第二章 数据安全与发展

第十三条 **【国家统筹】**国家统筹发展和安全，坚持以数据开发利用和产业发展促进数据安全，以数据安全保障数据开发利用和产业发展。

第十四条 **【数据创新应用与数字经济发展规划】**国家实施大数据战略，推进数据基础设施建设，鼓励和支持数据在各行业、各领域的创新应用。

省级以上人民政府应当将数字经济发展纳入本级国民经济和社会发展规划，并根据需要制定数字经济发展规划。

第十五条 **【公共服务智能化】**国家支持开发利用数据提升公共服务的智能化水平。提供智能化公共服务，应当充分考虑老年人、残疾人的需求，避免对老年人、残疾人的日常生活造成障碍。

第十六条 **【数据开发利用和数据安全】**国家支持数据开发利用和数

据安全技术研究，鼓励数据开发利用和数据安全等领域的技术推广和商业创新，培育、发展数据开发利用和数据安全产品、产业体系。

第十七条 **【数据安全标准】**国家推进数据开发利用技术和数据安全标准体系建设。国务院标准化行政主管部门和国务院有关部门根据各自的职责，组织制定并适时修订有关数据开发利用技术、产品和数据安全相关标准。国家支持企业、社会团体和教育、科研机构等参与标准制定。

第十八条 **【数据安全检测】**国家促进数据安全检测评估、认证等服务的发展，支持数据安全检测评估、认证等专业机构依法开展服务活动。

国家支持有关部门、行业组织、企业、教育和科研机构、有关专业机构等在数据安全风险评估、防范、处置等方面开展协作。

第十九条 **【数据交易管理制度】**国家建立健全数据交易管理制度，规范数据交易行为，培育数据交易市场。

第二十条 **【专业人才培养】**国家支持教育、科研机构和企业等开展数据开发利用技术和数据安全相关教育和培训，采取多种方式培养数据开发利用技术和数据安全专业人才，促进人才交流。

第三章　数据安全制度

第二十一条 **【数据分类分级保护制度】**国家建立数据分类分级保护制度，根据数据在经济社会发展中的重要程度，以及一旦遭到篡改、破坏、泄露或者非法获取、非法利用，对国家安全、公共利益或者个人、组织合法权益造成的危害程度，对数据实行分类分级保护。国家数据安全工作协调机制统筹协调有关部门制定重要数据目录，加强对重要数据的保护。

关系国家安全、国民经济命脉、重要民生、重大公共利益等数据属于国家核心数据，实行更加严格的管理制度。

各地区、各部门应当按照数据分类分级保护制度，确定本地区、本部门以及相关行业、领域的重要数据具体目录，对列入目录的数据进行重点保护。

第二十二条 **【数据安全风险评估、报告、信息共享、监测预警机制】**国家建立集中统一、高效权威的数据安全风险评估、报告、信息共享、监测预警机制。国家数据安全工作协调机制统筹协调有关部门加强数据安全风险信息的获取、分析、研判、预警工作。

第二十三条 【数据安全应急处置机制】国家建立数据安全应急处置机制。发生数据安全事件,有关主管部门应当依法启动应急预案,采取相应的应急处置措施,防止危害扩大,消除安全隐患,并及时向社会发布与公众有关的警示信息。

第二十四条 【数据安全审查制度】国家建立数据安全审查制度,对影响或者可能影响国家安全的数据处理活动进行国家安全审查。

依法作出的安全审查决定为最终决定。

第二十五条 【出口管制】国家对与维护国家安全和利益、履行国际义务相关的属于管制物项的数据依法实施出口管制。

第二十六条 【对等措施】任何国家或者地区在与数据和数据开发利用技术等有关的投资、贸易等方面对中华人民共和国采取歧视性的禁止、限制或者其他类似措施的,中华人民共和国可以根据实际情况对该国家或者地区对等采取措施。

第四章 数据安全保护义务

第二十七条 【全流程数据安全管理制度】开展数据处理活动应当依照法律、法规的规定,建立健全全流程数据安全管理制度,组织开展数据安全教育培训,采取相应的技术措施和其他必要措施,保障数据安全。利用互联网等信息网络开展数据处理活动,应当在网络安全等级保护制度的基础上,履行上述数据安全保护义务。

重要数据的处理者应当明确数据安全负责人和管理机构,落实数据安全保护责任。

第二十八条 【数据处理原则】开展数据处理活动以及研究开发数据新技术,应当有利于促进经济社会发展,增进人民福祉,符合社会公德和伦理。

第二十九条 【风险监测】开展数据处理活动应当加强风险监测,发现数据安全缺陷、漏洞等风险时,应当立即采取补救措施;发生数据安全事件时,应当立即采取处置措施,按照规定及时告知用户并向有关主管部门报告。

第三十条 **【风险评估】**重要数据的处理者应当按照规定对其数据处理活动定期开展风险评估,并向有关主管部门报送风险评估报告。

风险评估报告应当包括处理的重要数据的种类、数量,开展数据处理活动的情况,面临的数据安全风险及其应对措施等。

第三十一条 **【出境安全管理】**关键信息基础设施的运营者在中华人民共和国境内运营中收集和产生的重要数据的出境安全管理,适用《中华人民共和国网络安全法》的规定;其他数据处理者在中华人民共和国境内运营中收集和产生的重要数据的出境安全管理办法,由国家网信部门会同国务院有关部门制定。

第三十二条 **【数据收集方式】**任何组织、个人收集数据,应当采取合法、正当的方式,不得窃取或者以其他非法方式获取数据。

法律、行政法规对收集、使用数据的目的、范围有规定的,应当在法律、行政法规规定的目的和范围内收集、使用数据。

第三十三条 **【数据交易中介义务】**从事数据交易中介服务的机构提供服务,应当要求数据提供方说明数据来源,审核交易双方的身份,并留存审核、交易记录。

第三十四条 **【行政许可】**法律、行政法规规定提供数据处理相关服务应当取得行政许可的,服务提供者应当依法取得许可。

第三十五条 **【依法调取数据】**公安机关、国家安全机关因依法维护国家安全或者侦查犯罪的需要调取数据,应当按照国家有关规定,经过严格的批准手续,依法进行,有关组织、个人应当予以配合。

第三十六条 **【平等互惠原则】**中华人民共和国主管机关根据有关法律和中华人民共和国缔结或者参加的国际条约、协定,或者按照平等互惠原则,处理外国司法或者执法机构关于提供数据的请求。非经中华人民共和国主管机关批准,境内的组织、个人不得向外国司法或者执法机构提供存储于中华人民共和国境内的数据。

第五章　政务数据安全与开放

第三十七条 **【推进电子政务建设】**国家大力推进电子政务建设,提高政务数据的科学性、准确性、时效性,提升运用数据服务经济社会发展的能力。

第三十八条 【保密义务】国家机关为履行法定职责的需要收集、使用数据，应当在其履行法定职责的范围内依照法律、行政法规规定的条件和程序进行；对在履行职责中知悉的个人隐私、个人信息、商业秘密、保密商务信息等数据应当依法予以保密，不得泄露或者非法向他人提供。

第三十九条 【数据安全管理制度】国家机关应当依照法律、行政法规的规定，建立健全数据安全管理制度，落实数据安全保护责任，保障政务数据安全。

第四十条 【数据安全保护】国家机关委托他人建设、维护电子政务系统，存储、加工政务数据，应当经过严格的批准程序，并应当监督受托方履行相应的数据安全保护义务。受托方应当依照法律、法规的规定和合同约定履行数据安全保护义务，不得擅自留存、使用、泄露或者向他人提供政务数据。

第四十一条 【政务数据公开原则】国家机关应当遵循公正、公平、便民的原则，按照规定及时、准确地公开政务数据。依法不予公开的除外。

第四十二条 【政务数据开放】国家制定政务数据开放目录，构建统一规范、互联互通、安全可控的政务数据开放平台，推动政务数据开放利用。

第四十三条 【本章适用】法律、法规授权的具有管理公共事务职能的组织为履行法定职责开展数据处理活动，适用本章规定。

第六章 法律责任

第四十四条 【约谈、整改】有关主管部门在履行数据安全监管职责中，发现数据处理活动存在较大安全风险的，可以按照规定的权限和程序对有关组织、个人进行约谈，并要求有关组织、个人采取措施进行整改，消除隐患。

第四十五条 【违反数据安全保护义务及国家核心数据管理制度的法律责任】开展数据处理活动的组织、个人不履行本法第二十七条、第二十九条、第三十条规定的数据安全保护义务的，由有关主管部门责令改正，给予警告，可以并处五万元以上五十万元以下罚款，对直接负责的主管人员和其他直接责任人员可以处一万元以上十万元以下罚款；拒不改正或者造成大量数据泄露等严重后果的，处五十万元以上二百万元以下罚款，并可以责令暂停相关业务、停业整顿、吊销相关业务许可证或者吊销营业执照，对直接负责的主管人员和其他直接责任人员处五万元以上二十万元以下罚款。

违反国家核心数据管理制度，危害国家主权、安全和发展利益的，由有关主管部门处二百万元以上一千万元以下罚款，并根据情况责令暂停相关业务、停业整顿、吊销相关业务许可证或者吊销营业执照；构成犯罪的，依法追究刑事责任。

第四十六条　【违法向境外提供重要数据的法律责任】违反本法第三十一条规定，向境外提供重要数据的，由有关主管部门责令改正，给予警告，可以并处十万元以上一百万元以下罚款，对直接负责的主管人员和其他直接责任人员可以处一万元以上十万元以下罚款；情节严重的，处一百万元以上一千万元以下罚款，并可以责令暂停相关业务、停业整顿、吊销相关业务许可证或者吊销营业执照，对直接负责的主管人员和其他直接责任人员处十万元以上一百万元以下罚款。

第四十七条　【中介机构违法责任】从事数据交易中介服务的机构未履行本法第三十三条规定的义务的，由有关主管部门责令改正，没收违法所得，处违法所得一倍以上十倍以下罚款，没有违法所得或者违法所得不足十万元的，处十万元以上一百万元以下罚款，并可以责令暂停相关业务、停业整顿、吊销相关业务许可证或者吊销营业执照；对直接负责的主管人员和其他直接责任人员处一万元以上十万元以下罚款。

第四十八条　【不配合数据调取及未经批准向外国机构提供数据的法律责任】违反本法第三十五条规定，拒不配合数据调取的，由有关主管部门责令改正，给予警告，并处五万元以上五十万元以下罚款，对直接负责的主管人员和其他直接责任人员处一万元以上十万元以下罚款。

违反本法第三十六条规定，未经主管机关批准向外国司法或者执法机构提供数据的，由有关主管部门给予警告，可以并处十万元以上一百万元以下罚款，对直接负责的主管人员和其他直接责任人员可以处一万元以上十万元以下罚款；造成严重后果的，处一百万元以上五百万元以下罚款，并可以责令暂停相关业务、停业整顿、吊销相关业务许可证或者吊销营业执照，对直接负责的主管人员和其他直接责任人员处五万元以上五十万元以下罚款。

第四十九条　【国家机关未履行数据安全保护义务的法律责任】国家机关不履行本法规定的数据安全保护义务的，对直接负责的主管人员和其他直接责任人员依法给予处分。

第五十条　【渎职】履行数据安全监管职责的国家工作人员玩忽职守、滥用职权、徇私舞弊的，依法给予处分。

第五十一条　【非法获取数据的法律责任】窃取或者以其他非法方式获取数据，开展数据处理活动排除、限制竞争，或者损害个人、组织合法权益的，依照有关法律、行政法规的规定处罚。

第五十二条　【民事、刑事责任】违反本法规定，给他人造成损害的，依法承担民事责任。

违反本法规定，构成违反治安管理行为的，依法给予治安管理处罚；构成犯罪的，依法追究刑事责任。

第七章　附　　则

第五十三条　【相关法律适用】开展涉及国家秘密的数据处理活动，适用《中华人民共和国保守国家秘密法》等法律、行政法规的规定。

在统计、档案工作中开展数据处理活动，开展涉及个人信息的数据处理活动，还应当遵守有关法律、行政法规的规定。

第五十四条　【立法委任】军事数据安全保护的办法，由中央军事委员会依据本法另行制定。

第五十五条　【施行日期】本法自 2021 年 9 月 1 日起施行。

中华人民共和国电信条例

1. 2000 年 9 月 25 日国务院令第 291 号公布
2. 根据 2014 年 7 月 29 日国务院令第 653 号《关于修改部分行政法规的决定》第一次修订
3. 根据 2016 年 2 月 6 日国务院令第 666 号《关于修改部分行政法规的决定》第二次修订

第一章 总 则

第一条 为了规范电信市场秩序，维护电信用户和电信业务经营者的合法权益，保障电信网络和信息的安全，促进电信业的健康发展，制定本条例。

第二条 在中华人民共和国境内从事电信活动或者与电信有关的活动，必须遵守本条例。

本条例所称电信，是指利用有线、无线的电磁系统或者光电系统，传送、发射或者接收语音、文字、数据、图像以及其他任何形式信息的活动。

第三条 国务院信息产业主管部门依照本条例的规定对全国电信业实施监督管理。

省、自治区、直辖市电信管理机构在国务院信息产业主管部门的领导下，依照本条例的规定对本行政区域内的电信业实施监督管理。

第四条 电信监督管理遵循政企分开、破除垄断、鼓励竞争、促进发展和公开、公平、公正的原则。

电信业务经营者应当依法经营，遵守商业道德，接受依法实施的监督检查。

第五条 电信业务经营者应当为电信用户提供迅速、准确、安全、方便和价格合理的电信服务。

第六条 电信网络和信息的安全受法律保护。任何组织或者个人不得利用电信网络从事危害国家安全、社会公共利益或者他人合法权益的活动。

第二章　电 信 市 场

第一节　电信业务许可

第七条　国家对电信业务经营按照电信业务分类，实行许可制度。

经营电信业务，必须依照本条例的规定取得国务院信息产业主管部门或者省、自治区、直辖市电信管理机构颁发的电信业务经营许可证。

未取得电信业务经营许可证，任何组织或者个人不得从事电信业务经营活动。

第八条　电信业务分为基础电信业务和增值电信业务。

基础电信业务，是指提供公共网络基础设施、公共数据传送和基本话音通信服务的业务。增值电信业务，是指利用公共网络基础设施提供的电信与信息服务的业务。

电信业务分类的具体划分在本条例所附的《电信业务分类目录》中列出。国务院信息产业主管部门根据实际情况，可以对目录所列电信业务分类项目作局部调整，重新公布。

第九条　经营基础电信业务，须经国务院信息产业主管部门审查批准，取得《基础电信业务经营许可证》。

经营增值电信业务，业务覆盖范围在两个以上省、自治区、直辖市的，须经国务院信息产业主管部门审查批准，取得《跨地区增值电信业务经营许可证》；业务覆盖范围在一个省、自治区、直辖市行政区域内的，须经省、自治区、直辖市电信管理机构审查批准，取得《增值电信业务经营许可证》。

运用新技术试办《电信业务分类目录》未列出的新型电信业务的，应当向省、自治区、直辖市电信管理机构备案。

第十条　经营基础电信业务，应当具备下列条件：

（一）经营者为依法设立的专门从事基础电信业务的公司，且公司中国有股权或者股份不少于51%；

（二）有可行性研究报告和组网技术方案；

（三）有与从事经营活动相适应的资金和专业人员；

（四）有从事经营活动的场地及相应的资源；

（五）有为用户提供长期服务的信誉或者能力；

（六）国家规定的其他条件。

第十一条 申请经营基础电信业务，应当向国务院信息产业主管部门提出申请，并提交本条例第十条规定的相关文件。国务院信息产业主管部门应当自受理申请之日起180日内审查完毕，作出批准或者不予批准的决定。予以批准的，颁发《基础电信业务经营许可证》；不予批准的，应当书面通知申请人并说明理由。

第十二条 国务院信息产业主管部门审查经营基础电信业务的申请时，应当考虑国家安全、电信网络安全、电信资源可持续利用、环境保护和电信市场的竞争状况等因素。

颁发《基础电信业务经营许可证》，应当按照国家有关规定采用招标方式。

第十三条 经营增值电信业务，应当具备下列条件：

（一）经营者为依法设立的公司；

（二）有与开展经营活动相适应的资金和专业人员；

（三）有为用户提供长期服务的信誉或者能力；

（四）国家规定的其他条件。

第十四条 申请经营增值电信业务，应当根据本条例第九条第二款的规定，向国务院信息产业主管部门或者省、自治区、直辖市电信管理机构提出申请，并提交本条例第十三条规定的相关文件。申请经营的增值电信业务，按照国家有关规定须经有关主管部门审批的，还应当提交有关主管部门审核同意的文件。国务院信息产业主管部门或者省、自治区、直辖市电信管理机构应当自收到申请之日起60日内审查完毕，作出批准或者不予批准的决定。予以批准的，颁发《跨地区增值电信业务经营许可证》或者《增值电信业务经营许可证》；不予批准的，应当书面通知申请人并说明理由。

第十五条 电信业务经营者在经营过程中，变更经营主体、业务范围或者停止经营的，应当提前90日向原颁发许可证的机关提出申请，并办理相应手续；停止经营的，还应当按照国家有关规定做好善后工作。

第十六条 专用电信网运营单位在所在地区经营电信业务的，应当依照本条例规定的条件和程序提出申请，经批准，取得电信业务经营许可证。

第二节 电信网间互联

第十七条 电信网之间应当按照技术可行、经济合理、公平公正、相互配合的原则，实现互联互通。

主导的电信业务经营者不得拒绝其他电信业务经营者和专用网运营单位提出的互联互通要求。

前款所称主导的电信业务经营者，是指控制必要的基础电信设施并且在电信业务市场中占有较大份额，能够对其他电信业务经营者进入电信业务市场构成实质性影响的经营者。

主导的电信业务经营者由国务院信息产业主管部门确定。

第十八条 主导的电信业务经营者应当按照非歧视和透明化的原则，制定包括网间互联的程序、时限、非捆绑网络元素目录等内容的互联规程。互联规程应当报国务院信息产业主管部门审查同意。该互联规程对主导的电信业务经营者的互联互通活动具有约束力。

第十九条 公用电信网之间、公用电信网与专用电信网之间的网间互联，由网间互联双方按照国务院信息产业主管部门的网间互联管理规定进行互联协商，并订立网间互联协议。

第二十条 网间互联双方经协商未能达成网间互联协议的，自一方提出互联要求之日起60日内，任何一方均可以按照网间互联覆盖范围向国务院信息产业主管部门或者省、自治区、直辖市电信管理机构申请协调；收到申请的机关应当依照本条例第十七条第一款规定的原则进行协调，促使网间互联双方达成协议；自网间互联一方或者双方申请协调之日起45日内经协调仍不能达成协议的，由协调机关随机邀请电信技术专家和其他有关方面专家进行公开论证并提出网间互联方案。协调机关应当根据专家论证结论和提出的网间互联方案作出决定，强制实现互联互通。

第二十一条 网间互联双方必须在协议约定或者决定规定的时限内实现互联互通，遵守网间互联协议和国务院信息产业主管部门的相关规定,保障网间通信畅通,任何一方不得擅自中断互联互通。网间互联遇有通信技术障碍的,双方应当立即采取有效措施予以消除。网间互联双方在互联互通中发生争议的,依照本条例第二十条规定的程序和办法处理。

网间互联的通信质量应当符合国家有关标准。主导的电信业务经营者向其他电信业务经营者提供网间互联,服务质量不得低于本网内的同类业务及向其子公司或者分支机构提供的同类业务质量。

第二十二条 网间互联的费用结算与分摊应当执行国家有关规定,不得在规定标准之外加收费用。

网间互联的技术标准、费用结算办法和具体管理规定,由国务院信息产业主管部门制定。

第三节 电信资费

第二十三条 电信资费实行市场调节价。电信业务经营者应当统筹考虑生产经营成本、电信市场供求状况等因素,合理确定电信业务资费标准。

第二十四条 国家依法加强对电信业务经营者资费行为的监管,建立健全监管规则,维护消费者合法权益。

第二十五条 电信业务经营者应当根据国务院信息产业主管部门和省、自治区、直辖市电信管理机构的要求,提供准确、完备的业务成本数据及其他有关资料。

第四节 电信资源

第二十六条 国家对电信资源统一规划、集中管理、合理分配,实行有偿使用制度。

前款所称电信资源,是指无线电频率、卫星轨道位置、电信网码号等用于实现电信功能且有限的资源。

第二十七条 电信业务经营者占有、使用电信资源,应当缴纳电信资源费。具体收费办法由国务院信息产业主管部门会同国务院财政部门、价格主管部门制定,报国务院批准后公布施行。

第二十八条 电信资源的分配,应当考虑电信资源规划、用途和预期服务能力。

分配电信资源,可以采取指配的方式,也可以采用拍卖的方式。

取得电信资源使用权的,应当在规定的时限内启用所分配的资源,并达到规定的最低使用规模。未经国务院信息产业主管部门或者省、自治区、直辖市电信管理机构批准,不得擅自使用、转让、出租电信资源或者改变电信资源的用途。

第二十九条 电信资源使用者依法取得电信网码号资源后,主导的电信业务经营者和其他有关单位有义务采取必要的技术措施,配合电信资源使用者实现其电信网码号资源的功能。

法律、行政法规对电信资源管理另有特别规定的,从其规定。

第三章 电信服务

第三十条 电信业务经营者应当按照国家规定的电信服务标准向电信用户提供服务。电信业务经营者提供服务的种类、范围、资费标准和时限,应当向社会公布,并报省、自治区、直辖市电信管理机构备案。

电信用户有权自主选择使用依法开办的各类电信业务。

第三十一条 电信用户申请安装、移装电信终端设备的,电信业务经营者应当在其公布的时限内保证装机开通;由于电信业务经营者的原因逾期未能装机开通的,应当每日按照收取的安装费、移装费或者其他费用数额1%的比例,向电信用户支付违约金。

第三十二条 电信用户申告电信服务障碍的,电信业务经营者应当自接到申告之日起,城镇48小时、农村72小时内修复或者调通;不能按期修复或者调通的,应当及时通知电信用户,并免收障碍期间的月租费用。但是,属于电信终端设备的原因造成电信服务障碍的除外。

第三十三条 电信业务经营者应当为电信用户交费和查询提供方便。电信用户要求提供国内长途通信、国际通信、移动通信和信息服务等收费清单的,电信业务经营者应当免费提供。

电信用户出现异常的巨额电信费用时,电信业务经营者一经发现,应当尽可能迅速告知电信用户,并采取相应的措施。

前款所称巨额电信费用,是指突然出现超过电信用户此前3个月平均电信费用5倍以上的费用。

第三十四条 电信用户应当按照约定的时间和方式及时、足额地向电信业务经营者交纳电信费用;电信用户逾期不交纳电信费用的,电信业务经营者有权要求补交电信费用,并可以按照所欠费用每日加收3‰的违约金。

对超过收费约定期限30日仍不交纳电信费用的电信用户,电信业务经营者可以暂停向其提供电信服务。电信用户在电信业务经营者暂停服务60日内仍未补交电信费用和违约金的,电信业务经营者可以终止提供服务,并可以依法追缴欠费和违约金。

经营移动电信业务的经营者可以与电信用户约定交纳电信费用的期限、方式,不受前款规定期限的限制。

电信业务经营者应当在迟延交纳电信费用的电信用户补足电信费用、违约金后的48小时内,恢复暂停的电信服务。

第三十五条 电信业务经营者因工程施工、网络建设等原因,影响或者可能影响正常电信服务的,必须按照规定的时限及时告知用户,并向省、自治区、直辖市电信管理机构报告。

因前款原因中断电信服务的,电信业务经营者应当相应减免用户在电信服务中断期间的相关费用。

出现本条第一款规定的情形,电信业务经营者未及时告知用户的,应当赔偿由此给用户造成的损失。

第三十六条 经营本地电话业务和移动电话业务的电信业务经营者,应当免费向用户提供火警、匪警、医疗急救、交通事故报警等公益性电信服务并保障通信线路畅通。

第三十七条 电信业务经营者应当及时为需要通过中继线接入其电信网的集团用户,提供平等、合理的接入服务。

未经批准,电信业务经营者不得擅自中断接入服务。

第三十八条 电信业务经营者应当建立健全内部服务质量管理制度,并可以制定并公布施行高于国家规定的电信服务标准的企业标准。

电信业务经营者应当采取各种形式广泛听取电信用户意见,接受社会监督,不断提高电信服务质量。

第三十九条 电信业务经营者提供的电信服务达不到国家规定的电信

服务标准或者其公布的企业标准的，或者电信用户对交纳电信费用持有异议的，电信用户有权要求电信业务经营者予以解决；电信业务经营者拒不解决或者电信用户对解决结果不满意的，电信用户有权向国务院信息产业主管部门或者省、自治区、直辖市电信管理机构或者其他有关部门申诉。收到申诉的机关必须对申诉及时处理，并自收到申诉之日起30日内向申诉者作出答复。

电信用户对交纳本地电话费用有异议的，电信业务经营者还应当应电信用户的要求免费提供本地电话收费依据，并有义务采取必要措施协助电信用户查找原因。

第四十条 电信业务经营者在电信服务中，不得有下列行为：

（一）以任何方式限定电信用户使用其指定的业务；

（二）限定电信用户购买其指定的电信终端设备或者拒绝电信用户使用自备的已经取得入网许可的电信终端设备；

（三）无正当理由拒绝、拖延或者中止对电信用户的电信服务；

（四）对电信用户不履行公开作出的承诺或者作容易引起误解的虚假宣传；

（五）以不正当手段刁难电信用户或者对投诉的电信用户打击报复。

第四十一条 电信业务经营者在电信业务经营活动中，不得有下列行为：

（一）以任何方式限制电信用户选择其他电信业务经营者依法开办的电信服务；

（二）对其经营的不同业务进行不合理的交叉补贴；

（三）以排挤竞争对手为目的，低于成本提供电信业务或者服务，进行不正当竞争。

第四十二条 国务院信息产业主管部门或者省、自治区、直辖市电信管理机构应当依据职权对电信业务经营者的电信服务质量和经营活动进行监督检查，并向社会公布监督抽查结果。

第四十三条 电信业务经营者必须按照国家有关规定履行相应的电信普遍服务义务。

国务院信息产业主管部门可以采取指定的或者招标的方式确定

电信业务经营者具体承担电信普遍服务的义务。

电信普遍服务成本补偿管理办法，由国务院信息产业主管部门会同国务院财政部门、价格主管部门制定，报国务院批准后公布施行。

第四章 电信建设

第一节 电信设施建设

第四十四条 公用电信网、专用电信网、广播电视传输网的建设应当接受国务院信息产业主管部门的统筹规划和行业管理。

属于全国性信息网络工程或者国家规定限额以上建设项目的公用电信网、专用电信网、广播电视传输网建设，在按照国家基本建设项目审批程序报批前，应当征得国务院信息产业主管部门同意。

基础电信建设项目应当纳入地方各级人民政府城市建设总体规划和村镇、集镇建设总体规划。

第四十五条 城市建设和村镇、集镇建设应当配套设置电信设施。建筑物内的电信管线和配线设施以及建设项目用地范围内的电信管道，应当纳入建设项目的设计文件，并随建设项目同时施工与验收。所需经费应当纳入建设项目概算。

有关单位或者部门规划、建设道路、桥梁、隧道或者地下铁道等，应当事先通知省、自治区、直辖市电信管理机构和电信业务经营者，协商预留电信管线等事宜。

第四十六条 基础电信业务经营者可以在民用建筑物上附挂电信线路或者设置小型天线、移动通信基站等公用电信设施，但是应当事先通知建筑物产权人或者使用人，并按照省、自治区、直辖市人民政府规定的标准向该建筑物的产权人或者其他权利人支付使用费。

第四十七条 建设地下、水底等隐蔽电信设施和高空电信设施，应当按照国家有关规定设置标志。

基础电信业务经营者建设海底电信缆线，应当征得国务院信息产业主管部门同意，并征求有关部门意见后，依法办理有关手续。海底电信缆线由国务院有关部门在海图上标出。

第四十八条 任何单位或者个人不得擅自改动或者迁移他人的电信线路及其他电信设施;遇有特殊情况必须改动或者迁移的,应当征得该电信设施产权人同意,由提出改动或者迁移要求的单位或者个人承担改动或者迁移所需费用,并赔偿由此造成的经济损失。

第四十九条 从事施工、生产、种植树木等活动,不得危及电信线路或者其他电信设施的安全或者妨碍线路畅通;可能危及电信安全时,应当事先通知有关电信业务经营者,并由从事该活动的单位或者个人负责采取必要的安全防护措施。

违反前款规定,损害电信线路或者其他电信设施或者妨碍线路畅通的,应当恢复原状或者予以修复,并赔偿由此造成的经济损失。

第五十条 从事电信线路建设,应当与已建的电信线路保持必要的安全距离;难以避开或者必须穿越,或者需要使用已建电信管道的,应当与已建电信线路的产权人协商,并签订协议;经协商不能达成协议的,根据不同情况,由国务院信息产业主管部门或者省、自治区、直辖市电信管理机构协调解决。

第五十一条 任何组织或者个人不得阻止或者妨碍基础电信业务经营者依法从事电信设施建设和向电信用户提供公共电信服务;但是,国家规定禁止或者限制进入的区域除外。

第五十二条 执行特殊通信、应急通信和抢修、抢险任务的电信车辆,经公安交通管理机关批准,在保障交通安全畅通的前提下可以不受各种禁止机动车通行标志的限制。

第二节 电信设备进网

第五十三条 国家对电信终端设备、无线电通信设备和涉及网间互联的设备实行进网许可制度。

接入公用电信网的电信终端设备、无线电通信设备和涉及网间互联的设备,必须符合国家规定的标准并取得进网许可证。

实行进网许可制度的电信设备目录,由国务院信息产业主管部门会同国务院产品质量监督部门制定并公布施行。

第五十四条 办理电信设备进网许可证的,应当向国务院信息产业主管部门提出申请,并附送经国务院产品质量监督部门认可的电信设备检测机构出具的检测报告或者认证机构出具的产品质量认证证书。

国务院信息产业主管部门应当自收到电信设备进网许可申请之日起60日内，对申请及电信设备检测报告或者产品质量认证证书审查完毕。经审查合格的，颁发进网许可证；经审查不合格的，应当书面答复并说明理由。

第五十五条 电信设备生产企业必须保证获得进网许可的电信设备的质量稳定、可靠，不得降低产品质量和性能。

电信设备生产企业应当在其生产的获得进网许可的电信设备上粘贴进网许可标志。

国务院产品质量监督部门应当会同国务院信息产业主管部门对获得进网许可证的电信设备进行质量跟踪和监督抽查，公布抽查结果。

第五章 电信安全

第五十六条 任何组织或者个人不得利用电信网络制作、复制、发布、传播含有下列内容的信息：

（一）反对宪法所确定的基本原则的；

（二）危害国家安全，泄露国家秘密，颠覆国家政权，破坏国家统一的；

（三）损害国家荣誉和利益的；

（四）煽动民族仇恨、民族歧视，破坏民族团结的；

（五）破坏国家宗教政策，宣扬邪教和封建迷信的；

（六）散布谣言，扰乱社会秩序，破坏社会稳定的；

（七）散布淫秽、色情、赌博、暴力、凶杀、恐怖或者教唆犯罪的；

（八）侮辱或者诽谤他人，侵害他人合法权益的；

（九）含有法律、行政法规禁止的其他内容的。

第五十七条 任何组织或者个人不得有下列危害电信网络安全和信息安全的行为：

（一）对电信网的功能或者存储、处理、传输的数据和应用程序进行删除或者修改；

（二）利用电信网从事窃取或者破坏他人信息、损害他人合法权益的活动；

（三）故意制作、复制、传播计算机病毒或者以其他方式攻击他人电信网络等电信设施；

（四）危害电信网络安全和信息安全的其他行为。

第五十八条 任何组织或者个人不得有下列扰乱电信市场秩序的行为：

（一）采取租用电信国际专线、私设转接设备或者其他方法，擅自经营国际或者香港特别行政区、澳门特别行政区和台湾地区电信业务；

（二）盗接他人电信线路，复制他人电信码号，使用明知是盗接、复制的电信设施或者码号；

（三）伪造、变造电话卡及其他各种电信服务有价凭证；

（四）以虚假、冒用的身份证件办理入网手续并使用移动电话。

第五十九条 电信业务经营者应当按照国家有关电信安全的规定，建立健全内部安全保障制度，实行安全保障责任制。

第六十条 电信业务经营者在电信网络的设计、建设和运行中，应当做到与国家安全和电信网络安全的需求同步规划，同步建设，同步运行。

第六十一条 在公共信息服务中，电信业务经营者发现电信网络中传输的信息明显属于本条例第五十六条所列内容的，应当立即停止传输，保存有关记录，并向国家有关机关报告。

第六十二条 使用电信网络传输信息的内容及其后果由电信用户负责。

电信用户使用电信网络传输的信息属于国家秘密信息的，必须依照保守国家秘密法的规定采取保密措施。

第六十三条 在发生重大自然灾害等紧急情况下，经国务院批准，国务院信息产业主管部门可以调用各种电信设施，确保重要通信畅通。

第六十四条 在中华人民共和国境内从事国际通信业务，必须通过国务院信息产业主管部门批准设立的国际通信出入口局进行。

我国内地与香港特别行政区、澳门特别行政区和台湾地区之间的通信,参照前款规定办理。

第六十五条 电信用户依法使用电信的自由和通信秘密受法律保护。除因国家安全或者追查刑事犯罪的需要,由公安机关、国家安全机关或者人民检察院依照法律规定的程序对电信内容进行检查外,任何组织或者个人不得以任何理由对电信内容进行检查。

电信业务经营者及其工作人员不得擅自向他人提供电信用户使用电信网络所传输信息的内容。

第六章 罚 则

第六十六条 违反本条例第五十六条、第五十七条的规定,构成犯罪的,依法追究刑事责任;尚不构成犯罪的,由公安机关、国家安全机关依照有关法律、行政法规的规定予以处罚。

第六十七条 有本条例第五十八条第(二)、(三)、(四)项所列行为之一,扰乱电信市场秩序,构成犯罪的,依法追究刑事责任;尚不构成犯罪的,由国务院信息产业主管部门或者省、自治区、直辖市电信管理机构依据职权责令改正,没收违法所得,处违法所得 3 倍以上 5 倍以下罚款;没有违法所得或者违法所得不足 1 万元的,处 1 万元以上 10 万元以下罚款。

第六十八条 违反本条例的规定,伪造、冒用、转让电信业务经营许可证、电信设备进网许可证或者编造在电信设备上标注的进网许可证编号的,由国务院信息产业主管部门或者省、自治区、直辖市电信管理机构依据职权没收违法所得,处违法所得 3 倍以上 5 倍以下罚款;没有违法所得或者违法所得不足 1 万元的,处 1 万元以上 10 万元以下罚款。

第六十九条 违反本条例规定,有下列行为之一的,由国务院信息产业主管部门或者省、自治区、直辖市电信管理机构依据职权责令改正,没收违法所得,处违法所得 3 倍以上 5 倍以下罚款;没有违法所得或者违法所得不足 5 万元的,处 10 万元以上 100 万元以下罚款;情节严重的,责令停业整顿:

(一)违反本条例第七条第三款的规定或者有本条例第五十八条第(一)项所列行为,擅自经营电信业务的,或者超范围经营电信

业务的;

(二)未通过国务院信息产业主管部门批准,设立国际通信出入口进行国际通信的;

(三)擅自使用、转让、出租电信资源或者改变电信资源用途的;

(四)擅自中断网间互联互通或者接入服务的;

(五)拒不履行普遍服务义务的。

第七十条 违反本条例的规定,有下列行为之一的,由国务院信息产业主管部门或者省、自治区、直辖市电信管理机构依据职权责令改正,没收违法所得,处违法所得1倍以上3倍以下罚款;没有违法所得或者违法所得不足1万元的,处1万元以上10万元以下罚款;情节严重的,责令停业整顿:

(一)在电信网间互联中违反规定加收费用的;

(二)遇有网间通信技术障碍,不采取有效措施予以消除的;

(三)擅自向他人提供电信用户使用电信网络所传输信息的内容的;

(四)拒不按照规定缴纳电信资源使用费的。

第七十一条 违反本条例第四十一条的规定,在电信业务经营活动中进行不正当竞争的,由国务院信息产业主管部门或者省、自治区、直辖市电信管理机构依据职权责令改正,处10万元以上100万元以下罚款;情节严重的,责令停业整顿。

第七十二条 违反本条例的规定,有下列行为之一的,由国务院信息产业主管部门或者省、自治区、直辖市电信管理机构依据职权责令改正,处5万元以上50万元以下罚款;情节严重的,责令停业整顿:

(一)拒绝其他电信业务经营者提出的互联互通要求的;

(二)拒不执行国务院信息产业主管部门或者省、自治区、直辖市电信管理机构依法作出的互联互通决定的;

(三)向其他电信业务经营者提供网间互联的服务质量低于本网及其子公司或者分支机构的。

第七十三条 违反本条例第三十三条第一款、第三十九条第二款的规定,电信业务经营者拒绝免费为电信用户提供国内长途通信、国际通信、移动通信和信息服务等收费清单,或者电信用户对交纳本地电话费用有异议并提出要求时，拒绝为电信用户免费提供本地电话收费依据的，由省、自治区、直辖市电信管理机构责令改正，并向电信用户赔礼道歉；拒不改正并赔礼道歉的，处以警告，并处5000元以上5万元以下的罚款。

第七十四条 违反本条例第四十条的规定，由省、自治区、直辖市电信管理机构责令改正，并向电信用户赔礼道歉，赔偿电信用户损失；拒不改正并赔礼道歉、赔偿损失的，处以警告，并处1万元以上10万元以下的罚款；情节严重的，责令停业整顿。

第七十五条 违反本条例的规定，有下列行为之一的，由省、自治区、直辖市电信管理机构责令改正，处1万元以上10万元以下的罚款：

（一）销售未取得进网许可的电信终端设备的；

（二）非法阻止或者妨碍电信业务经营者向电信用户提供公共电信服务的；

（三）擅自改动或者迁移他人的电信线路及其他电信设施的。

第七十六条 违反本条例的规定，获得电信设备进网许可证后降低产品质量和性能的，由产品质量监督部门依照有关法律、行政法规的规定予以处罚。

第七十七条 有本条例第五十六条、第五十七条和第五十八条所列禁止行为之一，情节严重的，由原发证机关吊销电信业务经营许可证。

国务院信息产业主管部门或者省、自治区、直辖市电信管理机构吊销电信业务经营许可证后，应当通知企业登记机关。

第七十八条 国务院信息产业主管部门或者省、自治区、直辖市电信管理机构工作人员玩忽职守、滥用职权、徇私舞弊，构成犯罪的，依法追究刑事责任；尚不构成犯罪的，依法给予行政处分。

第七章 附 则

第七十九条 外国的组织或者个人在中华人民共和国境内投资与经营电信业务和香港特别行政区、澳门特别行政区与台湾地区的组织或者个人在内地投资与经营电信业务的具体办法，由国务院另行制定。

第八十条 本条例自公布之日起施行。

附：

电信业务分类目录

一、基础电信业务

（一）固定网络国内长途及本地电话业务；

（二）移动网络电话和数据业务；

（三）卫星通信及卫星移动通信业务；

（四）互联网及其他公共数据传送业务；

（五）带宽、波长、光纤、光缆、管道及其他网络元素出租、出售业务；

（六）网络承载、接入及网络外包等业务；

（七）国际通信基础设施、国际电信业务；

（八）无线寻呼业务；

（九）转售的基础电信业务。

第（八）、（九）项业务比照增值电信业务管理。

二、增值电信业务

（一）电子邮件；

（二）语音信箱；

（三）在线信息库存储和检索；

（四）电子数据交换；

（五）在线数据处理与交易处理；

（六）增值传真；

（七）互联网接入服务；

（八）互联网信息服务；

（九）可视电话会议服务。

最高人民法院关于审理扰乱电信市场管理秩序案件具体应用法律若干问题的解释

1. 2000年4月28日最高人民法院审判委员会第1113次会议通过
2. 2000年5月12日公布
3. 法释〔2000〕12号
4. 自2000年5月24日起施行

为依法惩处扰乱电信市场管理秩序的犯罪活动，根据刑法的有关规定，现就审理这类案件具体应用法律的若干问题解释如下：

第一条 违反国家规定，采取租用国际专线、私设转接设备或者其他方法，擅自经营国际电信业务或者涉港澳台电信业务进行营利活动，扰乱电信市场管理秩序，情节严重的，依照刑法第二百二十五条第（四）项的规定，以非法经营罪定罪处罚。

第二条 实施本解释第一条规定的行为，具有下列情形之一的，属于非法经营行为"情节严重"：

（一）经营去话业务数额在一百万元以上的；

（二）经营来话业务造成电信资费损失数额在一百万元以上的。

具有下列情形之一的，属于非法经营行为"情节特别严重"：

（一）经营去话业务数额在五百万元以上的；

（二）经营来话业务造成电信资费损失数额在五百万元以上的。

第三条 实施本解释第一条规定的行为，经营数额或者造成电信资费损失数额接近非法经营行为"情节严重"、"情节特别严重"的数额起点标准，并具有下列情形之一的，可以分别认定为非法经营行为"情节严重"、"情节特别严重"：

（一）两年内因非法经营国际电信业务或者涉港澳台电信业务行为受过行政处罚两次以上的；

（二）因非法经营国际电信业务或者涉港澳台电信业务行为造成其他严重后果的。

第四条 单位实施本解释第一条规定的行为构成犯罪的，对单位判处罚金，并对其直接负责的主管人员和其他直接责任人员，依照本解释第二条、第三条的规定处罚。

第五条 违反国家规定，擅自设置、使用无线电台（站），或者擅自占用频率，非法经营国际电信业务或者涉港澳台电信业务进行营利活动，同时构成非法经营罪和刑法第二百八十八条规定的扰乱无线电通讯管理秩序罪的，依照处罚较重的规定定罪处罚。

第六条 国有电信企业的工作人员，由于严重不负责任或者滥用职权，造成国有电信企业破产或者严重损失，致使国家利益遭受重大损失的，依照刑法第一百六十八条的规定定罪处罚。

第七条 将电信卡非法充值后使用，造成电信资费损失数额较大的，依照刑法第二百六十四条的规定，以盗窃罪定罪处罚。

第八条 盗用他人公共信息网络上网账号、密码上网，造成他人电信资费损失数额较大的，依照刑法第二百六十四条的规定，以盗窃罪定罪处罚。

第九条 以虚假、冒用的身份证件办理入网手续并使用移动电话，造成电信资费损失数额较大的，依照刑法第二百六十六条的规定，以诈骗罪定罪处罚。

第十条 本解释所称"经营去话业务数额"，是指以行为人非法经营国际电信业务或者涉港澳台电信业务的总时长（分钟数）乘以行为人每分钟收取的用户使用费所得的数额。

本解释所称"电信资费损失数额"，是指以行为人非法经营国际电信业务或者涉港澳台电信业务的总时长（分钟数）乘以在合法电信业务中我国应当得到的每分钟国际结算价格所得的数额。

最高人民法院、最高人民检察院关于办理非法利用信息网络、帮助信息网络犯罪活动等刑事案件适用法律若干问题的解释

1. 2019 年 6 月 3 日最高人民法院审判委员会第 1771 次会议、2019 年 9 月 4 日最高人民检察院第十三届检察委员会第 23 次会议通过
2. 2019 年 10 月 21 日公布
3. 法释〔2019〕15 号
4. 自 2019 年 11 月 1 日起施行

为依法惩治拒不履行信息网络安全管理义务、非法利用信息网络、帮助信息网络犯罪活动等犯罪，维护正常网络秩序，根据《中华人民共和国刑法》《中华人民共和国刑事诉讼法》的规定，现就办理此类刑事案件适用法律的若干问题解释如下：

第一条 提供下列服务的单位和个人，应当认定为刑法第二百八十六条之一第一款规定的“网络服务提供者”：

（一）网络接入、域名注册解析等信息网络接入、计算、存储、传输服务；

（二）信息发布、搜索引擎、即时通讯、网络支付、网络预约、网络购物、网络游戏、网络直播、网站建设、安全防护、广告推广、应用商店等信息网络应用服务；

（三）利用信息网络提供的电子政务、通信、能源、交通、水利、金融、教育、医疗等公共服务。

第二条 刑法第二百八十六条之一第一款规定的“监管部门责令采取改正措施”，是指网信、电信、公安等依照法律、行政法规的规定承担信息网络安全监管职责的部门，以责令整改通知书或者其他文书形式，责令网络服务提供者采取改正措施。

认定“经监管部门责令采取改正措施而拒不改正”，应当综合考虑监管部门责令改正是否具有法律、行政法规依据，改正措施及期限

要求是否明确、合理，网络服务提供者是否具有按照要求采取改正措施的能力等因素进行判断。

第三条 拒不履行信息网络安全管理义务，具有下列情形之一的，应当认定为刑法第二百八十六条之一第一款第一项规定的“致使违法信息大量传播”：

（一）致使传播违法视频文件二百个以上的；

（二）致使传播违法视频文件以外的其他违法信息二千个以上的；

（三）致使传播违法信息，数量虽未达到第一项、第二项规定标准，但是按相应比例折算合计达到有关数量标准的；

（四）致使向二千个以上用户账号传播违法信息的；

（五）致使利用群组成员账号数累计三千以上的通讯群组或者关注人员账号数累计三万以上的社交网络传播违法信息的；

（六）致使违法信息实际被点击数达到五万以上的；

（七）其他致使违法信息大量传播的情形。

第四条 拒不履行信息网络安全管理义务，致使用户信息泄露，具有下列情形之一的，应当认定为刑法第二百八十六条之一第一款第二项规定的“造成严重后果”：

（一）致使泄露行踪轨迹信息、通信内容、征信信息、财产信息五百条以上的；

（二）致使泄露住宿信息、通信记录、健康生理信息、交易信息等其他可能影响人身、财产安全的用户信息五千条以上的；

（三）致使泄露第一项、第二项规定以外的用户信息五万条以上的；

（四）数量虽未达到第一项至第三项规定标准，但是按相应比例折算合计达到有关数量标准的；

（五）造成他人死亡、重伤、精神失常或者被绑架等严重后果的；

（六）造成重大经济损失的；

（七）严重扰乱社会秩序的；

（八）造成其他严重后果的。

第五条 拒不履行信息网络安全管理义务，致使影响定罪量刑的刑事案件证据灭失，具有下列情形之一的，应当认定为刑法第二百八十六条之一第一款第三项规定的“情节严重”：

（一）造成危害国家安全犯罪、恐怖活动犯罪、黑社会性质组织犯罪、贪污贿赂犯罪案件的证据灭失的；

（二）造成可能判处五年有期徒刑以上刑罚犯罪案件的证据灭失的；

（三）多次造成刑事案件证据灭失的；

（四）致使刑事诉讼程序受到严重影响的；

（五）其他情节严重的情形。

第六条 拒不履行信息网络安全管理义务，具有下列情形之一的，应当认定为刑法第二百八十六条之一第一款第四项规定的“有其他严重情节”：

（一）对绝大多数用户日志未留存或者未落实真实身份信息认证义务的；

（二）二年内经多次责令改正拒不改正的；

（三）致使信息网络服务被主要用于违法犯罪的；

（四）致使信息网络服务、网络设施被用于实施网络攻击，严重影响生产、生活的；

（五）致使信息网络服务被用于实施危害国家安全犯罪、恐怖活动犯罪、黑社会性质组织犯罪、贪污贿赂犯罪或者其他重大犯罪的；

（六）致使国家机关或者通信、能源、交通、水利、金融、教育、医疗等领域提供公共服务的信息网络受到破坏，严重影响生产、生活的；

（七）其他严重违反信息网络安全管理义务的情形。

第七条 刑法第二百八十七条之一规定的“违法犯罪”，包括犯罪行为和属于刑法分则规定的行为类型但尚未构成犯罪的违法行为。

第八条 以实施违法犯罪活动为目的而设立或者设立后主要用于实施违法犯罪活动的网站、通讯群组，应当认定为刑法第二百八十七条之一第一款第一项规定的“用于实施诈骗、传授犯罪方法、制作或者销售违禁物品、管制物品等违法犯罪活动的网站、通讯群组”。

第九条 利用信息网络提供信息的链接、截屏、二维码、访问账号密码及其他指引访问服务的，应当认定为刑法第二百八十七条之一第一款第二项、第三项规定的“发布信息”。

第十条 非法利用信息网络，具有下列情形之一的，应当认定为刑法第二百八十七条之一第一款规定的“情节严重”：

（一）假冒国家机关、金融机构名义，设立用于实施违法犯罪活动的网站的；

（二）设立用于实施违法犯罪活动的网站，数量达到三个以上或者注册账号数累计达到二千以上的；

（三）设立用于实施违法犯罪活动的通讯群组，数量达到五个以上或者群组成员账号数累计达到一千以上的；

（四）发布有关违法犯罪的信息或者为实施违法犯罪活动发布信息，具有下列情形之一的：

1. 在网站上发布有关信息一百条以上的；

2. 向二千个以上用户账号发送有关信息的；

3. 向群组成员数累计达到三千以上的通讯群组发送有关信息的；

4. 利用关注人员账号数累计达到三万以上的社交网络传播有关信息的；

（五）违法所得一万元以上的；

（六）二年内曾因非法利用信息网络、帮助信息网络犯罪活动、危害计算机信息系统安全受过行政处罚，又非法利用信息网络的；

（七）其他情节严重的情形。

第十一条 为他人实施犯罪提供技术支持或者帮助，具有下列情形之一的，可以认定行为人明知他人利用信息网络实施犯罪，但是有相反证据的除外：

（一）经监管部门告知后仍然实施有关行为的；

（二）接到举报后不履行法定管理职责的；

（三）交易价格或者方式明显异常的；

（四）提供专门用于违法犯罪的程序、工具或者其他技术支持、帮助的；

（五）频繁采用隐蔽上网、加密通信、销毁数据等措施或者使用

虚假身份,逃避监管或者规避调查的;

(六)为他人逃避监管或者规避调查提供技术支持、帮助的;

(七)其他足以认定行为人明知的情形。

第十二条 明知他人利用信息网络实施犯罪,为其犯罪提供帮助,具有下列情形之一的,应当认定为刑法第二百八十七条之二第一款规定的“情节严重”:

(一)为三个以上对象提供帮助的;

(二)支付结算金额二十万元以上的;

(三)以投放广告等方式提供资金五万元以上的;

(四)违法所得一万元以上的;

(五)二年内曾因非法利用信息网络、帮助信息网络犯罪活动、危害计算机信息系统安全受过行政处罚,又帮助信息网络犯罪活动的;

(六)被帮助对象实施的犯罪造成严重后果的;

(七)其他情节严重的情形。

实施前款规定的行为,确因客观条件限制无法查证被帮助对象是否达到犯罪的程度,但相关数额总计达到前款第二项至第四项规定标准五倍以上,或者造成特别严重后果的,应当以帮助信息网络犯罪活动罪追究行为人的刑事责任。

第十三条 被帮助对象实施的犯罪行为可以确认,但尚未到案、尚未依法裁判或者因未达到刑事责任年龄等原因依法未予追究刑事责任的,不影响帮助信息网络犯罪活动罪的认定。

第十四条 单位实施本解释规定的犯罪的,依照本解释规定的相应自然人犯罪的定罪量刑标准,对直接负责的主管人员和其他直接责任人员定罪处罚,并对单位判处罚金。

第十五条 综合考虑社会危害程度、认罪悔罪态度等情节,认为犯罪情节轻微的,可以不起诉或者免予刑事处罚;情节显著轻微危害不大的,不以犯罪论处。

第十六条 多次拒不履行信息网络安全管理义务、非法利用信息网络、帮助信息网络犯罪活动构成犯罪,依法应当追诉的,或者二年内多次实施前述行为未经处理的,数量或者数额累计计算。

第十七条 对于实施本解释规定的犯罪被判处刑罚的，可以根据犯罪情况和预防再犯罪的需要，依法宣告职业禁止；被判处管制、宣告缓刑的，可以根据犯罪情况，依法宣告禁止令。

第十八条 对于实施本解释规定的犯罪的，应当综合考虑犯罪的危害程度、违法所得数额以及被告人的前科情况、认罪悔罪态度等，依法判处罚金。

第十九条 本解释自2019年11月1日起施行。

最高人民法院、最高人民检察院、公安部关于办理电信网络诈骗等刑事案件适用法律若干问题的意见

1. 2016年12月19日发布
2. 法发〔2016〕32号

为依法惩治电信网络诈骗等犯罪活动，保护公民、法人和其他组织的合法权益，维护社会秩序，根据《中华人民共和国刑法》《中华人民共和国刑事诉讼法》等法律和有关司法解释的规定，结合工作实际，制定本意见。

一、总体要求

近年来，利用通讯工具、互联网等技术手段实施的电信网络诈骗犯罪活动持续高发，侵犯公民个人信息，扰乱无线电通讯管理秩序，掩饰、隐瞒犯罪所得、犯罪所得收益等上下游关联犯罪不断蔓延。此类犯罪严重侵害人民群众财产安全和其他合法权益，严重干扰电信网络秩序，严重破坏社会诚信，严重影响人民群众安全感和社会和谐稳定，社会危害性大，人民群众反映强烈。

人民法院、人民检察院、公安机关要针对电信网络诈骗等犯罪的特点，坚持全链条全方位打击，坚持依法从严从快惩处，坚持最大力度最大限度追赃挽损，进一步健全工作机制，加强协作配合，坚决有效遏制电信网络诈骗等犯罪活动，努力实现法律效果和社会效果的

高度统一。

二、依法严惩电信网络诈骗犯罪

（一）根据最高人民法院、最高人民检察院《关于办理诈骗刑事案件具体应用法律若干问题的解释》第一条的规定，利用电信网络技术手段实施诈骗，诈骗公私财物价值三千元以上、三万元以上、五十万元以上的，应当分别认定为刑法第二百六十六条规定的“数额较大”“数额巨大”“数额特别巨大”。

二年内多次实施电信网络诈骗未经处理，诈骗数额累计计算构成犯罪的，应当依法定罪处罚。

（二）实施电信网络诈骗犯罪，达到相应数额标准，具有下列情形之一的，酌情从重处罚：

1. 造成被害人或其近亲属自杀、死亡或者精神失常等严重后果的；

2. 冒充司法机关等国家机关工作人员实施诈骗的；

3. 组织、指挥电信网络诈骗犯罪团伙的；

4. 在境外实施电信网络诈骗的；

5. 曾因电信网络诈骗犯罪受过刑事处罚或者二年内曾因电信网络诈骗受过行政处罚的；

6. 诈骗残疾人、老年人、未成年人、在校学生、丧失劳动能力人的财物，或者诈骗重病患者及其亲属财物的；

7. 诈骗救灾、抢险、防汛、优抚、扶贫、移民、救济、医疗等款物的；

8. 以赈灾、募捐等社会公益、慈善名义实施诈骗的；

9. 利用电话追呼系统等技术手段严重干扰公安机关等部门工作的；

10. 利用“钓鱼网站”链接、“木马”程序链接、网络渗透等隐蔽技术手段实施诈骗的。

（三）实施电信网络诈骗犯罪，诈骗数额接近“数额巨大”“数额特别巨大”的标准，具有前述第（二）条规定的情形之一的，应当分别认定为刑法第二百六十六条规定的“其他严重情节”“其他特别严重情节”。

上述规定的“接近”，一般应掌握在相应数额标准的百分之八十以上。

（四）实施电信网络诈骗犯罪，犯罪嫌疑人、被告人实际骗得财物的，以诈骗罪（既遂）定罪处罚。诈骗数额难以查证，但具有下列情形之一的，应当认定为刑法第二百六十六条规定的“其他严重情节”，以诈骗罪（未遂）定罪处罚：

1. 发送诈骗信息五千条以上的，或者拨打诈骗电话五百人次以上的；

2. 在互联网上发布诈骗信息，页面浏览量累计五千次以上的。

具有上述情形，数量达到相应标准十倍以上的，应当认定为刑法第二百六十六条规定的“其他特别严重情节”，以诈骗罪（未遂）定罪处罚。

上述“拨打诈骗电话”，包括拨出诈骗电话和接听被害人回拨电话。反复拨打、接听同一电话号码，以及反复向同一被害人发送诈骗信息的，拨打、接听电话次数、发送信息条数累计计算。

因犯罪嫌疑人、被告人故意隐匿、毁灭证据等原因，致拨打电话次数、发送信息条数的证据难以收集的，可以根据经查证属实的日拨打人次数、日发送信息条数，结合犯罪嫌疑人、被告人实施犯罪的时间、犯罪嫌疑人、被告人的供述等相关证据，综合予以认定。

（五）电信网络诈骗既有既遂，又有未遂，分别达到不同量刑幅度的，依照处罚较重的规定处罚；达到同一量刑幅度的，以诈骗罪既遂处罚。

（六）对实施电信网络诈骗犯罪的被告人裁量刑罚，在确定量刑起点、基准刑时，一般应就高选择。确定宣告刑时，应当综合全案事实情节，准确把握从重、从轻量刑情节的调节幅度，保证罪责刑相适应。

（七）对实施电信网络诈骗犯罪的被告人，应当严格控制适用缓刑的范围，严格掌握适用缓刑的条件。

（八）对实施电信网络诈骗犯罪的被告人，应当更加注重依法适用财产刑，加大经济上的惩罚力度，最大限度剥夺被告人再犯的能力。

三、全面惩处关联犯罪

（一）在实施电信网络诈骗活动中，非法使用“伪基站”“黑广播”，干扰无线电通讯秩序，符合刑法第二百八十八条规定的，以扰乱无线电通讯管理秩序罪追究刑事责任。同时构成诈骗罪的，依照处罚较重的规定定罪处罚。

（二）违反国家有关规定，向他人出售或者提供公民个人信息，窃取或者以其他方法非法获取公民个人信息，符合刑法第二百五十三条之一规定的，以侵犯公民个人信息罪追究刑事责任。

使用非法获取的公民个人信息，实施电信网络诈骗犯罪行为，构成数罪的，应当依法予以并罚。

（三）冒充国家机关工作人员实施电信网络诈骗犯罪，同时构成诈骗罪和招摇撞骗罪的，依照处罚较重的规定定罪处罚。

（四）非法持有他人信用卡，没有证据证明从事电信网络诈骗犯罪活动，符合刑法第一百七十七条之一第一款第（二）项规定的，以妨害信用卡管理罪追究刑事责任。

（五）明知是电信网络诈骗犯罪所得及其产生的收益，以下列方式之一予以转账、套现、取现的，依照刑法第三百一十二条第一款的规定，以掩饰、隐瞒犯罪所得、犯罪所得收益罪追究刑事责任。但有证据证明确实不知道的除外：

1. 通过使用销售点终端机具（POS 机）刷卡套现等非法途径，协助转换或者转移财物的；

2. 帮助他人将巨额现金散存于多个银行账户，或在不同银行账户之间频繁划转的；

3. 多次使用或者使用多个非本人身份证明开设的信用卡、资金支付结算账户或者多次采用遮蔽摄像头、伪装等异常手段，帮助他人转账、套现、取现的；

4. 为他人提供非本人身份证明开设的信用卡、资金支付结算账户后，又帮助他人转账、套现、取现的；

5. 以明显异于市场的价格，通过手机充值、交易游戏点卡等方式套现的。

实施上述行为，事前通谋的，以共同犯罪论处。

实施上述行为，电信网络诈骗犯罪嫌疑人尚未到案或案件尚未依法裁判，但现有证据足以证明该犯罪行为确实存在的，不影响掩饰、隐瞒犯罪所得、犯罪所得收益罪的认定。

实施上述行为，同时构成其他犯罪的，依照处罚较重的规定定罪处罚。法律和司法解释另有规定的除外。

（六）网络服务提供者不履行法律、行政法规规定的信息网络安全管理义务，经监管部门责令采取改正措施而拒不改正，致使诈骗信息大量传播，或者用户信息泄露造成严重后果的，依照刑法第二百八十六条之一的规定，以拒不履行信息网络安全管理义务罪追究刑事责任。同时构成诈骗罪的，依照处罚较重的规定定罪处罚。

（七）实施刑法第二百八十七条之一、第二百八十七条之二规定之行为，构成非法利用信息网络罪、帮助信息网络犯罪活动罪，同时构成诈骗罪的，依照处罚较重的规定定罪处罚。

（八）金融机构、网络服务提供者、电信业务经营者等在经营活动中，违反国家有关规定，被电信网络诈骗犯罪分子利用，使他人遭受财产损失的，依法承担相应责任。构成犯罪的，依法追究刑事责任。

四、准确认定共同犯罪与主观故意

（一）三人以上为实施电信网络诈骗犯罪而组成的较为固定的犯罪组织，应依法认定为诈骗犯罪集团。对组织、领导犯罪集团的首要分子，按照集团所犯的全部罪行处罚。对犯罪集团中组织、指挥、策划者和骨干分子依法从严惩处。

对犯罪集团中起次要、辅助作用的从犯，特别是在规定期限内投案自首、积极协助抓获主犯、积极协助追赃的，依法从轻或减轻处罚。

对犯罪集团首要分子以外的主犯，应当按照其所参与的或者组织、指挥的全部犯罪处罚。全部犯罪包括能够查明具体诈骗数额的事实和能够查明发送诈骗信息条数、拨打诈骗电话人次数、诈骗信息网页浏览次数的事实。

（二）多人共同实施电信网络诈骗，犯罪嫌疑人、被告人应对其参与期间该诈骗团伙实施的全部诈骗行为承担责任。在其所参与的犯罪环节中起主要作用的，可以认定为主犯；起次要作用的，可以认定为从犯。

上述规定的“参与期间”，从犯罪嫌疑人、被告人着手实施诈骗行为开始起算。

（三）明知他人实施电信网络诈骗犯罪，具有下列情形之一的，以共同犯罪论处，但法律和司法解释另有规定的除外：

1. 提供信用卡、资金支付结算账户、手机卡、通讯工具的；

2. 非法获取、出售、提供公民个人信息的；

3. 制作、销售、提供“木马”程序和“钓鱼软件”等恶意程序的；

4. 提供“伪基站”设备或相关服务的；

5. 提供互联网接入、服务器托管、网络存储、通讯传输等技术支持，或者提供支付结算等帮助的；

6. 在提供改号软件、通话线路等技术服务时，发现主叫号码被修改为国内党政机关、司法机关、公共服务部门号码，或者境外用户改为境内号码，仍提供服务的；

7. 提供资金、场所、交通、生活保障等帮助的；

8. 帮助转移诈骗犯罪所得及其产生的收益，套现、取现的。

上述规定的“明知他人实施电信网络诈骗犯罪”，应当结合被告人的认知能力，既往经历，行为次数和手段，与他人关系，获利情况，是否曾因电信网络诈骗受过处罚，是否故意规避调查等主客观因素进行综合分析认定。

（四）负责招募他人实施电信网络诈骗犯罪活动，或者制作、提供诈骗方案、术语清单、语音包、信息等的，以诈骗共同犯罪论处。

（五）部分犯罪嫌疑人在逃，但不影响对已到案共同犯罪嫌疑人、被告人的犯罪事实认定的，可以依法先行追究已到案共同犯罪嫌疑人、被告人的刑事责任。

五、依法确定案件管辖

（一）电信网络诈骗犯罪案件一般由犯罪地公安机关立案侦查，如果由犯罪嫌疑人居住地公安机关立案侦查更为适宜的，可以由犯罪嫌疑人居住地公安机关立案侦查。犯罪地包括犯罪行为发生地和犯罪结果发生地。

“犯罪行为发生地”包括用于电信网络诈骗犯罪的网站服务器所在地，网站建立者、管理者所在地，被侵害的计算机信息系统或其管理者所在地，犯罪嫌疑人、被害人使用的计算机信息系统所在地，诈骗电话、短信息、电子邮件等的拨打地、发送地、到达地、接受地，以及诈骗行为持续发生的实施地、预备地、开始地、途经地、结束地。

“犯罪结果发生地”包括被害人被骗时所在地，以及诈骗所得财物的实际取得地、藏匿地、转移地、使用地、销售地等。

（二）电信网络诈骗最初发现地公安机关侦办的案件，诈骗数额当时未达到“数额较大”标准，但后续累计达到“数额较大”标准，可由最初发现地公安机关立案侦查。

（三）具有下列情形之一的，有关公安机关可以在其职责范围内并案侦查：

1. 一人犯数罪的；

2. 共同犯罪的；

3. 共同犯罪的犯罪嫌疑人还实施其他犯罪的；

4. 多个犯罪嫌疑人实施的犯罪存在直接关联，并案处理有利于查明案件事实的。

（四）对因网络交易、技术支持、资金支付结算等关系形成多层级链条、跨区域的电信网络诈骗等犯罪案件，可由共同上级公安机关按照有利于查清犯罪事实、有利于诉讼的原则，指定有关公安机关立案侦查。

（五）多个公安机关都有权立案侦查的电信网络诈骗等犯罪案件，由最初受理的公安机关或者主要犯罪地公安机关立案侦查。有争议的，按照有利于查清犯罪事实、有利于诉讼的原则，协商解决。经协商无法达成一致的，由共同上级公安机关指定有关公安机关立案侦查。

（六）在境外实施的电信网络诈骗等犯罪案件，可由公安部按照有利于查清犯罪事实、有利于诉讼的原则，指定有关公安机关立案侦查。

（七）公安机关立案、并案侦查，或因有争议，由共同上级公安机关指定立案侦查的案件，需要提请批准逮捕、移送审查起诉、提起公诉的，由该公安机关所在地的人民检察院、人民法院受理。

对重大疑难复杂案件和境外案件，公安机关应在指定立案侦查前，向同级人民检察院、人民法院通报。

（八）已确定管辖的电信诈骗共同犯罪案件，在逃的犯罪嫌疑人归案后，一般由原管辖的公安机关、人民检察院、人民法院管辖。

六、证据的收集和审查判断

（一）办理电信网络诈骗案件，确因被害人人数众多等客观条件的限制，无法逐一收集被害人陈述的，可以结合已收集的被害人陈述，以及经查证属实的银行账户交易记录、第三方支付结算账户交易记录、通话记录、电子数据等证据，综合认定被害人人数及诈骗资金数额等犯罪事实。

（二）公安机关采取技术侦查措施收集的案件证明材料，作为证据使用的，应当随案移送批准采取技术侦查措施的法律文书和所收集的证据材料，并对其来源等作出书面说明。

（三）依照国际条约、刑事司法协助、互助协议或平等互助原则，请求证据材料所在地司法机关收集，或通过国际警务合作机制、国际刑警组织启动合作取证程序收集的境外证据材料，经查证属实，可以作为定案的依据。公安机关应对其来源、提取人、提取时间或者提供人、提供时间以及保管移交的过程等作出说明。

对其他来自境外的证据材料，应当对其来源、提供人、提供时间以及提取人、提取时间进行审查。能够证明案件事实且符合刑事诉讼法规定的，可以作为证据使用。

七、涉案财物的处理

（一）公安机关侦办电信网络诈骗案件，应当随案移送涉案赃款赃物，并附清单。人民检察院提起公诉时，应一并移交受理案件的人民法院，同时就涉案赃款赃物的处理提出意见。

（二）涉案银行账户或者涉案第三方支付账户内的款项，对权属明确的被害人的合法财产，应当及时返还。确因客观原因无法查实全部被害人，但有证据证明该账户系用于电信网络诈骗犯罪，且被告人无法说明款项合法来源的，根据刑法第六十四条的规定，应认定为违法所得，予以追缴。

（三）被告人已将诈骗财物用于清偿债务或者转让给他人，具有下列情形之一的，应当依法追缴：

1. 对方明知是诈骗财物而收取的；

2. 对方无偿取得诈骗财物的；

3. 对方以明显低于市场的价格取得诈骗财物的；

4. 对方取得诈骗财物系源于非法债务或者违法犯罪活动的。

他人善意取得诈骗财物的，不予追缴。

最高人民法院、最高人民检察院、公安部关于办理电信网络诈骗等刑事案件适用法律若干问题的意见（二）

1. 2021年6月17日发布
2. 法发〔2021〕22号

为进一步依法严厉惩治电信网络诈骗犯罪，对其上下游关联犯罪实行全链条、全方位打击，根据《中华人民共和国刑法》《中华人民共和国刑事诉讼法》等法律和有关司法解释的规定，针对司法实践中出现的新的突出问题，结合工作实际，制定本意见。

一、电信网络诈骗犯罪地，除《最高人民法院、最高人民检察院、公安部关于办理电信网络诈骗等刑事案件适用法律若干问题的意见》规定的犯罪行为发生地和结果发生地外，还包括：

（一）用于犯罪活动的手机卡、流量卡、物联网卡的开立地、销售地、转移地、藏匿地；

（二）用于犯罪活动的信用卡的开立地、销售地、转移地、藏匿地、使用地以及资金交易对手资金交付和汇出地；

（三）用于犯罪活动的银行账户、非银行支付账户的开立地、销售地、使用地以及资金交易对手资金交付和汇出地；

（四）用于犯罪活动的即时通讯信息、广告推广信息的发送地、接受地、到达地；

（五）用于犯罪活动的“猫池”（Modem Pool）、GOIP设备、多卡宝等硬件设备的销售地、入网地、藏匿地；

（六）用于犯罪活动的互联网账号的销售地、登录地。

二、为电信网络诈骗犯罪提供作案工具、技术支持等帮助以及掩饰、隐瞒犯罪所得及其产生的收益，由此形成多层级犯罪链条的，或者利用同一网站、通讯群组、资金账户、作案窝点实施电信网络诈骗犯罪的，应当认定为多个犯罪嫌疑人、被告人实施的犯罪存在关联，人民法院、人民检察院、公安机关可以在其职责范围内并案处理。

三、有证据证实行为人参加境外诈骗犯罪集团或犯罪团伙，在境外针对境内居民实施电信网络诈骗犯罪行为，诈骗数额难以查证，但一年内出境赴境外诈骗犯罪窝点累计时间30日以上或多次出境赴境外诈骗犯罪窝点的，应当认定为刑法第二百六十六条规定的“其他严重情节”，以诈骗罪依法追究刑事责任。有证据证明其出境从事正当活动的除外。

四、无正当理由持有他人的单位结算卡的，属于刑法第一百七十七条之一第一款第（二）项规定的“非法持有他人信用卡”。

五、非法获取、出售、提供具有信息发布、即时通讯、支付结算等功能的互联网账号密码、个人生物识别信息，符合刑法第二百五十三条之一规定的，以侵犯公民个人信息罪追究刑事责任。

对批量前述互联网账号密码、个人生物识别信息的条数，根据查获的数量直接认定，但有证据证明信息不真实或者重复的除外。

六、在网上注册办理手机卡、信用卡、银行账户、非银行支付账户时，为通过网上认证，使用他人身份证件信息并替换他人身份证件相片，属于伪造身份证件行为，符合刑法第二百八十条第三款规定的，以伪造身份证件罪追究刑事责任。

使用伪造、变造的身份证件或者盗用他人身份证件办理手机卡、信用卡、银行账户、非银行支付账户，符合刑法第二百八十条之一第一款规定的，以使用虚假身份证件、盗用身份证件罪追究刑事责任。

实施上述两款行为，同时构成其他犯罪的，依照处罚较重的规定定罪处罚。法律和司法解释另有规定的除外。

七、为他人利用信息网络实施犯罪而实施下列行为，可以认定为刑法第二百八十七条之二规定的“帮助”行为：

（一）收购、出售、出租信用卡、银行账户、非银行支付账户、具有支付结算功能的互联网账号密码、网络支付接口、网上银行数字证书的；

（二）收购、出售、出租他人手机卡、流量卡、物联网卡的。

八、认定刑法第二百八十七条之二规定的行为人明知他人利用信息网络实施犯罪，应当根据行为人收购、出售、出租前述第七条规定的信用卡、银行账户、非银行支付账户、具有支付结算功能的互联网账号密码、网络支付接口、网上银行数字证书，或者他人手机卡、流量卡、物联网卡等的次数、张数、个数，并结合行为人的认知能力、既往经历、交易对象、与实施信息网络犯罪的行为人的关系、提供技术支持或者帮助的时间和方式、获利情况以及行为人的供述等主客观因素，予以综合认定。

收购、出售、出租单位银行结算账户、非银行支付机构单位支付账户，或者电信、银行、网络支付等行业从业人员利用履行职责或提供服务便利，非法开办并出售、出租他人手机卡、信用卡、银行账户、非银行支付账户等的，可以认定为《最高人民法院、最高人民检察院关于办理非法利用信息网络、帮助信息网络犯罪活动等刑事案件适用法律若干问题的解释》第十一条第（七）项规定的“其他足以认定行为人明知的情形”。但有相反证据的除外。

九、明知他人利用信息网络实施犯罪，为其犯罪提供下列帮助之一的，可以认定为《最高人民法院、最高人民检察院关于办理非法利用信息网络、帮助信息网络犯罪活动等刑事案件适用法律若干问题的解释》第十二条第一款第（七）项规定的“其他情节严重的情形”：

（一）收购、出售、出租信用卡、银行账户、非银行支付账户、具有支付结算功能的互联网账号密码、网络支付接口、网上银行数字证书5张（个）以上的；

（二）收购、出售、出租他人手机卡、流量卡、物联网卡20张以上的。

十、电商平台预付卡、虚拟货币、手机充值卡、游戏点卡、游戏装备等经销商，在公安机关调查案件过程中，被明确告知其交易对象涉嫌电信网络诈骗犯罪，仍与其继续交易，符合刑法第二百八十七条之二规定的，以帮助信息网络犯罪活动罪追究刑事责任。同时构成其他犯罪的，依照处罚较重的规定定罪处罚。

十一、明知是电信网络诈骗犯罪所得及其产生的收益，以下列方式之一予以转账、套现、取现，符合刑法第三百一十二条第一款规定的，以掩饰、隐瞒犯罪所得、犯罪所得收益罪追究刑事责任。但有证据证明确实不知道的除外。

（一）多次使用或者使用多个非本人身份证明开设的收款码、网络支付接口等，帮助他人转账、套现、取现的；

（二）以明显异于市场的价格，通过电商平台预付卡、虚拟货币、手机充值卡、游戏点卡、游戏装备等转换财物、套现的；

（三）协助转换或者转移财物，收取明显高于市场的“手续费”的。

实施上述行为，事前通谋的，以共同犯罪论处；同时构成其他犯罪的，依照处罚较重的规定定罪处罚。法律和司法解释另有规定的除外。

十二、为他人实施电信网络诈骗犯罪提供技术支持、广告推广、支付结算等帮助，或者窝藏、转移、收购、代为销售及以其他方法掩饰、隐瞒电信网络诈骗犯罪所得及其产生的收益，诈骗犯罪行为可以确认，但实施诈骗的行为人尚未到案，可以依法先行追究已到案的上述犯罪嫌疑人、被告人的刑事责任。

十三、办案地公安机关可以通过公安机关信息化系统调取异地公安机关依法制作、收集的刑事案件受案登记表、立案决定书、被害人陈述等证据材料。调取时不得少于两名侦查人员，并应记载调取的时间、使用的信息化系统名称等相关信息，调取人签名并加盖办案地公安机关印章。经审核证明真实的，可以作为证据使用。

十四、通过国（区）际警务合作收集或者境外警方移交的境外证据材料，确因客观条件限制，境外警方未提供相关证据的发现、收集、保管、移交情况等材料的，公安机关应当对上述证据材料的来源、移交过程以及种类、数量、特征等作出书面说明，由两名以上侦查人员签名并加盖公安机关印章。经审核能够证明案件事实的，可以作为证据使用。

十五、对境外司法机关抓获并羁押的电信网络诈骗犯罪嫌疑人，在境内接受审判的，境外的羁押期限可以折抵刑期。

十六、办理电信网络诈骗犯罪案件，应当充分贯彻宽严相济刑事政策。

在侦查、审查起诉、审判过程中，应当全面收集证据、准确甄别犯罪嫌疑人、被告人在共同犯罪中的层级地位及作用大小，结合其认罪态度和悔罪表现，区别对待，宽严并用，科学量刑，确保罚当其罪。

对于电信网络诈骗犯罪集团、犯罪团伙的组织者、策划者、指挥者和骨干分子，以及利用未成年人、在校学生、老年人、残疾人实施电信网络诈骗的，依法从严惩处。

对于电信网络诈骗犯罪集团、犯罪团伙中的从犯，特别是其中参与时间相对较短、诈骗数额相对较低或者从事辅助性工作并领取少量报酬，以及初犯、偶犯、未成年人、在校学生等，应当综合考虑其在共同犯罪中的地位作用、社会危害程度、主观恶性、人身危险性、认罪悔罪表现等情节，可以依法从轻、减轻处罚。犯罪情节轻微的，可以依法不起诉或者免予刑事处罚；情节显著轻微危害不大的，不以犯罪论处。

十七、查扣的涉案账户内资金，应当优先返还被害人，如不足以全额返还的，应当按照比例返还。

最高人民法院、最高人民检察院、公安部关于办理信息网络犯罪案件适用刑事诉讼程序若干问题的意见

1. 2022年8月26日发布
2. 法发〔2022〕23号
3. 自2022年9月1日起施行

为依法惩治信息网络犯罪活动，根据《中华人民共和国刑法》《中华人民共和国刑事诉讼法》以及有关法律、司法解释的规定，结合侦查、起诉、审判实践，现就办理此类案件适用刑事诉讼程序问题提出以下意见。

一、关于信息网络犯罪案件的范围

1. 本意见所称信息网络犯罪案件包括：

(1)危害计算机信息系统安全犯罪案件;

(2)拒不履行信息网络安全管理义务、非法利用信息网络、帮助信息网络犯罪活动的犯罪案件;

(3)主要行为通过信息网络实施的诈骗、赌博、侵犯公民个人信息等其他犯罪案件。

二、关于信息网络犯罪案件的管辖

2. 信息网络犯罪案件由犯罪地公安机关立案侦查。必要时,可以由犯罪嫌疑人居住地公安机关立案侦查。

信息网络犯罪案件的犯罪地包括用于实施犯罪行为的网络服务使用的服务器所在地,网络服务提供者所在地,被侵害的信息网络系统及其管理者所在地,犯罪过程中犯罪嫌疑人、被害人或者其他涉案人员使用的信息网络系统所在地,被害人被侵害时所在地以及被害人财产遭受损失地等。

涉及多个环节的信息网络犯罪案件,犯罪嫌疑人为信息网络犯罪提供帮助的,其犯罪地、居住地或者被帮助对象的犯罪地公安机关可以立案侦查。

3. 有多个犯罪地的信息网络犯罪案件,由最初受理的公安机关或者主要犯罪地公安机关立案侦查。有争议的,按照有利于查清犯罪事实、有利于诉讼的原则,协商解决;经协商无法达成一致的,由共同上级公安机关指定有关公安机关立案侦查。需要提请批准逮捕、移送审查起诉、提起公诉的,由立案侦查的公安机关所在地的人民检察院、人民法院受理。

4. 具有下列情形之一的,公安机关、人民检察院、人民法院可以在其职责范围内并案处理:

(1)一人犯数罪的;

(2)共同犯罪的;

(3)共同犯罪的犯罪嫌疑人、被告人还实施其他犯罪的;

(4)多个犯罪嫌疑人、被告人实施的犯罪行为存在关联,并案处理有利于查明全部案件事实的。

对为信息网络犯罪提供程序开发、互联网接入、服务器托管、网络存储、通讯传输等技术支持,或者广告推广、支付结算等帮助,涉嫌犯罪的，可以依照第一款的规定并案侦查。

有关公安机关依照前两款规定并案侦查的案件，需要提请批准逮捕、移送审查起诉、提起公诉的，由该公安机关所在地的人民检察院、人民法院受理。

5. 并案侦查的共同犯罪或者关联犯罪案件，犯罪嫌疑人人数众多、案情复杂的，公安机关可以分案移送审查起诉。分案移送审查起诉的，应当对并案侦查的依据、分案移送审查起诉的理由作出说明。

对于前款规定的案件，人民检察院可以分案提起公诉，人民法院可以分案审理。

分案处理应当以有利于保障诉讼质量和效率为前提，并不得影响当事人质证权等诉讼权利的行使。

6. 依照前条规定分案处理，公安机关、人民检察院、人民法院在分案前有管辖权的，分案后对相关案件的管辖权不受影响。根据具体情况，分案处理的相关案件可以由不同审级的人民法院分别审理。

7. 对于共同犯罪或者已并案侦查的关联犯罪案件，部分犯罪嫌疑人未到案，但不影响对已到案共同犯罪或者关联犯罪的犯罪嫌疑人、被告人的犯罪事实认定的，可以先行追究已到案犯罪嫌疑人、被告人的刑事责任。之前未到案的犯罪嫌疑人、被告人归案后，可以由原办案机关所在地公安机关、人民检察院、人民法院管辖其所涉及的案件。

8. 对于具有特殊情况，跨省（自治区、直辖市）指定异地公安机关侦查更有利于查清犯罪事实、保证案件公正处理的重大信息网络犯罪案件，以及在境外实施的信息网络犯罪案件，公安部可以商最高人民检察院和最高人民法院指定侦查管辖。

9. 人民检察院对于审查起诉的案件，按照刑事诉讼法的管辖规定，认为应当由上级人民检察院或者同级其他人民检察院起诉的，应当将案件移送有管辖权的人民检察院，并通知移送起诉的公安机关。人民检察院认为需要依照刑事诉讼法的规定指定审判管辖的，应当协商同级人民法院办理指定管辖有关事宜。

10. 犯罪嫌疑人被多个公安机关立案侦查的，有关公安机关一般应当协商并案处理，并依法移送案件。协商不成的，可以报请共同上级公安机关指定管辖。

人民检察院对于审查起诉的案件，发现犯罪嫌疑人还有犯罪被异地公安机关立案侦查的，应当通知移送审查起诉的公安机关。

人民法院对于提起公诉的案件，发现被告人还有其他犯罪被审查起诉、立案侦查的，可以协商人民检察院、公安机关并案处理，但可能造成审判过分迟延的除外。决定对有关犯罪并案处理，符合《中华人民共和国刑事诉讼法》第二百零四条规定的，人民检察院可以建议人民法院延期审理。

三、关于信息网络犯罪案件的调查核实

11. 公安机关对接受的案件或者发现的犯罪线索，在审查中发现案件事实或者线索不明，需要经过调查才能够确认是否达到刑事立案标准的，经公安机关办案部门负责人批准，可以进行调查核实；经过调查核实达到刑事立案标准的，应当及时立案。

12. 调查核实过程中，可以采取询问、查询、勘验、检查、鉴定、调取证据材料等不限制被调查对象人身、财产权利的措施，不得对被调查对象采取强制措施，不得查封、扣押、冻结被调查对象的财产，不得采取技术侦查措施。

13. 公安机关在调查核实过程中依法收集的电子数据等材料，可以根据有关规定作为证据使用。

调查核实过程中收集的材料作为证据使用的，应当随案移送，并附批准调查核实的相关材料。

调查核实过程中收集的证据材料经查证属实，且收集程序符合有关要求的，可以作为定案依据。

四、关于信息网络犯罪案件的取证

14. 公安机关向网络服务提供者调取电子数据的，应当制作调取证据通知书，注明需要调取的电子数据的相关信息。调取证据通知书及相关法律文书可以采用数据电文形式。跨地域调取电子数据的，可以通过公安机关信息化系统传输相关数据电文。

网络服务提供者向公安机关提供电子数据的，可以采用数据电文形式。采用数据电文形式提供电子数据的，应当保证电子数据的完整性，并制作电子证明文件，载明调证法律文书编号、单位电子公

章、完整性校验值等保护电子数据完整性方法的说明等信息。

数据电文形式的法律文书和电子证明文件，应当使用电子签名、数字水印等方式保证完整性。

15. 询（讯）问异地证人、被害人以及与案件有关联的犯罪嫌疑人的，可以由办案地公安机关通过远程网络视频等方式进行并制作笔录。

远程询（讯）问的，应当由协作地公安机关事先核实被询（讯）问人的身份。办案地公安机关应当将询（讯）问笔录传输至协作地公安机关。询（讯）问笔录经被询（讯）问人确认并逐页签名、捺指印后，由协作地公安机关协作人员签名或者盖章，并将原件提供给办案地公安机关。询（讯）问人员收到笔录后，应当在首页右上方写明“于某年某月某日收到”，并签名或者盖章。

远程询（讯）问的，应当对询（讯）问过程同步录音录像，并随案移送。

异地证人、被害人以及与案件有关联的犯罪嫌疑人亲笔书写证词、供词的，参照执行本条第二款规定。

16. 人民检察院依法自行侦查、补充侦查，或者人民法院调查核实相关证据的，适用本意见第 14 条、第 15 条的有关规定。

17. 对于依照本意见第 14 条的规定调取的电子数据，人民检察院、人民法院可以通过核验电子签名、数字水印、电子数据完整性校验值及调证法律文书编号是否与证明文件相一致等方式，对电子数据进行审查判断。

对调取的电子数据有疑问的，由公安机关、提供电子数据的网络服务提供者作出说明，或者由原调取机关补充收集相关证据。

五、关于信息网络犯罪案件的其他问题

18. 采取技术侦查措施收集的材料作为证据使用的，应当随案移送，并附采取技术侦查措施的法律文书、证据材料清单和有关说明材料。

移送采取技术侦查措施收集的视听资料、电子数据的，应当由两名以上侦查人员制作复制件，并附制作说明，写明原始证据材料、原始存储介质的存放地点等信息，由制作人签名，并加盖单位印章。

19. 采取技术侦查措施收集的证据材料，应当经过当庭出示、辨认、质证等法庭调查程序查证。

当庭调查技术侦查证据材料可能危及有关人员的人身安全，或者可能产生其他严重后果的，法庭应当采取不暴露有关人员身份和技术侦查措施使用的技术设备、技术方法等保护措施。必要时，审判人员可以在庭外对证据进行核实。

20. 办理信息网络犯罪案件，对于数量特别众多且具有同类性质、特征或者功能的物证、书证、证人证言、被害人陈述、视听资料、电子数据等证据材料，确因客观条件限制无法逐一收集的，应当按照一定比例或者数量选取证据，并对选取情况作出说明和论证。

人民检察院、人民法院应当重点审查取证方法、过程是否科学。经审查认为取证不科学的，应当由原取证机关作出补充说明或者重新取证。

人民检察院、人民法院应当结合其他证据材料，以及犯罪嫌疑人、被告人及其辩护人所提辩解、辩护意见，审查认定取得的证据。经审查，对相关事实不能排除合理怀疑的，应当作出有利于犯罪嫌疑人、被告人的认定。

21. 对于涉案人数特别众多的信息网络犯罪案件，确因客观条件限制无法收集证据逐一证明、逐人核实涉案账户的资金来源，但根据银行账户、非银行支付账户等交易记录和其他证据材料，足以认定有关账户主要用于接收、流转涉案资金的，可以按照该账户接收的资金数额认定犯罪数额，但犯罪嫌疑人、被告人能够作出合理说明的除外。案外人提出异议的，应当依法审查。

22. 办理信息网络犯罪案件，应当依法及时查封、扣押、冻结涉案财物，督促涉案人员退赃退赔，及时追赃挽损。

公安机关应当全面收集证明涉案财物性质、权属情况、依法应予追缴、没收或者责令退赔的证据材料，在移送审查起诉时随案移送并作出说明。其中，涉案财物需要返还被害人的，应当尽可能查明被害人损失情况。人民检察院应当对涉案财物的证据材料进行审查，在提起公诉时提出处理意见。人民法院应当依法作出判决，对涉案财物作出处理。

对应当返还被害人的合法财产,权属明确的,应当依法及时返还;权属不明的,应当在人民法院判决、裁定生效后,按比例返还被害人,但已获退赔的部分应予扣除。

23. 本意见自 2022 年 9 月 1 日起施行。《最高人民法院、最高人民检察院、公安部关于办理网络犯罪案件适用刑事诉讼程序若干问题的意见》(公通字〔2014〕10 号)同时废止。

最高人民法院关于审理利用信息网络侵害人身权益民事纠纷案件适用法律若干问题的规定

1. 2014 年 6 月 23 日最高人民法院审判委员会第 1621 次会议通过、2014 年 8 月 21 日公布、自 2014 年 10 月 10 日起施行(法释〔2014〕11 号)
2. 根据 2020 年 12 月 23 日最高人民法院审判委员会第 1823 次会议通过、2020 年 12 月 29 日公布、自 2021 年 1 月 1 日起施行的《最高人民法院关于修改〈最高人民法院关于在民事审判工作中适用《中华人民共和国工会法》若干问题的解释〉等二十七件民事类司法解释的决定》(法释〔2020〕17 号)修正

为正确审理利用信息网络侵害人身权益民事纠纷案件,根据《中华人民共和国民法典》《全国人民代表大会常务委员会关于加强网络信息保护的决定》《中华人民共和国民事诉讼法》等法律的规定,结合审判实践,制定本规定。

第一条 本规定所称的利用信息网络侵害人身权益民事纠纷案件,是指利用信息网络侵害他人姓名权、名称权、名誉权、荣誉权、肖像权、隐私权等人身权益引起的纠纷案件。

第二条 原告依据民法典第一千一百九十五条、第一千一百九十七条的规定起诉网络用户或者网络服务提供者的,人民法院应予受理。

原告仅起诉网络用户,网络用户请求追加涉嫌侵权的网络服务提供者为共同被告或者第三人的,人民法院应予准许。

原告仅起诉网络服务提供者,网络服务提供者请求追加可以确

定的网络用户为共同被告或者第三人的，人民法院应予准许。

第三条 原告起诉网络服务提供者，网络服务提供者以涉嫌侵权的信息系网络用户发布为由抗辩的，人民法院可以根据原告的请求及案件的具体情况，责令网络服务提供者向人民法院提供能够确定涉嫌侵权的网络用户的姓名（名称）、联系方式、网络地址等信息。

网络服务提供者无正当理由拒不提供的，人民法院可以依据民事诉讼法第一百一十四条的规定对网络服务提供者采取处罚等措施。

原告根据网络服务提供者提供的信息请求追加网络用户为被告的，人民法院应予准许。

第四条 人民法院适用民法典第一千一百九十五条第二款的规定，认定网络服务提供者采取的删除、屏蔽、断开链接等必要措施是否及时，应当根据网络服务的类型和性质、有效通知的形式和准确程度、网络信息侵害权益的类型和程度等因素综合判断。

第五条 其发布的信息被采取删除、屏蔽、断开链接等措施的网络用户，主张网络服务提供者承担违约责任或者侵权责任，网络服务提供者以收到民法典第一千一百九十五条第一款规定的有效通知为由抗辩的，人民法院应予支持。

第六条 人民法院依据民法典第一千一百九十七条认定网络服务提供者是否“知道或者应当知道”，应当综合考虑下列因素：

（一）网络服务提供者是否以人工或者自动方式对侵权网络信息以推荐、排名、选择、编辑、整理、修改等方式作出处理；

（二）网络服务提供者应当具备的管理信息的能力，以及所提供服务的性质、方式及其引发侵权的可能性大小；

（三）该网络信息侵害人身权益的类型及明显程度；

（四）该网络信息的社会影响程度或者一定时间内的浏览量；

（五）网络服务提供者采取预防侵权措施的技术可能性及其是否采取了相应的合理措施；

（六）网络服务提供者是否针对同一网络用户的重复侵权行为或者同一侵权信息采取了相应的合理措施；

（七）与本案相关的其他因素。

第七条 人民法院认定网络用户或者网络服务提供者转载网络信息行为的过错及其程度，应当综合以下因素：

（一）转载主体所承担的与其性质、影响范围相适应的注意义务；

（二）所转载信息侵害他人人身权益的明显程度；

（三）对所转载信息是否作出实质性修改，是否添加或者修改文章标题，导致其与内容严重不符以及误导公众的可能性。

第八条 网络用户或者网络服务提供者采取诽谤、诋毁等手段，损害公众对经营主体的信赖，降低其产品或者服务的社会评价，经营主体请求网络用户或者网络服务提供者承担侵权责任的，人民法院应依法予以支持。

第九条 网络用户或者网络服务提供者，根据国家机关依职权制作的文书和公开实施的职权行为等信息来源所发布的信息，有下列情形之一，侵害他人人身权益，被侵权人请求侵权人承担侵权责任的，人民法院应予支持：

（一）网络用户或者网络服务提供者发布的信息与前述信息来源内容不符；

（二）网络用户或者网络服务提供者以添加侮辱性内容、诽谤性信息、不当标题或者通过增删信息、调整结构、改变顺序等方式致人误解；

（三）前述信息来源已被公开更正，但网络用户拒绝更正或者网络服务提供者不予更正；

（四）前述信息来源已被公开更正，网络用户或者网络服务提供者仍然发布更正之前的信息。

第十条 被侵权人与构成侵权的网络用户或者网络服务提供者达成一方支付报酬，另一方提供删除、屏蔽、断开链接等服务的协议，人民法院应认定为无效。

擅自篡改、删除、屏蔽特定网络信息或者以断开链接的方式阻止他人获取网络信息，发布该信息的网络用户或者网络服务提供者请求侵权人承担侵权责任的，人民法院应予支持。接受他人委托实施该行为的，委托人与受托人承担连带责任。

第十一条 网络用户或者网络服务提供者侵害他人人身权益,造成财产损失或者严重精神损害,被侵权人依据民法典第一千一百八十二条和第一千一百八十三条的规定,请求其承担赔偿责任的,人民法院应予支持。

第十二条 被侵权人为制止侵权行为所支付的合理开支,可以认定为民法典第一千一百八十二条规定的财产损失。合理开支包括被侵权人或者委托代理人对侵权行为进行调查、取证的合理费用。人民法院根据当事人的请求和具体案情,可以将符合国家有关部门规定的律师费用计算在赔偿范围内。

被侵权人因人身权益受侵害造成的财产损失以及侵权人因此获得的利益难以确定的,人民法院可以根据具体案情在50万元以下的范围内确定赔偿数额。

第十三条 本规定施行后人民法院正在审理的一审、二审案件适用本规定。

本规定施行前已经终审,本规定施行后当事人申请再审或者按照审判监督程序决定再审的案件,不适用本规定。

人民检察院办理网络犯罪案件规定

2021年1月22日发布施行

第一章 一般规定

第一条 为规范人民检察院办理网络犯罪案件,维护国家安全、网络安全、社会公共利益,保护公民、法人和其他组织的合法权益,根据《中华人民共和国刑事诉讼法》《人民检察院刑事诉讼规则》等规定,结合司法实践,制定本规定。

第二条 本规定所称网络犯罪是指针对信息网络实施的犯罪,利用信息网络实施的犯罪,以及其他上下游关联犯罪。

第三条 人民检察院办理网络犯罪案件应当加强全链条惩治,注重审查和发现上下游关联犯罪线索。对涉嫌犯罪，公安机关未立案侦查、应当提请批准逮捕而未提请批准逮捕或者应当移送起诉而未移送起诉的，依法进行监督。

第四条 人民检察院办理网络犯罪案件应当坚持惩治犯罪与预防犯罪并举，建立捕、诉、监、防一体的办案机制，加强以案释法，发挥检察建议的作用，促进有关部门、行业组织、企业等加强网络犯罪预防和治理，净化网络空间。

第五条 网络犯罪案件的管辖适用刑事诉讼法及其他相关规定。

有多个犯罪地的，按照有利于查清犯罪事实、有利于保护被害人合法权益、保证案件公正处理的原则确定管辖。

因跨区域犯罪、共同犯罪、关联犯罪等原因存在管辖争议的，由争议的人民检察院协商解决，协商不成的，报请共同的上级人民检察院指定管辖。

第六条 人民检察院办理网络犯罪案件应当发挥检察一体化优势，加强跨区域协作办案，强化信息互通、证据移交、技术协作，增强惩治网络犯罪的合力。

第七条 人民检察院办理网络犯罪案件应当加强对电子数据收集、提取、保全、固定等的审查，充分运用同一电子数据往往具有的多元关联证明作用，综合运用电子数据与其他证据，准确认定案件事实。

第八条 建立检察技术人员、其他有专门知识的人参与网络犯罪案件办理制度。根据案件办理需要，吸收检察技术人员加入办案组辅助案件办理。积极探索运用大数据、云计算、人工智能等信息技术辅助办案，提高网络犯罪案件办理的专业化水平。

第九条 人民检察院办理网络犯罪案件，对集团犯罪或者涉案人数众多的，根据行为人的客观行为、主观恶性、犯罪情节及地位、作用等综合判断责任轻重和刑事追究的必要性，按照区别对待原则分类处理，依法追诉。

第十条 人民检察院办理网络犯罪案件应当把追赃挽损贯穿始终，主动加强与有关机关协作，保证及时查封、扣押、冻结涉案财物，阻断涉案财物移转链条，督促涉案人员退赃退赔。

第二章 引导取证和案件审查

第十一条 人民检察院办理网络犯罪案件应当重点围绕主体身份同一性、技术手段违法性、上下游行为关联性等方面全面审查案件事实和证据，注重电子数据与其他证据之间的相互印证，构建完整的证据体系。

第十二条 经公安机关商请，根据追诉犯罪的需要，人民检察院可以派员适时介入重大、疑难、复杂网络犯罪案件的侦查活动，并对以下事项提出引导取证意见：

（一）案件的侦查方向及可能适用的罪名；

（二）证据的收集、提取、保全、固定、检验、分析等；

（三）关联犯罪线索；

（四）追赃挽损工作；

（五）其他需要提出意见的事项。

人民检察院开展引导取证活动时，涉及专业性问题的，可以指派检察技术人员共同参与。

第十三条 人民检察院可以通过以下方式了解案件办理情况：

（一）查阅案件材料；

（二）参加公安机关对案件的讨论；

（三）了解讯（询）问犯罪嫌疑人、被害人、证人的情况；

（四）了解、参与电子数据的收集、提取；

（五）其他方式。

第十四条 人民检察院介入网络犯罪案件侦查活动，发现关联犯罪或其他新的犯罪线索，应当建议公安机关依法立案或移送相关部门；对于犯罪嫌疑人不构成犯罪的，依法监督公安机关撤销案件。

第十五条 人民检察院可以根据案件侦查情况，向公安机关提出以下取证意见：

（一）能够扣押、封存原始存储介质的，及时扣押、封存；

（二）扣押可联网设备时，及时采取信号屏蔽、信号阻断或者切断电源等方式，防止电子数据被远程破坏；

（三）及时提取账户密码及相应数据，如电子设备、网络账户、应用软件等的账户密码，以及存储于其中的聊天记录、电子邮件、交易记录等；

（四）及时提取动态数据，如内存数据、缓存数据、网络连接数据等；

（五）及时提取依赖于特定网络环境的数据，如点对点网络传输数据、虚拟专线网络中的数据等；

（六）及时提取书证、物证等客观证据，注意与电子数据相互印证。

第十六条 对于批准逮捕后要求公安机关继续侦查、不批准逮捕后要求公安机关补充侦查或者审查起诉退回公安机关补充侦查的网络犯罪案件，人民检察院应当重点围绕本规定第十二条第一款规定的事项，有针对性地制作继续侦查提纲或者补充侦查提纲。对于专业性问题，应当听取检察技术人员或者其他有专门知识的人的意见。

人民检察院应当及时了解案件继续侦查或者补充侦查的情况。

第十七条 认定网络犯罪的犯罪嫌疑人，应当结合全案证据，围绕犯罪嫌疑人与原始存储介质、电子数据的关联性、犯罪嫌疑人网络身份与现实身份的同一性，注重审查以下内容：

（一）扣押、封存的原始存储介质是否为犯罪嫌疑人所有、持有或者使用；

（二）社交、支付结算、网络游戏、电子商务、物流等平台的账户信息、身份认证信息、数字签名、生物识别信息等是否与犯罪嫌疑人身份关联；

（三）通话记录、短信、聊天信息、文档、图片、语音、视频等文件内容是否能够反映犯罪嫌疑人的身份；

（四）域名、IP 地址、终端 MAC 地址、通信基站信息等是否能够反映电子设备为犯罪嫌疑人所使用；

（五）其他能够反映犯罪嫌疑人主体身份的内容。

第十八条 认定犯罪嫌疑人的客观行为，应当结合全案证据，围绕其利用的程序工具、技术手段的功能及其实现方式、犯罪行为和结果之间的关联性，注重审查以下内容：

（一）设备信息、软件程序代码等作案工具；

（二）系统日志、域名、IP 地址、WiFi 信息、地理位置信息等是否能够反映犯罪嫌疑人的行为轨迹；

（三）操作记录、网络浏览记录、物流信息、交易结算记录、即时通信信息等是否能够反映犯罪嫌疑人的行为内容；

（四）其他能够反映犯罪嫌疑人客观行为的内容。

第十九条 认定犯罪嫌疑人的主观方面，应当结合犯罪嫌疑人的认知能力、专业水平、既往经历、人员关系、行为次数、获利情况等综合认定，注重审查以下内容：

（一）反映犯罪嫌疑人主观故意的聊天记录、发布内容、浏览记录等；

（二）犯罪嫌疑人行为是否明显违背系统提示要求、正常操作流程；

（三）犯罪嫌疑人制作、使用或者向他人提供的软件程序是否主要用于违法犯罪活动；

（四）犯罪嫌疑人支付结算的对象、频次、数额等是否明显违反正常交易习惯；

（五）犯罪嫌疑人是否频繁采用隐蔽上网、加密通信、销毁数据等措施或者使用虚假身份；

（六）其他能够反映犯罪嫌疑人主观方面的内容。

第二十条 认定犯罪行为的情节和后果，应当结合网络空间、网络行为的特性，从违法所得、经济损失、信息系统的破坏、网络秩序的危害程度以及对被害人的侵害程度等综合判断，注重审查以下内容：

（一）聊天记录、交易记录、音视频文件、数据库信息等能够反映犯罪嫌疑人违法所得、获取和传播数据及文件的性质、数量的内容；

（二）账号数量、信息被点击次数、浏览次数、被转发次数等能够反映犯罪行为对网络空间秩序产生影响的内容；

（三）受影响的计算机信息系统数量、服务器日志信息等能够反映犯罪行为对信息网络运行造成影响程度的内容；

（四）被害人数量、财产损失数额、名誉侵害的影响范围等能够反映犯罪行为对被害人的人身、财产等造成侵害的内容；

（五）其他能够反映犯罪行为情节、后果的内容。

第二十一条 人民检察院办理网络犯罪案件，确因客观条件限制无法逐一收集相关言词证据的，可以根据记录被害人人数、被侵害的计算机信息系统数量、涉案资金数额等犯罪事实的电子数据、书证等证据材料，在审查被告人及其辩护人所提辩解、辩护意见的基础上，综合全案证据材料，对相关犯罪事实作出认定。

第二十二条 对于数量众多的同类证据材料，在证明是否具有同样的性质、特征或者功能时，因客观条件限制不能全部验证的，可以进行抽样验证。

第二十三条 对鉴定意见、电子数据等技术性证据材料，需要进行专门审查的，应当指派检察技术人员或者聘请其他有专门知识的人进行审查并提出意见。

第二十四条 人民检察院在审查起诉过程中，具有下列情形之一的，可以依法自行侦查：

（一）公安机关未能收集的证据，特别是存在灭失、增加、删除、修改风险的电子数据，需要及时收集和固定的；

（二）经退回补充侦查未达到补充侦查要求的；

（三）其他需要自行侦查的情形。

第二十五条 自行侦查由检察官组织实施，开展自行侦查的检察人员不得少于二人。需要技术支持和安全保障的，由人民检察院技术部门和警务部门派员协助。必要时，可以要求公安机关予以配合。

第二十六条 人民检察院办理网络犯罪案件的部门，发现或者收到侵害国家利益、社会公共利益的公益诉讼案件线索的，应当及时移送负责公益诉讼的部门处理。

第三章 电子数据的审查

第二十七条 电子数据是以数字化形式存储、处理、传输的，能够证明案件事实的数据，主要包括以下形式：

（一）网页、社交平台、论坛等网络平台发布的信息；

（二）手机短信、电子邮件、即时通信、通讯群组等网络通讯信息；

（三）用户注册信息、身份认证信息、数字签名、生物识别信息等用户身份信息；

（四）电子交易记录、通信记录、浏览记录、操作记录、程序安装、运行、删除记录等用户行为信息；

（五）恶意程序、工具软件、网站源代码、运行脚本等行为工具信息；

（六）系统日志、应用程序日志、安全日志、数据库日志等系统运行信息；

（七）文档、图片、音频、视频、数字证书、数据库文件等电子文件及其创建时间、访问时间、修改时间、大小等文件附属信息。

第二十八条 电子数据取证主要包括以下方式：收集、提取电子数据；电子数据检查和侦查实验；电子数据检验和鉴定。

收集、提取电子数据可以采取以下方式：

（一）扣押、封存原始存储介质；

（二）现场提取电子数据；

（三）在线提取电子数据；

（四）冻结电子数据；

（五）调取电子数据。

第二十九条 人民检察院办理网络犯罪案件，应当围绕客观性、合法性、关联性的要求对电子数据进行全面审查。注重审查电子数据与案件事实之间的多元关联，加强综合分析，充分发挥电子数据的证明作用。

第三十条 对电子数据是否客观、真实，注重审查以下内容：

（一）是否移送原始存储介质，在原始存储介质无法封存、不便移动时，是否说明原因，并注明相关情况；

（二）电子数据是否有数字签名、数字证书等特殊标识；

（三）电子数据的收集、提取过程及结果是否可以重现；

（四）电子数据有增加、删除、修改等情形的，是否附有说明；

（五）电子数据的完整性是否可以保证。

第三十一条 对电子数据是否完整，注重审查以下内容：

（一）原始存储介质的扣押、封存状态是否完好；

（二）比对电子数据完整性校验值是否发生变化；

（三）电子数据的原件与备份是否相同；

（四）冻结后的电子数据是否生成新的操作日志。

第三十二条 对电子数据的合法性，注重审查以下内容：

（一）电子数据的收集、提取、保管的方法和过程是否规范；

（二）查询、勘验、扣押、调取、冻结等的法律手续是否齐全；

（三）勘验笔录、搜查笔录、提取笔录等取证记录是否完备；

（四）是否由符合法律规定的取证人员、见证人、持有人（提供人）等参与，因客观原因没有见证人、持有人（提供人）签名或者盖章的，是否说明原因；

（五）是否按照有关规定进行同步录音录像；

（六）对于收集、提取的境外电子数据是否符合国（区）际司法协作及相关法律规定的要求。

第三十三条 对电子数据的关联性，注重审查以下内容：

（一）电子数据与案件事实之间的关联性；

（二）电子数据及其存储介质与案件当事人之间的关联性。

第三十四条 原始存储介质被扣押封存的，注重从以下方面审查扣押封存过程是否规范：

（一）是否记录原始存储介质的品牌、型号、容量、序列号、识别码、用户标识等外观信息，是否与实物一一对应；

（二）是否封存或者计算完整性校验值，封存前后是否拍摄被封存原始存储介质的照片，照片是否清晰反映封口或者张贴封条处的状况；

（三）是否由取证人员、见证人、持有人（提供人）签名或者盖章。

第三十五条 对原始存储介质制作数据镜像予以提取固定的，注重审查以下内容：

（一）是否记录原始存储介质的品牌、型号、容量、序列号、识别码、用户标识等外观信息，是否记录原始存储介质的存放位置、使用人、保管人；

（二）是否附有制作数据镜像的工具、方法、过程等必要信息；

（三）是否计算完整性校验值；

（四）是否由取证人员、见证人、持有人（提供人）签名或者盖章。

第三十六条 提取原始存储介质中的数据内容并予以固定的，注重审查以下内容：

（一）是否记录原始存储介质的品牌、型号、容量、序列号、识别码、用户标识等外观信息，是否记录原始存储介质的存放位置、使用人、保管人；

（二）所提取数据内容的原始存储路径，提取的工具、方法、过程等信息，是否一并提取相关的附属信息、关联痕迹、系统环境等信息；

（三）是否计算完整性校验值；

（四）是否由取证人员、见证人、持有人（提供人）签名或者盖章。

第三十七条 对于在线提取的电子数据，注重审查以下内容：

（一）是否记录反映电子数据来源的网络地址、存储路径或者数据提取时的进入步骤等；

（二）是否记录远程计算机信息系统的访问方式、电子数据的提取日期和时间、提取的工具、方法等信息，是否一并提取相关的附属信息、关联痕迹、系统环境等信息；

（三）是否计算完整性校验值；

（四）是否由取证人员、见证人、持有人（提供人）签名或者盖章。

对可能无法重复提取或者可能出现变化的电子数据，是否随案移送反映提取过程的拍照、录像、截屏等材料。

第三十八条 对冻结的电子数据，注重审查以下内容：

（一）冻结手续是否符合规定；

（二）冻结的电子数据是否与案件事实相关；

（三）冻结期限是否即将到期、有无必要继续冻结或者解除；

（四）冻结期间电子数据是否被增加、删除、修改等。

第三十九条 对调取的电子数据，注重审查以下内容：

（一）调取证据通知书是否注明所调取的电子数据的相关信息；

（二）被调取单位、个人是否在通知书回执上签名或者盖章；

（三）被调取单位、个人拒绝签名、盖章的，是否予以说明；

（四）是否计算完整性校验值或者以其他方法保证电子数据的完整性。

第四十条 对电子数据进行检查、侦查实验，注重审查以下内容：

（一）是否记录检查过程、检查结果和其他需要记录的内容，并由检查人员签名或者盖章；

（二）是否记录侦查实验的条件、过程和结果，并由参加侦查实验的人员签名或者盖章；

（三）检查、侦查实验使用的电子设备、网络环境等是否与发案现场一致或者基本一致；

（四）是否使用拍照、录像、录音、通信数据采集等一种或者多种方式客观记录检查、侦查实验过程。

第四十一条 对电子数据进行检验、鉴定，注重审查以下内容：

（一）鉴定主体的合法性。包括审查司法鉴定机构、司法鉴定人员的资质，委托鉴定事项是否符合司法鉴定机构的业务范围，鉴定人员是否存在回避等情形；

（二）鉴定材料的客观性。包括鉴定材料是否真实、完整、充分，取得方式是否合法，是否与原始电子数据一致；

（三）鉴定方法的科学性。包括鉴定方法是否符合国家标准、行业标准，方法标准的选用是否符合相关规定；

（四）鉴定意见的完整性。是否包含委托人、委托时间、检材信息、鉴定或者分析论证过程、鉴定结果以及鉴定人签名、日期等内容；

（五）鉴定意见与其他在案证据能否相互印证。

对于鉴定机构以外的机构出具的检验、检测报告，可以参照本条规定进行审查。

第四十二条 行政机关在行政执法和查办案件过程中依法收集、提取的电子数据，人民检察院经审查符合法定要求的，可以作为刑事案件的证据使用。

第四十三条 电子数据的收集、提取程序有下列瑕疵，经补正或者作出合理解释的，可以采用；不能补正或者作出合理解释的，不得作为定案的根据：

（一）未以封存状态移送的；

（二）笔录或者清单上没有取证人员、见证人、持有人（提供人）签名或者盖章的；

（三）对电子数据的名称、类别、格式等注明不清的；

（四）有其他瑕疵的。

第四十四条 电子数据系篡改、伪造、无法确定真伪的，或者有其他无法保证电子数据客观、真实情形的，不得作为定案的根据。

电子数据有增加、删除、修改等情形，但经司法鉴定、当事人确认等方式确定与案件相关的重要数据未发生变化，或者能够还原电子数据原始状态、查清变化过程的，可以作为定案的根据。

第四十五条 对于无法直接展示的电子数据，人民检察院可以要求公安机关提供电子数据的内容、存储位置、附属信息、功能作用等情况的说明，随案移送人民法院。

第四章 出庭支持公诉

第四十六条 人民检察院依法提起公诉的网络犯罪案件，具有下列情形之一的，可以建议人民法院召开庭前会议：

（一）案情疑难复杂的；

（二）跨国（边）境、跨区域案件社会影响重大的；

（三）犯罪嫌疑人、被害人等人数众多、证据材料较多的；

（四）控辩双方对电子数据合法性存在较大争议的；

（五）案件涉及技术手段专业性强，需要控辩双方提前交换意见的；

（六）其他有必要召开庭前会议的情形。

必要时，人民检察院可以向法庭申请指派检察技术人员或者聘请其他有专门知识的人参加庭前会议。

第四十七条 人民法院开庭审理网络犯罪案件，公诉人出示证据可以借助多媒体示证、动态演示等方式进行。必要时，可以向法庭申请指派检察技术人员或者聘请其他有专门知识的人进行相关技术操作，并就专门性问题发表意见。

公诉人在出示电子数据时，应当从以下方面进行说明：

（一）电子数据的来源、形成过程；

（二）电子数据所反映的犯罪手段、人员关系、资金流向、行为轨迹等案件事实；

（三）电子数据与被告人供述、被害人陈述、证人证言、物证、书证等的相互印证情况；

（四）其他应当说明的内容。

第四十八条 在法庭审理过程中，被告人及其辩护人针对电子数据的客观性、合法性、关联性提出辩解或者辩护意见的，公诉人可以围绕争议点从证据来源是否合法，提取、复制、制作过程是否规范，内容是否真实完整，与案件事实有无关联等方面，有针对性地予以答辩。

第四十九条 支持、推动人民法院开庭审判网络犯罪案件全程录音录像。对庭审全程录音录像资料，必要时人民检察院可以商请人民法院复制，并将存储介质附检察卷宗保存。

第五章 跨区域协作办案

第五十条 对跨区域网络犯罪案件，上级人民检察院应当加强统一指挥和统筹协调，相关人民检察院应当加强办案协作。

第五十一条 上级人民检察院根据办案需要，可以统一调用辖区内的检察人员参与办理网络犯罪案件。

第五十二条 办理关联网络犯罪案件的人民检察院可以相互申请查阅卷宗材料、法律文书，了解案件情况，被申请的人民检察院应当予以协助。

第五十三条 承办案件的人民检察院需要向办理关联网络犯罪案件的人民检察院调取证据材料的，可以持相关法律文书和证明文件申请调取在案证据材料，被申请的人民检察院应当配合。

第五十四条 承办案件的人民检察院需要异地调查取证的，可以将相关法律文书及证明文件传输至证据所在地的人民检察院，请其代为调查取证。相关法律文书应当注明具体的取证对象、方式、内容和期限等。

被请求协助的人民检察院应当予以协助，及时将取证结果送达承办案件的人民检察院；无法及时调取的，应当作出说明。被请求协助的人民检察院有异议的，可以与承办案件的人民检察院进行协商；无法解决的，由承办案件的人民检察院报请共同的上级人民检察院决定。

第五十五条 承办案件的人民检察院需要询问异地证人、被害人的，可以通过远程视频系统进行询问,证人、被害人所在地的人民检察院应当予以协助。远程询问的,应当对询问过程进行同步录音录像。

第六章 跨国(边)境司法协作

第五十六条 办理跨国网络犯罪案件应当依照《中华人民共和国国际刑事司法协助法》及我国批准加入的有关刑事司法协助条约,加强国际司法协作,维护我国主权、安全和社会公共利益,尊重协作国司法主权、坚持平等互惠原则,提升跨国司法协作质效。

第五十七条 地方人民检察院在案件办理中需要向外国请求刑事司法协助的,应当制作刑事司法协助请求书并附相关材料,经报最高人民检察院批准后,由我国与被请求国间司法协助条约规定的对外联系机关向外国提出申请。没有刑事司法协助条约的,通过外交途径联系。

第五十八条 人民检察院参加现场移交境外证据的检察人员不少于二人,外方有特殊要求的除外。

移交、开箱、封存、登记的情况应当制作笔录,由最高人民检察院或者承办案件的人民检察院代表、外方移交人员签名或者盖章,一般应当全程录音录像。有其他见证人的,在笔录中注明。

第五十九条 人民检察院对境外收集的证据,应当审查证据来源是否合法、手续是否齐备以及证据的移交、保管、转换等程序是否连续、规范。

第六十条 人民检察院办理涉香港特别行政区、澳门特别行政区、台湾地区的网络犯罪案件,需要当地有关部门协助的,可以参照本规定及其他相关规定执行。

第七章 附 则

第六十一条 人民检察院办理网络犯罪案件适用本规定,本规定没有规定的,适用其他相关规定。

第六十二条 本规定中下列用语的含义:

(一)信息网络,包括以计算机、电视机、固定电话机、移动电话机等电子设备为终端的计算机互联网、广播电视网、固定通信网、移动通信网等信息网络，以及局域网络；

（二）存储介质，是指具备数据存储功能的电子设备、硬盘、光盘、优盘、记忆棒、存储芯片等载体；

（三）完整性校验值，是指为防止电子数据被篡改或者破坏，使用散列算法等特定算法对电子数据进行计算，得出的用于校验数据完整性的数据值；

（四）数字签名，是指利用特定算法对电子数据进行计算，得出的用于验证电子数据来源和完整性的数据值；

（五）数字证书，是指包含数字签名并对电子数据来源、完整性进行认证的电子文件；

（六）生物识别信息，是指计算机利用人体所固有的生理特征（包括人脸、指纹、声纹、虹膜、DNA 等）或者行为特征（步态、击键习惯等）来进行个人身份识别的信息；

（七）运行脚本，是指使用一种特定的计算机编程语言，依据符合语法要求编写的执行指定操作的可执行文件；

（八）数据镜像，是指二进制（0101 排序的数据码流）相同的数据复制件，与原件的内容无差别；

（九）MAC 地址，是指计算机设备中网卡的唯一标识，每个网卡有且只有一个 MAC 地址。

第六十三条 人民检察院办理国家安全机关、海警机关、监狱等移送的网络犯罪案件，适用本规定和其他相关规定。

第六十四条 本规定由最高人民检察院负责解释。

第六十五条 本规定自发布之日起施行。

二、金融诈骗

中华人民共和国刑法（节录）

1. 1979年7月1日第五届全国人民代表大会第二次会议通过
2. 1997年3月14日第八届全国人民代表大会第五次会议修订
3. 根据1998年12月29日第九届全国人民代表大会常务委员会第六次会议通过的《关于惩治骗购外汇、逃汇和非法买卖外汇犯罪的决定》、1999年12月25日第九届全国人民代表大会常务委员会第十三次会议通过的《中华人民共和国刑法修正案》、2001年8月31日第九届全国人民代表大会常务委员会第二十三次会议通过的《中华人民共和国刑法修正案（二）》、2001年12月29日第九届全国人民代表大会常务委员会第二十五次会议通过的《中华人民共和国刑法修正案（三）》、2002年12月28日第九届全国人民代表大会常务委员会第三十一次会议通过的《中华人民共和国刑法修正案（四）》、2005年2月28日第十届全国人民代表大会常务委员会第十四次会议通过的《中华人民共和国刑法修正案（五）》、2006年6月29日第十届全国人民代表大会常务委员会第二十二次会议通过的《中华人民共和国刑法修正案（六）》、2009年2月28日第十一届全国人民代表大会常务委员会第七次会议通过的《中华人民共和国刑法修正案（七）》、2009年8月27日第十一届全国人民代表大会常务委员会第十次会议通过的《关于修改部分法律的决定》、2011年2月25日第十一届全国人民代表大会常务委员会第十九次会议通过的《中华人民共和国刑法修正案（八）》、2015年8月29日第十二届全国人民代表大会常务委员会第十六次会议通过的《中华人民共和国刑法修正案（九）》、2017年11月4日第十二届全国人民代表大会常务委员会第三十次会议通过的《中华人民共和国刑法修正案（十）》、2020年12月26日第十三届全国人民代表大会常务委员会第二十四次会议通过的《中华人民共和国刑法修正案（十一）》和2023年12月29日第十四届全国人民代表大会常务委员会第七次会议通过的《中华人民共和国刑法修正案（十二）》修正

第三章　破坏社会主义市场经济秩序罪

第三节　妨害对公司、企业的管理秩序罪

第一百五十八条　【虚报注册资本罪】申请公司登记使用虚假证明文

件或者采取其他欺诈手段虚报注册资本，欺骗公司登记主管部门，取得公司登记，虚报注册资本数额巨大、后果严重或者有其他严重情节的，处三年以下有期徒刑或者拘役，并处或者单处虚报注册资本金额百分之一以上百分之五以下罚金。

单位犯前款罪的，对单位判处罚金，并对其直接负责的主管人员和其他直接责任人员，处三年以下有期徒刑或者拘役。

第一百五十九条 **【虚假出资、抽逃出资罪】**公司发起人、股东违反公司法的规定未交付货币、实物或者未转移财产权，虚假出资，或者在公司成立后又抽逃其出资，数额巨大、后果严重或者有其他严重情节的，处五年以下有期徒刑或者拘役，并处或者单处虚假出资金额或者抽逃出资金额百分之二以上百分之十以下罚金。

单位犯前款罪的，对单位判处罚金，并对其直接负责的主管人员和其他直接责任人员，处五年以下有期徒刑或者拘役。

第一百六十条 **【欺诈发行证券罪】**在招股说明书、认股书、公司、企业债券募集办法等发行文件中隐瞒重要事实或者编造重大虚假内容，发行股票或者公司、企业债券、存托凭证或者国务院依法认定的其他证券，数额巨大、后果严重或者有其他严重情节的，处五年以下有期徒刑或者拘役，并处或者单处罚金；数额特别巨大、后果特别严重或者有其他特别严重情节的，处五年以上有期徒刑，并处罚金。

控股股东、实际控制人组织、指使实施前款行为的，处五年以下有期徒刑或者拘役，并处或者单处非法募集资金金额百分之二十以上一倍以下罚金；数额特别巨大、后果特别严重或者有其他特别严重情节的，处五年以上有期徒刑，并处非法募集资金金额百分之二十以上一倍以下罚金。

单位犯前两款罪的，对单位判处非法募集资金金额百分之二十以上一倍以下罚金，并对其直接负责的主管人员和其他直接责任人员，依照第一款的规定处罚。

第一百六十一条 **【违规披露、不披露重要信息罪】**依法负有信息披露义务的公司、企业向股东和社会公众提供虚假的或者隐瞒重要事实的财务会计报告，或者对依法应当披露的其他重要信息不按照规定披露，严重损害股东或者其他人利益，或者有其他严重情节的，对其直接负责的主管人员和其他直接责任人员，处五年以下有期徒刑或者拘役，并处或者单处罚金；情节特别严重的，处五年以上十年以下有期徒刑，并处罚金。

前款规定的公司、企业的控股股东、实际控制人实施或者组织、指使实施前款行为的，或者隐瞒相关事项导致前款规定的情形发生的，依照前款的规定处罚。

犯前款罪的控股股东、实际控制人是单位的，对单位判处罚金，并对其直接负责的主管人员和其他直接责任人员，依照第一款的规定处罚。

第一百六十二条　【妨害清算罪】公司、企业进行清算时，隐匿财产，对资产负债表或者财产清单作虚伪记载或者在未清偿债务前分配公司、企业财产，严重损害债权人或者其他人利益的，对其直接负责的主管人员和其他直接责任人员，处五年以下有期徒刑或者拘役，并处或者单处二万元以上二十万元以下罚金。

第一百六十二条之一　【隐匿、故意销毁会计凭证、会计账簿、财务会计报告罪】隐匿或者故意销毁依法应当保存的会计凭证、会计帐簿、财务会计报告，情节严重的，处五年以下有期徒刑或者拘役，并处或者单处二万元以上二十万元以下罚金。

单位犯前款罪的，对单位判处罚金，并对其直接负责的主管人员和其他直接责任人员，依照前款的规定处罚。

第一百六十二条之二　【虚假破产罪】公司、企业通过隐匿财产、承担虚构的债务或者以其他方法转移、处分财产，实施虚假破产，严重损害债权人或者其他人利益的，对其直接负责的主管人员和其他直接责任人员，处五年以下有期徒刑或者拘役，并处或者单处二万元以上二十万元以下罚金。

第一百六十三条　【非国家工作人员受贿罪】公司、企业或者其他单位的工作人员，利用职务上的便利，索取他人财物或者非法收受他人财物，为他人谋取利益，数额较大的，处三年以下有期徒刑或者拘役，并处罚金；数额巨大或者有其他严重情节的，处三年以上十年以下有期徒刑，并处罚金；数额特别巨大或者有其他特别严重情节的，处十年以上有期徒刑或者无期徒刑，并处罚金。

公司、企业或者其他单位的工作人员在经济往来中，利用职务上的便利，违反国家规定，收受各种名义的回扣、手续费，归个人所有的，依照前款的规定处罚。

国有公司、企业或者其他国有单位中从事公务的人员和国有公司、企业或者其他国有单位委派到非国有公司、企业以及其他单位从事公务的人员有前两款行为的，依照本法第三百八十五条、第三百八十六条的规定定罪处罚。

第一百六十四条　【对非国家工作人员行贿罪】为谋取不正当利益，给予公司、企业或者其他单位的工作人员以财物，数额较大的，处三年以下有期徒刑或者拘役，并处罚金；数额巨大的，处三年以上十年以下有期徒刑，并处罚金。

【对外国公职人员、国际公共组织官员行贿罪】为谋取不正当商业利益，给予外国公职人员或者国际公共组织官员以财物的，依照前款的规定处罚。

单位犯前两款罪的，对单位判处罚金，并对其直接负责的主管人员和其他直接责任人员，依照第一款的规定处罚。

行贿人在被追诉前主动交待行贿行为的，可以减轻处罚或者免除处罚。

第一百六十五条　【非法经营同类营业罪】国有公司、企业的董事、监事、高级管理人员，利用职务便利，自己经营或者为他人经营与其所任职公司、企业同类的营业，获取非法利益，数额巨大的，处三年以下有期徒刑或者拘役，并处或者单处罚金；数额特别巨大的，处三年以上七年以下有期徒刑，并处罚金。

其他公司、企业的董事、监事、高级管理人员违反法律、行政法规规定，实施前款行为，致使公司、企业利益遭受重大损失的，依照前款的规定处罚。

第一百六十六条　【为亲友非法牟利罪】国有公司、企业、事业单位的工作人员，利用职务便利，有下列情形之一，致使国家利益遭受重大损失的，处三年以下有期徒刑或者拘役，并处或者单处罚金；致使国家利益遭受特别重大损失的，处三年以上七年以下有期徒刑，并处罚金：

（一）将本单位的盈利业务交由自己的亲友进行经营的；

（二）以明显高于市场的价格从自己的亲友经营管理的单位采购商品、接受服务或者以明显低于市场的价格向自己的亲友经营管理的单位销售商品、提供服务的；

（三）从自己的亲友经营管理的单位采购、接受不合格商品、服务的。

其他公司、企业的工作人员违反法律、行政法规规定，实施前款行为，致使公司、企业利益遭受重大损失的，依照前款的规定处罚。

第一百六十七条 【签订、履行合同失职被骗罪】国有公司、企业、事业单位直接负责的主管人员，在签订、履行合同过程中，因严重不负责任被诈骗，致使国家利益遭受重大损失的，处三年以下有期徒刑或者拘役；致使国家利益遭受特别重大损失的，处三年以上七年以下有期徒刑。

第一百六十八条 【国有公司、企业、事业单位人员失职罪；国有公司、企业、事业单位人员滥用职权罪】国有公司、企业的工作人员，由于严重不负责任或者滥用职权，造成国有公司、企业破产或者严重损失，致使国家利益遭受重大损失的，处三年以下有期徒刑或者拘役；致使国家利益遭受特别重大损失的，处三年以上七年以下有期徒刑。

国有事业单位的工作人员有前款行为，致使国家利益遭受重大损失的，依照前款的规定处罚。

国有公司、企业、事业单位的工作人员，徇私舞弊，犯前两款罪的，依照第一款的规定从重处罚。

第一百六十九条 【徇私舞弊低价折股、出售公司、企业资产罪】国有公司、企业或者其上级主管部门直接负责的主管人员，徇私舞弊，将国有资产低价折股或者低价出售，致使国家利益遭受重大损失的，处三年以下有期徒刑或者拘役；致使国家利益遭受特别重大损失的，处三年以上七年以下有期徒刑。

其他公司、企业直接负责的主管人员，徇私舞弊，将公司、企业资产低价折股或者低价出售，致使公司、企业利益遭受重大损失的，依照前款的规定处罚。

第一百六十九条之一 【背信损害上市公司利益罪】上市公司的董事、监事、高级管理人员违背对公司的忠实义务，利用职务便利，操纵上市公司从事下列行为之一，致使上市公司利益遭受重大损失的，处三年以下有期徒刑或者拘役，并处或者单处罚金；致使上市公司利益遭受特别重大损失的，处三年以上七年以下有期徒刑，并处罚金：

（一）无偿向其他单位或者个人提供资金、商品、服务或者其他资产的；

（二）以明显不公平的条件，提供或者接受资金、商品、服务或者其他资产的；

（三）向明显不具有清偿能力的单位或者个人提供资金、商品、服务或者其他资产的；

（四）为明显不具有清偿能力的单位或者个人提供担保，或者无正当理由为其他单位或者个人提供担保的；

（五）无正当理由放弃债权、承担债务的；

（六）采用其他方式损害上市公司利益的。

上市公司的控股股东或者实际控制人，指使上市公司董事、监事、高级管理人员实施前款行为的，依照前款的规定处罚。

犯前款罪的上市公司的控股股东或者实际控制人是单位的，对单位判处罚金，并对其直接负责的主管人员和其他直接责任人员，依照第一款的规定处罚。

第四节　破坏金融管理秩序罪

第一百七十条　【伪造货币罪】伪造货币的，处三年以上十年以下有期徒刑，并处罚金；有下列情形之一的，处十年以上有期徒刑或者无期徒刑，并处罚金或者没收财产：

（一）伪造货币集团的首要分子；

（二）伪造货币数额特别巨大的；

（三）有其他特别严重情节的。

第一百七十一条　【出售、购买、运输假币罪】出售、购买伪造的货币或者明知是伪造的货币而运输，数额较大的，处三年以下有期徒刑或者拘役，并处二万元以上二十万元以下罚金；数额巨大的，处三年以上十年以下有期徒刑，并处五万元以上五十万元以下罚金；数额特别巨大的，处十年以上有期徒刑或者无期徒刑，并处五万元以上五十万元以下罚金或者没收财产。

【金融工作人员购买假币、以假币换取货币罪】银行或者其他金融机构的工作人员购买伪造的货币或者利用职务上的便利,以伪造的货币换取货币的,处三年以上十年以下有期徒刑,并处二万元以上二十万元以下罚金;数额巨大或者有其他严重情节的,处十年以上有期徒刑或者无期徒刑,并处二万元以上二十万元以下罚金或者没收财产;情节较轻的,处三年以下有期徒刑或者拘役,并处或者单处一万元以上十万元以下罚金。

伪造货币并出售或者运输伪造的货币的,依照本法第一百七十条的规定定罪从重处罚。

第一百七十二条 【持有、使用假币罪】明知是伪造的货币而持有、使用,数额较大的,处三年以下有期徒刑或者拘役,并处或者单处一万元以上十万元以下罚金;数额巨大的,处三年以上十年以下有期徒刑,并处二万元以上二十万元以下罚金;数额特别巨大的,处十年以上有期徒刑,并处五万元以上五十万元以下罚金或者没收财产。

第一百七十三条 【变造货币罪】变造货币,数额较大的,处三年以下有期徒刑或者拘役,并处或者单处一万元以上十万元以下罚金;数额巨大的,处三年以上十年以下有期徒刑,并处二万元以上二十万元以下罚金。

第一百七十四条 【擅自设立金融机构罪】未经国家有关主管部门批准,擅自设立商业银行、证券交易所、期货交易所、证券公司、期货经纪公司、保险公司或者其他金融机构的,处三年以下有期徒刑或者拘役,并处或者单处二万元以上二十万元以下罚金;情节严重的,处三年以上十年以下有期徒刑,并处五万元以上五十万元以下罚金。

【伪造、变造、转让金融机构经营许可证、批准文件罪】伪造、变造、转让商业银行、证券交易所、期货交易所、证券公司、期货经纪公司、保险公司或者其他金融机构的经营许可证或者批准文件的,依照前款的规定处罚。

单位犯前两款罪的,对单位判处罚金,并对其直接负责的主管人员和其他直接责任人员,依照第一款的规定处罚。

第一百七十五条 【高利转贷罪】以转贷牟利为目的,套取金融机构信贷资金高利转贷他人,违法所得数额较大的,处三年以下有期徒刑或者拘役,并处违法所得一倍以上五倍以下罚金;数额巨大的,处三年以上七年以下有期徒刑，并处违法所得一倍以上五倍以下罚金。

单位犯前款罪的，对单位判处罚金，并对其直接负责的主管人员和其他直接责任人员，处三年以下有期徒刑或者拘役。

第一百七十五条之一　【骗取贷款、票据承兑、金融票证罪】以欺骗手段取得银行或者其他金融机构贷款、票据承兑、信用证、保函等，给银行或者其他金融机构造成重大损失的，处三年以下有期徒刑或者拘役，并处或者单处罚金；给银行或者其他金融机构造成特别重大损失或者有其他特别严重情节的，处三年以上七年以下有期徒刑，并处罚金。

单位犯前款罪的，对单位判处罚金，并对其直接负责的主管人员和其他直接责任人员，依照前款的规定处罚。

第一百七十六条　【非法吸收公众存款罪】非法吸收公众存款或者变相吸收公众存款，扰乱金融秩序的，处三年以下有期徒刑或者拘役，并处或者单处罚金；数额巨大或者有其他严重情节的，处三年以上十年以下有期徒刑，并处罚金；数额特别巨大或者有其他特别严重情节的，处十年以上有期徒刑，并处罚金。

单位犯前款罪的，对单位判处罚金，并对其直接负责的主管人员和其他直接责任人员，依照前款的规定处罚。

有前两款行为，在提起公诉前积极退赃退赔，减少损害结果发生的，可以从轻或者减轻处罚。

第一百七十七条　【伪造、变造金融票证罪】有下列情形之一，伪造、变造金融票证的，处五年以下有期徒刑或者拘役，并处或者单处二万元以上二十万元以下罚金；情节严重的，处五年以上十年以下有期徒刑，并处五万元以上五十万元以下罚金；情节特别严重的，处十年以上有期徒刑或者无期徒刑，并处五万元以上五十万元以下罚金或者没收财产：

（一）伪造、变造汇票、本票、支票的；

（二）伪造、变造委托收款凭证、汇款凭证、银行存单等其他银行结算凭证的；

（三）伪造、变造信用证或者附随的单据、文件的；

（四）伪造信用卡的。

单位犯前款罪的，对单位判处罚金，并对其直接负责的主管人员和其他直接责任人员,依照前款的规定处罚。

第一百七十七条之一 **【妨害信用卡管理罪】**有下列情形之一,妨害信用卡管理的,处三年以下有期徒刑或者拘役,并处或者单处一万元以上十万元以下罚金;数量巨大或者有其他严重情节的,处三年以上十年以下有期徒刑,并处二万元以上二十万元以下罚金:

(一)明知是伪造的信用卡而持有、运输的,或者明知是伪造的空白信用卡而持有、运输,数量较大的;

(二)非法持有他人信用卡,数量较大的;

(三)使用虚假的身份证明骗领信用卡的;

(四)出售、购买、为他人提供伪造的信用卡或者以虚假的身份证明骗领的信用卡的。

【窃取、收买、非法提供信用卡信息罪】窃取、收买或者非法提供他人信用卡信息资料的,依照前款规定处罚。

银行或者其他金融机构的工作人员利用职务上的便利,犯第二款罪的,从重处罚。

第一百七十八条 **【伪造、变造国家有价证券罪】**伪造、变造国库券或者国家发行的其他有价证券,数额较大的,处三年以下有期徒刑或者拘役,并处或者单处二万元以上二十万元以下罚金;数额巨大的,处三年以上十年以下有期徒刑,并处五万元以上五十万元以下罚金;数额特别巨大的,处十年以上有期徒刑或者无期徒刑,并处五万元以上五十万元以下罚金或者没收财产。

【伪造、变造股票、公司、企业债券罪】伪造、变造股票或者公司、企业债券,数额较大的,处三年以下有期徒刑或者拘役,并处或者单处一万元以上十万元以下罚金;数额巨大的,处三年以上十年以下有期徒刑,并处二万元以上二十万元以下罚金。

单位犯前两款罪的,对单位判处罚金,并对其直接负责的主管人员和其他直接责任人员,依照前两款的规定处罚。

第一百七十九条 **【擅自发行股票、公司、企业债券罪】**未经国家有关主管部门批准,擅自发行股票或者公司、企业债券,数额巨大、后果严重或者有其他严重情节的,处五年以下有期徒刑或者拘役,并处或者单处非法募集资金金额百分之一以上百分之五以下罚金。

单位犯前款罪的，对单位判处罚金，并对其直接负责的主管人员和其他直接责任人员，处五年以下有期徒刑或者拘役。

第一百八十条　【内幕交易、泄露内幕信息罪】证券、期货交易内幕信息的知情人员或者非法获取证券、期货交易内幕信息的人员，在涉及证券的发行，证券、期货交易或者其他对证券、期货交易价格有重大影响的信息尚未公开前，买入或者卖出该证券，或者从事与该内幕信息有关的期货交易，或者泄露该信息，或者明示、暗示他人从事上述交易活动，情节严重的，处五年以下有期徒刑或者拘役，并处或者单处违法所得一倍以上五倍以下罚金；情节特别严重的，处五年以上十年以下有期徒刑，并处违法所得一倍以上五倍以下罚金。

单位犯前款罪的，对单位判处罚金，并对其直接负责的主管人员和其他直接责任人员，处五年以下有期徒刑或者拘役。

内幕信息、知情人员的范围，依照法律、行政法规的规定确定。

【利用未公开信息交易罪】证券交易所、期货交易所、证券公司、期货经纪公司、基金管理公司、商业银行、保险公司等金融机构的从业人员以及有关监管部门或者行业协会的工作人员，利用因职务便利获取的内幕信息以外的其他未公开的信息，违反规定，从事与该信息相关的证券、期货交易活动，或者明示、暗示他人从事相关交易活动，情节严重的，依照第一款的规定处罚。

第一百八十一条　【编造并传播证券、期货交易虚假信息罪】编造并且传播影响证券、期货交易的虚假信息，扰乱证券、期货交易市场，造成严重后果的，处五年以下有期徒刑或者拘役，并处或者单处一万元以上十万元以下罚金。

【诱骗投资者买卖证券、期货合约罪】证券交易所、期货交易所、证券公司、期货经纪公司的从业人员，证券业协会、期货业协会或者证券期货监督管理部门的工作人员，故意提供虚假信息或者伪造、变造、销毁交易记录，诱骗投资者买卖证券、期货合约，造成严重后果的，处五年以下有期徒刑或者拘役，并处或者单处一万元以上十万元以下罚金；情节特别恶劣的，处五年以上十年以下有期徒刑，并处二万元以上二十万元以下罚金。

单位犯前两款罪的，对单位判处罚金，并对其直接负责的主管人员和其他直接责任人员,处五年以下有期徒刑或者拘役。

第一百八十二条 【操纵证券、期货市场罪】有下列情形之一,操纵证券、期货市场,影响证券、期货交易价格或者证券、期货交易量,情节严重的,处五年以下有期徒刑或者拘役,并处或者单处罚金;情节特别严重的,处五年以上十年以下有期徒刑,并处罚金:

(一)单独或者合谋,集中资金优势、持股或者持仓优势或者利用信息优势联合或者连续买卖的;

(二)与他人串通,以事先约定的时间、价格和方式相互进行证券、期货交易的;

(三)在自己实际控制的帐户之间进行证券交易,或者以自己为交易对象,自买自卖期货合约的;

(四)不以成交为目的,频繁或者大量申报买入、卖出证券、期货合约并撤销申报的;

(五)利用虚假或者不确定的重大信息,诱导投资者进行证券、期货交易的;

(六)对证券、证券发行人、期货交易标的公开作出评价、预测或者投资建议,同时进行反向证券交易或者相关期货交易的;

(七)以其他方法操纵证券、期货市场的。

单位犯前款罪的,对单位判处罚金,并对其直接负责的主管人员和其他直接责任人员,依照前款的规定处罚。

第一百八十三条 【保险公司工作人员虚假理赔的犯罪及处罚】保险公司的工作人员利用职务上的便利,故意编造未曾发生的保险事故进行虚假理赔,骗取保险金归自己所有的,依照本法第二百七十一条的规定定罪处罚。

国有保险公司工作人员和国有保险公司委派到非国有保险公司从事公务的人员有前款行为的,依照本法第三百八十二条、第三百八十三条的规定定罪处罚。

第一百八十四条 【非国家工作人员受贿罪】银行或者其他金融机构的工作人员在金融业务活动中索取他人财物或者非法收受他人财物,为他人谋取利益的,或者违反国家规定,收受各种名义的回扣、手续费,归个人所有的,依照本法第一百六十三条的规定定罪处罚。

【受贿罪】国有金融机构工作人员和国有金融机构委派到非国有金融机构从事公务的人员有前款行为的，依照本法第三百八十五条、第三百八十六条的规定定罪处罚。

第一百八十五条　【挪用资金罪】商业银行、证券交易所、期货交易所、证券公司、期货经纪公司、保险公司或者其他金融机构的工作人员利用职务上的便利，挪用本单位或者客户资金的，依照本法第二百七十二条的规定定罪处罚。

【挪用公款罪】国有商业银行、证券交易所、期货交易所、证券公司、期货经纪公司、保险公司或者其他国有金融机构的工作人员和国有商业银行、证券交易所、期货交易所、证券公司、期货经纪公司、保险公司或者其他国有金融机构委派到前款规定中的非国有机构从事公务的人员有前款行为的，依照本法第三百八十四条的规定定罪处罚。

第一百八十五条之一　【背信运用受托财产罪】商业银行、证券交易所、期货交易所、证券公司、期货经纪公司、保险公司或者其他金融机构，违背受托义务，擅自运用客户资金或者其他委托、信托的财产，情节严重的，对单位判处罚金，并对其直接负责的主管人员和其他直接责任人员，处三年以下有期徒刑或者拘役，并处三万元以上三十万元以下罚金；情节特别严重的，处三年以上十年以下有期徒刑，并处五万元以上五十万元以下罚金。

【违法运用资金罪】社会保障基金管理机构、住房公积金管理机构等公众资金管理机构，以及保险公司、保险资产管理公司、证券投资基金管理公司，违反国家规定运用资金的，对其直接负责的主管人员和其他直接责任人员，依照前款的规定处罚。

第一百八十六条　【违法发放贷款罪】银行或者其他金融机构的工作人员违反国家规定发放贷款，数额巨大或者造成重大损失的，处五年以下有期徒刑或者拘役，并处一万元以上十万元以下罚金；数额特别巨大或者造成特别重大损失的，处五年以上有期徒刑，并处二万元以上二十万元以下罚金。

银行或者其他金融机构的工作人员违反国家规定，向关系人发放贷款的，依照前款的规定从重处罚。

单位犯前两款罪的，对单位判处罚金，并对其直接负责的主管人员和其他直接责任人员，依照前两款的规定处罚。

关系人的范围，依照《中华人民共和国商业银行法》和有关金融法规确定。

第一百八十七条 **【吸收客户资金不入账罪】**银行或者其他金融机构的工作人员吸收客户资金不入帐，数额巨大或者造成重大损失的，处五年以下有期徒刑或者拘役，并处二万元以上二十万元以下罚金；数额特别巨大或者造成特别重大损失的，处五年以上有期徒刑，并处五万元以上五十万元以下罚金。

单位犯前款罪的，对单位判处罚金，并对其直接负责的主管人员和其他直接责任人员，依照前款的规定处罚。

第一百八十八条 **【违规出具金融票证罪】**银行或者其他金融机构的工作人员违反规定，为他人出具信用证或者其他保函、票据、存单、资信证明，情节严重的，处五年以下有期徒刑或者拘役；情节特别严重的，处五年以上有期徒刑。

单位犯前款罪的，对单位判处罚金，并对其直接负责的主管人员和其他直接责任人员，依照前款的规定处罚。

第一百八十九条 **【对违法票据承兑、付款、保证罪】**银行或者其他金融机构的工作人员在票据业务中，对违反票据法规定的票据予以承兑、付款或者保证，造成重大损失的，处五年以下有期徒刑或者拘役；造成特别重大损失的，处五年以上有期徒刑。

单位犯前款罪的，对单位判处罚金，并对其直接负责的主管人员和其他直接责任人员，依照前款的规定处罚。

第一百九十条 **【逃汇罪】**公司、企业或者其他单位，违反国家规定，擅自将外汇存放境外，或者将境内的外汇非法转移到境外，数额较大的，对单位判处逃汇数额百分之五以上百分之三十以下罚金，并对其直接负责的主管人员和其他直接责任人员，处五年以下有期徒刑或者拘役；数额巨大或者有其他严重情节的，对单位判处逃汇数额百分之五以上百分之三十以下罚金，并对其直接负责的主管人员和其他直接责任人员，处五年以上有期徒刑。

第一百九十一条 **【洗钱罪】**为掩饰、隐瞒毒品犯罪、黑社会性质的组织犯罪、恐怖活动犯罪、走私犯罪、贪污贿赂犯罪、破坏金融管理秩序犯罪、金融诈骗犯罪的所得及其产生的收益的来源和性质，有下列行为之一的，没收实施以上犯罪的所得及其产生的收益，处五年以下有期徒刑或者拘役，并处或者单处罚金；情节严重的，处五年以上十年以下有期徒刑，并处罚金：

（一）提供资金帐户的；

（二）将财产转换为现金、金融票据、有价证券的；

（三）通过转帐或者其他支付结算方式转移资金的；

（四）跨境转移资产的；

（五）以其他方法掩饰、隐瞒犯罪所得及其收益的来源和性质的。

单位犯前款罪的，对单位判处罚金，并对其直接负责的主管人员和其他直接责任人员，依照前款的规定处罚。

第五节　金融诈骗罪

第一百九十二条　【集资诈骗罪】以非法占有为目的，使用诈骗方法非法集资，数额较大的，处三年以上七年以下有期徒刑，并处罚金；数额巨大或者有其他严重情节的，处七年以上有期徒刑或者无期徒刑，并处罚金或者没收财产。

单位犯前款罪的，对单位判处罚金，并对其直接负责的主管人员和其他直接责任人员，依照前款的规定处罚。

第一百九十三条　【贷款诈骗罪】有下列情形之一，以非法占有为目的，诈骗银行或者其他金融机构的贷款，数额较大的，处五年以下有期徒刑或者拘役，并处二万元以上二十万元以下罚金；数额巨大或者有其他严重情节的，处五年以上十年以下有期徒刑，并处五万元以上五十万元以下罚金；数额特别巨大或者有其他特别严重情节的，处十年以上有期徒刑或者无期徒刑，并处五万元以上五十万元以下罚金或者没收财产：

（一）编造引进资金、项目等虚假理由的；

（二）使用虚假的经济合同的；

（三）使用虚假的证明文件的；

（四）使用虚假的产权证明作担保或者超出抵押物价值重复担保的；

（五）以其他方法诈骗贷款的。

第一百九十四条 **【票据诈骗罪】**有下列情形之一，进行金融票据诈骗活动，数额较大的，处五年以下有期徒刑或者拘役，并处二万元以上二十万元以下罚金；数额巨大或者有其他严重情节的，处五年以上十年以下有期徒刑，并处五万元以上五十万元以下罚金；数额特别巨大或者有其他特别严重情节的，处十年以上有期徒刑或者无期徒刑，并处五万元以上五十万元以下罚金或者没收财产：

（一）明知是伪造、变造的汇票、本票、支票而使用的；

（二）明知是作废的汇票、本票、支票而使用的；

（三）冒用他人的汇票、本票、支票的；

（四）签发空头支票或者与其预留印鉴不符的支票，骗取财物的；

（五）汇票、本票的出票人签发无资金保证的汇票、本票或者在出票时作虚假记载，骗取财物的。

【金融凭证诈骗罪】使用伪造、变造的委托收款凭证、汇款凭证、银行存单等其他银行结算凭证的，依照前款的规定处罚。

第一百九十五条 **【信用证诈骗罪】**有下列情形之一，进行信用证诈骗活动的，处五年以下有期徒刑或者拘役，并处二万元以上二十万元以下罚金；数额巨大或者有其他严重情节的，处五年以上十年以下有期徒刑，并处五万元以上五十万元以下罚金；数额特别巨大或者有其他特别严重情节的，处十年以上有期徒刑或者无期徒刑，并处五万元以上五十万元以下罚金或者没收财产：

（一）使用伪造、变造的信用证或者附随的单据、文件的；

（二）使用作废的信用证的；

（三）骗取信用证的；

（四）以其他方法进行信用证诈骗活动的。

第一百九十六条 **【信用卡诈骗罪】**有下列情形之一，进行信用卡诈骗活动，数额较大的，处五年以下有期徒刑或者拘役，并处二万元以上二十万元以下罚金；数额巨大或者有其他严重情节的，处五年以上十年以下有期徒刑，并处五万元以上五十万元以下罚金；数额特别巨大或者有其他特别严重情节的，处十年以上有期徒刑或者无期徒刑，并处五万元以上五十万元以下罚金或者没收财产：

（一）使用伪造的信用卡，或者使用以虚假的身份证明骗领的信用卡的；

（二）使用作废的信用卡的；

（三）冒用他人信用卡的；

（四）恶意透支的。

前款所称恶意透支，是指持卡人以非法占有为目的，超过规定限额或者规定期限透支，并且经发卡银行催收后仍不归还的行为。

【盗窃罪】盗窃信用卡并使用的，依照本法第二百六十四条的规定定罪处罚。

第一百九十七条　【有价证券诈骗罪】使用伪造、变造的国库券或者国家发行的其他有价证券，进行诈骗活动，数额较大的，处五年以下有期徒刑或者拘役，并处二万元以上二十万元以下罚金；数额巨大或者有其他严重情节的，处五年以上十年以下有期徒刑，并处五万元以上五十万元以下罚金；数额特别巨大或者有其他特别严重情节的，处十年以上有期徒刑或者无期徒刑，并处五万元以上五十万元以下罚金或者没收财产。

第一百九十八条　【保险诈骗罪】有下列情形之一，进行保险诈骗活动，数额较大的，处五年以下有期徒刑或者拘役，并处一万元以上十万元以下罚金；数额巨大或者有其他严重情节的，处五年以上十年以下有期徒刑，并处二万元以上二十万元以下罚金；数额特别巨大或者有其他特别严重情节的，处十年以上有期徒刑，并处二万元以上二十万元以下罚金或者没收财产：

（一）投保人故意虚构保险标的，骗取保险金的；

（二）投保人、被保险人或者受益人对发生的保险事故编造虚假的原因或者夸大损失的程度，骗取保险金的；

（三）投保人、被保险人或者受益人编造未曾发生的保险事故，骗取保险金的；

（四）投保人、被保险人故意造成财产损失的保险事故，骗取保险金的；

（五）投保人、受益人故意造成被保险人死亡、伤残或者疾病，骗取保险金的。

有前款第四项、第五项所列行为，同时构成其他犯罪的，依照数罪并罚的规定处罚。

单位犯第一款罪的，对单位判处罚金，并对其直接负责的主管人员和其他直接责任人员，处五年以下有期徒刑或者拘役；数额巨大或者有其他严重情节的，处五年以上十年以下有期徒刑；数额特别巨大或者有其他特别严重情节的，处十年以上有期徒刑。

保险事故的鉴定人、证明人、财产评估人故意提供虚假的证明文件，为他人诈骗提供条件的，以保险诈骗的共犯论处。

第二百条　【单位犯金融诈骗罪的处罚规定】单位犯本节第一百九十四条、第一百九十五条规定之罪的，对单位判处罚金，并对其直接负责的主管人员和其他直接责任人员，处五年以下有期徒刑或者拘役，可以并处罚金；数额巨大或者有其他严重情节的，处五年以上十年以下有期徒刑，并处罚金；数额特别巨大或者有其他特别严重情节的，处十年以上有期徒刑或者无期徒刑，并处罚金。

第二百八十六条　【破坏计算机信息系统罪】违反国家规定，对计算机信息系统功能进行删除、修改、增加、干扰，造成计算机信息系统不能正常运行，后果严重的，处五年以下有期徒刑或者拘役；后果特别严重的，处五年以上有期徒刑。

违反国家规定，对计算机信息系统中存储、处理或者传输的数据和应用程序进行删除、修改、增加的操作，后果严重的，依照前款的规定处罚。

故意制作、传播计算机病毒等破坏性程序，影响计算机系统正常运行，后果严重的，依照第一款的规定处罚。

单位犯前三款罪的，对单位判处罚金，并对其直接负责的主管人员和其他直接责任人员，依照第一款的规定处罚。

第二百八十六条之一　【拒不履行信息网络安全管理义务罪】网络服务提供者不履行法律、行政法规规定的信息网络安全管理义务，经监管部门责令采取改正措施而拒不改正，有下列情形之一的，处三年以下有期徒刑、拘役或者管制，并处或者单处罚金：

（一）致使违法信息大量传播的；

（二）致使用户信息泄露，造成严重后果的；

（三）致使刑事案件证据灭失，情节严重的；

（四）有其他严重情节的。

单位犯前款罪的，对单位判处罚金，并对其直接负责的主管人员和其他直接责任人员，依照前款的规定处罚。

有前两款行为，同时构成其他犯罪的，依照处罚较重的规定定罪处罚。

第二百八十七条　【利用计算机实施犯罪的提示性规定】利用计算机实施金融诈骗、盗窃、贪污、挪用公款、窃取国家秘密或者其他犯罪的，依照本法有关规定定罪处罚。

第二百八十七条之一　【非法利用信息网络罪】利用信息网络实施下列行为之一，情节严重的，处三年以下有期徒刑或者拘役，并处或者单处罚金：

（一）设立用于实施诈骗、传授犯罪方法、制作或者销售违禁物品、管制物品等违法犯罪活动的网站、通讯群组的；

（二）发布有关制作或者销售毒品、枪支、淫秽物品等违禁物品、管制物品或者其他违法犯罪信息的；

（三）为实施诈骗等违法犯罪活动发布信息的。

单位犯前款罪的，对单位判处罚金，并对其直接负责的主管人员和其他直接责任人员，依照第一款的规定处罚。

有前两款行为，同时构成其他犯罪的，依照处罚较重的规定定罪处罚。

第二百八十七条之二　【帮助信息网络犯罪活动罪】明知他人利用信息网络实施犯罪，为其犯罪提供互联网接入、服务器托管、网络存储、通讯传输等技术支持，或者提供广告推广、支付结算等帮助，情节严重的，处三年以下有期徒刑或者拘役，并处或者单处罚金。

单位犯前款罪的，对单位判处罚金，并对其直接负责的主管人员和其他直接责任人员，依照第一款的规定处罚。

有前两款行为，同时构成其他犯罪的，依照处罚较重的规定定罪处罚。

中华人民共和国反洗钱法

1. 2006年10月31日第十届全国人民代表大会常务委员会第二十四次会议通过
2. 2024年11月8日第十四届全国人民代表大会常务委员会第十二次会议修订
3. 自2025年1月1日起施行

目　　录

第一章　总　　则

第一条　【立法目的】为了预防洗钱活动，遏制洗钱以及相关犯罪，加强和规范反洗钱工作，维护金融秩序、社会公共利益和国家安全，根据宪法，制定本法。

第二条　【定义及适用范围】本法所称反洗钱，是指为了预防通过各种方式掩饰、隐瞒毒品犯罪、黑社会性质的组织犯罪、恐怖活动犯罪、走私犯罪、贪污贿赂犯罪、破坏金融管理秩序犯罪、金融诈骗犯罪和其他犯罪所得及其收益的来源、性质的洗钱活动，依照本法规定采取相关措施的行为。

预防恐怖主义融资活动适用本法；其他法律另有规定的，适用其规定。

第三条　【方针原则】反洗钱工作应当贯彻落实党和国家路线方针政策、决策部署，坚持总体国家安全观，完善监督管理体制机制，健全风险防控体系。

第四条 【依法进行】反洗钱工作应当依法进行，确保反洗钱措施与洗钱风险相适应，保障正常金融服务和资金流转顺利进行，维护单位和个人的合法权益。

第五条 【监管部门】国务院反洗钱行政主管部门负责全国的反洗钱监督管理工作。国务院有关部门在各自的职责范围内履行反洗钱监督管理职责。

国务院反洗钱行政主管部门、国务院有关部门、监察机关和司法机关在反洗钱工作中应当相互配合。

第六条 【金融机构和特定非金融机构的反洗钱义务】在中华人民共和国境内（以下简称境内）设立的金融机构和依照本法规定应当履行反洗钱义务的特定非金融机构，应当依法采取预防、监控措施，建立健全反洗钱内部控制制度，履行客户尽职调查、客户身份资料和交易记录保存、大额交易和可疑交易报告、反洗钱特别预防措施等反洗钱义务。

第七条 【信息保密】对依法履行反洗钱职责或者义务获得的客户身份资料和交易信息、反洗钱调查信息等反洗钱信息，应当予以保密；非依法律规定，不得向任何单位和个人提供。

反洗钱行政主管部门和其他依法负有反洗钱监督管理职责的部门履行反洗钱职责获得的客户身份资料和交易信息，只能用于反洗钱监督管理和行政调查工作。

司法机关依照本法获得的客户身份资料和交易信息，只能用于反洗钱相关刑事诉讼。

国家有关机关使用反洗钱信息应当依法保护国家秘密、商业秘密和个人隐私、个人信息。

第八条 【法律保护】履行反洗钱义务的机构及其工作人员依法开展提交大额交易和可疑交易报告等工作，受法律保护。

第九条 【宣传教育】反洗钱行政主管部门会同国家有关机关通过多种形式开展反洗钱宣传教育活动，向社会公众宣传洗钱活动的违法性、危害性及其表现形式等，增强社会公众对洗钱活动的防范意识和识别能力。

第十条 【禁止从事或便利洗钱活动】任何单位和个人不得从事洗钱

活动或者为洗钱活动提供便利，并应当配合金融机构和特定非金融机构依法开展的客户尽职调查。

第十一条　【举报、表彰】任何单位和个人发现洗钱活动，有权向反洗钱行政主管部门、公安机关或者其他有关国家机关举报。接受举报的机关应当对举报人和举报内容保密。

对在反洗钱工作中做出突出贡献的单位和个人，按照国家有关规定给予表彰和奖励。

第十二条　【境外洗钱及恐怖融资活动的处理】在中华人民共和国境外（以下简称境外）的洗钱和恐怖主义融资活动，危害中华人民共和国主权和安全，侵犯中华人民共和国公民、法人和其他组织合法权益，或者扰乱境内金融秩序的，依照本法以及相关法律规定处理并追究法律责任。

第二章　反洗钱监督管理

第十三条　【国务院反洗钱行政主管部门的职责】国务院反洗钱行政主管部门组织、协调全国的反洗钱工作，负责反洗钱的资金监测，制定或者会同国务院有关金融管理部门制定金融机构反洗钱管理规定，监督检查金融机构履行反洗钱义务的情况，在职责范围内调查可疑交易活动，履行法律和国务院规定的有关反洗钱的其他职责。

国务院反洗钱行政主管部门的派出机构在国务院反洗钱行政主管部门的授权范围内，对金融机构履行反洗钱义务的情况进行监督检查。

第十四条　【国务院有关金融管理部门的职责】国务院有关金融管理部门参与制定所监督管理的金融机构反洗钱管理规定，履行法律和国务院规定的有关反洗钱的其他职责。

有关金融管理部门应当在金融机构市场准入中落实反洗钱审查要求，在监督管理工作中发现金融机构违反反洗钱规定的，应当将线索移送反洗钱行政主管部门，并配合其进行处理。

第十五条　【有关特定非金融机构主管部门的职责】国务院有关特定非金融机构主管部门制定或者国务院反洗钱行政主管部门会同其制

定特定非金融机构反洗钱管理规定。

有关特定非金融机构主管部门监督检查特定非金融机构履行反洗钱义务的情况，处理反洗钱行政主管部门提出的反洗钱监督管理建议，履行法律和国务院规定的有关反洗钱的其他职责。有关特定非金融机构主管部门根据需要，可以请求反洗钱行政主管部门协助其监督检查。

第十六条 【反洗钱监测分析机构的职责】国务院反洗钱行政主管部门设立反洗钱监测分析机构。反洗钱监测分析机构开展反洗钱资金监测，负责接收、分析大额交易和可疑交易报告，移送分析结果，并按照规定向国务院反洗钱行政主管部门报告工作情况，履行国务院反洗钱行政主管部门规定的其他职责。

反洗钱监测分析机构根据依法履行职责的需要，可以要求履行反洗钱义务的机构提供与大额交易和可疑交易相关的补充信息。

反洗钱监测分析机构应当健全监测分析体系，根据洗钱风险状况有针对性地开展监测分析工作，按照规定向履行反洗钱义务的机构反馈可疑交易报告使用情况，不断提高监测分析水平。

第十七条 【信息获取和工作通报】国务院反洗钱行政主管部门为履行反洗钱职责，可以从国家有关机关获取所必需的信息，国家有关机关应当依法提供。

国务院反洗钱行政主管部门应当向国家有关机关定期通报反洗钱工作情况，依法向履行与反洗钱相关的监督管理、行政调查、监察调查、刑事诉讼等职责的国家有关机关提供所必需的反洗钱信息。

第十八条 【海关通报职责】出入境人员携带的现金、无记名支付凭证等超过规定金额的，应当按照规定向海关申报。海关发现个人出入境携带的现金、无记名支付凭证等超过规定金额的，应当及时向反洗钱行政主管部门通报。

前款规定的申报范围、金额标准以及通报机制等，由国务院反洗钱行政主管部门、国务院外汇管理部门按照职责分工会同海关总署规定。

第十九条 【受益所有人信息管理制度】国务院反洗钱行政主管部门

会同国务院有关部门建立法人、非法人组织受益所有人信息管理制度。

法人、非法人组织应当保存并及时更新受益所有人信息,按照规定向登记机关如实提交并及时更新受益所有人信息。反洗钱行政主管部门、登记机关按照规定管理受益所有人信息。

反洗钱行政主管部门、国家有关机关为履行职责需要,可以依法使用受益所有人信息。金融机构和特定非金融机构在履行反洗钱义务时依法查询核对受益所有人信息;发现受益所有人信息错误、不一致或者不完整的,应当按照规定进行反馈。使用受益所有人信息应当依法保护信息安全。

本法所称法人、非法人组织的受益所有人,是指最终拥有或者实际控制法人、非法人组织,或者享有法人、非法人组织最终收益的自然人。具体认定标准由国务院反洗钱行政主管部门会同国务院有关部门制定。

第二十条 【移送处理】反洗钱行政主管部门和其他依法负有反洗钱监督管理职责的部门发现涉嫌洗钱以及相关违法犯罪的交易活动,应当将线索和相关证据材料移送有管辖权的机关处理。接受移送的机关应当按照有关规定反馈处理结果。

第二十一条 【反洗钱行政主管部门对金融机构的监管】反洗钱行政主管部门为依法履行监督管理职责,可以要求金融机构报送履行反洗钱义务情况,对金融机构实施风险监测、评估,并就金融机构执行本法以及相关管理规定的情况进行评价。必要时可以按照规定约谈金融机构的董事、监事、高级管理人员以及反洗钱工作直接负责人,要求其就有关事项说明情况;对金融机构履行反洗钱义务存在的问题进行提示。

第二十二条 【监督检查措施】反洗钱行政主管部门进行监督检查时,可以采取下列措施:

(一)进入金融机构进行检查;

(二)询问金融机构的工作人员,要求其对有关被检查事项作出说明;

(三)查阅、复制金融机构与被检查事项有关的文件、资料,对可

能被转移、隐匿或者毁损的文件、资料予以封存;

（四）检查金融机构的计算机网络与信息系统,调取、保存金融机构的计算机网络与信息系统中的有关数据、信息。

进行前款规定的监督检查,应当经国务院反洗钱行政主管部门或者其设区的市级以上派出机构负责人批准。检查人员不得少于二人,并应当出示执法证件和检查通知书;检查人员少于二人或者未出示执法证件和检查通知书的,金融机构有权拒绝接受检查。

第二十三条　【洗钱风险指引】国务院反洗钱行政主管部门会同国家有关机关评估国家、行业面临的洗钱风险,发布洗钱风险指引,加强对履行反洗钱义务的机构指导,支持和鼓励反洗钱领域技术创新,及时监测与新领域、新业态相关的新型洗钱风险,根据洗钱风险状况优化资源配置,完善监督管理措施。

第二十四条　【对洗钱高风险国家或地区采取相应措施】对存在严重洗钱风险的国家或者地区,国务院反洗钱行政主管部门可以在征求国家有关机关意见的基础上,经国务院批准,将其列为洗钱高风险国家或者地区,并采取相应措施。

第二十五条　【反洗钱自律组织】履行反洗钱义务的机构可以依法成立反洗钱自律组织。反洗钱自律组织与相关行业自律组织协同开展反洗钱领域的自律管理。

反洗钱自律组织接受国务院反洗钱行政主管部门的指导。

第二十六条　【服务机构及其工作人员的职责】提供反洗钱咨询、技术、专业能力评价等服务的机构及其工作人员,应当勤勉尽责、恪尽职守地提供服务;对于因提供服务获得的数据、信息,应当依法妥善处理,确保数据、信息安全。

国务院反洗钱行政主管部门应当加强对上述机构开展反洗钱有关服务工作的指导。

第三章　反洗钱义务

第二十七条　【金融机构反洗钱内部控制制度】金融机构应当依照本法规定建立健全反洗钱内部控制制度,设立专门机构或者指定内设机构牵头负责反洗钱工作,根据经营规模和洗钱风险状况配备相应的人员,按照要求开展反洗钱培训和宣传。

金融机构应当定期评估洗钱风险状况并制定相应的风险管理制度和流程,根据需要建立相关信息系统。

金融机构应当通过内部审计或者社会审计等方式,监督反洗钱内部控制制度的有效实施。

金融机构的负责人对反洗钱内部控制制度的有效实施负责。

第二十八条 【客户尽职调查制度】金融机构应当按照规定建立客户尽职调查制度。

金融机构不得为身份不明的客户提供服务或者与其进行交易,不得为客户开立匿名账户或者假名账户,不得为冒用他人身份的客户开立账户。

第二十九条 【应开展客户尽职调查的情形】有下列情形之一的,金融机构应当开展客户尽职调查:

(一)与客户建立业务关系或者为客户提供规定金额以上的一次性金融服务;

(二)有合理理由怀疑客户及其交易涉嫌洗钱活动;

(三)对先前获得的客户身份资料的真实性、有效性、完整性存在疑问。

客户尽职调查包括识别并采取合理措施核实客户及其受益所有人身份,了解客户建立业务关系和交易的目的,涉及较高洗钱风险的,还应当了解相关资金来源和用途。

金融机构开展客户尽职调查,应当根据客户特征和交易活动的性质、风险状况进行,对于涉及较低洗钱风险的,金融机构应当根据情况简化客户尽职调查。

第三十条 【洗钱风险管理措施】在业务关系存续期间,金融机构应当持续关注并评估客户整体状况及交易情况,了解客户的洗钱风险。发现客户进行的交易与金融机构所掌握的客户身份、风险状况等不符的,应当进一步核实客户及其交易有关情况;对存在洗钱高风险情形的,必要时可以采取限制交易方式、金额或者频次,限制业务类型,拒绝办理业务,终止业务关系等洗钱风险管理措施。

金融机构采取洗钱风险管理措施,应当在其业务权限范围内按照有关管理规定的要求和程序进行，平衡好管理洗钱风险与优化金融服务的关系，不得采取与洗钱风险状况明显不相匹配的措施，保障与客户依法享有的医疗、社会保障、公用事业服务等相关的基本的、必需的金融服务。

第三十一条　【身份核实】客户由他人代理办理业务的，金融机构应当按照规定核实代理关系，识别并核实代理人的身份。

金融机构与客户订立人身保险、信托等合同，合同的受益人不是客户本人的，金融机构应当识别并核实受益人的身份。

第三十二条　【第三方风险与能力评估】金融机构依托第三方开展客户尽职调查的，应当评估第三方的风险状况及其履行反洗钱义务的能力。第三方具有较高风险情形或者不具备履行反洗钱义务能力的，金融机构不得依托其开展客户尽职调查。

金融机构应当确保第三方已经采取符合本法要求的客户尽职调查措施。第三方未采取符合本法要求的客户尽职调查措施的，由该金融机构承担未履行客户尽职调查义务的法律责任。

第三方应当向金融机构提供必要的客户尽职调查信息，并配合金融机构持续开展客户尽职调查。

第三十三条　【相关部门配合金融机构核实客户信息】金融机构进行客户尽职调查，可以通过反洗钱行政主管部门以及公安、市场监督管理、民政、税务、移民管理、电信管理等部门依法核实客户身份等有关信息，相关部门应当依法予以支持。

国务院反洗钱行政主管部门应当协调推动相关部门为金融机构开展客户尽职调查提供必要的便利。

第三十四条　【客户身份资料和交易记录保存制度】金融机构应当按照规定建立客户身份资料和交易记录保存制度。

在业务关系存续期间，客户身份信息发生变更的，应当及时更新。

客户身份资料在业务关系结束后、客户交易信息在交易结束后，应当至少保存十年。

金融机构解散、被撤销或者被宣告破产时，应当将客户身份资料和客户交易信息移交国务院有关部门指定的机构。

第三十五条 【大额交易和可疑交易报告制度】金融机构应当按照规定执行大额交易报告制度,客户单笔交易或者在一定期限内的累计交易超过规定金额的,应当及时向反洗钱监测分析机构报告。

金融机构应当按照规定执行可疑交易报告制度,制定并不断优化监测标准,有效识别、分析可疑交易活动,及时向反洗钱监测分析机构提交可疑交易报告;提交可疑交易报告的情况应当保密。

第三十六条 【防范新技术等洗钱风险】金融机构应当在反洗钱行政主管部门的指导下,关注、评估运用新技术、新产品、新业务等带来的洗钱风险,根据情形采取相应措施,降低洗钱风险。

第三十七条 【共享反洗钱信息】在境内外设有分支机构或者控股其他金融机构的金融机构,以及金融控股公司,应当在总部或者集团层面统筹安排反洗钱工作。为履行反洗钱义务在公司内部、集团成员之间共享必要的反洗钱信息的,应当明确信息共享机制和程序。共享反洗钱信息,应当符合有关信息保护的法律规定,并确保相关信息不被用于反洗钱和反恐怖主义融资以外的用途。

第三十八条 【单位和个人应配合金融机构尽职调查】与金融机构存在业务关系的单位和个人应当配合金融机构的客户尽职调查,提供真实有效的身份证件或者其他身份证明文件,准确、完整填报身份信息,如实提供与交易和资金相关的资料。

单位和个人拒不配合金融机构依照本法采取的合理的客户尽职调查措施的,金融机构按照规定的程序,可以采取限制或者拒绝办理业务、终止业务关系等洗钱风险管理措施,并根据情况提交可疑交易报告。

第三十九条 【对洗钱风险管理措施有异议的处理】单位和个人对金融机构采取洗钱风险管理措施有异议的,可以向金融机构提出。金融机构应当在十五日内进行处理,并将结果答复当事人;涉及客户基本的、必需的金融服务的,应当及时处理并答复当事人。相关单位和个人逾期未收到答复,或者对处理结果不满意的,可以向反洗钱行政主管部门投诉。

前款规定的单位和个人对金融机构采取洗钱风险管理措施有异议的,也可以依法直接向人民法院提起诉讼。

第四十条　【反洗钱特别预防措施名单】任何单位和个人应当按照国家有关机关要求对下列名单所列对象采取反洗钱特别预防措施：

（一）国家反恐怖主义工作领导机构认定并由其办事机构公告的恐怖活动组织和人员名单；

（二）外交部发布的执行联合国安理会决议通知中涉及定向金融制裁的组织和人员名单；

（三）国务院反洗钱行政主管部门认定或者会同国家有关机关认定的，具有重大洗钱风险、不采取措施可能造成严重后果的组织和人员名单。

对前款第一项规定的名单有异议的，当事人可以依照《中华人民共和国反恐怖主义法》的规定申请复核。对前款第二项规定的名单有异议的，当事人可以按照有关程序提出从名单中除去的申请。对前款第三项规定的名单有异议的，当事人可以向作出认定的部门申请行政复议；对行政复议决定不服的，可以依法提起行政诉讼。

反洗钱特别预防措施包括立即停止向名单所列对象及其代理人、受其指使的组织和人员、其直接或者间接控制的组织提供金融等服务或者资金、资产，立即限制相关资金、资产转移等。

第一款规定的名单所列对象可以按照规定向国家有关机关申请使用被限制的资金、资产用于单位和个人的基本开支及其他必需支付的费用。采取反洗钱特别预防措施应当保护善意第三人合法权益，善意第三人可以依法进行权利救济。

第四十一条　【核查客户及其交易对象】金融机构应当识别、评估相关风险并制定相应的制度，及时获取本法第四十条第一款规定的名单，对客户及其交易对象进行核查，采取相应措施，并向反洗钱行政主管部门报告。

第四十二条　【特定非金融机构参照金融机构反洗钱规定】特定非金融机构在从事规定的特定业务时，参照本章关于金融机构履行反洗钱义务的相关规定，根据行业特点、经营规模、洗钱风险状况履行反洗钱义务。

第四章　反洗钱调查

第四十三条　【反洗钱调查流程】国务院反洗钱行政主管部门或者其设区的市级以上派出机构发现涉嫌洗钱的可疑交易活动或者违反本法规定的其他行为，需要调查核实的，经国务院反洗钱行政主管部门或者其设区的市级以上派出机构负责人批准，可以向金融机构、特定非金融机构发出调查通知书，开展反洗钱调查。

反洗钱行政主管部门开展反洗钱调查，涉及特定非金融机构的，必要时可以请求有关特定非金融机构主管部门予以协助。

金融机构、特定非金融机构应当配合反洗钱调查，在规定时限内如实提供有关文件、资料。

开展反洗钱调查，调查人员不得少于二人，并应当出示执法证件和调查通知书；调查人员少于二人或者未出示执法证件和调查通知书的，金融机构、特定非金融机构有权拒绝接受调查。

第四十四条　【反洗钱调查措施】国务院反洗钱行政主管部门或者其设区的市级以上派出机构开展反洗钱调查，可以采取下列措施：

（一）询问金融机构、特定非金融机构有关人员，要求其说明情况；

（二）查阅、复制被调查对象的账户信息、交易记录和其他有关资料；

（三）对可能被转移、隐匿、篡改或者毁损的文件、资料予以封存。

询问应当制作询问笔录。询问笔录应当交被询问人核对。记载有遗漏或者差错的，被询问人可以要求补充或者更正。被询问人确认笔录无误后，应当签名或者盖章；调查人员也应当在笔录上签名。

调查人员封存文件、资料，应当会同金融机构、特定非金融机构的工作人员查点清楚，当场开列清单一式二份，由调查人员和金融机构、特定非金融机构的工作人员签名或者盖章，一份交金融机构或者特定非金融机构，一份附卷备查。

第四十五条　【临时冻结措施】经调查仍不能排除洗钱嫌疑或者发现其他违法犯罪线索的，应当及时向有管辖权的机关移送。接受移送的机关应当按照有关规定反馈处理结果。

客户转移调查所涉及的账户资金的，国务院反洗钱行政主管部门认为必要时，经其负责人批准，可以采取临时冻结措施。

接受移送的机关接到线索后，对已依照前款规定临时冻结的资金，应当及时决定是否继续冻结。接受移送的机关认为需要继续冻结的，依照相关法律规定采取冻结措施；认为不需要继续冻结的，应当立即通知国务院反洗钱行政主管部门，国务院反洗钱行政主管部门应当立即通知金融机构解除冻结。

临时冻结不得超过四十八小时。金融机构在按照国务院反洗钱行政主管部门的要求采取临时冻结措施后四十八小时内，未接到国家有关机关继续冻结通知的，应当立即解除冻结。

第五章　反洗钱国际合作

第四十六条　【国际合作原则】中华人民共和国根据缔结或者参加的国际条约，或者按照平等互惠原则，开展反洗钱国际合作。

第四十七条　【反洗钱信息资料交换】国务院反洗钱行政主管部门根据国务院授权，负责组织、协调反洗钱国际合作，代表中国政府参与有关国际组织活动，依法与境外相关机构开展反洗钱合作，交换反洗钱信息。

国家有关机关依法在职责范围内开展反洗钱国际合作。

第四十八条　【司法协助】涉及追究洗钱犯罪的司法协助，依照《中华人民共和国国际刑事司法协助法》以及有关法律的规定办理。

第四十九条　【境外金融机构按对等原则或协议配合】国家有关机关在依法调查洗钱和恐怖主义融资活动过程中，按照对等原则或者经与有关国家协商一致，可以要求在境内开立代理行账户或者与我国存在其他密切金融联系的境外金融机构予以配合。

第五十条　【金融机构向外国国家、组织提供相关信息的限制规定】外国国家、组织违反对等、协商一致原则直接要求境内金融机构提交客户身份资料、交易信息，扣押、冻结、划转境内资金、资产，或者作出其他行动的，金融机构不得擅自执行，并应当及时向国务院有关金融管理部门报告。

除前款规定外，外国国家、组织基于合规监管的需要，要求境内金融机构提供概要性合规信息、经营信息等信息的，境内金融机构向国务院有关金融管理部门和国家有关机关报告后可以提供或者予以配合。

前两款规定的资料、信息涉及重要数据和个人信息的，还应当符合国家数据安全管理、个人信息保护有关规定。

第六章 法律责任

第五十一条 【反洗钱工作人员违规进行检查、调查等行为的处罚】反洗钱行政主管部门和其他依法负有反洗钱监督管理职责的部门从事反洗钱工作的人员有下列行为之一的，依法给予处分：

（一）违反规定进行检查、调查或者采取临时冻结措施；

（二）泄露因反洗钱知悉的国家秘密、商业秘密或者个人隐私、个人信息；

（三）违反规定对有关机构和人员实施行政处罚；

（四）其他不依法履行职责的行为。

其他国家机关工作人员有前款第二项行为的，依法给予处分。

第五十二条 【金融机构未按规定制定、完善反洗钱内部控制制度规范等行为的处罚】金融机构有下列情形之一的，由国务院反洗钱行政主管部门或者其设区的市级以上派出机构责令限期改正；情节较重的，给予警告或者处二十万元以下罚款；情节严重或者逾期未改正的，处二十万元以上二百万元以下罚款，可以根据情形在职责范围内或者建议有关金融管理部门限制或者禁止其开展相关业务：

（一）未按照规定制定、完善反洗钱内部控制制度规范；

（二）未按照规定设立专门机构或者指定内设机构牵头负责反洗钱工作；

（三）未按照规定根据经营规模和洗钱风险状况配备相应人员；

（四）未按照规定开展洗钱风险评估或者健全相应的风险管理制度；

（五）未按照规定制定、完善可疑交易监测标准；

（六）未按照规定开展反洗钱内部审计或者社会审计；

(七)未按照规定开展反洗钱培训;

(八)应当建立反洗钱相关信息系统而未建立,或者未按照规定完善反洗钱相关信息系统;

(九)金融机构的负责人未能有效履行反洗钱职责。

第五十三条 【金融机构未按照规定开展客户尽职调查等行为的处罚】金融机构有下列行为之一的,由国务院反洗钱行政主管部门或者其设区的市级以上派出机构责令限期改正,可以给予警告或者处二十万元以下罚款;情节严重或者逾期未改正的,处二十万元以上二百万元以下罚款:

(一)未按照规定开展客户尽职调查;

(二)未按照规定保存客户身份资料和交易记录;

(三)未按照规定报告大额交易;

(四)未按照规定报告可疑交易。

第五十四条 【金融机构为身份不明的客户提供服务等行为的处罚】金融机构有下列行为之一的,由国务院反洗钱行政主管部门或者其设区的市级以上派出机构责令限期改正,处五十万元以下罚款;情节严重的,处五十万元以上五百万元以下罚款,可以根据情形在职责范围内或者建议有关金融管理部门限制或者禁止其开展相关业务:

(一)为身份不明的客户提供服务、与其进行交易,为客户开立匿名账户、假名账户,或者为冒用他人身份的客户开立账户;

(二)未按照规定对洗钱高风险情形采取相应洗钱风险管理措施;

(三)未按照规定采取反洗钱特别预防措施;

(四)违反保密规定,查询、泄露有关信息;

(五)拒绝、阻碍反洗钱监督管理、调查,或者故意提供虚假材料;

(六)篡改、伪造或者无正当理由删除客户身份资料、交易记录;

(七)自行或者协助客户以拆分交易等方式故意逃避履行反洗钱义务。

第五十五条 【金融机构违法致使犯罪所得得以掩饰隐瞒或致恐怖主义融资后果发生的处罚】金融机构有本法第五十三条、第五十四条规定的行为，致使犯罪所得及其收益通过本机构得以掩饰、隐瞒的，或者致使恐怖主义融资后果发生的，由国务院反洗钱行政主管部门或者其设区的市级以上派出机构责令限期改正，涉及金额不足一千万元的，处五十万元以上一千万元以下罚款；涉及金额一千万元以上的，处涉及金额百分之二十以上二倍以下罚款；情节严重的，可以根据情形在职责范围内实施或者建议有关金融管理部门实施限制、禁止其开展相关业务，或者责令停业整顿、吊销经营许可证等处罚。

第五十六条 【对负有责任的管理人员及直接责任人员的单独处罚】国务院反洗钱行政主管部门或者其设区的市级以上派出机构依照本法第五十二条至第五十四条规定对金融机构进行处罚的，还可以根据情形对负有责任的董事、监事、高级管理人员或者其他直接责任人员，给予警告或者处二十万元以下罚款；情节严重的，可以根据情形在职责范围内实施或者建议有关金融管理部门实施取消其任职资格、禁止其从事有关金融行业工作等处罚。

国务院反洗钱行政主管部门或者其设区的市级以上派出机构依照本法第五十五条规定对金融机构进行处罚的，还可以根据情形对负有责任的董事、监事、高级管理人员或者其他直接责任人员，处二十万元以上一百万元以下罚款；情节严重的，可以根据情形在职责范围内实施或者建议有关金融管理部门实施取消其任职资格、禁止其从事有关金融行业工作等处罚。

前两款规定的金融机构董事、监事、高级管理人员或者其他直接责任人员能够证明自己已经勤勉尽责采取反洗钱措施的，可以不予处罚。

第五十七条 【金融机构擅自采取行动以及境外金融机构对调查不予配合的处罚】金融机构违反本法第五十条规定擅自采取行动的，由国务院有关金融管理部门处五十万元以下罚款；情节严重的，处五十万元以上五百万元以下罚款；造成损失的，并处所造成直接经济损失一倍以上五倍以下罚款。对负有责任的董事、监事、高级管理人员或者其他直接责任人员，可以由国务院有关金融管理部门给予警告或者处五十万元以下罚款。

境外金融机构违反本法第四十九条规定，对国家有关机关的调查不予配合的，由国务院反洗钱行政主管部门依照本法第五十四条、第五十六条规定进行处罚，并可以根据情形将其列入本法第四十条第一款第三项规定的名单。

第五十八条 【特定非金融机构违反规定的处罚】特定非金融机构违反本法规定的，由有关特定非金融机构主管部门责令限期改正；情节较重的，给予警告或者处五万元以下罚款；情节严重或者逾期未改正的，处五万元以上五十万元以下罚款；对有关负责人，可以给予警告或者处五万元以下罚款。

第五十九条 【未履行反洗钱特别预防措施义务的处罚】金融机构、特定非金融机构以外的单位和个人未依照本法第四十条规定履行反洗钱特别预防措施义务的，由国务院反洗钱行政主管部门或者其设区的市级以上派出机构责令限期改正；情节严重的，对单位给予警告或者处二十万元以下罚款，对个人给予警告或者处五万元以下罚款。

第六十条 【未按规定提交受益所有人信息的处罚】法人、非法人组织未按照规定向登记机关提交受益所有人信息的，由登记机关责令限期改正；拒不改正的，处五万元以下罚款。向登记机关提交虚假或者不实的受益所有人信息，或者未按照规定及时更新受益所有人信息的，由国务院反洗钱行政主管部门或者其设区的市级以上派出机构责令限期改正；拒不改正的，处五万元以下罚款。

第六十一条 【制定行政处罚裁量基准的参考因素】国务院反洗钱行政主管部门应当综合考虑金融机构的经营规模、内部控制制度执行情况、勤勉尽责程度、违法行为持续时间、危害程度以及整改情况等因素，制定本法相关行政处罚裁量基准。

第六十二条 【刑事责任】违反本法规定，构成犯罪的，依法追究刑事责任。

利用金融机构、特定非金融机构实施或者通过非法渠道实施洗钱犯罪的，依法追究刑事责任。

第七章 附 则

第六十三条 【履行金融机构反洗钱义务的机构】在境内设立的下列机构，履行本法规定的金融机构反洗钱义务：

（一）银行业、证券基金期货业、保险业、信托业金融机构；

（二）非银行支付机构；

（三）国务院反洗钱行政主管部门确定并公布的其他从事金融业务的机构。

第六十四条 【履行特定非金融机构反洗钱义务的机构】在境内设立的下列机构，履行本法规定的特定非金融机构反洗钱义务：

（一）提供房屋销售、房屋买卖经纪服务的房地产开发企业或者房地产中介机构；

（二）接受委托为客户办理买卖不动产，代管资金、证券或者其他资产，代管银行账户、证券账户，为成立、运营企业筹措资金以及代理买卖经营性实体业务的会计师事务所、律师事务所、公证机构；

（三）从事规定金额以上贵金属、宝石现货交易的交易商；

（四）国务院反洗钱行政主管部门会同国务院有关部门根据洗钱风险状况确定的其他需要履行反洗钱义务的机构。

第六十五条 【施行日期】本法自2025年1月1日起施行。

最高人民法院关于审理非法集资刑事案件具体应用法律若干问题的解释

1. 2010年11月22日最高人民法院审判委员会第1502次会议通过、2010年12月13日公布、自2011年1月4日起施行（法释〔2010〕18号）
2. 根据2021年12月30日最高人民法院审判委员会第1860次会议通过、2022年2月23日公布、自2022年3月1日起施行的《最高人民法院关于修改〈最高人民法院关于审理非法集资刑事案件具体应用法律若干问题的解释〉的决定》（法释〔2022〕5号）修正

为依法惩治非法吸收公众存款、集资诈骗等非法集资犯罪活动，根据《中华人民共和国刑法》的规定，现就审理此类刑事案件具体应用法律的若干问题解释如下：

第一条 违反国家金融管理法律规定，向社会公众（包括单位和个人）吸收资金的行为，同时具备下列四个条件的，除刑法另有规定的以

外，应当认定为刑法第一百七十六条规定的“非法吸收公众存款或者变相吸收公众存款”：

（一）未经有关部门依法许可或者借用合法经营的形式吸收资金；

（二）通过网络、媒体、推介会、传单、手机信息等途径向社会公开宣传；

（三）承诺在一定期限内以货币、实物、股权等方式还本付息或者给付回报；

（四）向社会公众即社会不特定对象吸收资金。

未向社会公开宣传，在亲友或者单位内部针对特定对象吸收资金的，不属于非法吸收或者变相吸收公众存款。

第二条 实施下列行为之一，符合本解释第一条第一款规定的条件的，应当依照刑法第一百七十六条的规定，以非法吸收公众存款罪定罪处罚：

（一）不具有房产销售的真实内容或者不以房产销售为主要目的，以返本销售、售后包租、约定回购、销售房产份额等方式非法吸收资金的；

（二）以转让林权并代为管护等方式非法吸收资金的；

（三）以代种植（养殖）、租种植（养殖）、联合种植（养殖）等方式非法吸收资金的；

（四）不具有销售商品、提供服务的真实内容或者不以销售商品、提供服务为主要目的，以商品回购、寄存代售等方式非法吸收资金的；

（五）不具有发行股票、债券的真实内容，以虚假转让股权、发售虚构债券等方式非法吸收资金的；

（六）不具有募集基金的真实内容，以假借境外基金、发售虚构基金等方式非法吸收资金的；

（七）不具有销售保险的真实内容，以假冒保险公司、伪造保险单据等方式非法吸收资金的；

（八）以网络借贷、投资入股、虚拟币交易等方式非法吸收资金的；

（九）以委托理财、融资租赁等方式非法吸收资金的；

（十）以提供“养老服务”、投资“养老项目”、销售“老年产品”等方式非法吸收资金的；

（十一）利用民间“会”“社”等组织非法吸收资金的；

（十二）其他非法吸收资金的行为。

第三条 非法吸收或者变相吸收公众存款，具有下列情形之一的，应当依法追究刑事责任：

（一）非法吸收或者变相吸收公众存款数额在100万元以上的；

（二）非法吸收或者变相吸收公众存款对象150人以上的；

（三）非法吸收或者变相吸收公众存款，给存款人造成直接经济损失数额在50万元以上的。

非法吸收或者变相吸收公众存款数额在50万元以上或者给存款人造成直接经济损失数额在25万元以上，同时具有下列情节之一的，应当依法追究刑事责任：

（一）曾因非法集资受过刑事追究的；

（二）二年内曾因非法集资受过行政处罚的；

（三）造成恶劣社会影响或者其他严重后果的。

第四条 非法吸收或者变相吸收公众存款，具有下列情形之一的，应当认定为刑法第一百七十六条规定的“数额巨大或者有其他严重情节”：

（一）非法吸收或者变相吸收公众存款数额在500万元以上的；

（二）非法吸收或者变相吸收公众存款对象500人以上的；

（三）非法吸收或者变相吸收公众存款，给存款人造成直接经济损失数额在250万元以上的。

非法吸收或者变相吸收公众存款数额在250万元以上或者给存款人造成直接经济损失数额在150万元以上，同时具有本解释第三条第二款第三项情节的，应当认定为“其他严重情节”。

第五条 非法吸收或者变相吸收公众存款，具有下列情形之一的，应当认定为刑法第一百七十六条规定的“数额特别巨大或者有其他特别严重情节”：

（一）非法吸收或者变相吸收公众存款数额在5000万元以上的；

（二）非法吸收或者变相吸收公众存款对象5000人以上的；

（三）非法吸收或者变相吸收公众存款，给存款人造成直接经济损失数额在2500万元以上的。

非法吸收或者变相吸收公众存款数额在2500万元以上或者给存款人造成直接经济损失数额在1500万元以上，同时具有本解释第三条第二款第三项情节的，应当认定为“其他特别严重情节”。

第六条 非法吸收或者变相吸收公众存款的数额，以行为人所吸收的资金全额计算。在提起公诉前积极退赃退赔，减少损害结果发生的，可以从轻或者减轻处罚；在提起公诉后退赃退赔的，可以作为量刑情节酌情考虑。

非法吸收或者变相吸收公众存款，主要用于正常的生产经营活动，能够在提起公诉前清退所吸收资金，可以免予刑事处罚；情节显著轻微危害不大的，不作为犯罪处理。

对依法不需要追究刑事责任或者免予刑事处罚的，应当依法将案件移送有关行政机关。

第七条 以非法占有为目的，使用诈骗方法实施本解释第二条规定所列行为的，应当依照刑法第一百九十二条的规定，以集资诈骗罪定罪处罚。

使用诈骗方法非法集资，具有下列情形之一的，可以认定为“以非法占有为目的”：

（一）集资后不用于生产经营活动或者用于生产经营活动与筹集资金规模明显不成比例，致使集资款不能返还的；

（二）肆意挥霍集资款，致使集资款不能返还的；

（三）携带集资款逃匿的；

（四）将集资款用于违法犯罪活动的；

（五）抽逃、转移资金、隐匿财产，逃避返还资金的；

（六）隐匿、销毁账目，或者搞假破产、假倒闭，逃避返还资金的；

（七）拒不交代资金去向，逃避返还资金的；

（八）其他可以认定非法占有目的的情形。

集资诈骗罪中的非法占有目的，应当区分情形进行具体认定。行为人部分非法集资行为具有非法占有目的的，对该部分非法集资行为所涉集资款以集资诈骗罪定罪处罚；非法集资共同犯罪中部分行为人具有非法占有目的，其他行为人没有非法占有集资款的共同故意和行为的，对具有非法占有目的的行为人以集资诈骗罪定罪处罚。

第八条 集资诈骗数额在10万元以上的，应当认定为“数额较大”；数额在100万元以上的，应当认定为“数额巨大”。

集资诈骗数额在50万元以上，同时具有本解释第三条第二款第三项情节的，应当认定为刑法第一百九十二条规定的“其他严重情节”。

集资诈骗的数额以行为人实际骗取的数额计算，在案发前已归还的数额应予扣除。行为人为实施集资诈骗活动而支付的广告费、中介费、手续费、回扣，或者用于行贿、赠与等费用，不予扣除。行为人为实施集资诈骗活动而支付的利息，除本金未归还可予折抵本金以外，应当计入诈骗数额。

第九条 犯非法吸收公众存款罪，判处三年以下有期徒刑或者拘役，并处或者单处罚金的，处五万元以上一百万元以下罚金；判处三年以上十年以下有期徒刑的，并处十万元以上五百万元以下罚金；判处十年以上有期徒刑的，并处五十万元以上罚金。

犯集资诈骗罪，判处三年以上七年以下有期徒刑的，并处十万元以上五百万元以下罚金；判处七年以上有期徒刑或者无期徒刑的，并处五十万元以上罚金或者没收财产。

第十条 未经国家有关主管部门批准，向社会不特定对象发行、以转让股权等方式变相发行股票或者公司、企业债券，或者向特定对象发行、变相发行股票或者公司、企业债券累计超过200人的，应当认定为刑法第一百七十九条规定的“擅自发行股票或者公司、企业债券”。构成犯罪的，以擅自发行股票、公司、企业债券罪定罪处罚。

第十一条 违反国家规定，未经依法核准擅自发行基金份额募集基金，情节严重的，依照刑法第二百二十五条的规定，以非法经营罪定罪处罚。

第十二条 广告经营者、广告发布者违反国家规定，利用广告为非法集资活动相关的商品或者服务作虚假宣传，具有下列情形之一的，依照

刑法第二百二十二条的规定,以虚假广告罪定罪处罚:

(一)违法所得数额在10万元以上的;

(二)造成严重危害后果或者恶劣社会影响的;

(三)二年内利用广告作虚假宣传,受过行政处罚二次以上的;

(四)其他情节严重的情形。

明知他人从事欺诈发行证券,非法吸收公众存款,擅自发行股票、公司、企业债券,集资诈骗或者组织、领导传销活动等集资犯罪活动,为其提供广告等宣传的,以相关犯罪的共犯论处。

第十三条 通过传销手段向社会公众非法吸收资金,构成非法吸收公众存款罪或者集资诈骗罪,同时又构成组织、领导传销活动罪的,依照处罚较重的规定定罪处罚。

第十四条 单位实施非法吸收公众存款、集资诈骗犯罪的,依照本解释规定的相应自然人犯罪的定罪量刑标准,对单位判处罚金,并对其直接负责的主管人员和其他直接责任人员定罪处罚。

第十五条 此前发布的司法解释与本解释不一致的,以本解释为准。

最高人民法院、最高人民检察院关于办理妨害信用卡管理刑事案件具体应用法律若干问题的解释

1. 2009年10月12日最高人民法院审判委员会第1475次会议、2009年11月12日最高人民检察院第十一届检察委员会第22次会议通过,2009年12月3日公布,自2009年12月16日起施行(法释〔2009〕19号)
2. 根据2018年7月30日最高人民法院审判委员会第1745次会议、2018年10月19日最高人民检察院第十三届检察委员会第7次会议通过,2018年11月28日公布,自2018年12月1日起施行的《最高人民法院、最高人民检察院关于修改〈关于办理妨害信用卡管理刑事案件具体应用法律若干问题的解释〉的决定》(法释〔2018〕19号)修正

为依法惩治妨害信用卡管理犯罪活动,维护信用卡管理秩序和

持卡人合法权益，根据《中华人民共和国刑法》规定，现就办理这类刑事案件具体应用法律的若干问题解释如下：

第一条 复制他人信用卡、将他人信用卡信息资料写入磁条介质、芯片或者以其他方法伪造信用卡一张以上的，应当认定为刑法第一百七十七条第一款第四项规定的“伪造信用卡”，以伪造金融票证罪定罪处罚。

伪造空白信用卡十张以上的，应当认定为刑法第一百七十七条第一款第四项规定的“伪造信用卡”，以伪造金融票证罪定罪处罚。

伪造信用卡，有下列情形之一的，应当认定为刑法第一百七十七条规定的“情节严重”：

（一）伪造信用卡五张以上不满二十五张的；

（二）伪造的信用卡内存款余额、透支额度单独或者合计数额在二十万元以上不满一百万元的；

（三）伪造空白信用卡五十张以上不满二百五十张的；

（四）其他情节严重的情形。

伪造信用卡，有下列情形之一的，应当认定为刑法第一百七十七条规定的“情节特别严重”：

（一）伪造信用卡二十五张以上的；

（二）伪造的信用卡内存款余额、透支额度单独或者合计数额在一百万元以上的；

（三）伪造空白信用卡二百五十张以上的；

（四）其他情节特别严重的情形。

本条所称“信用卡内存款余额、透支额度”，以信用卡被伪造后发卡行记录的最高存款余额、可透支额度计算。

第二条 明知是伪造的空白信用卡而持有、运输十张以上不满一百张的，应当认定为刑法第一百七十七条之一第一款第一项规定的“数量较大”；非法持有他人信用卡五张以上不满五十张的，应当认定为刑法第一百七十七条之一第一款第二项规定的“数量较大”。

有下列情形之一的，应当认定为刑法第一百七十七条之一第一款规定的“数量巨大”：

（一）明知是伪造的信用卡而持有、运输十张以上的；

（二）明知是伪造的空白信用卡而持有、运输一百张以上的；

（三）非法持有他人信用卡五十张以上的；

（四）使用虚假的身份证明骗领信用卡十张以上的；

（五）出售、购买、为他人提供伪造的信用卡或者以虚假的身份证明骗领的信用卡十张以上的。

违背他人意愿，使用其居民身份证、军官证、士兵证、港澳居民往来内地通行证、台湾居民来往大陆通行证、护照等身份证明申领信用卡的，或者使用伪造、变造的身份证明申领信用卡的，应当认定为刑法第一百七十七条之一第一款第三项规定的“使用虚假的身份证明骗领信用卡”。

第三条 窃取、收买、非法提供他人信用卡信息资料，足以伪造可进行交易的信用卡，或者足以使他人以信用卡持卡人名义进行交易，涉及信用卡一张以上不满五张的，依照刑法第一百七十七条之一第二款的规定，以窃取、收买、非法提供信用卡信息罪定罪处罚；涉及信用卡五张以上的，应当认定为刑法第一百七十七条之一第一款规定的“数量巨大”。

第四条 为信用卡申请人制作、提供虚假的财产状况、收入、职务等资信证明材料，涉及伪造、变造、买卖国家机关公文、证件、印章，或者涉及伪造公司、企业、事业单位、人民团体印章，应当追究刑事责任的，依照刑法第二百八十条的规定，分别以伪造、变造、买卖国家机关公文、证件、印章罪和伪造公司、企业、事业单位、人民团体印章罪定罪处罚。

承担资产评估、验资、验证、会计、审计、法律服务等职责的中介组织或其人员，为信用卡申请人提供虚假的财产状况、收入、职务等资信证明材料，应当追究刑事责任的，依照刑法第二百二十九条的规定，分别以提供虚假证明文件罪和出具证明文件重大失实罪定罪处罚。

第五条 使用伪造的信用卡、以虚假的身份证明骗领的信用卡、作废的信用卡或者冒用他人信用卡，进行信用卡诈骗活动，数额在五千元以上不满五万元的，应当认定为刑法第一百九十六条规定的“数额较大”；数额在五万元以上不满五十万元的，应当认定为刑法第一百九十六条规定的“数额巨大”；数额在五十万元以上的，应当认定为刑法第一百九十六条规定的“数额特别巨大”。

刑法第一百九十六条第一款第三项所称“冒用他人信用卡”，包括以下情形：

（一）拾得他人信用卡并使用的；

（二）骗取他人信用卡并使用的；

（三）窃取、收买、骗取或者以其他非法方式获取他人信用卡信息资料，并通过互联网、通讯终端等使用的；

（四）其他冒用他人信用卡的情形。

第六条 持卡人以非法占有为目的，超过规定限额或者规定期限透支，经发卡银行两次有效催收后超过三个月仍不归还的，应当认定为刑法第一百九十六条规定的“恶意透支”。

对于是否以非法占有为目的，应当综合持卡人信用记录、还款能力和意愿、申领和透支信用卡的状况、透支资金的用途、透支后的表现、未按规定还款的原因等情节作出判断。不得单纯依据持卡人未按规定还款的事实认定非法占有目的。

具有以下情形之一的，应当认定为刑法第一百九十六条第二款规定的“以非法占有为目的”，但有证据证明持卡人确实不具有非法占有目的的除外：

（一）明知没有还款能力而大量透支，无法归还的；

（二）使用虚假资信证明申领信用卡后透支，无法归还的；

（三）透支后通过逃匿、改变联系方式等手段，逃避银行催收的；

（四）抽逃、转移资金，隐匿财产，逃避还款的；

（五）使用透支的资金进行犯罪活动的；

（六）其他非法占有资金，拒不归还的情形。

第七条 催收同时符合下列条件的，应当认定为本解释第六条规定的“有效催收”：

（一）在透支超过规定限额或者规定期限后进行；

（二）催收应当采用能够确认持卡人收悉的方式，但持卡人故意逃避催收的除外；

（三）两次催收至少间隔三十日；

（四）符合催收的有关规定或者约定。

对于是否属于有效催收，应当根据发卡银行提供的电话录音、信息送达记录、信函送达回执、电子邮件送达记录、持卡人或者其家属签字以及其他催收原始证据材料作出判断。

发卡银行提供的相关证据材料，应当有银行工作人员签名和银行公章。

第八条 恶意透支，数额在五万元以上不满五十万元的，应当认定为刑法第一百九十六条规定的“数额较大”；数额在五十万元以上不满五百万元的，应当认定为刑法第一百九十六条规定的“数额巨大”；数额在五百万元以上的，应当认定为刑法第一百九十六条规定的“数额特别巨大”。

第九条 恶意透支的数额，是指公安机关刑事立案时尚未归还的实际透支的本金数额，不包括利息、复利、滞纳金、手续费等发卡银行收取的费用。归还或者支付的数额，应当认定为归还实际透支的本金。

检察机关在审查起诉、提起公诉时，应当根据发卡银行提供的交易明细、分类账单（透支账单、还款账单）等证据材料，结合犯罪嫌疑人、被告人及其辩护人所提辩解、辩护意见及相关证据材料，审查认定恶意透支的数额；恶意透支的数额难以确定的，应当依据司法会计、审计报告，结合其他证据材料审查认定。人民法院在审判过程中，应当在对上述证据材料查证属实的基础上，对恶意透支的数额作出认定。

发卡银行提供的相关证据材料，应当有银行工作人员签名和银行公章。

第十条 恶意透支数额较大，在提起公诉前全部归还或者具有其他情节轻微情形的，可以不起诉；在一审判决前全部归还或者具有其他情节轻微情形的，可以免予刑事处罚。但是，曾因信用卡诈骗受过两次以上处罚的除外。

第十一条 发卡银行违规以信用卡透支形式变相发放贷款，持卡人未按规定归还的，不适用刑法第一百九十六条“恶意透支”的规定。构成其他犯罪的，以其他犯罪论处。

第十二条 违反国家规定，使用销售点终端机具（POS 机）等方法，以虚构交易、虚开价格、现金退货等方式向信用卡持卡人直接支付现金，情节严重的，应当依据刑法第二百二十五条的规定，以非法经营罪定罪处罚。

实施前款行为，数额在一百万元以上的，或者造成金融机构资金二十万元以上逾期未还的，或者造成金融机构经济损失十万元以上的，应当认定为刑法第二百二十五条规定的“情节严重”；数额在五百万元以上的，或者造成金融机构资金一百万元以上逾期未还的，或者造成金融机构经济损失五十万元以上的，应当认定为刑法第二百二十五条规定的“情节特别严重”。

持卡人以非法占有为目的，采用上述方式恶意透支，应当追究刑事责任的，依照刑法第一百九十六条的规定，以信用卡诈骗罪定罪处罚。

第十三条 单位实施本解释规定的行为，适用本解释规定的相应自然人犯罪的定罪量刑标准。

最高人民法院、最高人民检察院关于办理洗钱刑事案件适用法律若干问题的解释

1. 2023 年 3 月 20 日最高人民法院审判委员会第 1880 次会议、2024 年 3 月 29 日最高人民检察院第十四届检察委员会第二十八次会议通过
2. 2024 年 8 月 19 日公布
3. 法释〔2024〕10 号
4. 自 2024 年 8 月 20 日起施行

为依法惩治洗钱犯罪活动，根据《中华人民共和国刑法》、《中华人民共和国刑事诉讼法》的规定，现就办理洗钱刑事案件适用法律的若干问题解释如下：

第一条 为掩饰、隐瞒本人实施刑法第一百九十一条规定的上游犯罪的所得及其产生的收益的来源和性质，实施该条第一款规定的洗钱行为的，依照刑法第一百九十一条的规定定罪处罚。

第二条 知道或者应当知道是他人实施刑法第一百九十一条规定的上游犯罪的所得及其产生的收益，为掩饰、隐瞒其来源和性质，实施该条第一款规定的洗钱行为的，依照刑法第一百九十一条的规定定罪处罚。

第三条 认定“知道或者应当知道”，应当根据行为人所接触、接收的信息，经手他人犯罪所得及其收益的情况，犯罪所得及其收益的种类、数额，犯罪所得及其收益的转移、转换方式，交易行为、资金账户等异常情况，结合行为人职业经历、与上游犯罪人员之间的关系以及其供述和辩解，同案人指证和证人证言等情况综合审查判断。有证据证明行为人确实不知道的除外。

将刑法第一百九十一条规定的某一上游犯罪的犯罪所得及其收益，认作该条规定的上游犯罪范围内的其他犯罪所得及其收益的，不影响“知道或者应当知道”的认定。

第四条 洗钱数额在五百万元以上的，且具有下列情形之一的，应当认定为刑法第一百九十一条规定的“情节严重”：

（一）多次实施洗钱行为的；

（二）拒不配合财物追缴，致使赃款赃物无法追缴的；

（三）造成损失二百五十万元以上的；

（四）造成其他严重后果的。

二次以上实施洗钱犯罪行为，依法应予刑事处理而未经处理的，洗钱数额累计计算。

第五条 为掩饰、隐瞒实施刑法第一百九十一条规定的上游犯罪的所得及其产生的收益的来源和性质，实施下列行为之一的，可以认定为刑法第一百九十一条第一款第五项规定的“以其他方法掩饰、隐瞒犯罪所得及其收益的来源和性质”：

（一）通过典当、租赁、买卖、投资、拍卖、购买金融产品等方式，转移、转换犯罪所得及其收益的；

（二）通过与商场、饭店、娱乐场所等现金密集型场所的经营收入相混合的方式，转移、转换犯罪所得及其收益的；

（三）通过虚构交易、虚设债权债务、虚假担保、虚报收入等方式，转移、转换犯罪所得及其收益的；

（四）通过买卖彩票、奖券、储值卡、黄金等贵金属等方式，转换犯罪所得及其收益的；

（五）通过赌博方式，将犯罪所得及其收益转换为赌博收益的；

（六）通过“虚拟资产”交易、金融资产兑换方式，转移、转换犯罪所得及其收益的；

（七）以其他方式转移、转换犯罪所得及其收益的。

第六条 掩饰、隐瞒刑法第一百九十一条规定的上游犯罪的犯罪所得及其产生的收益，构成刑法第一百九十一条规定的洗钱罪，同时又构成刑法第三百一十二条规定的掩饰、隐瞒犯罪所得、犯罪所得收益罪的，依照刑法第一百九十一条的规定定罪处罚。

实施刑法第一百九十一条规定的洗钱行为，构成洗钱罪，同时又构成刑法第三百四十九条、第二百二十五条、第一百七十七条之一或者第一百二十条之一规定的犯罪的，依照处罚较重的规定定罪处罚。

第七条 认定洗钱罪应当以上游犯罪事实成立为前提。有下列情形的，不影响洗钱罪的认定：

（一）上游犯罪尚未依法裁判，但有证据证明确实存在的；

（二）有证据证明上游犯罪确实存在，因行为人逃匿未到案的；

（三）有证据证明上游犯罪确实存在，因行为人死亡等原因依法不予追究刑事责任的；

（四）有证据证明上游犯罪确实存在，但同时构成其他犯罪而以其他罪名定罪处罚的。

第八条 刑法第一百九十一条规定的“黑社会性质的组织犯罪的所得及其产生的收益”，是指黑社会性质组织及其成员实施相关犯罪的所得及其产生的收益，包括黑社会性质组织的形成、发展过程中，该组织及组织成员通过违法犯罪活动聚敛的全部财物、财产性权益及其孳息、收益。

第九条 犯洗钱罪，判处五年以下有期徒刑或者拘役，并处或者单处罚金的，判处一万元以上罚金；判处五年以上十年以下有期徒刑的，并处二十万元以上罚金。

第十条 符合本解释第一条、第二条的规定，行为人如实供述犯罪事实，认罪悔罪，并积极配合追缴犯罪所得及其产生的收益的，可以从轻处罚;犯罪情节轻微的,可以依法不起诉或者免予刑事处罚。

第十一条 单位实施洗钱犯罪的,依照本解释规定的相应自然人犯罪的定罪量刑标准,对单位判处罚金,并对其直接负责的主管人员和其他直接责任人员定罪处罚。

第十二条 本解释所称"上游犯罪",是指刑法第一百九十一条规定的毒品犯罪、黑社会性质的组织犯罪、恐怖活动犯罪、走私犯罪、贪污贿赂犯罪、破坏金融管理秩序犯罪、金融诈骗犯罪。

第十三条 本解释自2024年8月20日起施行。《最高人民法院关于审理洗钱等刑事案件具体应用法律若干问题的解释》(法释〔2009〕15号)同时废止。

最高人民法院关于审理银行卡民事纠纷案件若干问题的规定

1. 2019年12月2日最高人民法院审判委员会第1785次会议通过
2. 2021年5月24日公布
3. 法释〔2021〕10号
4. 自2021年5月25日起施行

为正确审理银行卡民事纠纷案件,保护当事人的合法权益,根据《中华人民共和国民法典》《中华人民共和国民事诉讼法》等规定,结合司法实践,制定本规定。

第一条 持卡人与发卡行、非银行支付机构、收单行、特约商户等当事人之间因订立银行卡合同、使用银行卡等产生的民事纠纷,适用本规定。

本规定所称银行卡民事纠纷,包括借记卡纠纷和信用卡纠纷。

第二条 发卡行在与持卡人订立银行卡合同时,对收取利息、复利、费用、违约金等格式条款未履行提示或者说明义务,致使持卡人没有注意或者理解该条款,持卡人主张该条款不成为合同的内容、对其不具有约束力的,人民法院应予支持。

发卡行请求持卡人按照信用卡合同的约定给付透支利息、复利、违约金等，或者给付分期付款手续费、利息、违约金等，持卡人以发卡行主张的总额过高为由请求予以适当减少的，人民法院应当综合考虑国家有关金融监管规定、未还款的数额及期限、当事人过错程度、发卡行的实际损失等因素，根据公平原则和诚信原则予以衡量，并作出裁决。

第三条 具有下列情形之一的，应当认定发卡行对持卡人享有的债权请求权诉讼时效中断：

（一）发卡行按约定在持卡人账户中扣划透支款本息、违约金等；

（二）发卡行以向持卡人预留的电话号码、通讯地址、电子邮箱发送手机短信、书面信件、电子邮件等方式催收债权；

（三）发卡行以持卡人恶意透支存在犯罪嫌疑为由向公安机关报案；

（四）其他可以认定为诉讼时效中断的情形。

第四条 持卡人主张争议交易为伪卡盗刷交易或者网络盗刷交易的，可以提供生效法律文书、银行卡交易时真卡所在地、交易行为地、账户交易明细、交易通知、报警记录、挂失记录等证据材料进行证明。

发卡行、非银行支付机构主张争议交易为持卡人本人交易或者其授权交易的，应当承担举证责任。发卡行、非银行支付机构可以提供交易单据、对账单、监控录像、交易身份识别信息、交易验证信息等证据材料进行证明。

第五条 在持卡人告知发卡行其账户发生非因本人交易或者本人授权交易导致的资金或者透支数额变动后，发卡行未及时向持卡人核实银行卡的持有及使用情况，未及时提供或者保存交易单据、监控录像等证据材料，导致有关证据材料无法取得的，应承担举证不能的法律后果。

第六条 人民法院应当全面审查当事人提交的证据，结合银行卡交易行为地与真卡所在地距离、持卡人是否进行了基础交易、交易时间和报警时间、持卡人用卡习惯、银行卡被盗刷的次数及频率、交易系统、技术和设备是否具有安全性等事实，综合判断是否存在伪卡盗刷交易或者网络盗刷交易。

第七条 发生伪卡盗刷交易或者网络盗刷交易，借记卡持卡人基于借记卡合同法律关系请求发卡行支付被盗刷存款本息并赔偿损失的，人民法院依法予以支持。

发生伪卡盗刷交易或者网络盗刷交易，信用卡持卡人基于信用卡合同法律关系请求发卡行返还扣划的透支款本息、违约金并赔偿损失的，人民法院依法予以支持；发卡行请求信用卡持卡人偿还透支款本息、违约金等的，人民法院不予支持。

前两款情形，持卡人对银行卡、密码、验证码等身份识别信息、交易验证信息未尽妥善保管义务具有过错，发卡行主张持卡人承担相应责任的，人民法院应予支持。

持卡人未及时采取挂失等措施防止损失扩大，发卡行主张持卡人自行承担扩大损失责任的，人民法院应予支持。

第八条 发卡行在与持卡人订立银行卡合同或者在开通网络支付业务功能时，未履行告知持卡人银行卡具有相关网络支付功能义务，持卡人以其未与发卡行就争议网络支付条款达成合意为由请求不承担因使用该功能而导致网络盗刷责任的，人民法院应予支持，但有证据证明持卡人同意使用该网络支付功能的，适用本规定第七条规定。

非银行支付机构新增网络支付业务类型时，未向持卡人履行前款规定义务的，参照前款规定处理。

第九条 发卡行在与持卡人订立银行卡合同或者新增网络支付业务时，未完全告知某一网络支付业务持卡人身份识别方式、交易验证方式、交易规则等足以影响持卡人决定是否使用该功能的内容，致使持卡人没有全面准确理解该功能，持卡人以其未与发卡行就相关网络支付条款达成合意为由请求不承担因使用该功能而导致网络盗刷责任的，人民法院应予支持，但持卡人对于网络盗刷具有过错的，应当承担相应过错责任。发卡行虽然未尽前述义务，但是有证据证明持卡人知道并理解该网络支付功能的，适用本规定第七条规定。

非银行支付机构新增网络支付业务类型时，存在前款未完全履行告知义务情形，参照前款规定处理。

第十条 发卡行或者非银行支付机构向持卡人提供的宣传资料载明其

承担网络盗刷先行赔付责任，该允诺具体明确，应认定为合同的内容。持卡人据此请求发卡行或者非银行支付机构承担先行赔付责任的，人民法院应予支持。

因非银行支付机构相关网络支付业务系统、设施和技术不符合安全要求导致网络盗刷，持卡人请求判令该机构承担先行赔付责任的，人民法院应予支持。

第十一条 在收单行与发卡行不是同一银行的情形下，因收单行未尽保障持卡人用卡安全义务或者因特约商户未尽审核持卡人签名真伪、银行卡真伪等审核义务导致发生伪卡盗刷交易，持卡人请求收单行或者特约商户承担赔偿责任的，人民法院应予支持，但持卡人对伪卡盗刷交易具有过错，可以减轻或者免除收单行或者特约商户相应责任。

持卡人请求发卡行承担责任，发卡行申请追加收单行或者特约商户作为第三人参加诉讼的，人民法院可以准许。

发卡行承担责任后，可以依法主张存在过错的收单行或者特约商户承担相应责任。

第十二条 发卡行、非银行支付机构、收单行、特约商户承担责任后，请求盗刷者承担侵权责任的，人民法院应予支持。

第十三条 因同一伪卡盗刷交易或者网络盗刷交易，持卡人向发卡行、非银行支付机构、收单行、特约商户、盗刷者等主体主张权利，所获赔偿数额不应超过其因银行卡被盗刷所致损失总额。

第十四条 持卡人依据其对伪卡盗刷交易或者网络盗刷交易不承担或者不完全承担责任的事实，请求发卡行及时撤销相应不良征信记录的，人民法院应予支持。

第十五条 本规定所称伪卡盗刷交易，是指他人使用伪造的银行卡刷卡进行取现、消费、转账等，导致持卡人账户发生非基于本人意思的资金减少或者透支数额增加的行为。

本规定所称网络盗刷交易，是指他人盗取并使用持卡人银行卡网络交易身份识别信息和交易验证信息进行网络交易，导致持卡人账户发生非因本人意思的资金减少或者透支数额增加的行为。

第十六条 本规定施行后尚未终审的案件，适用本规定。本规定施行前已经终审,当事人申请再审或者按照审判监督程序决定再审的案件,不适用本规定。

金融违法行为处罚办法

1999年2月22日国务院令第260号公布施行

第一条 为了惩处金融违法行为,维护金融秩序,防范金融风险,制定本办法。

第二条 金融机构违反国家有关金融管理的规定,有关法律、行政法规有处罚规定的,依照其规定给予处罚;有关法律、行政法规未作处罚规定或者有关行政法规的处罚规定与本办法不一致的,依照本办法给予处罚。

本办法所称金融机构,是指在中华人民共和国境内依法设立和经营金融业务的机构,包括银行、信用合作社、财务公司、信托投资公司、金融租赁公司等。

第三条 本办法规定的行政处罚,由中国人民银行决定;但是本办法第二十四条、第二十五条规定的行政处罚,由国家外汇管理机关决定。

本办法规定的纪律处分,包括警告、记过、记大过、降级、撤职、留用察看、开除,由所在金融机构或者上级金融机构决定。

金融机构的工作人员依照本办法受到开除的纪律处分的,终身不得在金融机构工作,由中国人民银行通知各金融机构不得任用,并在全国性报纸上公告。金融机构的高级管理人员依照本办法受到撤职的纪律处分的,由中国人民银行决定在一定期限内直至终身不得在任何金融机构担任高级管理职务或者与原职务相当的职务,通知各金融机构不得任用,并在全国性报纸上公告。

本办法所称高级管理人员,是指金融机构的法定代表人和其他主要负责人,包括银行及其分支机构的董事长、副董事长、行长、副行长、主任、副主任;信用合作社的理事长、副理事长、主任、副主任;财务公司、信托投资公司、金融租赁公司等金融机构的董事长、副董事长、总经理、副总经理等。

第四条 金融机构的工作人员离开该金融机构工作后,被发现在该金融机构工作期间违反国家有关金融管理规定的,仍然应当依法追究责任。

第五条 金融机构设立、合并、撤销分支机构或者代表机构的,应当经中国人民银行批准。

未经中国人民银行批准,金融机构擅自设立、合并、撤销分支机构或者代表机构的,给予警告,并处5万元以上30万元以下的罚款;对该金融机构直接负责的高级管理人员,给予撤职直至开除的纪律处分。

第六条 金融机构有下列情形之一的,应当经中国人民银行批准:

(一)变更名称;

(二)变更注册资本;

(三)变更机构所在地;

(四)更换高级管理人员;

(五)中国人民银行规定的其他变更、更换情形。

金融机构未经中国人民银行批准,有前款所列情形之一的,给予警告,并处1万元以上10万元以下的罚款;有前款第(四)项所列情形的,对该金融机构直接负责的高级管理人员,给予撤职直至开除的纪律处分。

第七条 金融机构变更股东、转让股权或者调整股权结构的,应当经中国人民银行批准;涉及国有股权变动的,并应当按照规定经财政部门批准。

未经依法批准,金融机构擅自变更股东、转让股权或者调整股权结构的,给予警告,没收违法所得,并处违法所得1倍以上3倍以下的罚款,没有违法所得的,处5万元以上30万元以下的罚款;对该金融机构直接负责的高级管理人员,给予撤职直至开除的纪律处分。

第八条 金融机构不得虚假出资或者抽逃出资。

金融机构虚假出资或者抽逃出资的,责令停业整顿,并处虚假出资金额或者抽逃出资金额5%以上10%以下的罚款;对该金融机构直接负责的高级管理人员给予开除的纪律处分,对其他直接负责的主管人员和直接责任人员给予记过直至开除的纪律处分；情节严重的，吊销该金融机构的经营金融业务许可证；构成虚假出资、抽逃出资罪或者其他罪的，依法追究刑事责任。

第九条 金融机构不得超出中国人民银行批准的业务范围从事金融业务活动。

金融机构超出中国人民银行批准的业务范围从事金融业务活动的，给予警告，没收违法所得，并处违法所得 1 倍以上 5 倍以下的罚款，没有违法所得的，处 10 万元以上 50 万元以下的罚款；对该金融机构直接负责的高级管理人员给予撤职直至开除的纪律处分，对其他直接负责的主管人员和直接责任人员给予记过直至开除的纪律处分；情节严重的，责令该金融机构停业整顿或者吊销经营金融业务许可证；构成非法经营罪或者其他罪的，依法追究刑事责任。

第十条 金融机构的代表机构不得经营金融业务。

金融机构的代表机构经营金融业务的，给予警告，没收违法所得，并处违法所得 1 倍以上 3 倍以下的罚款，没有违法所得的，处 5 万元以上 30 万元以下的罚款；对该金融机构直接负责的高级管理人员给予撤职直至开除的纪律处分，对其他直接负责的主管人员和直接责任人员给予降级直至开除的纪律处分；情节严重的，撤销该代表机构。

第十一条 金融机构不得以下列方式从事帐外经营行为：

（一）办理存款、贷款等业务不按照会计制度记帐、登记，或者不在会计报表中反映；

（二）将存款与贷款等不同业务在同一帐户内轧差处理；

（三）经营收入未列入会计帐册；

（四）其他方式的帐外经营行为。

金融机构违反前款规定的，给予警告，没收违法所得，并处违法所得 1 倍以上 5 倍以下的罚款，没有违法所得的，处 10 万元以上 50 万元以下的罚款；对该金融机构直接负责的高级管理人员、其他直接负责的主管人员和直接责任人员，给予开除的纪律处分；情节严重的，责令该金融机构停业整顿或者吊销经营金融业务许可证；构成用帐外客户资金非法拆借、发放贷款罪或者其他罪的，依法追究刑事责任。

第十二条 金融机构不得提供虚假的或者隐瞒重要事实的财务会计报告、统计报告。

金融机构提供虚假的或者隐瞒重要事实的财务会计报告、统计报告的，给予警告，并处10万元以上50万元以下的罚款；对该金融机构直接负责的高级管理人员给予撤职直至开除的纪律处分，对其他直接负责的主管人员和直接责任人员给予记大过直至开除的纪律处分；情节严重的，责令该金融机构停业整顿或者吊销经营金融业务许可证；构成提供虚假财会报告罪或者其他罪的，依法追究刑事责任。

第十三条 金融机构不得出具与事实不符的信用证、保函、票据、存单、资信证明等金融票证。

金融机构弄虚作假，出具与事实不符的信用证、保函、票据、存单、资信证明等金融票证的，给予警告，没收违法所得，并处违法所得1倍以上5倍以下的罚款，没有违法所得的，处10万元以上50万元以下的罚款；对该金融机构直接负责的高级管理人员、其他直接负责的主管人员和直接责任人员，给予开除的纪律处分；构成非法出具金融票证罪或者其他罪的，依法追究刑事责任。

第十四条 金融机构对违反票据法规定的票据，不得承兑、贴现、付款或者保证。

金融机构对违反票据法规定的票据，予以承兑、贴现、付款或者保证的，给予警告，没收违法所得，并处违法所得1倍以上3倍以下的罚款，没有违法所得的，处5万元以上30万元以下的罚款；对该金融机构直接负责的高级管理人员、其他直接负责的主管人员和直接责任人员，给予记大过直至开除的纪律处分；造成资金损失的，对该金融机构直接负责的高级管理人员，给予撤职直至开除的纪律处分；构成对违法票据承兑、付款、保证罪或者其他罪的，依法追究刑事责任。

第十五条 金融机构办理存款业务，不得有下列行为：

（一）擅自提高利率或者变相提高利率，吸收存款；

（二）明知或者应知是单位资金，而允许以个人名义开立帐户存储；

（三）擅自开办新的存款业务种类；

（四）吸收存款不符合中国人民银行规定的客户范围、期限和最低限额；

（五）违反规定为客户多头开立帐户；

（六）违反中国人民银行规定的其他存款行为。

金融机构有前款所列行为之一的，给予警告，没收违法所得，并处违法所得1倍以上3倍以下的罚款，没有违法所得的，处5万元以上30万元以下的罚款；对该金融机构直接负责的高级管理人员给予撤职直至开除的纪律处分，对其他直接负责的主管人员和直接责任人员给予降级直至开除的纪律处分；情节严重的，责令该金融机构停业整顿或者吊销经营金融业务许可证。

第十六条 金融机构办理贷款业务，不得有下列行为：

（一）向关系人发放信用贷款；

（二）向关系人发放担保贷款的条件优于其他借款人同类贷款的条件；

（三）违反规定提高或者降低利率以及采用其他不正当手段发放贷款；

（四）违反中国人民银行规定的其他贷款行为。

金融机构有前款所列行为之一的，给予警告，没收违法所得，并处违法所得1倍以上5倍以下的罚款，没有违法所得的，处10万元以上50万元以下的罚款；对该金融机构直接负责的高级管理人员、其他直接负责的主管人员和直接责任人员，给予撤职直至开除的纪律处分；情节严重的，责令该金融机构停业整顿或者吊销经营金融业务许可证；构成违法向关系人发放贷款罪、违法发放贷款罪或者其他罪的，依法追究刑事责任。

第十七条 金融机构从事拆借活动，不得有下列行为：

（一）拆借资金超过最高限额；

（二）拆借资金超过最长期限；

（三）不具有同业拆借业务资格而从事同业拆借业务；

（四）在全国统一同业拆借网络之外从事同业拆借业务；

（五）违反中国人民银行规定的其他拆借行为。

金融机构有前款所列行为之一的，暂停或者停止该项业务，没收违法所得，并处违法所得1倍以上3倍以下的罚款，没有违法所得的，处5万元以上30万元以下的罚款；对该金融机构直接负责的高级管理人员、其他直接负责的主管人员和直接责任人员，给予记大过直至开除的纪律处分。

第十八条 金融机构不得违反国家规定从事证券、期货或者其他衍生金融工具交易，不得为证券、期货或者其他衍生金融工具交易提供信贷资金或者担保，不得违反国家规定从事非自用不动产、股权、实业等投资活动。

金融机构违反前款规定的，给予警告，没收违法所得，并处违法所得1倍以上5倍以下的罚款，没有违法所得的，处10万元以上50万元以下的罚款；对该金融机构直接负责的高级管理人员给予开除的纪律处分，对其他直接负责的主管人员和直接责任人员给予撤职直至开除的纪律处分；情节严重的，责令该金融机构停业整顿或者吊销经营金融业务许可证；构成非法经营罪、违法发放贷款罪或者其他罪的，依法追究刑事责任。

第十九条 金融机构应当遵守中国人民银行有关现金管理的规定，不得允许单位或者个人超限额提取现金。

金融机构违反中国人民银行有关现金管理的规定，允许单位或者个人超限额提取现金的，给予警告，并处5万元以上30万元以下的罚款；对该金融机构直接负责的高级管理人员、其他直接负责的主管人员和直接责任人员，给予记大过直至开除的纪律处分。

第二十条 金融机构应当遵守中国人民银行有关信用卡管理的规定，不得违反规定对持卡人透支或者帮助持卡人利用信用卡套取现金。

金融机构违反中国人民银行有关信用卡管理的规定，对持卡人透支或者帮助持卡人利用信用卡套取现金的，给予警告，并处5万元以上30万元以下的罚款；对该金融机构直接负责的高级管理人员、其他直接负责的主管人员和直接责任人员，给予记大过直至开除的纪律处分。

第二十一条 金融机构应当遵守中国人民银行有关资产负债比例管理

的规定。

金融机构违反中国人民银行有关资产负债比例管理规定的，给予警告，没收违法所得，并处违法所得1倍以上3倍以下的罚款，没有违法所得的，处5万元以上30万元以下的罚款；对该金融机构直接负责的高级管理人员，给予记大过直至开除的纪律处分。

第二十二条 金融机构不得占压财政存款或者资金。

金融机构占压财政存款或者资金的，给予警告，没收违法所得，并处违法所得1倍以上3倍以下的罚款，没有违法所得的，处5万元以上30万元以下的罚款；对该金融机构直接负责的高级管理人员给予撤职直至开除的纪律处分，对其他直接负责的主管人员和直接责任人员给予降级直至开除的纪律处分。

第二十三条 金融机构应当依法协助税务机关、海关办理对纳税人存款的冻结、扣划。

金融机构违反前款规定，造成税款流失的，给予警告，并处10万元以上50万元以下的罚款；对该金融机构直接负责的高级管理人员、其他直接负责的主管人员和直接责任人员，给予撤职直至开除的纪律处分；构成违反治安管理行为的，依法给予治安管理处罚；构成妨害公务罪或者其他罪的，依法追究刑事责任。

第二十四条 经营外汇业务的金融机构应当遵守国家外汇管理规定。

经营外汇业务的金融机构违反国家外汇管理规定的，依照外汇管理条例的规定，给予行政处罚；对该金融机构直接负责的高级管理人员、其他直接负责的主管人员和直接责任人员，给予记过直至开除的纪律处分；情节严重的，对该金融机构直接负责的高级管理人员，给予撤职直至开除的纪律处分；构成犯罪的，依法追究刑事责任。

第二十五条 经营外汇业务的金融机构，不得有下列行为：

（一）对大额购汇、频繁购汇、存取大额外币现钞等异常情况不及时报告；

（二）未按照规定办理国际收支申报。

经营外汇业务的金融机构有前款所列行为之一的，给予警告，并处5万元以上30万元以下的罚款；对该金融机构直接负责的高级管理人员、其他直接负责的主管人员和直接责任人员，给予记过直至开除的纪律处分；情节严重的，对该金融机构直接负责的高级管理人员，给予撤职直至开除的纪律处分；构成签订、履行合同失职被骗罪或者其他罪的，依法追究刑事责任。

第二十六条 商业银行不得为证券、期货交易资金清算透支或者为新股申购透支。

商业银行为证券、期货交易资金清算透支或者为新股申购透支的，给予警告，没收违法所得，并处违法所得1倍以上5倍以下的罚款，没有违法所得的，处10万元以上50万元以下的罚款；对该商业银行直接负责的高级管理人员给予开除的纪律处分，对其他直接负责的主管人员和直接责任人员给予撤职直至开除的纪律处分。

第二十七条 财务公司不得有下列行为：

（一）超过中国人民银行批准的规模发行财务公司债券；

（二）吸收非集团成员单位存款或者向非集团成员单位发放贷款；

（三）违反规定向非集团成员单位提供金融服务；

（四）违反中国人民银行规定的其他行为。

财务公司有前款所列行为之一的，给予警告，没收违法所得，并处违法所得1倍以上5倍以下的罚款，没有违法所得的，处10万元以上50万元以下的罚款；对该财务公司直接负责的高级管理人员、其他直接负责的主管人员和直接责任人员，给予记过直至开除的纪律处分；情节严重的，责令该财务公司停业整顿，对直接负责的高级管理人员给予撤职直至开除的纪律处分；构成非法吸收公众存款罪、擅自发行股票、公司企业债券罪或者其他罪的，依法追究刑事责任。

第二十八条 信托投资公司不得以办理委托、信托业务名义吸收公众存款、发放贷款，不得违反国家规定办理委托、信托业务。

信托投资公司违反前款规定的，给予警告，没收违法所得，并处违法所得1倍以上5倍以下的罚款，没有违法所得的，处10万元以上50万元以下的罚款；对该信托投资公司直接负责的高级管理人员、其他直接负责的主管人员和直接责任人员，给予记大过直至开除的纪律处分；情节严重的，暂停或者停止该项业务，对直接负责的高级管理人员给予撤职直至开除的纪律处分；构成非法吸收公众存款罪、集资诈骗罪或者其他罪的，依法追究刑事责任。

第二十九条 金融机构缴纳的罚款和被没收的违法所得，不得列入该金融机构的成本、费用。

第三十条 对中国人民银行所属从事金融业务的机构的金融违法行为的处罚，适用本办法。

第三十一条 对证券违法行为的处罚，依照国家有关证券管理的法律、行政法规执行，不适用本办法。

对保险违法行为的处罚，依照国家有关保险管理的法律、行政法规执行，不适用本办法。

第三十二条 本办法自发布之日起施行。

三、个人信息保护

中华人民共和国民法典(节录)

1. 2020 年 5 月 28 日第十三届全国人民代表大会第三次会议通过
2. 2020 年 5 月 28 日中华人民共和国主席令第 45 号公布
3. 自 2021 年 1 月 1 日起施行

第一百一十一条 【个人信息受法律保护】自然人的个人信息受法律保护。任何组织或者个人需要获取他人个人信息的,应当依法取得并确保信息安全,不得非法收集、使用、加工、传输他人个人信息,不得非法买卖、提供或者公开他人个人信息。

第四编 人 格 权

第九百九十九条 【人格权的合理使用】为公共利益实施新闻报道、舆论监督等行为的,可以合理使用民事主体的姓名、名称、肖像、个人信息等;使用不合理侵害民事主体人格权的,应当依法承担民事责任。

第一千零三十条 【民事主体与信用信息处理者之间关系的法律适用】民事主体与征信机构等信用信息处理者之间的关系,适用本编有关个人信息保护的规定和其他法律、行政法规的有关规定。

第六章 隐私权和个人信息保护

第一千零三十二条 【隐私权及隐私】自然人享有隐私权。任何组织或者个人不得以刺探、侵扰、泄露、公开等方式侵害他人的隐私权。

隐私是自然人的私人生活安宁和不愿为他人知晓的私密空间、私密活动、私密信息。

第一千零三十三条 【隐私权侵害行为】除法律另有规定或者权利人

明确同意外，任何组织或者个人不得实施下列行为：

（一）以电话、短信、即时通讯工具、电子邮件、传单等方式侵扰他人的私人生活安宁；

（二）进入、拍摄、窥视他人的住宅、宾馆房间等私密空间；

（三）拍摄、窥视、窃听、公开他人的私密活动；

（四）拍摄、窥视他人身体的私密部位；

（五）处理他人的私密信息；

（六）以其他方式侵害他人的隐私权。

第一千零三十四条　【个人信息的定义】自然人的个人信息受法律保护。

个人信息是以电子或者其他方式记录的能够单独或者与其他信息结合识别特定自然人的各种信息，包括自然人的姓名、出生日期、身份证件号码、生物识别信息、住址、电话号码、电子邮箱、健康信息、行踪信息等。

个人信息中的私密信息，适用有关隐私权的规定；没有规定的，适用有关个人信息保护的规定。

第一千零三十五条　【个人信息处理的原则和条件】处理个人信息的，应当遵循合法、正当、必要原则，不得过度处理，并符合下列条件：

（一）征得该自然人或者其监护人同意，但是法律、行政法规另有规定的除外；

（二）公开处理信息的规则；

（三）明示处理信息的目的、方式和范围；

（四）不违反法律、行政法规的规定和双方的约定。

个人信息的处理包括个人信息的收集、存储、使用、加工、传输、提供、公开等。

第一千零三十六条　【处理个人信息免责事由】处理个人信息，有下列情形之一的，行为人不承担民事责任：

（一）在该自然人或者其监护人同意的范围内合理实施的行为；

（二）合理处理该自然人自行公开的或者其他已经合法公开的信息，但是该自然人明确拒绝或者处理该信息侵害其重大利益的除外；

（三）为维护公共利益或者该自然人合法权益，合理实施的其他行为。

第一千零三十七条　【个人信息主体的权利】自然人可以依法向信息处理者查阅或者复制其个人信息；发现信息有错误的，有权提出异议并请求及时采取更正等必要措施。

自然人发现信息处理者违反法律、行政法规的规定或者双方的约定处理其个人信息的，有权请求信息处理者及时删除。

第一千零三十八条　【信息处理者的信息安全保护义务】信息处理者不得泄露或者篡改其收集、存储的个人信息；未经自然人同意，不得向他人非法提供其个人信息，但是经过加工无法识别特定个人且不能复原的除外。

信息处理者应当采取技术措施和其他必要措施，确保其收集、存储的个人信息安全，防止信息泄露、篡改、丢失；发生或者可能发生个人信息泄露、篡改、丢失的，应当及时采取补救措施，按照规定告知自然人并向有关主管部门报告。

第一千零三十九条　【国家机关、承担行政职能的法定机构及其工作人员的保密义务】国家机关、承担行政职能的法定机构及其工作人员对于履行职责过程中知悉的自然人的隐私和个人信息，应当予以保密，不得泄露或者向他人非法提供。

中华人民共和国个人信息保护法

1. 2021年8月20日第十三届全国人民代表大会常务委员会第三十次会议通过
2. 2021年8月20日中华人民共和国主席令第91号公布
3. 自2021年11月1日起施行

目　　录

第一章 总 则

第一条 【立法目的】为了保护个人信息权益,规范个人信息处理活动,促进个人信息合理利用,根据宪法,制定本法。

第二条 【个人信息受法律保护】自然人的个人信息受法律保护,任何组织、个人不得侵害自然人的个人信息权益。

第三条 【适用范围】在中华人民共和国境内处理自然人个人信息的活动,适用本法。

在中华人民共和国境外处理中华人民共和国境内自然人个人信息的活动,有下列情形之一的,也适用本法:

(一)以向境内自然人提供产品或者服务为目的;

(二)分析、评估境内自然人的行为;

(三)法律、行政法规规定的其他情形。

第四条 【个人信息与个人信息处理】个人信息是以电子或者其他方式记录的与已识别或者可识别的自然人有关的各种信息,不包括匿名化处理后的信息。

个人信息的处理包括个人信息的收集、存储、使用、加工、传输、提供、公开、删除等。

第五条 【合法、正当、必要、诚信原则】处理个人信息应当遵循合法、正当、必要和诚信原则,不得通过误导、欺诈、胁迫等方式处理个人信息。

第六条 【最小化处理原则】处理个人信息应当具有明确、合理的目的,并应当与处理目的直接相关,采取对个人权益影响最小的方式。

收集个人信息，应当限于实现处理目的的最小范围，不得过度收集个人信息。

第七条 【公开、透明原则】处理个人信息应当遵循公开、透明原则，公开个人信息处理规则，明示处理的目的、方式和范围。

第八条 【信息质量原则】处理个人信息应当保证个人信息的质量，避免因个人信息不准确、不完整对个人权益造成不利影响。

第九条 【安全责任原则】个人信息处理者应当对其个人信息处理活动负责，并采取必要措施保障所处理的个人信息的安全。

第十条 【依法处理原则】任何组织、个人不得非法收集、使用、加工、传输他人个人信息，不得非法买卖、提供或者公开他人个人信息；不得从事危害国家安全、公共利益的个人信息处理活动。

第十一条 【国家关于个人信息保护的职能】国家建立健全个人信息保护制度，预防和惩治侵害个人信息权益的行为，加强个人信息保护宣传教育，推动形成政府、企业、相关社会组织、公众共同参与个人信息保护的良好环境。

第十二条 【国际合作】国家积极参与个人信息保护国际规则的制定，促进个人信息保护方面的国际交流与合作，推动与其他国家、地区、国际组织之间的个人信息保护规则、标准等互认。

第二章 个人信息处理规则

第一节 一般规定

第十三条 【处理个人信息的情形】符合下列情形之一的，个人信息处理者方可处理个人信息：

（一）取得个人的同意；

（二）为订立、履行个人作为一方当事人的合同所必需，或者按照依法制定的劳动规章制度和依法签订的集体合同实施人力资源管理所必需；

（三）为履行法定职责或者法定义务所必需；

（四）为应对突发公共卫生事件，或者紧急情况下为保护自然人的生命健康和财产安全所必需；

（五）为公共利益实施新闻报道、舆论监督等行为，在合理的范围内处理个人信息；

（六）依照本法规定在合理的范围内处理个人自行公开或者其他已经合法公开的个人信息；

（七）法律、行政法规规定的其他情形。

依照本法其他有关规定，处理个人信息应当取得个人同意，但是有前款第二项至第七项规定情形的，不需取得个人同意。

第十四条　【知情同意规则】基于个人同意处理个人信息的，该同意应当由个人在充分知情的前提下自愿、明确作出。法律、行政法规规定处理个人信息应当取得个人单独同意或者书面同意的，从其规定。

个人信息的处理目的、处理方式和处理的个人信息种类发生变更的，应当重新取得个人同意。

第十五条　【个人有权撤回同意】基于个人同意处理个人信息的，个人有权撤回其同意。个人信息处理者应当提供便捷的撤回同意的方式。

个人撤回同意，不影响撤回前基于个人同意已进行的个人信息处理活动的效力。

第十六条　【不同意不影响使用产品和服务】个人信息处理者不得以个人不同意处理其个人信息或者撤回同意为由，拒绝提供产品或者服务；处理个人信息属于提供产品或者服务所必需的除外。

第十七条　【应当告知的事项】个人信息处理者在处理个人信息前，应当以显著方式、清晰易懂的语言真实、准确、完整地向个人告知下列事项：

（一）个人信息处理者的名称或者姓名和联系方式；

（二）个人信息的处理目的、处理方式，处理的个人信息种类、保存期限；

（三）个人行使本法规定权利的方式和程序；

（四）法律、行政法规规定应当告知的其他事项。

前款规定事项发生变更的，应当将变更部分告知个人。

个人信息处理者通过制定个人信息处理规则的方式告知第一款规定事项的，处理规则应当公开，并且便于查阅和保存。

第十八条 【应当告知的例外情形】个人信息处理者处理个人信息，有法律、行政法规规定应当保密或者不需要告知的情形的，可以不向个人告知前条第一款规定的事项。

紧急情况下为保护自然人的生命健康和财产安全无法及时向个人告知的，个人信息处理者应当在紧急情况消除后及时告知。

第十九条 【个人信息的保存期限】除法律、行政法规另有规定外，个人信息的保存期限应当为实现处理目的所必要的最短时间。

第二十条 【合作处理个人信息】两个以上的个人信息处理者共同决定个人信息的处理目的和处理方式的，应当约定各自的权利和义务。但是，该约定不影响个人向其中任何一个个人信息处理者要求行使本法规定的权利。

个人信息处理者共同处理个人信息，侵害个人信息权益造成损害的，应当依法承担连带责任。

第二十一条 【委托处理个人信息】个人信息处理者委托处理个人信息的，应当与受托人约定委托处理的目的、期限、处理方式、个人信息的种类、保护措施以及双方的权利和义务等，并对受托人的个人信息处理活动进行监督。

受托人应当按照约定处理个人信息，不得超出约定的处理目的、处理方式等处理个人信息；委托合同不生效、无效、被撤销或者终止的，受托人应当将个人信息返还个人信息处理者或者予以删除，不得保留。

未经个人信息处理者同意，受托人不得转委托他人处理个人信息。

第二十二条 【组织机构变更对个人信息处理的影响】个人信息处理者因合并、分立、解散、被宣告破产等原因需要转移个人信息的，应当向个人告知接收方的名称或者姓名和联系方式。接收方应当继续履行个人信息处理者的义务。接收方变更原先的处理目的、处理方式的，应当依照本法规定重新取得个人同意。

第二十三条 【个人信息处理者对外提供个人信息】个人信息处理者向其他个人信息处理者提供其处理的个人信息的，应当向个人告知接收方的名称或者姓名、联系方式、处理目的、处理方式和个人信息的种类，并取得个人的单独同意。接收方应当在上述处理目的、处理方式和个人信息的种类等范围内处理个人信息。接收方变更原先的处理目的、处理方式的，应当依照本法规定重新取得个人同意。

第二十四条 【利用个人信息进行自动化决策】个人信息处理者利用个人信息进行自动化决策，应当保证决策的透明度和结果公平、公正，不得对个人在交易价格等交易条件上实行不合理的差别待遇。

通过自动化决策方式向个人进行信息推送、商业营销，应当同时提供不针对其个人特征的选项，或者向个人提供便捷的拒绝方式。

通过自动化决策方式作出对个人权益有重大影响的决定，个人有权要求个人信息处理者予以说明，并有权拒绝个人信息处理者仅通过自动化决策的方式作出决定。

第二十五条 【个人信息不得公开】个人信息处理者不得公开其处理的个人信息，取得个人单独同意的除外。

第二十六条 【安装图像采集、个人身份识别设备】在公共场所安装图像采集、个人身份识别设备，应当为维护公共安全所必需，遵守国家有关规定，并设置显著的提示标识。所收集的个人图像、身份识别信息只能用于维护公共安全的目的，不得用于其他目的；取得个人单独同意的除外。

第二十七条 【处理已公开的个人信息】个人信息处理者可以在合理的范围内处理个人自行公开或者其他已经合法公开的个人信息；个人明确拒绝的除外。个人信息处理者处理已公开的个人信息，对个人权益有重大影响的，应当依照本法规定取得个人同意。

第二节 敏感个人信息的处理规则

第二十八条 【敏感个人信息的定义及处理原则】敏感个人信息是一旦泄露或者非法使用，容易导致自然人的人格尊严受到侵害或者人身、财产安全受到危害的个人信息，包括生物识别、宗教信仰、特定身份、医疗健康、金融账户、行踪轨迹等信息，以及不满十四周岁未成年人的个人信息。

只有在具有特定的目的和充分的必要性，并采取严格保护措施的情形下，个人信息处理者方可处理敏感个人信息。

第二十九条　【敏感个人信息特别同意规则】处理敏感个人信息应当取得个人的单独同意；法律、行政法规规定处理敏感个人信息应当取得书面同意的，从其规定。

第三十条　【敏感个人信息告知义务】个人信息处理者处理敏感个人信息的，除本法第十七条第一款规定的事项外，还应当向个人告知处理敏感个人信息的必要性以及对个人权益的影响；依照本法规定可以不向个人告知的除外。

第三十一条　【未成年人个人信息的处理规则】个人信息处理者处理不满十四周岁未成年人个人信息的，应当取得未成年人的父母或者其他监护人的同意。

个人信息处理者处理不满十四周岁未成年人个人信息的，应当制定专门的个人信息处理规则。

第三十二条　【处理敏感个人信息的法定限制】法律、行政法规对处理敏感个人信息规定应当取得相关行政许可或者作出其他限制的，从其规定。

第三节　国家机关处理个人信息的特别规定

第三十三条　【国家机关处理个人信息的法律适用】国家机关处理个人信息的活动，适用本法；本节有特别规定的，适用本节规定。

第三十四条　【国家机关处理个人信息的权限与程序】国家机关为履行法定职责处理个人信息，应当依照法律、行政法规规定的权限、程序进行，不得超出履行法定职责所必需的范围和限度。

第三十五条　【个人的知情权及其例外】国家机关为履行法定职责处理个人信息，应当依照本法规定履行告知义务；有本法第十八条第一款规定的情形，或者告知将妨碍国家机关履行法定职责的除外。

第三十六条　【个人信息的境内存储与向境外提供】国家机关处理的个人信息应当在中华人民共和国境内存储；确需向境外提供的，应当进行安全评估。安全评估可以要求有关部门提供支持与协助。

第三十七条　【法定授权组织处理个人信息的法律适用】法律、法规授权的具有管理公共事务职能的组织为履行法定职责处理个人信息，适用本法关于国家机关处理个人信息的规定。

第三章 个人信息跨境提供的规则

第三十八条 【向境外提供个人信息的条件】个人信息处理者因业务等需要,确需向中华人民共和国境外提供个人信息的,应当具备下列条件之一:

(一)依照本法第四十条的规定通过国家网信部门组织的安全评估;

(二)按照国家网信部门的规定经专业机构进行个人信息保护认证;

(三)按照国家网信部门制定的标准合同与境外接收方订立合同,约定双方的权利和义务;

(四)法律、行政法规或者国家网信部门规定的其他条件。

中华人民共和国缔结或者参加的国际条约、协定对向中华人民共和国境外提供个人信息的条件等有规定的,可以按照其规定执行。

个人信息处理者应当采取必要措施,保障境外接收方处理个人信息的活动达到本法规定的个人信息保护标准。

第三十九条 【向境外提供个人信息的告知与同意】个人信息处理者向中华人民共和国境外提供个人信息的,应当向个人告知境外接收方的名称或者姓名、联系方式、处理目的、处理方式、个人信息的种类以及个人向境外接收方行使本法规定权利的方式和程序等事项,并取得个人的单独同意。

第四十条 【个人信息的境内存储与信息出境的安全评估】关键信息基础设施运营者和处理个人信息达到国家网信部门规定数量的个人信息处理者,应当将在中华人民共和国境内收集和产生的个人信息存储在境内。确需向境外提供的,应当通过国家网信部门组织的安全评估;法律、行政法规和国家网信部门规定可以不进行安全评估的,从其规定。

第四十一条 【外国司法或执法机构获取个人信息的处理和批准】中华人民共和国主管机关根据有关法律和中华人民共和国缔结或者参加的国际条约、协定,或者按照平等互惠原则,处理外国司法或者执法机构关于提供存储于境内个人信息的请求。非经中华人民共和国主管机关批准，个人信息处理者不得向外国司法或者执法机构提供存储于中华人民共和国境内的个人信息。

第四十二条 【个人信息提供黑名单制度】境外的组织、个人从事侵害中华人民共和国公民的个人信息权益，或者危害中华人民共和国国家安全、公共利益的个人信息处理活动的，国家网信部门可以将其列入限制或者禁止个人信息提供清单，予以公告，并采取限制或者禁止向其提供个人信息等措施。

第四十三条 【对等原则】任何国家或者地区在个人信息保护方面对中华人民共和国采取歧视性的禁止、限制或者其他类似措施的，中华人民共和国可以根据实际情况对该国家或者地区对等采取措施。

第四章 个人在个人信息处理活动中的权利

第四十四条 【知情权和决定权】个人对其个人信息的处理享有知情权、决定权，有权限制或者拒绝他人对其个人信息进行处理；法律、行政法规另有规定的除外。

第四十五条 【查阅、复制权和可携带权】个人有权向个人信息处理者查阅、复制其个人信息；有本法第十八条第一款、第三十五条规定情形的除外。

个人请求查阅、复制其个人信息的，个人信息处理者应当及时提供。

个人请求将个人信息转移至其指定的个人信息处理者，符合国家网信部门规定条件的，个人信息处理者应当提供转移的途径。

第四十六条 【更正、补充权】个人发现其个人信息不准确或者不完整的，有权请求个人信息处理者更正、补充。

个人请求更正、补充其个人信息的，个人信息处理者应当对其个人信息予以核实，并及时更正、补充。

第四十七条 【删除权】有下列情形之一的，个人信息处理者应当主动删除个人信息；个人信息处理者未删除的，个人有权请求删除：

（一）处理目的已实现、无法实现或者为实现处理目的不再必要；

（二）个人信息处理者停止提供产品或者服务，或者保存期限已届满；

（三）个人撤回同意；

（四）个人信息处理者违反法律、行政法规或者违反约定处理个人信息；

（五）法律、行政法规规定的其他情形。

法律、行政法规规定的保存期限未届满，或者删除个人信息从技术上难以实现的，个人信息处理者应当停止除存储和采取必要的安全保护措施之外的处理。

第四十八条　【规则解释说明权】个人有权要求个人信息处理者对其个人信息处理规则进行解释说明。

第四十九条　【死者个人信息利益保护】自然人死亡的，其近亲属为了自身的合法、正当利益，可以对死者的相关个人信息行使本章规定的查阅、复制、更正、删除等权利；死者生前另有安排的除外。

第五十条　【申请受理和处理机制】个人信息处理者应当建立便捷的个人行使权利的申请受理和处理机制。拒绝个人行使权利的请求的，应当说明理由。

个人信息处理者拒绝个人行使权利的请求的，个人可以依法向人民法院提起诉讼。

第五章　个人信息处理者的义务

第五十一条　【合规保障义务】个人信息处理者应当根据个人信息的处理目的、处理方式、个人信息的种类以及对个人权益的影响、可能存在的安全风险等，采取下列措施确保个人信息处理活动符合法律、行政法规的规定，并防止未经授权的访问以及个人信息泄露、篡改、丢失：

（一）制定内部管理制度和操作规程；

（二）对个人信息实行分类管理；

（三）采取相应的加密、去标识化等安全技术措施；

（四）合理确定个人信息处理的操作权限，并定期对从业人员进行安全教育和培训；

（五）制定并组织实施个人信息安全事件应急预案；

（六）法律、行政法规规定的其他措施。

第五十二条 【个人信息保护负责人】处理个人信息达到国家网信部门规定数量的个人信息处理者应当指定个人信息保护负责人，负责对个人信息处理活动以及采取的保护措施等进行监督。

个人信息处理者应当公开个人信息保护负责人的联系方式，并将个人信息保护负责人的姓名、联系方式等报送履行个人信息保护职责的部门。

第五十三条 【境外个人信息处理者设立专门机构或者指定代表的义务】本法第三条第二款规定的中华人民共和国境外的个人信息处理者，应当在中华人民共和国境内设立专门机构或者指定代表，负责处理个人信息保护相关事务，并将有关机构的名称或者代表的姓名、联系方式等报送履行个人信息保护职责的部门。

第五十四条 【合规审计义务】个人信息处理者应当定期对其处理个人信息遵守法律、行政法规的情况进行合规审计。

第五十五条 【事前个人信息保护影响评估义务】有下列情形之一的，个人信息处理者应当事前进行个人信息保护影响评估，并对处理情况进行记录：

（一）处理敏感个人信息；

（二）利用个人信息进行自动化决策；

（三）委托处理个人信息、向其他个人信息处理者提供个人信息、公开个人信息；

（四）向境外提供个人信息；

（五）其他对个人权益有重大影响的个人信息处理活动。

第五十六条 【个人信息保护影响评估内容】个人信息保护影响评估应当包括下列内容：

（一）个人信息的处理目的、处理方式等是否合法、正当、必要；

（二）对个人权益的影响及安全风险；

（三）所采取的保护措施是否合法、有效并与风险程度相适应。

个人信息保护影响评估报告和处理情况记录应当至少保存三年。

第五十七条 【对个人信息安全事件的补救和通知义务】发生或者可

能发生个人信息泄露、篡改、丢失的，个人信息处理者应当立即采取补救措施，并通知履行个人信息保护职责的部门和个人。通知应当包括下列事项：

（一）发生或者可能发生个人信息泄露、篡改、丢失的信息种类、原因和可能造成的危害；

（二）个人信息处理者采取的补救措施和个人可以采取的减轻危害的措施；

（三）个人信息处理者的联系方式。

个人信息处理者采取措施能够有效避免信息泄露、篡改、丢失造成危害的，个人信息处理者可以不通知个人；履行个人信息保护职责的部门认为可能造成危害的，有权要求个人信息处理者通知个人。

第五十八条　【大型互联网平台的特别义务】提供重要互联网平台服务、用户数量巨大、业务类型复杂的个人信息处理者，应当履行下列义务：

（一）按照国家规定建立健全个人信息保护合规制度体系，成立主要由外部成员组成的独立机构对个人信息保护情况进行监督；

（二）遵循公开、公平、公正的原则，制定平台规则，明确平台内产品或者服务提供者处理个人信息的规范和保护个人信息的义务；

（三）对严重违反法律、行政法规处理个人信息的平台内的产品或者服务提供者，停止提供服务；

（四）定期发布个人信息保护社会责任报告，接受社会监督。

第五十九条　【受托人的个人信息保护义务】接受委托处理个人信息的受托人，应当依照本法和有关法律、行政法规的规定，采取必要措施保障所处理的个人信息的安全，并协助个人信息处理者履行本法规定的义务。

第六章　履行个人信息保护职责的部门

第六十条　【个人信息保护职责分工】国家网信部门负责统筹协调个人信息保护工作和相关监督管理工作。国务院有关部门依照本法和有关法律、行政法规的规定，在各自职责范围内负责个人信息保护和监督管理工作。

县级以上地方人民政府有关部门的个人信息保护和监督管理职责，按照国家有关规定确定。

前两款规定的部门统称为履行个人信息保护职责的部门。

第六十一条 【个人信息保护职责】履行个人信息保护职责的部门履行下列个人信息保护职责：

（一）开展个人信息保护宣传教育，指导、监督个人信息处理者开展个人信息保护工作；

（二）接受、处理与个人信息保护有关的投诉、举报；

（三）组织对应用程序等个人信息保护情况进行测评，并公布测评结果；

（四）调查、处理违法个人信息处理活动；

（五）法律、行政法规规定的其他职责。

第六十二条 【国家网信部门统筹协调职责】国家网信部门统筹协调有关部门依据本法推进下列个人信息保护工作：

（一）制定个人信息保护具体规则、标准；

（二）针对小型个人信息处理者、处理敏感个人信息以及人脸识别、人工智能等新技术、新应用，制定专门的个人信息保护规则、标准；

（三）支持研究开发和推广应用安全、方便的电子身份认证技术，推进网络身份认证公共服务建设；

（四）推进个人信息保护社会化服务体系建设，支持有关机构开展个人信息保护评估、认证服务；

（五）完善个人信息保护投诉、举报工作机制。

第六十三条 【监督检查措施及当事人配合义务】履行个人信息保护职责的部门履行个人信息保护职责，可以采取下列措施：

（一）询问有关当事人，调查与个人信息处理活动有关的情况；

（二）查阅、复制当事人与个人信息处理活动有关的合同、记录、账簿以及其他有关资料；

（三）实施现场检查，对涉嫌违法的个人信息处理活动进行调查；

（四）检查与个人信息处理活动有关的设备、物品；对有证据证明是用于违法个人信息处理活动的设备、物品，向本部门主要负责人书面报告并经批准，可以查封或者扣押。

履行个人信息保护职责的部门依法履行职责，当事人应当予以协助、配合，不得拒绝、阻挠。

第六十四条　【个人信息安全风险处置及侵害公民个人信息事件移送处理】履行个人信息保护职责的部门在履行职责中，发现个人信息处理活动存在较大风险或者发生个人信息安全事件的，可以按照规定的权限和程序对该个人信息处理者的法定代表人或者主要负责人进行约谈，或者要求个人信息处理者委托专业机构对其个人信息处理活动进行合规审计。个人信息处理者应当按照要求采取措施，进行整改，消除隐患。

履行个人信息保护职责的部门在履行职责中，发现违法处理个人信息涉嫌犯罪的，应当及时移送公安机关依法处理。

第六十五条　【投诉、举报权益保障】任何组织、个人有权对违法个人信息处理活动向履行个人信息保护职责的部门进行投诉、举报。收到投诉、举报的部门应当依法及时处理，并将处理结果告知投诉、举报人。

履行个人信息保护职责的部门应当公布接受投诉、举报的联系方式。

第七章　法律责任

第六十六条　【行政处罚】违反本法规定处理个人信息，或者处理个人信息未履行本法规定的个人信息保护义务的，由履行个人信息保护职责的部门责令改正，给予警告，没收违法所得，对违法处理个人信息的应用程序，责令暂停或者终止提供服务；拒不改正的，并处一百万元以下罚款；对直接负责的主管人员和其他直接责任人员处一万元以上十万元以下罚款。

有前款规定的违法行为，情节严重的，由省级以上履行个人信息保护职责的部门责令改正，没收违法所得，并处五千万元以下或者上一年度营业额百分之五以下罚款，并可以责令暂停相关业务或者停业整顿、通报有关主管部门吊销相关业务许可或者吊销营业执照；对直接负责的主管人员和其他直接责任人员处十万元以上一百万元以下罚款，并可以决定禁止其在一定期限内担任相关企业的董事、监事、高级管理人员和个人信息保护负责人。

第六十七条 **【信用惩戒】**有本法规定的违法行为的，依照有关法律、行政法规的规定记入信用档案，并予以公示。

第六十八条 **【国家机关不履行个人信息保护义务、履行个人信息保护职责部门的工作人员渎职的法律责任】**国家机关不履行本法规定的个人信息保护义务的，由其上级机关或者履行个人信息保护职责的部门责令改正；对直接负责的主管人员和其他直接责任人员依法给予处分。

履行个人信息保护职责的部门的工作人员玩忽职守、滥用职权、徇私舞弊，尚不构成犯罪的，依法给予处分。

第六十九条 **【民事侵权责任】**处理个人信息侵害个人信息权益造成损害，个人信息处理者不能证明自己没有过错的，应当承担损害赔偿等侵权责任。

前款规定的损害赔偿责任按照个人因此受到的损失或者个人信息处理者因此获得的利益确定；个人因此受到的损失和个人信息处理者因此获得的利益难以确定的，根据实际情况确定赔偿数额。

第七十条 **【个人信息保护公益诉讼】**个人信息处理者违反本法规定处理个人信息，侵害众多个人的权益的，人民检察院、法律规定的消费者组织和由国家网信部门确定的组织可以依法向人民法院提起诉讼。

第七十一条 **【治安管理处罚、刑事责任】**违反本法规定，构成违反治安管理行为的，依法给予治安管理处罚；构成犯罪的，依法追究刑事责任。

第八章 附 则

第七十二条 **【对本法适用范围的特别规定】**自然人因个人或者家庭事务处理个人信息的，不适用本法。

法律对各级人民政府及其有关部门组织实施的统计、档案管理活动中的个人信息处理有规定的，适用其规定。

第七十三条 【用语含义】本法下列用语的含义：

（一）个人信息处理者，是指在个人信息处理活动中自主决定处理目的、处理方式的组织、个人。

（二）自动化决策，是指通过计算机程序自动分析、评估个人的行为习惯、兴趣爱好或者经济、健康、信用状况等，并进行决策的活动。

（三）去标识化，是指个人信息经过处理，使其在不借助额外信息的情况下无法识别特定自然人的过程。

（四）匿名化，是指个人信息经过处理无法识别特定自然人且不能复原的过程。

第七十四条 【施行日期】本法自2021年11月1日起施行。

征信业管理条例

1. 2013年1月21日国务院令第631号公布
2. 自2013年3月15日起施行

第一章 总 则

第一条 为了规范征信活动，保护当事人合法权益，引导、促进征信业健康发展，推进社会信用体系建设，制定本条例。

第二条 在中国境内从事征信业务及相关活动，适用本条例。

本条例所称征信业务，是指对企业、事业单位等组织（以下统称企业）的信用信息和个人的信用信息进行采集、整理、保存、加工，并向信息使用者提供的活动。

国家设立的金融信用信息基础数据库进行信息的采集、整理、保存、加工和提供，适用本条例第五章规定。

国家机关以及法律、法规授权的具有管理公共事务职能的组织依照法律、行政法规和国务院的规定，为履行职责进行的企业和个人信息的采集、整理、保存、加工和公布，不适用本条例。

第三条 从事征信业务及相关活动，应当遵守法律法规，诚实守信，不得危害国家秘密，不得侵犯商业秘密和个人隐私。

第四条 中国人民银行（以下称国务院征信业监督管理部门）及其派出机构依法对征信业进行监督管理。

县级以上地方人民政府和国务院有关部门依法推进本地区、本行业的社会信用体系建设，培育征信市场，推动征信业发展。

第二章 征信机构

第五条 本条例所称征信机构，是指依法设立，主要经营征信业务的机构。

第六条 设立经营个人征信业务的征信机构，应当符合《中华人民共和国公司法》规定的公司设立条件和下列条件，并经国务院征信业监督管理部门批准：

（一）主要股东信誉良好，最近3年无重大违法违规记录；

（二）注册资本不少于人民币5000万元；

（三）有符合国务院征信业监督管理部门规定的保障信息安全的设施、设备和制度、措施；

（四）拟任董事、监事和高级管理人员符合本条例第八条规定的任职条件；

（五）国务院征信业监督管理部门规定的其他审慎性条件。

第七条 申请设立经营个人征信业务的征信机构，应当向国务院征信业监督管理部门提交申请书和证明其符合本条例第六条规定条件的材料。

国务院征信业监督管理部门应当依法进行审查，自受理申请之日起60日内作出批准或者不予批准的决定。决定批准的，颁发个人征信业务经营许可证；不予批准的，应当书面说明理由。

经批准设立的经营个人征信业务的征信机构，凭个人征信业务经营许可证向公司登记机关办理登记。

未经国务院征信业监督管理部门批准，任何单位和个人不得经营个人征信业务。

第八条 经营个人征信业务的征信机构的董事、监事和高级管理人员，应当熟悉与征信业务相关的法律法规，具有履行职责所需的征信业从业经验和管理能力，最近3年无重大违法违规记录，并取得国务院征信业监督管理部门核准的任职资格。

第九条 经营个人征信业务的征信机构设立分支机构、合并或者分立、变更注册资本、变更出资额占公司资本总额5%以上或者持股占公司股份5%以上的股东的，应当经国务院征信业监督管理部门批准。

经营个人征信业务的征信机构变更名称的，应当向国务院征信业监督管理部门办理备案。

第十条 设立经营企业征信业务的征信机构，应当符合《中华人民共和国公司法》规定的设立条件，并自公司登记机关准予登记之日起30日内向所在地的国务院征信业监督管理部门派出机构办理备案，并提供下列材料：

（一）营业执照；

（二）股权结构、组织机构说明；

（三）业务范围、业务规则、业务系统的基本情况；

（四）信息安全和风险防范措施。

备案事项发生变更的，应当自变更之日起30日内向原备案机构办理变更备案。

第十一条 征信机构应当按照国务院征信业监督管理部门的规定，报告上一年度开展征信业务的情况。

国务院征信业监督管理部门应当向社会公告经营个人征信业务和企业征信业务的征信机构名单，并及时更新。

第十二条 征信机构解散或者被依法宣告破产的，应当向国务院征信业监督管理部门报告，并按照下列方式处理信息数据库：

（一）与其他征信机构约定并经国务院征信业监督管理部门同意，转让给其他征信机构；

（二）不能依照前项规定转让的，移交给国务院征信业监督管理部门指定的征信机构；

（三）不能依照前两项规定转让、移交的，在国务院征信业监督管理部门的监督下销毁。

经营个人征信业务的征信机构解散或者被依法宣告破产的，还应当在国务院征信业监督管理部门指定的媒体上公告，并将个人征信业务经营许可证交国务院征信业监督管理部门注销。

第三章 征信业务规则

第十三条 采集个人信息应当经信息主体本人同意，未经本人同意不得采集。但是，依照法律、行政法规规定公开的信息除外。

企业的董事、监事、高级管理人员与其履行职务相关的信息，不作为个人信息。

第十四条 禁止征信机构采集个人的宗教信仰、基因、指纹、血型、疾病和病史信息以及法律、行政法规规定禁止采集的其他个人信息。

征信机构不得采集个人的收入、存款、有价证券、商业保险、不动产的信息和纳税数额信息。但是，征信机构明确告知信息主体提供该信息可能产生的不利后果，并取得其书面同意的除外。

第十五条 信息提供者向征信机构提供个人不良信息，应当事先告知信息主体本人。但是，依照法律、行政法规规定公开的不良信息除外。

第十六条 征信机构对个人不良信息的保存期限，自不良行为或者事件终止之日起为5年；超过5年的，应当予以删除。

在不良信息保存期限内，信息主体可以对不良信息作出说明，征信机构应当予以记载。

第十七条 信息主体可以向征信机构查询自身信息。个人信息主体有权每年两次免费获取本人的信用报告。

第十八条 向征信机构查询个人信息的，应当取得信息主体本人的书面同意并约定用途。但是，法律规定可以不经同意查询的除外。

征信机构不得违反前款规定提供个人信息。

第十九条 征信机构或者信息提供者、信息使用者采用格式合同条款取得个人信息主体同意的，应当在合同中作出足以引起信息主体注意的提示，并按照信息主体的要求作出明确说明。

第二十条 信息使用者应当按照与个人信息主体约定的用途使用个人信息，不得用作约定以外的用途，不得未经个人信息主体同意向第三方提供。

第二十一条 征信机构可以通过信息主体、企业交易对方、行业协会提供信息，政府有关部门依法已公开的信息，人民法院依法公布的判决、裁定等渠道，采集企业信息。

征信机构不得采集法律、行政法规禁止采集的企业信息。

第二十二条 征信机构应当按照国务院征信业监督管理部门的规定，建立健全和严格执行保障信息安全的规章制度，并采取有效技术措施保障信息安全。

经营个人征信业务的征信机构应当对其工作人员查询个人信息的权限和程序作出明确规定，对工作人员查询个人信息的情况进行登记，如实记载查询工作人员的姓名，查询的时间、内容及用途。工作人员不得违反规定的权限和程序查询信息，不得泄露工作中获取的信息。

第二十三条 征信机构应当采取合理措施，保障其提供信息的准确性。

征信机构提供的信息供信息使用者参考。

第二十四条 征信机构在中国境内采集的信息的整理、保存和加工，应当在中国境内进行。

征信机构向境外组织或者个人提供信息，应当遵守法律、行政法规和国务院征信业监督管理部门的有关规定。

第四章 异议和投诉

第二十五条 信息主体认为征信机构采集、保存、提供的信息存在错误、遗漏的，有权向征信机构或者信息提供者提出异议，要求更正。

征信机构或者信息提供者收到异议，应当按照国务院征信业监督管理部门的规定对相关信息作出存在异议的标注，自收到异议之日起 20 日内进行核查和处理，并将结果书面答复异议人。

经核查，确认相关信息确有错误、遗漏的，信息提供者、征信机构应当予以更正；确认不存在错误、遗漏的，应当取消异议标注；经核查仍不能确认的，对核查情况和异议内容应当予以记载。

第二十六条 信息主体认为征信机构或者信息提供者、信息使用者侵害其合法权益的，可以向所在地的国务院征信业监督管理部门派出机构投诉。

受理投诉的机构应当及时进行核查和处理，自受理之日起 30 日内书面答复投诉人。

信息主体认为征信机构或者信息提供者、信息使用者侵害其合法权益的，可以直接向人民法院起诉。

第五章　金融信用信息基础数据库

第二十七条　国家设立金融信用信息基础数据库，为防范金融风险、促进金融业发展提供相关信息服务。

金融信用信息基础数据库由专业运行机构建设、运行和维护。该运行机构不以营利为目的，由国务院征信业监督管理部门监督管理。

第二十八条　金融信用信息基础数据库接收从事信贷业务的机构按照规定提供的信贷信息。

金融信用信息基础数据库为信息主体和取得信息主体本人书面同意的信息使用者提供查询服务。国家机关可以依法查询金融信用信息基础数据库的信息。

第二十九条　从事信贷业务的机构应当按照规定向金融信用信息基础数据库提供信贷信息。

从事信贷业务的机构向金融信用信息基础数据库或者其他主体提供信贷信息，应当事先取得信息主体的书面同意，并适用本条例关于信息提供者的规定。

第三十条　不从事信贷业务的金融机构向金融信用信息基础数据库提供、查询信用信息以及金融信用信息基础数据库接收其提供的信用信息的具体办法，由国务院征信业监督管理部门会同国务院有关金融监督管理机构依法制定。

第三十一条　金融信用信息基础数据库运行机构可以按照补偿成本原则收取查询服务费用，收费标准由国务院价格主管部门规定。

第三十二条　本条例第十四条、第十六条、第十七条、第十八条、第二十二条、第二十三条、第二十四条、第二十五条、第二十六条适用于金融信用信息基础数据库运行机构。

第六章　监督管理

第三十三条　国务院征信业监督管理部门及其派出机构依照法律、行政法规和国务院的规定，履行对征信业和金融信用信息基础数据库运行机构的监督管理职责，可以采取下列监督检查措施：

（一）进入征信机构、金融信用信息基础数据库运行机构进行现场检查，对向金融信用信息基础数据库提供或者查询信息的机构遵守本条例有关规定的情况进行检查；

（二）询问当事人和与被调查事件有关的单位和个人，要求其对与被调查事件有关的事项作出说明；

（三）查阅、复制与被调查事件有关的文件、资料，对可能被转移、销毁、隐匿或者篡改的文件、资料予以封存；

（四）检查相关信息系统。

进行现场检查或者调查的人员不得少于2人，并应当出示合法证件和检查、调查通知书。

被检查、调查的单位和个人应当配合，如实提供有关文件、资料，不得隐瞒、拒绝和阻碍。

第三十四条　经营个人征信业务的征信机构、金融信用信息基础数据库、向金融信用信息基础数据库提供或者查询信息的机构发生重大信息泄露等事件的，国务院征信业监督管理部门可以采取临时接管相关信息系统等必要措施，避免损害扩大。

第三十五条　国务院征信业监督管理部门及其派出机构的工作人员对在工作中知悉的国家秘密和信息主体的信息，应当依法保密。

第七章　法律责任

第三十六条　未经国务院征信业监督管理部门批准，擅自设立经营个人征信业务的征信机构或者从事个人征信业务活动的，由国务院征信业监督管理部门予以取缔，没收违法所得，并处5万元以上50万元以下的罚款；构成犯罪的，依法追究刑事责任。

第三十七条　经营个人征信业务的征信机构违反本条例第九条规定的，由国务院征信业监督管理部门责令限期改正，对单位处2万元以上 20 万元以下的罚款;对直接负责的主管人员和其他直接责任人员给予警告,处 1 万元以下的罚款。

经营企业征信业务的征信机构未按照本条例第十条规定办理备案的,由其所在地的国务院征信业监督管理部门派出机构责令限期改正;逾期不改正的,依照前款规定处罚。

第三十八条 征信机构、金融信用信息基础数据库运行机构违反本条例规定,有下列行为之一的,由国务院征信业监督管理部门或者其派出机构责令限期改正,对单位处 5 万元以上 50 万元以下的罚款;对直接负责的主管人员和其他直接责任人员处 1 万元以上 10 万元以下的罚款;有违法所得的,没收违法所得。给信息主体造成损失的,依法承担民事责任;构成犯罪的,依法追究刑事责任:

(一)窃取或者以其他方式非法获取信息;

(二)采集禁止采集的个人信息或者未经同意采集个人信息;

(三)违法提供或者出售信息;

(四)因过失泄露信息;

(五)逾期不删除个人不良信息;

(六)未按照规定对异议信息进行核查和处理;

(七)拒绝、阻碍国务院征信业监督管理部门或者其派出机构检查、调查或者不如实提供有关文件、资料;

(八)违反征信业务规则,侵害信息主体合法权益的其他行为。

经营个人征信业务的征信机构有前款所列行为之一,情节严重或者造成严重后果的,由国务院征信业监督管理部门吊销其个人征信业务经营许可证。

第三十九条 征信机构违反本条例规定,未按照规定报告其上一年度开展征信业务情况的,由国务院征信业监督管理部门或者其派出机构责令限期改正;逾期不改正的,对单位处 2 万元以上 10 万元以下的罚款;对直接负责的主管人员和其他直接责任人员给予警告,处 1 万元以下的罚款。

第四十条 向金融信用信息基础数据库提供或者查询信息的机构违反本条例规定,有下列行为之一的,由国务院征信业监督管理部门或者其派出机构责令限期改正,对单位处 5 万元以上 50 万元以下的罚款;对直接负责的主管人员和其他直接责任人员处 1 万元以上 10 万元以下的罚款;有违法所得的,没收违法所得。给信息主体造成损失的,依法承担民事责任;构成犯罪的,依法追究刑事责任:

(一)违法提供或者出售信息;

(二)因过失泄露信息;

(三)未经同意查询个人信息或者企业的信贷信息;

(四)未按照规定处理异议或者对确有错误、遗漏的信息不予更正;

(五)拒绝、阻碍国务院征信业监督管理部门或者其派出机构检查、调查或者不如实提供有关文件、资料。

第四十一条 信息提供者违反本条例规定,向征信机构、金融信用信息基础数据库提供非依法公开的个人不良信息,未事先告知信息主体本人,情节严重或者造成严重后果的,由国务院征信业监督管理部门或者其派出机构对单位处 2 万元以上 20 万元以下的罚款;对个人处 1 万元以上 5 万元以下的罚款。

第四十二条 信息使用者违反本条例规定,未按照与个人信息主体约定的用途使用个人信息或者未经个人信息主体同意向第三方提供个人信息,情节严重或者造成严重后果的,由国务院征信业监督管理部门或者其派出机构对单位处 2 万元以上 20 万元以下的罚款;对个人处 1 万元以上 5 万元以下的罚款;有违法所得的,没收违法所得。给信息主体造成损失的,依法承担民事责任;构成犯罪的,依法追究刑事责任。

第四十三条 国务院征信业监督管理部门及其派出机构的工作人员滥用职权、玩忽职守、徇私舞弊,不依法履行监督管理职责,或者泄露国家秘密、信息主体信息的,依法给予处分。给信息主体造成损失的,依法承担民事责任;构成犯罪的,依法追究刑事责任。

第八章 附 则

第四十四条 本条例下列用语的含义:

(一)信息提供者,是指向征信机构提供信息的单位和个人,以及向金融信用信息基础数据库提供信息的单位。

（二）信息使用者，是指从征信机构和金融信用信息基础数据库获取信息的单位和个人。

（三）不良信息，是指对信息主体信用状况构成负面影响的下列信息：信息主体在借贷、赊购、担保、租赁、保险、使用信用卡等活动中未按照合同履行义务的信息，对信息主体的行政处罚信息，人民法院判决或者裁定信息主体履行义务以及强制执行的信息，以及国务院征信业监督管理部门规定的其他不良信息。

第四十五条 外商投资征信机构的设立条件，由国务院征信业监督管理部门会同国务院有关部门制定，报国务院批准。

境外征信机构在境内经营征信业务，应当经国务院征信业监督管理部门批准。

第四十六条 本条例施行前已经经营个人征信业务的机构，应当自本条例施行之日起6个月内，依照本条例的规定申请个人征信业务经营许可证。

本条例施行前已经经营企业征信业务的机构，应当自本条例施行之日起3个月内，依照本条例的规定办理备案。

第四十七条 本条例自2013年3月15日起施行。

最高人民法院、最高人民检察院关于办理侵犯公民个人信息刑事案件适用法律若干问题的解释

1. 2017年3月20日最高人民法院审判委员会第1712次会议、2017年4月26日最高人民检察院第十二届检察委员会第63次会议通过
2. 2017年5月8日公布
3. 法释〔2017〕10号
4. 自2017年6月1日起施行

为依法惩治侵犯公民个人信息犯罪活动，保护公民个人信息安全和合法权益，根据《中华人民共和国刑法》《中华人民共和国刑事

诉讼法》的有关规定，现就办理此类刑事案件适用法律的若干问题解释如下：

第一条 刑法第二百五十三条之一规定的“公民个人信息”，是指以电子或者其他方式记录的能够单独或者与其他信息结合识别特定自然人身份或者反映特定自然人活动情况的各种信息，包括姓名、身份证件号码、通信通讯联系方式、住址、账号密码、财产状况、行踪轨迹等。

第二条 违反法律、行政法规、部门规章有关公民个人信息保护的规定的，应当认定为刑法第二百五十三条之一规定的“违反国家有关规定”。

第三条 向特定人提供公民个人信息，以及通过信息网络或者其他途径发布公民个人信息的，应当认定为刑法第二百五十三条之一规定的“提供公民个人信息”。

未经被收集者同意，将合法收集的公民个人信息向他人提供的，属于刑法第二百五十三条之一规定的“提供公民个人信息”，但是经过处理无法识别特定个人且不能复原的除外。

第四条 违反国家有关规定，通过购买、收受、交换等方式获取公民个人信息，或者在履行职责、提供服务过程中收集公民个人信息的，属于刑法第二百五十三条之一第三款规定的“以其他方法非法获取公民个人信息”。

第五条 非法获取、出售或者提供公民个人信息，具有下列情形之一的，应当认定为刑法第二百五十三条之一规定的“情节严重”：

（一）出售或者提供行踪轨迹信息，被他人用于犯罪的；

（二）知道或者应当知道他人利用公民个人信息实施犯罪，向其出售或者提供的；

（三）非法获取、出售或者提供行踪轨迹信息、通信内容、征信信息、财产信息五十条以上的；

（四）非法获取、出售或者提供住宿信息、通信记录、健康生理信息、交易信息等其他可能影响人身、财产安全的公民个人信息五百条以上的；

（五）非法获取、出售或者提供第三项、第四项规定以外的公民个人信息五千条以上的；

（六）数量未达到第三项至第五项规定标准，但是按相应比例合计达到有关数量标准的；

（七）违法所得五千元以上的；

（八）将在履行职责或者提供服务过程中获得的公民个人信息出售或者提供给他人，数量或者数额达到第三项至第七项规定标准一半以上的；

（九）曾因侵犯公民个人信息受过刑事处罚或者二年内受过行政处罚，又非法获取、出售或者提供公民个人信息的；

（十）其他情节严重的情形。

实施前款规定的行为，具有下列情形之一的，应当认定为刑法第二百五十三条之一第一款规定的“情节特别严重”：

（一）造成被害人死亡、重伤、精神失常或者被绑架等严重后果的；

（二）造成重大经济损失或者恶劣社会影响的；

（三）数量或者数额达到前款第三项至第八项规定标准十倍以上的；

（四）其他情节特别严重的情形。

第六条 为合法经营活动而非法购买、收受本解释第五条第一款第三项、第四项规定以外的公民个人信息，具有下列情形之一的，应当认定为刑法第二百五十三条之一规定的“情节严重”：

（一）利用非法购买、收受的公民个人信息获利五万元以上的；

（二）曾因侵犯公民个人信息受过刑事处罚或者二年内受过行政处罚，又非法购买、收受公民个人信息的；

（三）其他情节严重的情形。

实施前款规定的行为，将购买、收受的公民个人信息非法出售或者提供的，定罪量刑标准适用本解释第五条的规定。

第七条 单位犯刑法第二百五十三条之一规定之罪的，依照本解释规定的相应自然人犯罪的定罪量刑标准，对直接负责的主管人员和其他直接责任人员定罪处罚，并对单位判处罚金。

第八条 设立用于实施非法获取、出售或者提供公民个人信息违法犯罪活动的网站、通讯群组，情节严重的，应当依照刑法第二百八十七条之一的规定，以非法利用信息网络罪定罪处罚；同时构成侵犯公民个人信息罪的，依照侵犯公民个人信息罪定罪处罚。

第九条 网络服务提供者拒不履行法律、行政法规规定的信息网络安全管理义务，经监管部门责令采取改正措施而拒不改正，致使用户的公民个人信息泄露，造成严重后果的，应当依照刑法第二百八十六条之一的规定，以拒不履行信息网络安全管理义务罪定罪处罚。

第十条 实施侵犯公民个人信息犯罪，不属于“情节特别严重”，行为人系初犯，全部退赃，并确有悔罪表现的，可以认定为情节轻微，不起诉或者免予刑事处罚；确有必要判处刑罚的，应当从宽处罚。

第十一条 非法获取公民个人信息后又出售或者提供的，公民个人信息的条数不重复计算。

向不同单位或者个人分别出售、提供同一公民个人信息的，公民个人信息的条数累计计算。

对批量公民个人信息的条数，根据查获的数量直接认定，但是有证据证明信息不真实或者重复的除外。

第十二条 对于侵犯公民个人信息犯罪，应当综合考虑犯罪的危害程度、犯罪的违法所得数额以及被告人的前科情况、认罪悔罪态度等，依法判处罚金。罚金数额一般在违法所得的一倍以上五倍以下。

第十三条 本解释自2017年6月1日起施行。

最高人民法院关于审理使用人脸识别技术处理个人信息相关民事案件适用法律若干问题的规定

1. 2021年6月8日最高人民法院审判委员会第1841次会议通过
2. 2021年7月27日公布
3. 法释〔2021〕15号
4. 自2021年8月1日起施行

为正确审理使用人脸识别技术处理个人信息相关民事案件，保护当事人合法权益，促进数字经济健康发展，根据《中华人民共和国民法典》《中华人民共和国网络安全法》《中华人民共和国消费者权益保护法》《中华人民共和国电子商务法》《中华人民共和国民事诉讼法》等法律的规定，结合审判实践，制定本规定。

第一条 因信息处理者违反法律、行政法规的规定或者双方的约定使用人脸识别技术处理人脸信息、处理基于人脸识别技术生成的人脸信息所引起的民事案件，适用本规定。

人脸信息的处理包括人脸信息的收集、存储、使用、加工、传输、提供、公开等。

本规定所称人脸信息属于民法典第一千零三十四条规定的“生物识别信息”。

第二条 信息处理者处理人脸信息有下列情形之一的，人民法院应当认定属于侵害自然人人格权益的行为：

（一）在宾馆、商场、银行、车站、机场、体育场馆、娱乐场所等经营场所、公共场所违反法律、行政法规的规定使用人脸识别技术进行人脸验证、辨识或者分析；

（二）未公开处理人脸信息的规则或者未明示处理的目的、方式、范围；

（三）基于个人同意处理人脸信息的，未征得自然人或者其监护人的单独同意，或者未按照法律、行政法规的规定征得自然人或者其监护人的书面同意；

（四）违反信息处理者明示或者双方约定的处理人脸信息的目的、方式、范围等；

（五）未采取应有的技术措施或者其他必要措施确保其收集、存储的人脸信息安全，致使人脸信息泄露、篡改、丢失；

（六）违反法律、行政法规的规定或者双方的约定，向他人提供人脸信息；

（七）违背公序良俗处理人脸信息；

（八）违反合法、正当、必要原则处理人脸信息的其他情形。

第三条 人民法院认定信息处理者承担侵害自然人人格权益的民事责任，应当适用民法典第九百九十八条的规定，并结合案件具体情况综合考量受害人是否为未成年人、告知同意情况以及信息处理的必要程度等因素。

第四条 有下列情形之一，信息处理者以已征得自然人或者其监护人同意为由抗辩的，人民法院不予支持：

（一）信息处理者要求自然人同意处理其人脸信息才提供产品或者服务的，但是处理人脸信息属于提供产品或者服务所必需的除外；

（二）信息处理者以与其他授权捆绑等方式要求自然人同意处理其人脸信息的；

（三）强迫或者变相强迫自然人同意处理其人脸信息的其他情形。

第五条 有下列情形之一，信息处理者主张其不承担民事责任的，人民法院依法予以支持：

（一）为应对突发公共卫生事件，或者紧急情况下为保护自然人的生命健康和财产安全所必需而处理人脸信息的；

（二）为维护公共安全，依据国家有关规定在公共场所使用人脸识别技术的；

（三）为公共利益实施新闻报道、舆论监督等行为在合理的范围内处理人脸信息的；

（四）在自然人或者其监护人同意的范围内合理处理人脸信息的；

（五）符合法律、行政法规规定的其他情形。

第六条 当事人请求信息处理者承担民事责任的，人民法院应当依据民事诉讼法第六十四条及《最高人民法院关于适用〈中华人民共和国民事诉讼法〉的解释》第九十条、第九十一条，《最高人民法院关于民事诉讼证据的若干规定》的相关规定确定双方当事人的举证责任。

信息处理者主张其行为符合民法典第一千零三十五条第一款规定情形的，应当就此所依据的事实承担举证责任。

信息处理者主张其不承担民事责任的，应当就其行为符合本规定第五条规定的情形承担举证责任。

第七条 多个信息处理者处理人脸信息侵害自然人人格权益，该自然人主张多个信息处理者按照过错程度和造成损害结果的大小承担侵权责任的,人民法院依法予以支持;符合民法典第一千一百六十八条、第一千一百六十九条第一款、第一千一百七十条、第一千一百七十一条等规定的相应情形,该自然人主张多个信息处理者承担连带责任的,人民法院依法予以支持。

信息处理者利用网络服务处理人脸信息侵害自然人人格权益的,适用民法典第一千一百九十五条、第一千一百九十六条、第一千一百九十七条等规定。

第八条 信息处理者处理人脸信息侵害自然人人格权益造成财产损失,该自然人依据民法典第一千一百八十二条主张财产损害赔偿的,人民法院依法予以支持。

自然人为制止侵权行为所支付的合理开支,可以认定为民法典第一千一百八十二条规定的财产损失。合理开支包括该自然人或者委托代理人对侵权行为进行调查、取证的合理费用。人民法院根据当事人的请求和具体案情,可以将合理的律师费用计算在赔偿范围内。

第九条 自然人有证据证明信息处理者使用人脸识别技术正在实施或者即将实施侵害其隐私权或者其他人格权益的行为,不及时制止将使其合法权益受到难以弥补的损害,向人民法院申请采取责令信息处理者停止有关行为的措施的,人民法院可以根据案件具体情况依法作出人格权侵害禁令。

第十条 物业服务企业或者其他建筑物管理人以人脸识别作为业主或者物业使用人出入物业服务区域的唯一验证方式,不同意的业主或者物业使用人请求其提供其他合理验证方式的,人民法院依法予以支持。

物业服务企业或者其他建筑物管理人存在本规定第二条规定的情形,当事人请求物业服务企业或者其他建筑物管理人承担侵权责任的,人民法院依法予以支持。

第十一条 信息处理者采用格式条款与自然人订立合同,要求自然人授予其无期限限制、不可撤销、可任意转授权等处理人脸信息的权利,该自然人依据民法典第四百九十七条请求确认格式条款无效的,人民法院依法予以支持。

第十二条 信息处理者违反约定处理自然人的人脸信息,该自然人请求其承担违约责任的,人民法院依法予以支持。该自然人请求信息处理者承担违约责任时,请求删除人脸信息的,人民法院依法予以支持;信息处理者以双方未对人脸信息的删除作出约定为由抗辩的,人民法院不予支持。

第十三条 基于同一信息处理者处理人脸信息侵害自然人人格权益发生的纠纷,多个受害人分别向同一人民法院起诉的,经当事人同意,人民法院可以合并审理。

第十四条 信息处理者处理人脸信息的行为符合民事诉讼法第五十五条、消费者权益保护法第四十七条或者其他法律关于民事公益诉讼的相关规定,法律规定的机关和有关组织提起民事公益诉讼的,人民法院应予受理。

第十五条 自然人死亡后,信息处理者违反法律、行政法规的规定或者双方的约定处理人脸信息,死者的近亲属依据民法典第九百九十四条请求信息处理者承担民事责任的,适用本规定。

第十六条 本规定自 2021 年 8 月 1 日起施行。

信息处理者使用人脸识别技术处理人脸信息、处理基于人脸识别技术生成的人脸信息的行为发生在本规定施行前的,不适用本规定。

电信和互联网用户个人信息保护规定

1. 2013 年 7 月 16 日工业和信息化部令第 24 号公布
2. 自 2013 年 9 月 1 日起施行

第一章 总　　则

第一条 为了保护电信和互联网用户的合法权益,维护网络信息安全,根据《全国人民代表大会常务委员会关于加强网络信息保护的决定》、《中华人民共和国电信条例》和《互联网信息服务管理办法》等法律、行政法规,制定本规定。

第二条 在中华人民共和国境内提供电信服务和互联网信息服务过程中收集、使用用户个人信息的活动,适用本规定。

第三条 工业和信息化部和各省、自治区、直辖市通信管理局(以下统称电信管理机构)依法对电信和互联网用户个人信息保护工作实施监督管理。

第四条 本规定所称用户个人信息,是指电信业务经营者和互联网信息服务提供者在提供服务的过程中收集的用户姓名、出生日期、身份证件号码、住址、电话号码、账号和密码等能够单独或者与其他信息结合识别用户的信息以及用户使用服务的时间、地点等信息。

第五条 电信业务经营者、互联网信息服务提供者在提供服务的过程中收集、使用用户个人信息,应当遵循合法、正当、必要的原则。

第六条 电信业务经营者、互联网信息服务提供者对其在提供服务过程中收集、使用的用户个人信息的安全负责。

第七条 国家鼓励电信和互联网行业开展用户个人信息保护自律工作。

第二章 信息收集和使用规范

第八条 电信业务经营者、互联网信息服务提供者应当制定用户个人信息收集、使用规则,并在其经营或者服务场所、网站等予以公布。

第九条 未经用户同意,电信业务经营者、互联网信息服务提供者不得收集、使用用户个人信息。

电信业务经营者、互联网信息服务提供者收集、使用用户个人信息的,应当明确告知用户收集、使用信息的目的、方式和范围,查询、更正信息的渠道以及拒绝提供信息的后果等事项。

电信业务经营者、互联网信息服务提供者不得收集其提供服务所必需以外的用户个人信息或者将信息用于提供服务之外的目的,不得以欺骗、误导或者强迫等方式或者违反法律、行政法规以及双方的约定收集、使用信息。

电信业务经营者、互联网信息服务提供者在用户终止使用电信服务或者互联网信息服务后,应当停止对用户个人信息的收集和使用，并为用户提供注销号码或者账号的服务。

法律、行政法规对本条第一款至第四款规定的情形另有规定的，从其规定。

第十条 电信业务经营者、互联网信息服务提供者及其工作人员对在提供服务过程中收集、使用的用户个人信息应当严格保密，不得泄露、篡改或者毁损，不得出售或者非法向他人提供。

第十一条 电信业务经营者、互联网信息服务提供者委托他人代理市场销售和技术服务等直接面向用户的服务性工作，涉及收集、使用用户个人信息的，应当对代理人的用户个人信息保护工作进行监督和管理，不得委托不符合本规定有关用户个人信息保护要求的代理人代办相关服务。

第十二条 电信业务经营者、互联网信息服务提供者应当建立用户投诉处理机制，公布有效的联系方式，接受与用户个人信息保护有关的投诉，并自接到投诉之日起十五日内答复投诉人。

第三章 安全保障措施

第十三条 电信业务经营者、互联网信息服务提供者应当采取以下措施防止用户个人信息泄露、毁损、篡改或者丢失：

（一）确定各部门、岗位和分支机构的用户个人信息安全管理责任；

（二）建立用户个人信息收集、使用及其相关活动的工作流程和安全管理制度；

（三）对工作人员及代理人实行权限管理，对批量导出、复制、销毁信息实行审查，并采取防泄密措施；

（四）妥善保管记录用户个人信息的纸介质、光介质、电磁介质等载体，并采取相应的安全储存措施；

（五）对储存用户个人信息的信息系统实行接入审查，并采取防入侵、防病毒等措施；

（六）记录对用户个人信息进行操作的人员、时间、地点、事项等信息；

（七）按照电信管理机构的规定开展通信网络安全防护工作；

（八）电信管理机构规定的其他必要措施。

第十四条 电信业务经营者、互联网信息服务提供者保管的用户个人信息发生或者可能发生泄露、毁损、丢失的，应当立即采取补救措施；造成或者可能造成严重后果的，应当立即向准予其许可或者备案的电信管理机构报告，配合相关部门进行的调查处理。

电信管理机构应当对报告或者发现的可能违反本规定的行为的影响进行评估；影响特别重大的，相关省、自治区、直辖市通信管理局应当向工业和信息化部报告。电信管理机构在依据本规定作出处理决定前，可以要求电信业务经营者和互联网信息服务提供者暂停有关行为，电信业务经营者和互联网信息服务提供者应当执行。

第十五条 电信业务经营者、互联网信息服务提供者应当对其工作人员进行用户个人信息保护相关知识、技能和安全责任培训。

第十六条 电信业务经营者、互联网信息服务提供者应当对用户个人信息保护情况每年至少进行一次自查，记录自查情况，及时消除自查中发现的安全隐患。

第四章 监督检查

第十七条 电信管理机构应当对电信业务经营者、互联网信息服务提供者保护用户个人信息的情况实施监督检查。

电信管理机构实施监督检查时，可以要求电信业务经营者、互联网信息服务提供者提供相关材料，进入其生产经营场所调查情况，电信业务经营者、互联网信息服务提供者应当予以配合。

电信管理机构实施监督检查，应当记录监督检查的情况，不得妨碍电信业务经营者、互联网信息服务提供者正常的经营或者服务活动，不得收取任何费用。

第十八条 电信管理机构及其工作人员对在履行职责中知悉的用户个人信息应当予以保密，不得泄露、篡改或者毁损，不得出售或者非法向他人提供。

第十九条 电信管理机构实施电信业务经营许可及经营许可证年检时，应当对用户个人信息保护情况进行审查。

第二十条 电信管理机构应当将电信业务经营者、互联网信息服务提供者违反本规定的行为记入其社会信用档案并予以公布。

第二十一条 鼓励电信和互联网行业协会依法制定有关用户个人信息保护的自律性管理制度，引导会员加强自律管理，提高用户个人信息保护水平。

第五章 法律责任

第二十二条 电信业务经营者、互联网信息服务提供者违反本规定第八条、第十二条规定的，由电信管理机构依据职权责令限期改正，予以警告，可以并处一万元以下的罚款。

第二十三条 电信业务经营者、互联网信息服务提供者违反本规定第九条至第十一条、第十三条至第十六条、第十七条第二款规定的，由电信管理机构依据职权责令限期改正，予以警告，可以并处一万元以上三万元以下的罚款，向社会公告；构成犯罪的，依法追究刑事责任。

第二十四条 电信管理机构工作人员在对用户个人信息保护工作实施监督管理的过程中玩忽职守、滥用职权、徇私舞弊的，依法给予处理；构成犯罪的，依法追究刑事责任。

第六章 附 则

第二十五条 本规定自2013年9月1日起施行。

App违法违规收集使用个人信息行为认定方法

1. 2019年11月28日国家互联网信息办公室秘书局、工业和信息化部办公厅、公安部办公厅、市场监管总局办公厅发布
2. 国信办秘字〔2019〕191号

根据《关于开展App违法违规收集使用个人信息专项治理的公告》，为监督管理部门认定App违法违规收集使用个人信息行为提

供参考,为 App 运营者自查自纠和网民社会监督提供指引,落实《网络安全法》等法律法规,制定本方法。

一、以下行为可被认定为"未公开收集使用规则"

1. 在 App 中没有隐私政策,或者隐私政策中没有收集使用个人信息规则;

2. 在 App 首次运行时未通过弹窗等明显方式提示用户阅读隐私政策等收集使用规则;

3. 隐私政策等收集使用规则难以访问,如进入 App 主界面后,需多于 4 次点击等操作才能访问到;

4. 隐私政策等收集使用规则难以阅读,如文字过小过密、颜色过淡、模糊不清,或未提供简体中文版等。

二、以下行为可被认定为"未明示收集使用个人信息的目的、方式和范围"

1. 未逐一列出 App(包括委托的第三方或嵌入的第三方代码、插件)收集使用个人信息的目的、方式、范围等;

2. 收集使用个人信息的目的、方式、范围发生变化时,未以适当方式通知用户,适当方式包括更新隐私政策等收集使用规则并提醒用户阅读等;

3. 在申请打开可收集个人信息的权限,或申请收集用户身份证号、银行账号、行踪轨迹等个人敏感信息时,未同步告知用户其目的,或者目的不明确、难以理解;

4. 有关收集使用规则的内容晦涩难懂、冗长繁琐,用户难以理解,如使用大量专业术语等。

三、以下行为可被认定为"未经用户同意收集使用个人信息"

1. 征得用户同意前就开始收集个人信息或打开可收集个人信息的权限;

2. 用户明确表示不同意后,仍收集个人信息或打开可收集个人信息的权限,或频繁征求用户同意、干扰用户正常使用;

3. 实际收集的个人信息或打开的可收集个人信息权限超出用户授权范围;

4. 以默认选择同意隐私政策等非明示方式征求用户同意;

5. 未经用户同意更改其设置的可收集个人信息权限状态，如App更新时自动将用户设置的权限恢复到默认状态；

6. 利用用户个人信息和算法定向推送信息，未提供非定向推送信息的选项；

7. 以欺诈、诱骗等不正当方式误导用户同意收集个人信息或打开可收集个人信息的权限，如故意欺瞒、掩饰收集使用个人信息的真实目的；

8. 未向用户提供撤回同意收集个人信息的途径、方式；

9. 违反其所声明的收集使用规则，收集使用个人信息。

四、以下行为可被认定为"违反必要原则，收集与其提供的服务无关的个人信息"

1. 收集的个人信息类型或打开的可收集个人信息权限与现有业务功能无关；

2. 因用户不同意收集非必要个人信息或打开非必要权限，拒绝提供业务功能；

3. App新增业务功能申请收集的个人信息超出用户原有同意范围，若用户不同意，则拒绝提供原有业务功能，新增业务功能取代原有业务功能的除外；

4. 收集个人信息的频度等超出业务功能实际需要；

5. 仅以改善服务质量、提升用户体验、定向推送信息、研发新产品等为由，强制要求用户同意收集个人信息；

6. 要求用户一次性同意打开多个可收集个人信息的权限，用户不同意则无法使用。

五、以下行为可被认定为"未经同意向他人提供个人信息"

1. 既未经用户同意，也未做匿名化处理，App客户端直接向第三方提供个人信息，包括通过客户端嵌入的第三方代码、插件等方式向第三方提供个人信息；

2. 既未经用户同意，也未做匿名化处理，数据传输至App后台服务器后，向第三方提供其收集的个人信息；

3. App接入第三方应用，未经用户同意，向第三方应用提供个人信息。

六、以下行为可被认定为"未按法律规定提供删除或更正个人信息功能"或"未公布投诉、举报方式等信息"

1. 未提供有效的更正、删除个人信息及注销用户账号功能；

2. 为更正、删除个人信息或注销用户账号设置不必要或不合理条件；

3. 虽提供了更正、删除个人信息及注销用户账号功能，但未及时响应用户相应操作，需人工处理的，未在承诺时限内（承诺时限不得超过 15 个工作日，无承诺时限的，以 15 个工作日为限）完成核查和处理；

4. 更正、删除个人信息或注销用户账号等用户操作已执行完毕，但 App 后台并未完成的；

5. 未建立并公布个人信息安全投诉、举报渠道，或未在承诺时限内（承诺时限不得超过 15 个工作日，无承诺时限的，以 15 个工作日为限）受理并处理的。

常见类型移动互联网应用程序必要个人信息范围规定

1. 2021 年 3 月 12 日国家互联网信息办公室秘书局、工业和信息化部办公厅、公安部办公厅、国家市场监督管理总局办公厅发布
2. 国信办秘字〔2021〕14 号
3. 自 2021 年 5 月 1 日起施行

第一条 为了规范移动互联网应用程序（App）收集个人信息行为，保障公民个人信息安全，根据《中华人民共和国网络安全法》，制定本规定。

第二条 移动智能终端上运行的 App 存在收集用户个人信息行为的，应当遵守本规定。法律、行政法规、部门规章和规范性文件另有规定的，依照其规定。

App 包括移动智能终端预置、下载安装的应用软件，基于应用软

件开放平台接口开发的、用户无需安装即可使用的小程序。

第三条 本规定所称必要个人信息，是指保障 App 基本功能服务正常运行所必需的个人信息，缺少该信息 App 即无法实现基本功能服务。具体是指消费侧用户个人信息，不包括服务供给侧用户个人信息。

第四条 App 不得因为用户不同意提供非必要个人信息，而拒绝用户使用其基本功能服务。

第五条 常见类型 App 的必要个人信息范围：

（一）地图导航类，基本功能服务为“定位和导航”，必要个人信息为：位置信息、出发地、到达地。

（二）网络约车类，基本功能服务为“网络预约出租汽车服务、巡游出租汽车电召服务”，必要个人信息包括：

1. 注册用户移动电话号码；

2. 乘车人出发地、到达地、位置信息、行踪轨迹；

3. 支付时间、支付金额、支付渠道等支付信息（网络预约出租汽车服务）。

（三）即时通信类，基本功能服务为“提供文字、图片、语音、视频等网络即时通信服务”，必要个人信息包括：

1. 注册用户移动电话号码；

2. 账号信息：账号、即时通信联系人账号列表。

（四）网络社区类，基本功能服务为“博客、论坛、社区等话题讨论、信息分享和关注互动”，必要个人信息为：注册用户移动电话号码。

（五）网络支付类，基本功能服务为“网络支付、提现、转账等功能”，必要个人信息包括：

1. 注册用户移动电话号码；

2. 注册用户姓名、证件类型和号码、证件有效期限、银行卡号码。

（六）网上购物类，基本功能服务为“购买商品”，必要个人信息包括：

1. 注册用户移动电话号码；

2. 收货人姓名（名称）、地址、联系电话；

3. 支付时间、支付金额、支付渠道等支付信息。

(七)餐饮外卖类,基本功能服务为“餐饮购买及外送”,必要个人信息包括:

1. 注册用户移动电话号码;

2. 收货人姓名(名称)、地址、联系电话;

3. 支付时间、支付金额、支付渠道等支付信息。

(八)邮件快件寄递类,基本功能服务为“信件、包裹、印刷品等物品寄递服务”,必要个人信息包括:

1. 寄件人姓名、证件类型和号码等身份信息;

2. 寄件人地址、联系电话;

3. 收件人姓名(名称)、地址、联系电话;

4. 寄递物品的名称、性质、数量。

(九)交通票务类,基本功能服务为“交通相关的票务服务及行程管理(如票务购买、改签、退票、行程管理等)”,必要个人信息包括:

1. 注册用户移动电话号码;

2. 旅客姓名、证件类型和号码、旅客类型。旅客类型通常包括儿童、成人、学生等;

3. 旅客出发地、目的地、出发时间、车次/船次/航班号、席别/舱位等级、座位号(如有)、车牌号及车牌颜色(ETC 服务);

4. 支付时间、支付金额、支付渠道等支付信息。

(十)婚恋相亲类,基本功能服务为“婚恋相亲”,必要个人信息包括:

1. 注册用户移动电话号码;

2. 婚恋相亲人的性别、年龄、婚姻状况。

(十一)求职招聘类,基本功能服务为“求职招聘信息交换”,必要个人信息包括:

1. 注册用户移动电话号码;

2. 求职者提供的简历。

(十二)网络借贷类,基本功能服务为“通过互联网平台实现的用于消费、日常生产经营周转等的个人申贷服务”,必要个人信息包括：

1. 注册用户移动电话号码；

2. 借款人姓名、证件类型和号码、证件有效期限、银行卡号码。

（十三）房屋租售类，基本功能服务为“个人房源信息发布、房屋出租或买卖”，必要个人信息包括：

1. 注册用户移动电话号码；

2. 房源基本信息：房屋地址、面积/户型、期望售价或租金。

（十四）二手车交易类，基本功能服务为“二手车买卖信息交换”，必要个人信息包括：

1. 注册用户移动电话号码；

2. 购买方姓名、证件类型和号码；

3. 出售方姓名、证件类型和号码、车辆行驶证号、车辆识别号码。

（十五）问诊挂号类，基本功能服务为“在线咨询问诊、预约挂号”，必要个人信息包括：

1. 注册用户移动电话号码；

2. 挂号时需提供患者姓名、证件类型和号码、预约挂号的医院和科室；

3. 问诊时需提供病情描述。

（十六）旅游服务类，基本功能服务为“旅游服务产品信息的发布与订购”，必要个人信息包括：

1. 注册用户移动电话号码；

2. 出行人旅游目的地、旅游时间；

3. 出行人姓名、证件类型和号码、联系方式。

（十七）酒店服务类，基本功能服务为“酒店预订”，必要个人信息包括：

1. 注册用户移动电话号码；

2. 住宿人姓名和联系方式、入住和退房时间、入住酒店名称。

（十八）网络游戏类，基本功能服务为“提供网络游戏产品和服务”，必要个人信息为：注册用户移动电话号码。

（十九）学习教育类，基本功能服务为“在线辅导、网络课堂等”，必要个人信息为：注册用户移动电话号码。

（二十）本地生活类，基本功能服务为“家政维修、家居装修、二手闲置物品交易等日常生活服务”，必要个人信息为：注册用户移动电话号码。

（二十一）女性健康类，基本功能服务为“女性经期管理、备孕育儿、美容美体等健康管理服务”，无须个人信息，即可使用基本功能服务。

（二十二）用车服务类，基本功能服务为“共享单车、共享汽车、租赁汽车等服务”，必要个人信息包括：

1. 注册用户移动电话号码；

2. 使用共享汽车、租赁汽车服务用户的证件类型和号码，驾驶证件信息；

3. 支付时间、支付金额、支付渠道等支付信息；

4. 使用共享单车、分时租赁汽车服务用户的位置信息。

（二十三）投资理财类，基本功能服务为“股票、期货、基金、债券等相关投资理财服务”，必要个人信息包括：

1. 注册用户移动电话号码；

2. 投资理财用户姓名、证件类型和号码、证件有效期限、证件影印件；

3. 投资理财用户资金账户、银行卡号码或支付账号。

（二十四）手机银行类，基本功能服务为“通过手机等移动智能终端设备进行银行账户管理、信息查询、转账汇款等服务”，必要个人信息包括：

1. 注册用户移动电话号码；

2. 用户姓名、证件类型和号码、证件有效期限、证件影印件、银行卡号码、银行预留移动电话号码；

3. 转账时需提供收款人姓名、银行卡号码、开户银行信息。

（二十五）邮箱云盘类，基本功能服务为“邮箱、云盘等”，必要个人信息为：注册用户移动电话号码。

（二十六）远程会议类，基本功能服务为“通过网络提供音频或视频会议”，必要个人信息为：注册用户移动电话号码。

（二十七）网络直播类，基本功能服务为“向公众持续提供实时视频、音频、图文等形式信息浏览服务”,无须个人信息,即可使用基本功能服务。

(二十八)在线影音类,基本功能服务为“影视、音乐搜索和播放”,无须个人信息,即可使用基本功能服务。

(二十九)短视频类,基本功能服务为“不超过一定时长的视频搜索、播放”,无须个人信息,即可使用基本功能服务。

(三十)新闻资讯类,基本功能服务为“新闻资讯的浏览、搜索”,无须个人信息,即可使用基本功能服务。

(三十一)运动健身类,基本功能服务为“运动健身训练”,无须个人信息,即可使用基本功能服务。

(三十二)浏览器类,基本功能服务为“浏览互联网信息资源”,无须个人信息,即可使用基本功能服务。

(三十三)输入法类,基本功能服务为“文字、符号等输入”,无须个人信息,即可使用基本功能服务。

(三十四)安全管理类,基本功能服务为“查杀病毒、清理恶意插件、修复漏洞等”,无须个人信息,即可使用基本功能服务。

(三十五)电子图书类,基本功能服务为“电子图书搜索、阅读”,无须个人信息,即可使用基本功能服务。

(三十六)拍摄美化类,基本功能服务为“拍摄、美颜、滤镜等”,无须个人信息,即可使用基本功能服务。

(三十七)应用商店类,基本功能服务为“App 搜索、下载”,无须个人信息,即可使用基本功能服务。

(三十八)实用工具类,基本功能服务为“日历、天气、词典翻译、计算器、遥控器、手电筒、指南针、时钟闹钟、文件传输、文件管理、壁纸铃声、截图录屏、录音、文档处理、智能家居助手、星座性格测试等”,无须个人信息,即可使用基本功能服务。

(三十九)演出票务类,基本功能服务为“演出购票”,必要个人信息包括:

1. 注册用户移动电话号码;

2. 观演场次、座位号(如有);

3. 支付时间、支付金额、支付渠道等支付信息。

第六条 任何组织和个人发现违反本规定行为的,可以向相关部门举报。

相关部门收到举报后,应当依法予以处理。

第七条 本规定自2021年5月1日起施行。

四、其　他

中华人民共和国促进科技成果转化法(节录)

1. 1996年5月15日第八届全国人民代表大会常务委员会第十九次会议通过
2. 根据2015年8月29日第十二届全国人民代表大会常务委员会第十六次会议《关于修改〈中华人民共和国促进科技成果转化法〉的决定》修正

第四十七条　【骗取奖励和荣誉称号、诈骗钱财的法律责任】违反本法规定,在科技成果转化活动中弄虚作假,采取欺骗手段,骗取奖励和荣誉称号、诈骗钱财、非法牟利的,由政府有关部门依照管理职责责令改正,取消该奖励和荣誉称号,没收违法所得,并处以罚款。给他人造成经济损失的,依法承担民事赔偿责任。构成犯罪的,依法追究刑事责任。

中华人民共和国保险法(节录)

1. 1995年6月30日第八届全国人民代表大会常务委员会第十四次会议通过
2. 根据2002年10月28日第九届全国人民代表大会常务委员会第三十次会议《关于修改〈中华人民共和国保险法〉的决定》第一次修正
3. 2009年2月28日第十一届全国人民代表大会常务委员会第七次会议修订
4. 根据2014年8月31日第十二届全国人民代表大会常务委员会第十次会议《关于修改〈中华人民共和国保险法〉等五部法律的决定》第二次修正
5. 根据2015年4月24日第十二届全国人民代表大会常务委员会第十四次会议《关于修改〈中华人民共和国计量法〉等五部法律的决定》第三次修正

第一百七十四条　【从事保险诈骗活动的行政责任】投保人、被保险人或者受益人有下列行为之一，进行保险诈骗活动，尚不构成犯罪的，依法给予行政处罚：

（一）投保人故意虚构保险标的，骗取保险金的；

（二）编造未曾发生的保险事故，或者编造虚假的事故原因或者夸大损失程度，骗取保险金的；

（三）故意造成保险事故，骗取保险金的。

保险事故的鉴定人、评估人、证明人故意提供虚假的证明文件，为投保人、被保险人或者受益人进行保险诈骗提供条件的，依照前款规定给予处罚。

中华人民共和国老年人权益保障法（节录）

1. 1996 年 8 月 29 日第八届全国人民代表大会常务委员会第二十一次会议通过
2. 根据 2009 年 8 月 27 日第十一届全国人民代表大会常务委员会第十次会议《关于修改部分法律的决定》第一次修正
3. 2012 年 12 月 28 日第十一届全国人民代表大会常务委员会第三十次会议修订
4. 根据 2015 年 4 月 24 日第十二届全国人民代表大会常务委员会第十四次会议《关于修改〈中华人民共和国电力法〉等六部法律的决定》第二次修正
5. 根据 2018 年 12 月 29 日第十三届全国人民代表大会常务委员会第七次会议《关于修改〈中华人民共和国劳动法〉等七部法律的决定》第三次修正

第七十七条　【侵害老年人财物的处罚】家庭成员盗窃、诈骗、抢夺、侵占、勒索、故意损毁老年人财物，构成违反治安管理行为的，依法给予治安管理处罚；构成犯罪的，依法追究刑事责任。

中华人民共和国治安管理处罚法（节录）

1. 2005年8月28日第十届全国人民代表大会常务委员会第十七次会议通过
2. 根据2012年10月26日第十一届全国人民代表大会常务委员会第二十九次会议《关于修改〈中华人民共和国治安管理处罚法〉的决定》修正

第四十九条　【对盗窃、诈骗、哄抢、抢夺、敲诈勒索、损毁公私财物的处罚】盗窃、诈骗、哄抢、抢夺、敲诈勒索或者故意损毁公私财物的，处五日以上十日以下拘留，可以并处五百元以下罚款；情节较重的，处十日以上十五日以下拘留，可以并处一千元以下罚款。

中华人民共和国国家情报法（节录）

1. 2017年6月27日第十二届全国人民代表大会常务委员会第二十八次会议通过
2. 根据2018年4月27日第十三届全国人民代表大会常务委员会第二次会议《关于修改〈中华人民共和国国境卫生检疫法〉等六部法律的决定》修正

第三十条　【冒充国家情报相关工作人员违法行为的法律责任】冒充国家情报工作机构工作人员或者其他相关人员实施招摇撞骗、诈骗、敲诈勒索等行为的，依照《中华人民共和国治安管理处罚法》的规定处罚；构成犯罪的，依法追究刑事责任。

最高人民法院、最高人民检察院关于办理诈骗刑事案件具体应用法律若干问题的解释

1. 2011年2月21日最高人民法院审判委员会第1512次会议、2010年11月24日最高人民检察院第十一届检察委员会第49次会议通过
2. 2011年3月1日公布
3. 法释〔2011〕7号
4. 自2011年4月8日起施行

为依法惩治诈骗犯罪活动，保护公私财产所有权，根据刑法、刑事诉讼法有关规定，结合司法实践的需要，现就办理诈骗刑事案件具体应用法律的若干问题解释如下：

第一条 诈骗公私财物价值三千元至一万元以上、三万元至十万元以上、五十万元以上的，应当分别认定为刑法第二百六十六条规定的“数额较大”、“数额巨大”、“数额特别巨大”。

各省、自治区、直辖市高级人民法院、人民检察院可以结合本地区经济社会发展状况，在前款规定的数额幅度内，共同研究确定本地区执行的具体数额标准，报最高人民法院、最高人民检察院备案。

第二条 诈骗公私财物达到本解释第一条规定的数额标准，具有下列情形之一的，可以依照刑法第二百六十六条的规定酌情从严惩处：

（一）通过发送短信、拨打电话或者利用互联网、广播电视、报刊杂志等发布虚假信息，对不特定多数人实施诈骗的；

（二）诈骗救灾、抢险、防汛、优抚、扶贫、移民、救济、医疗款物的；

（三）以赈灾募捐名义实施诈骗的；

（四）诈骗残疾人、老年人或者丧失劳动能力人的财物的；

（五）造成被害人自杀、精神失常或者其他严重后果的。

诈骗数额接近本解释第一条规定的“数额巨大”、“数额特别巨

大”的标准,并具有前款规定的情形之一或者属于诈骗集团首要分子的,应当分别认定为刑法第二百六十六条规定的“其他严重情节”、“其他特别严重情节”。

第三条　诈骗公私财物虽已达到本解释第一条规定的“数额较大”的标准,但具有下列情形之一,且行为人认罪、悔罪的,可以根据刑法第三十七条、刑事诉讼法第一百四十二条的规定不起诉或者免予刑事处罚:

(一)具有法定从宽处罚情节的;

(二)一审宣判前全部退赃、退赔的;

(三)没有参与分赃或者获赃较少且不是主犯的;

(四)被害人谅解的;

(五)其他情节轻微、危害不大的。

第四条　诈骗近亲属的财物,近亲属谅解的,一般可不按犯罪处理。

诈骗近亲属的财物,确有追究刑事责任必要的,具体处理也应酌情从宽。

第五条　诈骗未遂,以数额巨大的财物为诈骗目标的,或者具有其他严重情节的,应当定罪处罚。

利用发送短信、拨打电话、互联网等电信技术手段对不特定多数人实施诈骗,诈骗数额难以查证,但具有下列情形之一的,应当认定为刑法第二百六十六条规定的“其他严重情节”,以诈骗罪(未遂)定罪处罚:

(一)发送诈骗信息五千条以上的;

(二)拨打诈骗电话五百人次以上的;

(三)诈骗手段恶劣、危害严重的。

实施前款规定行为,数量达到前款第(一)、(二)项规定标准十倍以上的,或者诈骗手段特别恶劣、危害特别严重的,应当认定为刑法第二百六十六条规定的“其他特别严重情节”,以诈骗罪(未遂)定罪处罚。

第六条　诈骗既有既遂,又有未遂,分别达到不同量刑幅度的,依照处罚较重的规定处罚;达到同一量刑幅度的,以诈骗罪既遂处罚。

第七条　明知他人实施诈骗犯罪,为其提供信用卡、手机卡、通讯工具、通讯传输通道、网络技术支持、费用结算等帮助的，以共同犯罪论处。

第八条 冒充国家机关工作人员进行诈骗，同时构成诈骗罪和招摇撞骗罪的，依照处罚较重的规定定罪处罚。

第九条 案发后查封、扣押、冻结在案的诈骗财物及其孳息，权属明确的，应当发还被害人；权属不明确的，可按被骗款物占查封、扣押、冻结在案的财物及其孳息总额的比例发还被害人，但已获退赔的应予扣除。

第十条 行为人已将诈骗财物用于清偿债务或者转让给他人，具有下列情形之一的，应当依法追缴：

（一）对方明知是诈骗财物而收取的；

（二）对方无偿取得诈骗财物的；

（三）对方以明显低于市场的价格取得诈骗财物的；

（四）对方取得诈骗财物系源于非法债务或者违法犯罪活动的。

他人善意取得诈骗财物的，不予追缴。

第十一条 以前发布的司法解释与本解释不一致的，以本解释为准。

最高人民法院、最高人民检察院关于办理与盗窃、抢劫、诈骗、抢夺机动车相关刑事案件具体应用法律若干问题的解释

1. 2006年12月25日最高人民法院审判委员会第1411次会议、2007年2月14日最高人民检察院第十届检察委员会第71次会议通过
2. 2007年5月9日公布
3. 法释〔2007〕11号
4. 自2007年5月11日起施行

为依法惩治与盗窃、抢劫、诈骗、抢夺机动车相关的犯罪活动，根据刑法、刑事诉讼法等有关法律的规定，现对办理这类案件具体应用法律的若干问题解释如下：

第一条 明知是盗窃、抢劫、诈骗、抢夺的机动车，实施下列行为之一

的，依照刑法第三百一十二条的规定，以掩饰、隐瞒犯罪所得、犯罪所得收益罪定罪，处三年以下有期徒刑、拘役或者管制，并处或者单处罚金：

（一）买卖、介绍买卖、典当、拍卖、抵押或者用其抵债的；

（二）拆解、拼装或者组装的；

（三）修改发动机号、车辆识别代号的；

（四）更改车身颜色或者车辆外形的；

（五）提供或者出售机动车来历凭证、整车合格证、号牌以及有关机动车的其他证明和凭证的；

（六）提供或者出售伪造、变造的机动车来历凭证、整车合格证、号牌以及有关机动车的其他证明和凭证的。

实施第一款规定的行为涉及盗窃、抢劫、诈骗、抢夺的机动车五辆以上或者价值总额达到五十万元以上的，属于刑法第三百一十二条规定的“情节严重”，处三年以上七年以下有期徒刑，并处罚金。

第二条 伪造、变造、买卖机动车行驶证、登记证书，累计三本以上的，依照刑法第二百八十条第一款的规定，以伪造、变造、买卖国家机关证件罪定罪，处三年以下有期徒刑、拘役、管制或者剥夺政治权利。

伪造、变造、买卖机动车行驶证、登记证书，累计达到第一款规定数量标准五倍以上的，属于刑法第二百八十条第一款规定中的“情节严重”，处三年以上十年以下有期徒刑。

第三条 国家机关工作人员滥用职权，有下列情形之一，致使盗窃、抢劫、诈骗、抢夺的机动车被办理登记手续，数量达到三辆以上或者价值总额达到三十万元以上的，依照刑法第三百九十七条第一款的规定，以滥用职权罪定罪，处三年以下有期徒刑或者拘役：

（一）明知是登记手续不全或者不符合规定的机动车而办理登记手续的；

（二）指使他人为明知是登记手续不全或者不符合规定的机动车办理登记手续的；

（三）违规或者指使他人违规更改、调换车辆档案的；

（四）其他滥用职权的行为。

国家机关工作人员疏于审查或者审查不严，致使盗窃、抢劫、诈骗、抢夺的机动车被办理登记手续，数量达到五辆以上或者价值总额达到五十万元以上的，依照刑法第三百九十七条第一款的规定，以玩忽职守罪定罪，处三年以下有期徒刑或者拘役。

国家机关工作人员实施前两款规定的行为，致使盗窃、抢劫、诈骗、抢夺的机动车被办理登记手续，分别达到前两款规定数量、数额标准五倍以上的，或者明知是盗窃、抢劫、诈骗、抢夺的机动车而办理登记手续的，属于刑法第三百九十七条第一款规定的"情节特别严重"，处三年以上七年以下有期徒刑。

国家机关工作人员徇私舞弊，实施上述行为，构成犯罪的，依照刑法第三百九十七条第二款的规定定罪处罚。

第四条 实施本解释第一条、第二条、第三条第一款或者第三款规定的行为，事前与盗窃、抢劫、诈骗、抢夺机动车的犯罪分子通谋的，以盗窃罪、抢劫罪、诈骗罪、抢夺罪的共犯论处。

第五条 对跨地区实施的涉及同一机动车的盗窃、抢劫、诈骗、抢夺以及掩饰、隐瞒犯罪所得、犯罪所得收益行为，有关公安机关可以依照法律和有关规定一并立案侦查，需要提请批准逮捕、移送审查起诉、提起公诉的，由该公安机关所在地的同级人民检察院、人民法院受理。

第六条 行为人实施本解释第一条、第三条第三款规定的行为，涉及的机动车有下列情形之一的，应当认定行为人主观上属于上述条款所称"明知"：

（一）没有合法有效的来历凭证；

（二）发动机号、车辆识别代号有明显更改痕迹，没有合法证明的。

最高人民法院、最高人民检察院关于办理妨害国(边)境管理刑事案件应用法律若干问题的解释

1. 2012年8月20日最高人民法院审判委员会第1553次会议、2012年11月19日最高人民检察院第十一届检察委员会第82次会议通过
2. 2012年12月12日公布
3. 法释〔2012〕17号
4. 自2012年12月20日起施行

为依法惩处妨害国(边)境管理犯罪活动,维护国(边)境管理秩序,根据《中华人民共和国刑法》《中华人民共和国刑事诉讼法》的有关规定,现就办理这类案件应用法律的若干问题解释如下:

第一条　领导、策划、指挥他人偷越国(边)境或者在首要分子指挥下,实施拉拢、引诱、介绍他人偷越国(边)境等行为的,应当认定为刑法第三百一十八条规定的"组织他人偷越国(边)境"。

组织他人偷越国(边)境人数在十人以上的,应当认定为刑法第三百一十八条第一款第(二)项规定的"人数众多";违法所得数额在二十万元以上的,应当认定为刑法第三百一十八条第一款第(六)项规定的"违法所得数额巨大"。

以组织他人偷越国(边)境为目的,招募、拉拢、引诱、介绍、培训偷越国(边)境人员,策划、安排偷越国(边)境行为,在他人偷越国(边)境之前或者偷越国(边)境过程中被查获的,应当以组织他人偷越国(边)境罪(未遂)论处;具有刑法第三百一十八条第一款规定的情形之一的,应当在相应的法定刑幅度基础上,结合未遂犯的处罚原则量刑。

第二条　为组织他人偷越国(边)境,编造出境事由、身份信息或者相关的境外关系证明的,应当认定为刑法第三百一十九条第一款规定的"弄虚作假"。

刑法第三百一十九条第一款规定的“出境证件”，包括护照或者代替护照使用的国际旅行证件，中华人民共和国海员证，中华人民共和国出入境通行证，中华人民共和国旅行证，中国公民往来香港、澳门、台湾地区证件，边境地区出入境通行证，签证、签注，出国（境）证明、名单，以及其他出境时需要查验的资料。

具有下列情形之一的，应当认定为刑法第三百一十九条第一款规定的“情节严重”：

（一）骗取出境证件五份以上的；

（二）非法收取费用三十万元以上的；

（三）明知是国家规定的不准出境的人员而为其骗取出境证件的；

（四）其他情节严重的情形。

第三条 刑法第三百二十条规定的“出入境证件”，包括本解释第二条第二款所列的证件以及其他入境时需要查验的资料。

具有下列情形之一的，应当认定为刑法第三百二十条规定的“情节严重”：

（一）为他人提供伪造、变造的出入境证件或者出售出入境证件五份以上的；

（二）非法收取费用三十万元以上的；

（三）明知是国家规定的不准出入境的人员而为其提供伪造、变造的出入境证件或者向其出售出入境证件的；

（四）其他情节严重的情形。

第四条 运送他人偷越国（边）境人数在十人以上的，应当认定为刑法第三百二十一条第一款第（一）项规定的“人数众多”；违法所得数额在二十万元以上的，应当认定为刑法第三百二十一条第一款第（三）项规定的“违法所得数额巨大”。

第五条 偷越国（边）境，具有下列情形之一的，应当认定为刑法第三百二十二条规定的“情节严重”：

（一）在境外实施损害国家利益行为的；

（二）偷越国（边）境三次以上或者三人以上结伙偷越国（边）境的；

（三）拉拢、引诱他人一起偷越国（边）境的；

（四）勾结境外组织、人员偷越国（边）境的；

（五）因偷越国（边）境被行政处罚后一年内又偷越国（边）境的；

（六）其他情节严重的情形。

第六条　具有下列情形之一的，应当认定为刑法第六章第三节规定的“偷越国（边）境”行为：

（一）没有出入境证件出入国（边）境或者逃避接受边防检查的；

（二）使用伪造、变造、无效的出入境证件出入国（边）境的；

（三）使用他人出入境证件出入国（边）境的；

（四）使用以虚假的出入境事由、隐瞒真实身份、冒用他人身份证件等方式骗取的出入境证件出入国（边）境的；

（五）采用其他方式非法出入国（边）境的。

第七条　以单位名义或者单位形式组织他人偷越国（边）境、为他人提供伪造、变造的出入境证件或者运送他人偷越国（边）境的，应当依照刑法第三百一十八条、第三百二十条、第三百二十一条的规定追究直接负责的主管人员和其他直接责任人员的刑事责任。

第八条　实施组织他人偷越国（边）境犯罪，同时构成骗取出境证件罪、提供伪造、变造的出入境证件罪、出售出入境证件罪、运送他人偷越国（边）境罪的，依照处罚较重的规定定罪处罚。

第九条　对跨地区实施的不同妨害国（边）境管理犯罪，符合并案处理要求，有关地方公安机关依照法律和相关规定一并立案侦查，需要提请批准逮捕、移送审查起诉、提起公诉的，由该公安机关所在地的同级人民检察院、人民法院依法受理。

第十条　本解释发布实施后，《最高人民法院关于审理组织、运送他人偷越国（边）境等刑事案件适用法律若干问题的解释》（法释〔2002〕3号）不再适用。

最高人民法院、最高人民检察院关于办理危害食品安全刑事案件适用法律若干问题的解释（节录）

1. 2021 年 12 月 13 日最高人民法院审判委员会第 1856 次会议、2021 年 12 月 29 日最高人民检察院第十三届检察委员会第八十四次会议通过
2. 2021 年 12 月 30 日公布
3. 法释〔2021〕24 号
4. 自 2022 年 1 月 1 日起施行

第十九条 违反国家规定，利用广告对保健食品或者其他食品作虚假宣传，符合刑法第二百二十二条规定的，以虚假广告罪定罪处罚；以非法占有为目的，利用销售保健食品或者其他食品诈骗财物，符合刑法第二百六十六条规定的，以诈骗罪定罪处罚。同时构成生产、销售伪劣产品罪等其他犯罪的，依照处罚较重的规定定罪处罚。

附　　录

附录一　指导案例

最高人民法院指导案例

指导案例27号:臧进泉等盗窃、诈骗案

（最高人民法院审判委员会讨论通过
2014年6月23日发布）

关键词　刑事　盗窃　诈骗　利用信息网络

裁判要点

行为人利用信息网络,诱骗他人点击虚假链接而实际通过预先植入的计算机程序窃取财物构成犯罪的,以盗窃罪定罪处罚;虚构可供交易的商品或者服务,欺骗他人点击付款链接而骗取财物构成犯罪的,以诈骗罪定罪处罚。

相关法条

《中华人民共和国刑法》第二百六十四条、第二百六十六条

基本案情

一、盗窃事实

2010年6月1日,被告人郑必玲骗取被害人金某195元后,获悉金某的建设银行网银账户内有305000余元存款且无每日支付限额,遂电话告知被告人臧进泉,预谋合伙作案。臧进泉赶至网吧后,以尚未看到金某付款成功的记录为由,发送给金某一个交易金额标注为1元而实际植入了支付305000元的计算机程序的虚假链接,谎称金某点击该1元支付链接后,其即可查看到付款成功的记录。金某在诱导下点击了

该虚假链接,其建设银行网银账户中的305000元随即通过臧进泉预设的计算机程序,经上海快钱信息服务有限公司的平台支付到臧进泉提前在福州海都阳光信息科技有限公司注册的"kissal23"账户中。臧进泉使用其中的116863元购买大量游戏点卡,并在"小泉先生哦"的淘宝网店上出售套现。案发后,公安机关追回赃款187126.31元发还被害人。

二、诈骗事实

2010年5月至6月间,被告人臧进泉、郑必玲、刘涛分别以虚假身份开设无货可供的淘宝网店铺,并以低价吸引买家。三被告人事先在网游网站注册一账户,并对该账户预设充值程序,充值金额为买家欲支付的金额,后将该充值程序代码植入到一个虚假淘宝网链接中。与买家商谈好商品价格后,三被告人各自以方便买家购物为由,将该虚假淘宝网链接通过阿里旺旺聊天工具发送给买家。买家误以为是淘宝网链接而点击该链接进行购物、付款,并认为所付货款会汇入支付宝公司为担保交易而设立的公用账户,但该货款实际通过预设程序转入网游网站在支付宝公司的私人账户,再转入被告人事先在网游网站注册的充值账户中。三被告人获取买家货款后,在网游网站购买游戏点卡、腾讯Q币等,然后将其按事先约定统一放在臧进泉的"小泉先生哦"的淘宝网店铺上出售套现,所得款均汇入臧进泉的工商银行卡中,由臧进泉按照获利额以约定方式分配。

被告人臧进泉、郑必玲、刘涛经预谋后,先后到江苏省苏州市、无锡市、昆山市等地网吧采用上述手段作案。臧进泉诈骗22000元,获利5000余元,郑必玲诈骗获利5000余元,刘涛诈骗获利12000余元。

裁判结果

浙江省杭州市中级人民法院于2011年6月1日作出(2011)浙杭刑初字第91号刑事判决:一、被告人臧进泉犯盗窃罪,判处有期徒刑十三年,剥夺政治权利一年,并处罚金人民币三万元;犯诈骗罪,判处有期徒刑二年,并处罚金人民币五千元,决定执行有期徒刑十四年六个月,剥夺政治权利一年,并处罚金人民币三万五千元。二、被告人郑必玲犯盗窃罪,判处有期徒刑十年,剥夺政治权利一年,并处罚金人民币一万元;犯诈骗罪,判处有期徒刑六个月,并处罚金人民币二千元,决定执行有期徒刑十年三个月，剥夺政治权利一年，并处罚金人民币一万二千元。三、被告人刘涛犯诈骗罪，判处有期徒刑一年六个月，并处罚金人民币五千元。宣判后，臧进泉提出上诉。浙江省高级人民法院于2011年8月9日作出(2011)浙刑三终字第132号刑事裁定，驳回上诉，维持原判。

裁判理由

法院生效裁判认为：盗窃是指以非法占有为目的，秘密窃取公私财物的行为；诈骗是指以非法占有为目的，采用虚构事实或者隐瞒真相的方法，骗取公私财物的行为。对既采取秘密窃取手段又采取欺骗手段非法占有财物行为的定性，应从行为人采取主要手段和被害人有无处分财物意识方面区分盗窃与诈骗。如果行为人获取财物时起决定性作用的手段是秘密窃取，诈骗行为只是为盗窃创造条件或作掩护，被害人也没有"自愿"交付财物的，就应当认定为盗窃；如果行为人获取财物时起决定性作用的手段是诈骗，被害人基于错误认识而"自愿"交付财物，盗窃行为只是辅助手段的，就应当认定为诈骗。在信息网络情形下，行为人利用信息网络，诱骗他人点击虚假链接而实际上通过预先植入的计算机程序窃取他人财物构成犯罪的，应当以盗窃罪定罪处罚；行为人虚构可供交易的商品或者服务，欺骗他人为支付货款点击付款链接而获取财物构成犯罪的，应当以诈骗罪定罪处罚。本案中，被告人臧进泉、郑必玲使用预设计算机程序并植入的方法，秘密窃取他人网上银行账户内巨额钱款，其行为均已构成盗窃罪。臧进泉、郑必玲和被告人刘涛以非法占有为目的，通过开设虚假的网络店铺和利用伪造的购物链接骗取他人数额较大的货款，其行为均已构成诈骗罪。对臧进泉、郑必玲所犯数罪，应依法并罚。

关于被告人臧进泉及其辩护人所提非法获取被害人金某的网银账户内305000元的行为，不构成盗窃罪而是诈骗罪的辩解与辩护意见，经查，臧进泉和被告人郑必玲在得知金某网银账户内有款后，即产生了通过植入计算机程序非法占有目的；随后在网络聊天中诱导金某同意支付1元钱，而实际上制作了一个表面付款"1元"却支付305000元的假淘宝网链接，致使金某点击后，其网银账户内305000元即被非法转移到臧进泉的注册账户中，对此金某既不知情，也非自愿。可见，臧进泉、郑必玲获取财物时起决定性作用的手段是秘密窃取，诱骗被害人点击“1 元”的虚假链接系实施盗窃的辅助手段，只是为盗窃创造条件或作掩护，被害人也没有“自愿”交付巨额财物，获取银行存款实际上是通过隐藏的事先植入的计算机程序来窃取的，符合盗窃罪的犯罪构成要件，依照刑法第二百六十四条、第二百八十七条的规定，应当以盗窃罪定罪处罚。故臧进泉及其辩护人所提上述辩解和辩护意见与事实和法律规定不符，不予采纳。

指导案例 62 号：王新明合同诈骗案

（最高人民法院审判委员会讨论通过
2016 年 6 月 30 日发布）

关键词 刑事 合同诈骗 数额犯 既遂 未遂

裁判要点

在数额犯中，犯罪既遂部分与未遂部分分别对应不同法定刑幅度的，应当先决定对未遂部分是否减轻处罚，确定未遂部分对应的法定刑幅度，再与既遂部分对应的法定刑幅度进行比较，选择适用处罚较重的法定刑幅度，并酌情从重处罚；二者在同一量刑幅度的，以犯罪既遂酌情从重处罚。

相关法条

《中华人民共和国刑法》第 23 条

基本案情

2012 年 7 月 29 日，被告人王新明使用伪造的户口本、身份证，冒充房主即王新明之父的身份，在北京市石景山区链家房地产经纪有限公司古城公园店，以出售该区古城路 28 号楼一处房屋为由，与被害人徐某签订房屋买卖合同，约定购房款为 100 万元，并当场收取徐某定金 1 万元。同年 8 月 12 日，王新明又收取徐某支付的购房首付款 29 万元，并约定余款过户后给付。后双方在办理房产过户手续时，王新明虚假身份被石景山区住建委工作人员发现，余款未取得。2013 年 4 月 23 日，王新明被公安机关查获。次日，王新明的亲属将赃款退还被害人徐某，被害人徐某对王新明表示谅解。

裁判结果

北京市石景山区人民法院经审理于2013年8月23日作出(2013)石刑初字第239号刑事判决,认为被告人王新明的行为已构成合同诈骗罪,数额巨大,同时鉴于其如实供述犯罪事实,在亲属帮助下退赔全部赃款,取得了被害人的谅解,依法对其从轻处罚。公诉机关北京市石景山区人民检察院指控罪名成立,但认为数额特别巨大且系犯罪未遂有误,予以更正。遂认定被告人王新明犯合同诈骗罪,判处有期徒刑六年,并处罚金人民币六千元。宣判后,公诉机关提出抗诉,认为犯罪数额应为100万元,数额特别巨大,而原判未评价70万元未遂,仅依据既遂30万元认定犯罪数额巨大,系适用法律错误。北京市人民检察院第一分院的支持抗诉意见与此一致。王新明以原判量刑过重为由提出上诉,在法院审理过程中又申请撤回上诉。北京市第一中级人民法院经审理于2013年12月2日作出(2013)一中刑终字第4134号刑事裁定:准许上诉人王新明撤回上诉,维持原判。

裁判理由

法院生效裁判认为:王新明以非法占有为目的,冒用他人名义签订合同,其行为已构成合同诈骗罪。一审判决事实清楚,证据确实、充分,定性准确,审判程序合法,但未评价未遂70万元的犯罪事实不当,予以纠正。根据刑法及司法解释的有关规定,考虑王新明合同诈骗既遂30万元,未遂70万元但可对该部分减轻处罚,王新明如实供述犯罪事实,退赔全部赃款取得被害人的谅解等因素,原判量刑在法定刑幅度之内,且抗诉机关亦未对量刑提出异议,故应予维持。北京市石景山区人民检察院的抗诉意见及北京市人民检察院第一分院的支持抗诉意见,酌予采纳。鉴于二审期间王新明申请撤诉,撤回上诉的申请符合法律规定,故二审法院裁定依法准许撤回上诉,维持原判。

本案争议焦点是,在数额犯中犯罪既遂与未遂并存时如何量刑。最高人民法院、最高人民检察院《关于办理诈骗刑事案件具体应用法律若干问题的解释》第六条规定:"诈骗既有既遂,又有未遂,分别达到不同量刑幅度的,依照处罚较重的规定处罚;达到同一量刑幅度的,以诈骗罪既遂处罚。"因此,对于数额犯中犯罪行为既遂与未遂并存且均构成犯罪的情况,在确定全案适用的法定刑幅度时,先就未遂部分进行是否减轻处罚的评价，确定未遂部分所对应的法定刑幅度，再与既遂部分对应的法定刑幅度比较，确定全案适用的法定刑幅度。如果既遂部分对应的法定刑幅度较重或者二者相同的，应当以既遂部分对应的法定刑幅度确定全案适用的法定刑幅度，将包括未遂部分在内的其他情节作为确定量刑起点的调节要素进而确定基准刑。如果未遂部分对应的法定刑幅度较重的，应当以未遂部分对应的法定刑幅度确定全案适用的法定刑幅度，将包括既遂部分在内的其他情节，连同未遂部分的未遂情节一并作为量刑起点的调节要素进而确定基准刑。

本案中，王新明的合同诈骗犯罪行为既遂部分为30万元，根据司法解释及北京市的具体执行标准，对应的法定刑幅度为有期徒刑三年以上十年以下；未遂部分为70万元，结合本案的具体情况，应当对该未遂部分减一档处罚，未遂部分法定刑幅度应为有期徒刑三年以上十年以下，与既遂部分30万元对应的法定刑幅度相同。因此，以合同诈骗既遂30万元的基本犯罪事实确定对王新明适用的法定刑幅度为有期徒刑三年以上十年以下，将未遂部分70万元的犯罪事实，连同其如实供述犯罪事实、退赔全部赃款、取得被害人谅解等一并作为量刑情节，故对王新明从轻处罚，判处有期徒刑六年，并处罚金人民币六千元。

最高人民检察院指导案例

董亮等四人诈骗案

（检例第38号）

【关键词】

诈骗　自我交易　打车软件　骗取补贴

【基本案情】

被告人董亮，男，1981年9月生，无固定职业。

被告人谈申贤，男，1984年7月生，无固定职业。

被告人高炯，男，1974年12月生，无固定职业。

被告人宋瑞华，女，1977年4月生，原系上海杨浦火车站员工。

2015年,某网约车平台注册登记司机董亮、谈申贤、高炯、宋瑞华,分别用购买、租赁未实名登记的手机号注册网约车乘客端,并在乘客端账户内预充打车费一二十元。随后,他们各自虚构用车订单,并用本人或其实际控制的其他司机端账户接单,发起较短距离用车需求,后又故意变更目的地延长乘车距离,致使应付车费大幅提高。由于乘客端账户预存打车费较少,无法支付全额车费。网约车公司为提升市场占有率,按照内部规定,在这种情况下由公司垫付车费,同样给予司机承接订单的补贴。四被告人采用这一手段,分别非法获取网约车公司垫付车费及公司给予司机承接订单的补贴。董亮获取40664.94元,谈申贤获取14211.99元,高炯获取38943.01元,宋瑞华获取6627.43元。

【诉讼过程和结果】

本案由上海市普陀区人民检察院于2016年4月1日以被告人董亮、谈申贤、高炯、宋瑞华犯诈骗罪向上海市普陀区人民法院提起公诉。2016年4月18日,上海市普陀区人民法院作出判决,认定被告人董亮、谈申贤、高炯、宋瑞华的行为构成诈骗罪,综合考虑四被告人到案后能如实供述自己的罪行,依法可从轻处罚,四被告人家属均已代为全额退赔赃款,可酌情从轻处罚,分别判处被告人董亮有期徒刑一年,并处罚金人民币一千元;被告人谈申贤有期徒刑十个月,并处罚金人民币一千元;被告人高炯有期徒刑一年,并处罚金人民币一千元;被告人宋瑞华有期徒刑八个月,并处罚金人民币一千元;四被告人所得赃款依法发还被害单位。一审宣判后,四被告人未上诉,判决已生效。

【要旨】

以非法占有为目的,采用自我交易方式,虚构提供服务事实,骗取互联网公司垫付费用及订单补贴,数额较大的行为,应认定为诈骗罪。

【指导意义】

当前,网络约车、网络订餐等互联网经济新形态发展迅速。一些互联网公司为抢占市场,以提供订单补贴的形式吸引客户参与。某些不法分子采取违法手段,骗取互联网公司给予的补贴,数额较大的,可以构成诈骗罪。

在网络约车中,行为人以非法占有为目的,通过网约车平台与网约车公司进行交流,发出虚构的用车需求,使网约车公司误认为是符合公司补贴规则的订单,基于错误认识,给予行为人垫付车费及订单补贴的行为,符合诈骗罪的本质特征,是一种新型诈骗罪的表现形式。

【相关法律规定】

《中华人民共和国刑法》

第二百六十六条　诈骗公私财物,数额较大的,处三年以下有期徒刑、拘役或者管制,并处或者单处罚金;数额巨大或者有其他严重情节的,处三年以上十年以下有期徒刑,并处罚金;数额特别巨大或者有其他特别严重情节的,处十年以上有期徒刑或者无期徒刑,并处罚金或者没收财产。本法另有规定的,依照规定。

周辉集资诈骗案

（检例第 40 号）

【关键词】

集资诈骗　非法占有目的　网络借贷信息中介机构

【基本案情】

被告人周辉,男,1982 年 2 月出生,原系浙江省衢州市中宝投资有限公司(以下简称中宝投资公司)法定代表人。

2011 年 2 月,被告人周辉注册成立中宝投资公司,担任法定代表人。公司上线运营“中宝投资”网络平台,借款人(发标人)在网络平台注册、缴纳会费后,可发布各种招标信息,吸引投资人投资。投资人在网络平台注册成为会员后可参与投标,通过银行汇款、支付宝、财付通等方式将投资款汇至周辉公布在网站上的 8 个其个人账户或第三方支付平台账户。借款人可直接从周辉处取得所融资金。项目完成后,借款人返还资金,周辉将收益给予投标人。

运行前期,周辉通过网络平台为 13 个借款人提供总金额约 170 万余元的融资服务,因部分借款人未能还清借款造成公司亏损。此后,周辉除用本人真实身份信息在公司网络平台注册 2 个会员外,自 2011 年 5 月至 2013 年 12 月陆续虚构 34 个借款人,并利用上述虚假身份自行发布大量虚假抵押标、宝石标等,以支付投资人约 20% 的年化收益率及额外奖励等为诱饵,向社会不特定公众募集资金。所募资金未进入公司账户，全部由周辉个人掌控和支配。除部分用于归还投资人到期的本金及收益外，其余主要用于购买房产、高档车辆、首饰等。这些资产绝大部分登记在周辉名下或供周辉个人使用。2011 年 5 月至案发，周辉通过中宝投资网络平台累计向全国 1586 名不特定对象非法集资共计 10.3 亿余元，除支付本金及收益回报 6.91 亿余元外，尚有 3.56 亿余元无法归还。案发后，公安机关从周辉控制的银行账户内扣押现金 1.80 亿余元。

【要旨】

网络借贷信息中介机构或其控制人，利用网络借贷平台发布虚假信息，非法建立资金池募集资金，所得资金大部分未用于生产经营活动，主要用于借新还旧和个人挥霍，无法归还所募资金数额巨大，应认定为具有非法占有目的，以集资诈骗罪追究刑事责任。

【指控与证明犯罪】

2014 年 7 月 15 日，浙江省衢州市公安局以周辉涉嫌集资诈骗罪移送衢州市人民检察院审查起诉。

审查起诉阶段，衢州市人民检察院审查了全案卷宗，讯问了犯罪嫌疑人。针对该案犯罪行为涉及面广，众多集资参与人财产遭受损失的情况，检察机关充分听取了辩护人和部分集资参与人意见，进一步核实了非法集资金额，对扣押的房产等作出司法鉴定或价格评估。针对辩护人提出的非法证据排除申请，检察机关审查后发现，涉案证据存在以下瑕疵：公安机关向部分证人取证时存在取证地点不符合刑事诉讼法规定以及个别辨认笔录缺乏见证人等情况。为此，检察机关要求公安机关予以补正或作出合理解释。公安机关作出情况说明：证人从外地赶来，经证人本人同意，取证在宾馆进行。关于此项情况说明，检察机关审查后予以采信。对于缺乏见证人的个别辨认笔录，检察机关审查后予以排除。

2015 年 1 月 19 日，浙江省衢州市人民检察院以周辉犯集资诈骗罪向浙江省衢州市中级人民法院提起公诉。6 月 25 日，衢州市中级人民法院公开开庭审理本案。

法庭调查阶段，公诉人宣读起诉书指控被告人周辉以高息为诱饵，虚构借款人和借款用途，利用网络 P2P 形式，面向社会公众吸收资金，主要用于个人肆意挥霍,其行为构成集资诈骗罪。对于指控的犯罪事实,公诉人出示了四组证据予以证明:一是被告人周辉的立案情况及基本信息;二是中宝投资公司的发标、招投标情况及相关证人证言;三是集资情况的证据,包括银行交易清单,司法会计鉴定意见书等;四是集资款的去向,包括购买车辆、房产等物证及相关证人证言。

法庭辩论阶段,公诉人发表公诉意见:被告人周辉注册网络借贷信息平台,早期从事少量融资信息服务。在公司亏损、经营难以为继的情况下,虚构借款人和借款标的,以欺诈方式面向不特定投资人吸收资金,自建资金池。在公安机关立案查处时,虽暂可通过"拆东墙补西墙"的方式偿还部分旧债维持周转,但根据其所募资金主要用于还本付息和个人肆意挥霍,未投入生产经营,不可能产生利润回报的事实,可以判断其后续资金缺口势必不断扩大,无法归还所募全部资金,故可以认定其具有非法占有的目的,应以集资诈骗罪对其定罪处罚。

辩护人提出:一是周辉行为系单位行为;二是周辉一直在偿还集资款,主观上不具有非法占有集资款的故意;三是周辉利用互联网从事P2P借贷融资,不构成集资诈骗罪,构成非法吸收公众存款罪。

公诉人针对辩护意见进行答辩:第一,中宝投资公司是由被告人周辉控制的一人公司,不具有经营实体,不具备单位意志,集资款未纳入公司财务进行核算,而是由周辉一人掌控和支配,因此周辉的行为不构成单位犯罪。第二,周辉本人主观上认识到资金不足,少量投资赚取的收益不足以支付许诺的高额回报,没有将集资款用于生产经营活动,而是主要用于个人肆意挥霍,其主观上对集资款具有非法占有的目的。第三,P2P网络借贷,是指个人利用中介机构的网络平台,将自己的资金出借给资金短缺者的商业模式。根据中国银行业监管委员会、工业和信息化部、公安部、国家互联网信息办公室制定的《网络借贷信息中介机构业务活动管理暂行办法》等监管规定,P2P作为新兴金融业态,必须明确其信息中介性质,平台本身不得提供担保,不得归集资金搞资金池,不得非法吸收公众资金。周辉吸收资金建资金池,不属于合法的P2P网络借贷。非法吸收公众存款罪与集资诈骗罪的区别,关键在于行为人对吸收的资金是否具有非法占有的目的。利用网络平台发布虚假高利借款标募集资金,采取借新还旧的手段,短期内募集大量资金,不用于生产经营活动，或者用于生产经营活动与筹集资金规模明显不成比例，致使集资款不能返还的，是典型的利用网络中介平台实施集资诈骗行为。本案中，周辉采用编造虚假借款人、虚假投标项目等欺骗手段集资，所融资金未投入生产经营，大量集资款被其个人肆意挥霍，具有明显的非法占有目的，其行为构成集资诈骗罪。

法庭经审理，认为公诉人出示的证据能够相互印证，予以确认。对周辉及其辩护人提出的不构成集资诈骗罪及本案属于单位犯罪的辩解、辩护意见，不予采纳。综合考虑犯罪事实和量刑情节，2015 年 8 月 14 日，浙江省衢州市中级人民法院作出一审判决，以集资诈骗罪判处被告人周辉有期徒刑十五年，并处罚金人民币 50 万元。继续追缴违法所得，返还各集资参与人。

一审宣判后，浙江省衢州市人民检察院认为，被告人周辉非法集资 10.3 亿余元，属于刑法规定的集资诈骗数额特别巨大并且给人民利益造成特别重大损失的情形，依法应处无期徒刑或者死刑，并处没收财产，一审判决量刑过轻。2015 年 8 月 24 日，向浙江省高级人民法院提出抗诉。被告人周辉不服一审判决，提出上诉。其上诉理由是量刑畸重，应判处缓刑。

本案二审期间，2015 年 8 月 29 日，第十二届全国人大常委会第十六次会议审议通过了《中华人民共和国刑法修正案（九）》，删去《刑法》第一百九十九条关于犯集资诈骗罪“数额特别巨大并且给国家和人民利益造成特别重大损失的，处无期徒刑或者死刑，并处没收财产”的规定。刑法修正案（九）于 2015 年 11 月 1 日起施行。

浙江省高级人民法院经审理后认为，刑法修正案（九）取消了集资诈骗罪死刑的规定，根据从旧兼从轻原则，一审法院判处周辉有期徒刑十五年符合修订后的法律规定。上诉人周辉具有集资诈骗的主观故意及客观行为，原审定性准确。2016 年 4 月 29 日，二审法院作出裁定，维持原判。终审判决作出后，周辉及其父亲不服判决提出申诉，浙江省高级人民法院受理申诉并经审查后，认为原判事实清楚，证据确实充分，定性准确，量刑适当，于 2017 年 12 月 22 日驳回申诉，维持原裁判。

【指导意义】

是否具有非法占有目的，是正确区分非法吸收公众存款罪和集资诈骗罪的关键。对非法占有目的的认定,应当围绕融资项目真实性、资金去向、归还能力等事实、证据进行综合判断。行为人将所吸收资金大部分未用于生产经营活动,或名义上投入生产经营,但又通过各种方式抽逃转移资金,或供其个人肆意挥霍,归还本息主要通过借新还旧来实现,造成数额巨大的募集资金无法归还的,可以认定具有非法占有的目的。

集资诈骗罪是近年来检察机关重点打击的金融犯罪之一。对该类犯罪,检察机关应着重从以下几个方面开展工作:一是强化证据审查。非法集资类案件由于参与人数多、涉及面广,受主客观因素影响,取证工作易出现瑕疵和问题。检察机关对重大复杂案件要及时介入侦查、引导取证。在审查案件中要强化对证据的审查,需要退回补充侦查或者自行补充侦查的,要及时退查或补查,建立起完整、牢固的证据锁链,夯实认定案件事实的证据基础。二是在法庭审理中要突出指控和证明犯罪的重点。要紧紧围绕集资诈骗罪构成要件,特别是行为人主观上具有非法占有目的、客观上以欺骗手段非法集资的事实梳理组合证据,运用完整的证据体系对认定犯罪的关键事实予以清晰证明。三是要将办理案件与追赃挽损相结合。检察机关办理相关案件,要积极配合公安机关、人民法院依法开展追赃挽损、资产处置等工作,最大限度减少人民群众的实际损失。四是要结合办案开展以案释法,增强社会公众的法治观念和风险防范意识,有效预防相关犯罪的发生。

【相关规定】

《中华人民共和国刑法》第一百九十二条

《最高人民法院关于审理非法集资刑事案件具体应用法律若干问题的解释》第四条

《最高人民检察院、公安部关于公安机关管辖的刑事案件立案追诉标准的规定(二)》第四十九条

张凯闵等52人电信网络诈骗案

(检例第67号)

【关键词】

跨境电信网络诈骗　境外证据审查　电子数据　引导取证

【要旨】

跨境电信网络诈骗犯罪往往涉及大量的境外证据和庞杂的电子数据。对境外获取的证据应着重审查合法性,对电子数据应着重审查客观性。主要成员固定,其他人员有一定流动性的电信网络诈骗犯罪组织,可认定为犯罪集团。

【基本案情】

被告人张凯闵,男,1981 年 11 月 21 日出生,中国台湾地区居民,无业。

林金德等其他被告人、被不起诉人基本情况略。

2015 年 6 月至 2016 年 4 月间,被告人张凯闵等 52 人先后在印度尼西亚共和国和肯尼亚共和国参加对中国大陆居民进行电信网络诈骗的犯罪集团。在实施电信网络诈骗过程中,各被告人分工合作,其中部分被告人负责利用电信网络技术手段对大陆居民的手机和座机电话进行语音群呼,群呼的主要内容为"有快递未签收,经查询还有护照签证即将过期,将被限制出境管制,身份信息可能遭泄露"等。当被害人按照语音内容操作后,电话会自动接通冒充快递公司客服人员的一线话务员。一线话务员以帮助被害人报案为由,在被害人不挂断电话时,将电话转接至冒充公安局办案人员的二线话务员。二线话务员向被害人谎称"因泄露的个人信息被用于犯罪活动,需对被害人资金流向进行调查",欺骗被害人转账、汇款至指定账户。如果被害人对二线话务员的说法仍有怀疑,二线话务员会将电话转给冒充检察官的三线话务员继续实施诈骗。

至案发,张凯闵等被告人通过上述诈骗手段骗取 75 名被害人钱款共计人民币 2300 余万元。

【指控与证明犯罪】

(一)介入侦查引导取证

由于本案被害人均是中国大陆居民,根据属地管辖优先原则,2016 年 4 月,肯尼亚将 76 名电信网络诈骗犯罪嫌疑人(其中大陆居民 32 人,台湾地区居民 44 人)遣返中国大陆。经初步审查,张凯闵等 41 人与其他被遣返的人分属互不关联的诈骗团伙,公安机关依法分案处理。2016 年 5 月,北京市人民检察院第二分院经指定管辖本案,并应公安机关邀请,介入侦查引导取证。

鉴于肯尼亚在遣返犯罪嫌疑人前已将起获的涉案笔记本电脑、语音网关(指能将语音通信集成到数据网络中实现通信功能的设备)、手机等物证移交我国公安机关,为确保证据的客观性、关联性和合法性,检察机关就案件证据需要达到的证明标准以及涉外电子数据的提取等问题与公安机关沟通,提出提取、恢复涉案的 Skype 聊天记录、Excel 和 Word 文档、网络电话拨打记录清单等电子数据,并对电子数据进行无污损鉴定的意见。在审查电子数据的过程中,检察人员与侦查人员在恢复的 Excel 文档中找到多份“返乡订票记录单”以及早期大量的 Skype 聊天记录。依据此线索,查实部分犯罪嫌疑人在去肯尼亚之前曾在印度尼西亚两度针对中国大陆居民进行诈骗,诈骗数额累计达 2000 余万元人民币。随后,11 名曾在印度尼西亚参与张凯闵团伙实施电信诈骗,未赴肯尼亚继续诈骗的犯罪嫌疑人陆续被缉捕到案。至此,张凯闵案 52 名犯罪嫌疑人全部到案。

(二)审查起诉

审查起诉期间,在案犯罪嫌疑人均表示认罪,但对其在犯罪集团中的作用和参与犯罪数额各自作出辩解。

经审查,北京市人民检察院第二分院认为现有证据足以证实张凯闵等人利用电信网络实施诈骗,但案件证据还存在以下问题:一是电子数据无污损鉴定意见的鉴定起始基准时间晚于犯罪嫌疑人归案的时间近 11 个小时,不能确定在此期间电子数据是否被增加、删除、修改。二是被害人与诈骗犯罪组织间的关联性证据调取不完整,无法证实部分被害人系本案犯罪组织所骗。三是台湾地区警方提供的台湾地区犯罪嫌疑人出入境记录不完整,北京市公安局出入境管理总队出具的出入境记录与犯罪嫌疑人的供述等其他证据不尽一致,现有证据不能证实各犯罪嫌疑人参加诈骗犯罪组织的具体时间。

针对上述问题,北京市人民检察院第二分院于 2016 年 12 月 17 日、2017 年 3 月 7 日两次将案件退回公安机关补充侦查,并提出以下补充侦查意见:一是通过中国驻肯尼亚大使馆确认抓获犯罪嫌疑人和外方起获物证的具体时间,将此时间作为电子数据无污损鉴定的起始基准时间,对电子数据重新进行无污损鉴定,以确保电子数据的客观性。

二是补充调取犯罪嫌疑人使用网络电话与被害人通话的记录、被害人向犯罪嫌疑人指定银行账户转账汇款的记录、犯罪嫌疑人的收款账户交易明细等证据,以准确认定本案被害人。三是调取各犯罪嫌疑人护照,由北京市公安局出入境管理总队结合护照,出具完整的出入境记录,补充讯问负责管理护照的犯罪嫌疑人,核实部分犯罪嫌疑人是否中途离开过诈骗窝点,以准确认定各犯罪嫌疑人参加犯罪组织的具体时间。补充侦查期间,检察机关就补侦事项及时与公安机关加强当面沟通,落实补证要求。与此同时,检察人员会同侦查人员共赴国家信息中心电子数据司法鉴定中心,就电子数据提取和无污损鉴定等问题向行业专家咨询,解决了无污损鉴定的具体要求以及提取、固定电子数据的范围、程序等问题。检察机关还对公安机关以《司法鉴定书》记录电子数据勘验过程的做法提出意见,要求将《司法鉴定书》转化为勘验笔录。通过上述工作,全案证据得到进一步完善,最终形成补充侦查卷21册,为案件的审查和提起公诉奠定了坚实基础。

检察机关经审查认为,根据肯尼亚警方出具的《调查报告》、我国驻肯尼亚大使馆出具的《情况说明》以及公安机关出具的扣押决定书、扣押清单等,能够确定境外获取的证据来源合法,移交过程真实、连贯、合法。国家信息中心电子数据司法鉴定中心重新作出的无污损鉴定,鉴定的起始基准时间与肯尼亚警方抓获犯罪嫌疑人并起获涉案设备的时间一致,能够证实电子数据的真实性。涉案笔记本电脑和手机中提取的Skype账户登录信息等电子数据与犯罪嫌疑人的供述相互印证,能够确定犯罪嫌疑人的网络身份和现实身份具有一致性。75名被害人与诈骗犯罪组织间的关联性证据已补充到位,具体表现为:网络电话、Skype聊天记录等与被害人陈述的诈骗电话号码、银行账号等证据相互印证;电子数据中的聊天时间、通话时间与银行交易记录中的转账时间相互印证;被害人陈述的被骗经过与被告人供述的诈骗方式相互印证。本案的75名被害人被骗的证据均满足上述印证关系。

(三)出庭指控犯罪

2017年4月1日,北京市人民检察院第二分院根据犯罪情节,对该诈骗犯罪集团中的52名犯罪嫌疑人作出不同处理决定。对张凯闵等50人以诈骗罪分两案向北京市第二中级人民法院提起公诉,对另2名情节较轻的犯罪嫌疑人作出不起诉决定。7 月 18 日、7 月 19 日，北京市第二中级人民法院公开开庭审理了本案。

庭审中，50 名被告人对指控的罪名均未提出异议，部分被告人及其辩护人主要提出以下辩解及辩护意见：一是认定犯罪集团缺乏法律依据，应以被告人实际参与诈骗成功的数额认定其犯罪数额。二是被告人系犯罪组织雇佣的话务员，在本案中起次要和辅助作用，应认定为从犯。三是检察机关指控的犯罪金额证据不足，没有形成完整的证据链条，不能证明被害人是被告人所骗。

针对上述辩护意见，公诉人答辩如下：

一是该犯罪组织以共同实施电信网络诈骗犯罪为目的而组建，首要分子虽然没有到案，但在案证据充分证明该犯罪组织在首要分子的领导指挥下，有固定人员负责窝点的组建管理、人员的召集培训，分工担任一线、二线、三线话务员，该诈骗犯罪组织符合刑法关于犯罪集团的规定，应当认定为犯罪集团。

二是在案证据能够证实二线、三线话务员不仅实施了冒充警察、检察官接听拨打电话的行为，还在犯罪集团中承担了组织管理工作，在共同犯罪中起主要作用，应认定为主犯。对从事一线接听拨打诈骗电话的被告人，已作区别对待。该犯罪集团在印度尼西亚和肯尼亚先后设立 3 个窝点，参加过 2 个以上窝点犯罪的一线人员属于积极参加犯罪，在犯罪中起主要作用，应认定为主犯；仅参加其中一个窝点犯罪的一线人员，参与时间相对较短，实际获利较少，可认定为从犯。

三是本案认定诈骗犯罪集团与被害人之间关联性的证据主要有：犯罪集团使用网络电话与被害人电话联系的通话记录；犯罪集团的 Skype 聊天记录中提到了被害人姓名、公民身份号码等个人信息；被害人向被告人指定银行账户转账汇款的记录。起诉书认定的 75 名被害人至少包含上述一种关联方式，实施诈骗与被骗的证据能够形成印证关系，足以认定 75 名被害人被本案诈骗犯罪组织所骗。

（四）处理结果

2017 年 12 月 21 日，北京市第二中级人民法院作出一审判决，认定被告人张凯闵等 50 人以非法占有为目的，参加诈骗犯罪集团，利用电信网络技术手段，分工合作，冒充国家机关工作人员或其他单位工作人员，诈骗被害人钱财，各被告人的行为均已构成诈骗罪，其中28人系主犯，22人系从犯。法院根据犯罪事实、情节并结合各被告人的认罪态度、悔罪表现，对张凯闵等50人判处十五年至一年九个月不等有期徒刑，并处剥夺政治权利及罚金。张凯闵等部分被告人以量刑过重为由提出上诉。2018年3月，北京市高级人民法院二审裁定驳回上诉，维持原判。

【指导意义】

（一）对境外实施犯罪的证据应着重审查合法性

对在境外获取的实施犯罪的证据，一是要审查是否符合我国刑事诉讼法的相关规定，对能够证明案件事实且符合刑事诉讼法规定的，可以作为证据使用。二是对基于有关条约、司法互助协定、两岸司法互助协议或通过国际组织委托调取的证据，应注意审查相关办理程序、手续是否完备，取证程序和条件是否符合有关法律文件的规定。对不具有规定规范的，一般应当要求提供所在国公证机关证明，由所在国中央外交主管机关或其授权机关认证，并经我国驻该国使、领馆认证。三是对委托取得的境外证据，移交过程中应注意审查过程是否连续、手续是否齐全、交接物品是否完整、双方的交接清单记载的物品信息是否一致、交接清单与交接物品是否一一对应。四是对当事人及其辩护人、诉讼代理人提供的来自境外的证据材料，要审查其是否按照条约等相关规定办理了公证和认证，并经我国驻该国使、领馆认证。

（二）对电子数据应重点审查客观性

一要审查电子数据存储介质的真实性。通过审查存储介质的扣押、移交等法律手续及清单，核实电子数据存储介质在收集、保管、鉴定、检查等环节中是否保持原始性和同一性。二要审查电子数据本身是否客观、真实、完整。通过审查电子数据的来源和收集过程，核实电子数据是否从原始存储介质中提取，收集的程序和方法是否符合法律和相关技术规范。对从境外起获的存储介质中提取、恢复的电子数据应当进行无污损鉴定，将起获设备的时间作为鉴定的起始基准时间，以保证电子数据的客观、真实、完整。三要审查电子数据内容的真实性。通过审查在案言词证据能否与电子数据相互印证，不同的电子数据间能否相互印证等,核实电子数据包含的案件信息能否与在案的其他证据相互印证。

（三）紧紧围绕电话卡和银行卡审查认定案件事实

办理电信网络诈骗犯罪案件,认定被害人数量及诈骗资金数额的相关证据,应当紧紧围绕电话卡和银行卡等证据的关联性来认定犯罪事实。一是通过电话卡建立被害人与诈骗犯罪组织间的关联。通过审查诈骗犯罪组织使用的网络电话拨打记录清单、被害人接到诈骗电话号码的陈述以及被害人提供的通话记录详单等通讯类证据,认定被害人与诈骗犯罪组织间的关联性。二是通过银行卡建立被害人与诈骗犯罪组织间的关联。通过审查被害人提供的银行账户交易明细、银行客户通知书、诈骗犯罪集团指定银行账户信息等书证以及诈骗犯罪组织使用的互联网软件聊天记录,核实聊天记录中是否出现被害人的转账账户,以确定被害人与诈骗犯罪组织间的关联性。三是将电话卡和银行卡结合起来认定被害人及诈骗数额。审查被害人接到诈骗电话的时间、向诈骗犯罪组织指定账户转款的时间,诈骗犯罪组织手机或电脑中储存的聊天记录中出现的被害人的账户信息和转账时间是否印证。相互关联印证的,可以认定为案件被害人,被害人实际转账的金额可以认定为诈骗数额。

（四）有明显首要分子,主要成员固定,其他人员有一定流动性的电信网络诈骗犯罪组织,可以认定为诈骗犯罪集团

实施电信网络诈骗犯罪,大都涉案人员众多、组织严密、层级分明、各环节分工明确。对符合刑法关于犯罪集团规定,有明确首要分子,主要成员固定,其他人员虽有一定流动性的电信网络诈骗犯罪组织,依法可以认定为诈骗犯罪集团。对出资筹建诈骗窝点、掌控诈骗所得资金、制定犯罪计划等起组织、指挥管理作用的,依法可以认定为诈骗犯罪集团首要分子,按照集团所犯的全部罪行处罚。对负责协助首要分子组建窝点、招募培训人员等起积极作用的,或加入时间较长,通过接听拨打电话对受害人进行诱骗,次数较多、诈骗金额较大的,依法可以认定为主犯,按照其参与或组织、指挥的全部犯罪处罚。对诈骗次数较少、诈骗金额较小,在共同犯罪中起次要或者辅助作用的,依法可以认定为从犯,依法从轻、减轻或免除处罚。

【相关规定】

《中华人民共和国刑法》第六条、第二十六条、第二百六十六条

《中华人民共和国刑事诉讼法》第十八条、第二十五条

《中华人民共和国国际刑事司法协助法》第九条、第十条、第二十五条、第二十六条、第三十九条、第四十条、第四十一条、第六十八条

《最高人民法院、最高人民检察院关于办理诈骗刑事案件具体应用法律若干问题的解释》第一条、第二条

《最高人民法院、最高人民检察院、公安部关于办理电信网络诈骗等刑事案件适用法律若干问题的意见》

《最高人民法院、最高人民检察院、公安部关于办理刑事案件收集提取和审查判断电子数据若干问题的规定》

《检察机关办理电信网络诈骗案件指引》

《最高人民法院关于适用〈中华人民共和国刑事诉讼法〉的解释》第四百零五条

张某受贿，郭某行贿、职务侵占、诈骗案

（检例第76号）

【关键词】

受贿罪　改变提前介入意见　案件管辖　追诉漏罪

【要旨】

检察机关提前介入应认真审查案件事实和证据，准确把握案件定性，依法提出提前介入意见。检察机关在审查起诉阶段仍应严格审查，提出审查起诉意见。审查起诉意见改变提前介入意见的，应及时与监察机关沟通。对于在审查起诉阶段发现漏罪，如该罪属于公安机关管辖，但犯罪事实清楚，证据确实充分，符合起诉条件的，检察机关在征得相关机关同意后，可以直接追加起诉。

【基本案情】

被告人张某，男，北京市东城区某街道办事处环卫所原副所长。

被告人郭某，女，北京某物业公司原客服部经理。

2014年11月，甲小区和乙小区被北京市东城区某街道办事处确

定为环卫项目示范推广单位。按照规定，两小区应选聘 19 名指导员从事宣传、指导、监督、服务等工作，政府部门按每名指导员每月 600 元标准予以补贴。上述两小区由北京某物业公司负责物业管理，两小区 19 名指导员补贴款由该物业公司负责领取发放。2014 年 11 月至 2017 年 3 月，郭某在担任该物业公司客服部经理期间，将代表物业公司领取的指导员补贴款共计人民币 33.06 万元据为己有。郭某从物业公司离职后，仍以物业公司客服部经理名义，于 2017 年 6 月、9 月，冒领指导员补贴款共计人民币 6.84 万元据为己有。2014 年 11 月至 2017 年 9 月期间，张某接受郭某请托，利用担任某街道办事处环卫所职员、副所长的职务便利，不严格监督检查上述补贴款发放，非法收受郭某给予的人民币 8.85 万元。2018 年 1 月，张某担心事情败露，与郭某共同筹集人民币 35 万元退还给物业公司。2018 年 2 月 28 日，张某、郭某自行到北京市东城区监察委员会接受调查，并如实供述全部犯罪事实。

【检察工作情况】

（一）提前介入准确分析案件定性，就法律适用及证据完善提出意见。调查阶段，东城区监委对张某、郭某构成贪污罪共犯还是行受贿犯罪存在意见分歧，书面商请东城区人民检察院提前介入。主张认定二人构成贪污罪共犯的主要理由：一是犯罪对象上，郭某侵占并送给张某的资金性质为国家财政拨款，系公款；二是主观认识上，二人对截留的补贴款系公款的性质明知，并对截留补贴款达成一定共识；三是客观行为上，二人系共同截留补贴款进行分配。

检察机关分析在案证据后认为，应认定二人构成行受贿犯罪，主要理由：一是主观上没有共同贪污故意。二人从未就补贴款的处理使用有过明确沟通，郭某给张某送钱，就是为了让张某放松监管，张某怠于履行监管职责，就是因为收受了郭某所送贿赂，而非自己要占有补贴款。二是客观上没有共同贪污行为。张某收受郭某给予的钱款后怠于履行监管职责，正是利用职务之便为郭某谋取利益的行为，但对于郭某侵占补贴款，在案证据不能证实张某主观上有明确认识，郭某也从未想过与张某共同瓜分补贴款。三是款项性质对受贿罪认定没有影响。由于二人缺乏共同贪占补贴款的故意和行为，不应构成贪污罪共犯，而应分别构成行贿罪和受贿罪，并应针对主客观方面再补强相关证据。检察机关将法律适用和补充完善证据的意见书面反馈给东城区监委。东城区监委采纳了检察机关的提前介入意见,补充证据后,以张某涉嫌受贿罪、郭某涉嫌行贿罪,于 2018 年 11 月 12 日将两案移送起诉。

(二)审查起诉阶段不囿于提前介入意见,依法全面审查证据,及时发现漏罪。案件移送起诉后,检察机关全面严格审查在案证据,认为郭某领取和侵吞补贴款的行为分为两个阶段:第一阶段,郭某作为上述物业公司客服部经理,利用领取补贴款的职务便利,领取并将补贴款非法占为己有,其行为构成职务侵占罪;第二阶段,郭某从物业公司客服部经理岗位离职后,仍冒用客服部经理的身份领取补贴款并非法占为己有,其行为构成诈骗罪。

(三)提起公诉直接追加指控罪名,法院判决予以确认。检察机关在对郭某行贿案审查起诉时发现,郭某侵吞补贴款的行为构成职务侵占罪和诈骗罪,且犯罪事实清楚,证据确实充分,已符合起诉条件。经与相关机关沟通后,检察机关在起诉时追加认定郭某构成职务侵占罪、诈骗罪。

2018 年 12 月 28 日,北京市东城区人民检察院对张某以受贿罪提起公诉;对郭某以行贿罪、职务侵占罪、诈骗罪提起公诉。2019 年 1 月 17 日,北京市东城区人民法院作出一审判决,以受贿罪判处张某有期徒刑八个月,缓刑一年,并处罚金人民币十万元;以行贿罪、职务侵占罪、诈骗罪判处郭某有期徒刑二年,缓刑三年,并处罚金人民币十万一千元。

【指导意义】

(一)检察机关依法全面审查监察机关移送起诉案件,审查起诉意见与提前介入意见不一致的,应当及时与监察机关沟通。检察机关提前介入监察机关办理的职务犯罪案件时,已对证据收集、事实认定、案件定性、法律适用等提出意见。案件进入审查起诉阶段后,检察机关仍应依法全面审查,可以改变提前介入意见。审查起诉意见改变提前介入意见的,检察机关应当及时与监察机关沟通。

(二)对于监察机关在调查其管辖犯罪时已经查明,但属于公安机关管辖的犯罪,检察机关可以依法追加起诉。对于监察机关移送起诉的案件,检察机关在审查起诉阶段发现漏罪,如该罪属于公安机关管辖，但犯罪事实清楚，证据确实充分，符合起诉条件的，经征求监察机关、公安机关意见后，没有不同意见的，可以直接追加起诉；提出不同意见，或者事实不清、证据不足的，应当将案件退回监察机关并说明理由，建议其移送有管辖权的机关办理，必要时可以自行补充侦查。

（三）根据主客观相统一原则，准确区分受贿罪和贪污罪。对于国家工作人员收受贿赂后故意不履行监管职责，使非国家工作人员非法占有财物的，如该财物又涉及公款，应根据主客观相统一原则，准确认定案件性质。一要看主观上是否对侵吞公款进行过共谋，二要看客观上是否共同实施侵吞公款行为。如果具有共同侵占公款故意，且共同实施了侵占公款行为，应认定为贪污罪共犯；如果国家工作人员主观上没有侵占公款故意，只是收受贿赂后放弃职守，客观上使非国家工作人员任意处理其经手的钱款成为可能，应认定为为他人谋取利益，国家工作人员构成受贿罪，非国家工作人员构成行贿罪。如果国家工作人员行为同时构成玩忽职守罪的，以受贿罪和玩忽职守罪数罪并罚。

【相关规定】

《中华人民共和国刑法》第六十七条第一款，第二百六十六条，第二百七十一条第一款，第三百八十三条第一款第一项，第三百八十五条第一款，第三百八十六条，第三百八十九条第一款，第三百九十条

《最高人民法院、最高人民检察院关于办理贪污贿赂刑事案件适用法律若干问题的解释》第一条第一款，第七条第一款，第十一条第一款，第十九条

《最高人民法院、最高人民检察院关于办理诈骗刑事案件具体应用法律的若干问题的解释》第一条，第三条

温某某合同诈骗立案监督案

（检例第91号）

【关键词】

合同诈骗　合同欺诈　不应当立案而立案　侦查环节“挂案”监督撤案

【要旨】

检察机关办理涉企业合同诈骗犯罪案件，应当严格区分合同诈骗与民事违约行为的界限。要注意审查涉案企业在签订、履行合同过程中是否具有非法占有目的和虚构事实、隐瞒真相的行为，准确认定是否具有诈骗故意。发现公安机关对企业之间的合同纠纷以合同诈骗进行刑事立案的，应当依法监督撤销案件。对于立案后久侦不结的“挂案”，检察机关应当向公安机关提出纠正意见。

【基本案情】

犯罪嫌疑人温某某，男，1975 年 10 月出生，广西壮族自治区钦州市甲水务有限公司(以下简称甲公司)负责人。

2010 年 4 月至 5 月间，甲公司分别与乙建设有限公司(以下简称乙公司)、丙建设股份有限公司(以下简称丙公司)签订钦州市钦北区引水供水工程《建设工程施工合同》。根据合同约定，乙公司和丙公司分别向甲公司支付 70 万元和 110 万元的施工合同履约保证金。工程报建审批手续完成后，甲公司和乙公司、丙公司因工程款支付问题发生纠纷。2011 年 8 月 31 日，丙公司广西分公司经理王某某到南宁市公安局良庆分局(以下简称良庆公安分局)报案，该局于 2011 年 10 月 14 日对甲公司负责人温某某以涉嫌合同诈骗罪刑事立案。此后，公安机关未传唤温某某，也未采取刑事强制措施，直至 2019 年 8 月 13 日，温某某被公安机关采取刑事拘留措施，并被延长刑事拘留期限至 9 月 12 日。

【检察机关履职过程】

线索发现。2019 年 8 月 26 日，温某某的辩护律师向南宁市良庆区人民检察院提出监督申请，认为甲公司与乙公司、丙公司之间的纠纷系支付工程款方面的经济纠纷，并非合同诈骗，请求检察机关监督公安机关撤销案件。良庆区人民检察院经审查，决定予以受理。

调查核实。经走访良庆公安分局，查阅侦查卷宗，核实有关问题，并听取辩护律师意见，接收辩护律师提交的证据材料，良庆区人民检察院查明：一是甲公司案发前处于正常生产经营状态，2006 年至 2009 年间，经政府有关部门审批，同意甲公司建设钦州市钦北区引水供水工程项目，资金由甲公司自筹；二是甲公司与乙公司、丙公司签订《建设工程施工合同》后，向钦州市环境保护局钦北分局等政府部门递交了办理

“钦北区引水工程项目管道线路走向意见”的报批手续，但报建审批手续未能在约定的开工日前完成审批，双方因此另行签订补充协议，约定了甲公司所应承担的违约责任；三是报建审批手续完成后，乙公司、丙公司要求先支付工程预付款才进场施工，甲公司要求按照工程进度支付工程款，双方协商不下，乙公司、丙公司未进场施工，甲公司也未退还履约保证金；四是甲公司在该项目工程中投入勘测、复垦、自来水厂建设等资金3000多万元，收取的180万元履约保证金已用于自来水厂的生产经营。

监督意见。2019年9月16日，良庆区人民检察院向良庆公安分局发出《要求说明立案理由通知书》。良庆公安分局回复认为，温某某以甲公司钦州市钦北区引水供水工程项目与乙公司、丙公司签订合同，并收取履约保证金，而该项目的建设环评及规划许可均未获得政府相关部门批准，不具备实际履行建设工程能力，其行为涉嫌合同诈骗。良庆区人民检察院认为，甲公司与乙公司、丙公司签订《建设工程施工合同》时，引水供水工程项目已经政府有关部门审批同意。合同签订后，甲公司按约定向政府职能部门提交该项目报建手续，得到了相关职能部门的答复，在项目工程未能如期开工后，甲公司又采取签订补充协议、承担相应违约责任等补救措施，并且甲公司在该项目工程中投入大量资金，收取的履约保证金也用于公司生产经营。因此，不足以认定温某某在签订合同时具有虚构事实或者隐瞒真相的行为和非法占有对方财物的目的，公安机关以合同诈骗罪予以刑事立案的理由不能成立。对于甲公司不退还施工合同履约保证金的行为，乙公司、丙公司可以向人民法院提起民事诉讼。同时，良庆区人民检察院审查认为，该案系公安机关立案后久侦未结形成的侦查环节“挂案”，应当监督公安机关依法处理。2019年9月27日，良庆区人民检察院向良庆公安分局发出《通知撤销案件书》。

监督结果。良庆公安分局接受监督意见，于2019年9月30日作出《撤销案件决定书》，决定撤销温某某合同诈骗案。在此之前，良庆公安分局已于2019年9月12日依法释放了温某某。

【指导意义】

（一）检察机关对公安机关不应当立案而立案的，应当依法监督撤销案件。检察机关负有立案监督职责,有权监督纠正公安机关不应当立案而立案的行为。涉案企业认为公安机关对企业之间的合同纠纷以合同诈骗进行刑事立案,向检察机关提出监督申请的,检察机关应当受理并进行审查。认为需要公安机关说明立案理由的,应当书面通知公安机关。认为公安机关立案理由不能成立的,应当制作《通知撤销案件书》,通知公安机关撤销案件。

(二)严格区分合同诈骗与民事违约行为的界限。注意审查涉案企业在签订、履行合同过程中是否具有虚构事实、隐瞒真相的行为,是否有刑法第二百二十四条规定的五种情形之一。注重从合同项目真实性、标的物用途、有无实际履约行为、是否有逃匿和转移资产的行为、资金去向、违约原因等方面,综合认定是否具有诈骗的故意,避免片面关注行为结果而忽略主观上是否具有非法占有的目的。对于签订合同时具有部分履约能力,其后完善履约能力并积极履约的,不能以合同诈骗罪追究刑事责任。

(三)对于公安机关立案后久侦未结形成的"挂案",检察机关应当提出监督意见。由于立案标准、工作程序和认识分歧等原因,有些涉民营企业刑事案件逾期滞留在侦查环节,既未被撤销,又未被移送审查起诉,形成"挂案",导致民营企业及企业相关人员长期处于被追诉状态,严重影响企业的正常生产经营,破坏当地营商环境,也损害了司法机关的公信力。检察机关发现侦查环节"挂案"的,应当对公安机关的立案行为进行监督,同时也要对公安机关侦查过程中的违法行为依法提出纠正意见。

【相关规定】

《中华人民共和国刑法》第二百二十四条

《人民检察院刑事诉讼规则》第五百五十七至五百六十一条、第五百六十三条

《最高人民检察院、公安部关于刑事立案监督有关问题的规定(试行)》第六至九条

李某诈骗、传授犯罪方法牛某等人诈骗案
（检例第105号）

【关键词】

涉嫌数罪　听证　认罪认罚从宽　附条件不起诉　家庭教育指导　社会支持

【要旨】

对于一人犯数罪符合起诉条件，但根据其认罪认罚等情况，可能判处一年有期徒刑以下刑罚的，检察机关可以依法适用附条件不起诉。对于涉罪未成年人存在家庭教育缺位或者不当问题的，应当突出加强家庭教育指导，因案因人进行精准帮教。通过个案办理和法律监督，积极推进社会支持体系建设。

【基本案情】

被附条件不起诉人李某，男，作案时16周岁，高中学生。

被附条件不起诉人牛某，男，作案时17周岁，高中学生。

被附条件不起诉人黄某，男，作案时17周岁，高中学生。

被附条件不起诉人关某，男，作案时16周岁，高中学生。

被附条件不起诉人包某，男，作案时17周岁，高中学生。

2018年11月至2019年3月，李某利用某电商超市7天无理由退货规则，多次在某电商超市网购香皂、洗发水、方便面等日用商品，收到商品后上传虚假退货快递单号，骗取某电商超市退回购物款累计8445.53元。后李某将此犯罪方法先后传授给牛某、黄某、关某、包某，并收取1200元“传授费用”。得知这一方法的牛某、黄某、关某、包某以此方法各自骗取某电商超市15598.86元、8925.19元、6617.71元、6206.73元。

涉案五人虽不是共同犯罪，但犯罪对象和犯罪手段相同，案件之间存在关联，为便于查明案件事实和保障诉讼顺利进行，公安机关采纳检察机关建议，对五人依法并案处理。

【检察机关履职过程】

（一）适用认罪认罚从宽制度，发挥惩教结合优势。审查逮捕期

间，检察机关依法分别告知五名未成年犯罪嫌疑人及其法定代理人认罪认罚从宽制度的法律规定，促其认罪认罚。五名犯罪嫌疑人均表达了认罪认罚的意愿，并主动退赃，取得了被害方某电商超市的谅解。检察机关认为五人虽利用网络实施诈骗，但并非针对不特定多数人，系普通诈骗犯罪，且主观恶性不大，犯罪情节较轻，无逮捕必要，加上五人均面临高考，因而依法作出不批准逮捕决定。审查起诉阶段，检察机关通知派驻检察院的值班律师向五人及其法定代理人提供法律帮助，并根据五人犯罪情节，认罪悔罪态度，认为符合附条件不起诉条件，提出适用附条件不起诉的意见，将帮教方案和附带条件作为具结书的内容一并签署。

（二）召开不公开听证会，依法决定附条件不起诉。司法实践中，对犯数罪可否适用附条件不起诉，因缺乏明确的法律规定而很少适用。本案中，李某虽涉嫌诈骗和传授犯罪方法两罪，但综合全案事实、社会调查情况以及犯罪后表现，依据有关量刑指导意见，李某的综合刑期应在一年以下有期徒刑，对其适用附条件不起诉制度，有利于顺利进行特殊预防、教育改造。为此，检察机关专门针对李某涉嫌数罪是否可以适用附条件不起诉召开不公开听证会，邀请了未成年犯管教干部、少年审判法官、律师、心理咨询师、公益组织负责人等担任听证员。经听证评议，听证员一致认为应对李某作附条件不起诉，以最大限度促进其改恶向善、回归正途。通过听证，李某认识到自己行为的严重性，李某父母认识到家庭教育中存在的问题，参加听证的各方面代表达成了协同帮教意向。2019 年 12 月 23 日，检察机关对李某等五人依法作出附条件不起诉决定，考验期为六个月。

（三）开展家庭教育指导，因人施策精准帮教。针对家庭责任缺位导致五人对法律缺乏认知与敬畏的共性问题，检察官会同司法社工开展了家庭教育指导，要求五人及其法定代理人在监督考察期间定期与心理咨询师沟通、与检察官和司法社工面谈，并分享法律故事、参加预防违法犯罪宣讲活动。同时，针对五人各自特点分别设置了个性化附带条件：鉴于李某父母疏于管教，亲子关系紧张，特别安排追寻家族故事、追忆成长历程以增强家庭认同感和责任感，修复家庭关系；鉴于包某性格内向无主见、极易被误导，安排其参加“您好陌生人”志愿服务队,以走上街头送爱心的方式锻炼与陌生人的沟通能力,同时对其进行"朋辈群体干扰场景模拟"小组训练,通过场景模拟,帮助其向不合理要求勇敢说"不";鉴于黄某因达不到父母所盼而缺乏自信,鼓励其发挥特长,担任禁毒教育、网络安全等普法活动主持人,使其在学习法律知识的同时,增强个人荣誉感和家庭认同感;鉴于牛某因单亲家庭而自卑,带领其参加照料空巢老人、探访留守儿童等志愿活动,通过培养同理心增强自我认同,实现"爱人以自爱";鉴于关某沉迷网络游戏挥霍消费,督促其担任家庭记账员,激发其责任意识克制网瘾,养成良好习惯。

（四）联合各类帮教资源,构建社会支持体系。案件办理过程中,引入司法社工全流程参与精准帮教。检察机关充分发挥"3 + 1"（检察院、未管所、社会组织和涉罪未成年人）帮教工作平台优势,并结合法治进校园"百千万工程",联合团委、妇联、教育局共同组建"手拉手法治宣讲团",要求五人及法定代理人定期参加法治教育讲座。检察机关还与辖区内广播电台、敬老院、图书馆、爱心企业签订观护帮教协议,组织五人及法定代理人接受和参与优秀传统文化教育或实践。2020 年 6 月 22 日,检察机关根据五人在附条件不起诉考察期间的表现,均作出不起诉决定。五人在随后的高考中全部考上大学。

【指导意义】

（一）办理未成年人犯罪案件,对于涉嫌数罪但认罪认罚,可能判处一年有期徒刑以下刑罚的,也可以适用附条件不起诉。检察机关应当根据涉罪未成年人的犯罪行为性质、情节、后果,并结合犯罪原因、犯罪前后的表现等,综合评估可能判处的刑罚。"一年有期徒刑以下刑罚"是指将犯罪嫌疑人交付审判,法院对其可能判处的刑罚。目前刑法规定的量刑幅度均是以成年人犯罪为基准设计,检察机关对涉罪未成年人刑罚的预估要充分考虑"教育、感化、挽救"的需要及其量刑方面的特殊性。对于既可以附条件不起诉也可以起诉的,应当优先适用附条件不起诉。存在数罪情形时,要全面综合考量犯罪事实、性质和情节以及认罪认罚等情况,认为并罚后其刑期仍可能为一年有期徒刑以下刑罚的,可以依法适用附条件不起诉,以充分发挥附条件不起诉制度的特殊功能,促使涉罪未成年人及早摆脱致罪因素,顺利回归社会。

（二）加强家庭教育指导，提升考察帮教效果。未成年人犯罪原因往往关联家庭，预防涉罪未成年人再犯，同样需要家长配合。检察机关在办理附条件不起诉案件中，不仅要做好对涉罪未成年人自身的考察帮教，还要通过家庭教育指导，争取家长的信任理解，引导家长转变家庭教育方式，自愿配合监督考察，及时解决问题少年背后的家庭问题，让涉罪未成年人知法悔过的同时，在重温亲情中获取自新力量，真正实现矫治教育预期目的。

（三）依托个案办理整合帮教资源，推动未成年人检察工作社会支持体系建设。检察机关办理未成年人犯罪案件，要在社会调查、人格甄别、认罪教育、不公开听证、监督考察、跟踪帮教等各个环节，及时引入司法社工、心理咨询师等各种专门力量，积极与教育、民政、团委、妇联、关工委等各方联合，依托党委、政府牵头搭建的多元化协作平台，做到专业化办案与社会化支持相结合，最大限度地实现对涉罪未成年人的教育、感化和挽救。

【相关规定】

《中华人民共和国刑法》第二百六十六条、第二百九十五条

《中华人民共和国刑事诉讼法》第一百七十三条、第二百七十七条、第二百八十二条

《人民检察院刑事诉讼规则》第十八条、第四百五十七条、第四百六十三条、第四百八十条

《未成年人刑事检察工作指引（试行）》第一百七十七条、第一百八十八条

《关于适用认罪认罚从宽制度的指导意见》第十九条、第二十三条、第二十六条、第二十七条、第二十八条、第二十九条、第三十条、第三十一条

姚某某等人网络诈骗案

（检例第201号）

【关键词】

未成年人网络保护　网络诈骗　分类处理　分级干预　多部门协

作 数字化预防

【要旨】

办理涉及众多未成年人的网络诈骗案件,应注重罪错未成年人分级干预,实现分类处理,精准帮教。依托侦查监督与协作配合机制,建议公安机关在全面收集证据、查清事实基础上,充分考量未成年人的涉案情节,综合判定其主观违法性认识,依法分类处置。在审查起诉时,结合社会调查、心理测评、风险评估等情况,对涉罪未成年人进行分类处理并开展精准帮教。针对未成年人涉网违法犯罪防治难题,推动多部门搭建数字平台,实现对未成年人涉网违法犯罪的精准预防。

【基本案情】

被告人姚某某,男,1984 年 10 月 5 日出生,初中文化,无业。

未成年被告人赵某某、张某某、邹某等 16 人。

被附条件不起诉人王某、成某、李某某等 12 人。

被不起诉未成年人许某某、王某某、任某某等 41 人。

2018 年 3 月至 2019 年 8 月,姚某某伙同他人组建诈骗团伙,在诈骗团伙中设置团长、师傅、助理、外宣四个层级,通过在网络平台虚构网络兼职、工资待遇等信息,骗取兼职人员缴纳会员费的方式实施诈骗,涉案人员 750 名,犯罪金额达 1300 余万元。在实施诈骗过程中,姚某某拉拢、招募、吸收大量未成年人参与违法犯罪,涉案未成年人达 560 人,其中 450 余人系在校学生。在诈骗团伙中,未成年人赵某某等 4 人担任师傅,承担小组管理职责,犯罪数额为 30 万至 350 万余元不等;王某等 30 人担任助理,协助师傅进行培训指导,犯罪数额为 1 万至 95 万余元不等;许某某、任某某等 35 人担任外宣,负责骗取新成员缴纳会费,犯罪数额为 3 千至 1 万余元不等。

检察机关经审查认定,姚某某为首要分子,应按照诈骗团伙所犯的全部罪行处罚,并且犯罪数额特别巨大。检察机关依法提起公诉后,姚某某被人民法院判处有期徒刑十三年九个月,并处罚金。

【检察机关履职过程】

分类处理。2019 年 7 月,浙江省某市公安局某区分局对姚某某等人涉嫌诈骗罪立案侦查。按照侦查监督与协作配合机制,浙江省某市某区人民检察院介入案件后,认为涉案兼职犯罪模式对未成年人具有迷惑性、诱导性,案件处理的关键在于全面查清案情的基础上,着重从目的、动机等主观方面和参与次数、持续时间、涉及金额等客观方面,对涉案人员区分责任、区别处置。建议公安机关在查清涉案事实和综合判断主观违法性认识后,按照三种情形进行办理:一是对涉案金额未达到诈骗罪数额较大标准的,不认定为犯罪;二是对涉案金额达到或略高于诈骗罪数额较大标准,具有因谋求兼职需要、仅完成团伙规定任务、参与时间短、主动退出犯罪团伙、退赃退赔等情节的,认定为情节显著轻微、危害不大,不认为是犯罪,依法作出相应行政处罚;三是对涉案金额超出诈骗罪数额较大标准,具有主动参与、参与时间长、诈骗次数多等情节的,依法追究刑事责任。最终,公安机关对何某某等 491 名涉案未成年人的行为不作为犯罪处理,对赵某某等 69 名涉罪未成年人移送审查起诉。

宽严相济。2019 年 11 月至 2022 年 1 月,公安机关陆续将 69 名涉罪未成年人以诈骗罪移送审查起诉。检察机关受理后,依托社会支持体系对涉罪未成年人及时开展补充社会调查,从个体、家庭、成长经历、帮教条件、社会交往等方面进行综合评估,并结合案件事实依法分类处理:对在共同犯罪中起主要作用、社会危害性大的,依法提起公诉;对在共同犯罪中起次要作用、认罪悔罪态度好、认知行为存在偏差需要矫正,符合附条件不起诉条件的,设置考察条件,作出附条件不起诉决定;对符合不起诉条件的,作出不起诉决定。某区检察院先后对赵某某等 16 人提起公诉,对王某等 12 人作出附条件不起诉决定,对许某某等 41 人作出不起诉决定。赵某某等 16 人均被判处有期徒刑刑罚。

精准帮教。检察机关依托区少年司法一体化社会关护机制,联合公安、法院、司法等部门,为涉罪未成年人提供全流程精准帮教。在引导其认识罪错的同时,委托司法社工和心理咨询师、家庭教育指导师对严重行为偏差或存在心理问题的涉案未成年人开展心理危机干预、家庭教育指导、帮扶救助等工作。经过多方帮教,促使涉罪未成年人重回正轨,53 名被附条件不起诉和不起诉的涉罪未成年人中有 41 人顺利考取大专以上院校。

预防治理。针对案件暴露的未成年人涉网违法犯罪高发、频发、面广,使用传统手段无法实现精准、及时预防等问题,区检察院联合公安、民政等多部门搭建数字化平台，预防网络违法犯罪。依托浙江省一体化数字资源系统（IRS），会商公安、民政、卫健、教育等职能部门，形成涵盖酒吧、网吧、旅馆等场所的数据库，通过内嵌于平台的算法和数据模型，发现异常人员和行为，及时向主管部门推送预警，实现未成年人涉网违法犯罪行为早发现、早介入、早阻断。

【指导意义】

（一）办理涉及众多未成年人网络犯罪案件，应在全面查清案件事实基础上，对案件依法分类处理。检察机关办理此类案件，应与公安机关统一执法司法理念，推动公安机关充分考虑网络犯罪手段特殊性和未成年人的身心特点、认知水平，全面审查涉案未成年人的动机、目的、参与次数、持续时间、涉及金额等情节，综合判断涉案未成年人主观违法性认识。对违法但不构成犯罪的，建议公安机关依法作出相应行政处罚。

（二）审查涉及众多未成年人网络犯罪案件时，应落实帮教精准化、处遇个别化。检察机关要立足未成年人保护和预防再犯的立场，在审查起诉时全面审查涉罪未成年人的犯罪事实、地位作用、悔罪表现、监护帮教条件等，结合社会调查、心理测评和风险评估，依法提起公诉或作出附条件不起诉、不起诉决定，落实分级干预。同时根据涉罪未成年人的成长经历、行为习惯、认知和需求、风险等级等因素，选配司法社工、心理咨询师、家庭教育指导师等专业人员，对涉罪未成年人实施个性化帮教矫治。

（三）打破数据壁垒，利用数字化手段推动涉未成年人网络违法犯罪源头治理。针对履职过程中发现未成年人涉网络违法人数多、犯罪防治难度大、犯罪手段隐秘等治理难题，检察机关要充分发挥数字技术对检察业务的支撑和推动作用。对实践中多发的涉及未成年人诸如校园网贷、网络赌博等情形开展风险评估和动态预警，在保障信息安全和维护个人隐私的基础上，及时向职能部门推送保护、救助的预警信息，进而形成部门协作、数据融通、智能分析、精准预警、高效处理的未成年人数字保护新格局。

【相关规定】

《中华人民共和国刑法》第二百六十六条

《中华人民共和国刑事诉讼法》第一百七十七条、第二百七十七条、第二百七十九条、第二百八十二条

《中华人民共和国未成年人保护法》第一百条

《中华人民共和国预防未成年人犯罪法》第二条、第二十八条、第三十八条

《未成年人网络保护条例》第三条、第二十二条、第二十七条、第三十条

附录二 典型案例

最高人民法院典型案例

人民法院依法惩处医保骗保犯罪典型案例①

案例一

曾望清诈骗案

——依法严惩医保骗保幕后组织者、职业骗保人

(一)基本案情

被告人曾望清,男,汉族,1953年7月15日出生。

2017年7月,被告人曾望清及王平(已判刑)、万贤文(另案处理)、涂理志(已判刑)、熊海珍(已判刑)相互邀约,分工负责,开始有组织地在湖北省大悟县实施利用虚假医疗资料骗取医疗保障金犯罪活动。2017年7月至2019年5月,熊海珍、涂理志单独或者伙同胡兵、殷彬、应青(均已判刑)以办医保报销、补贴等名义,借用了当地七十余名医保参保人员的居民身份证和农村商业银行卡,通过万贤文或者直接提

① 摘自最高人民法院官网,于2021年10月28日发布,网址:https://www.court.gov.cn/zixun-xiangqing-328921.html。

供给曾望清,用于伪造虚假住院病历等医保报销资料。涂理志、殷彬、胡兵、应青、熊海珍将曾望清提供的上述人员的虚假住院资料,拿到大悟县医疗保障局和中华联合财产保险股份有限公司大悟支公司办理医保结算和大病保险理赔,共计骗取医疗保险金和大病保险102.5万余元,诈骗所得由参与各方按比例分成。

(二)裁判结果

本案由湖北省大悟县人民法院一审,湖北省孝感市中级人民法院二审。

法院审理认为,被告人曾望清以非法占有为目的,伙同他人使用虚假的住院资料骗取医保资金,数额特别巨大,其行为构成诈骗罪。曾望清诈骗医保资金,酌情从重处罚。在共同犯罪中,曾望清起主要作用,系主犯。据此,依法以诈骗罪判处曾望清有期徒刑十二年六个月,并处罚金人民币十万元。

(三)典型意义

近年来,犯罪分子以住院补贴、低价医疗等名义,大肆收集参保人医保信息,伪造虚假就医、住院病历材料,骗取医疗保障基金的案件持续高发,严重损害了医疗保障制度健康持续发展。2014年4月24日第十二届全国人民代表大会常务委员会第八次会议通过了《关于〈中华人民共和国刑法〉第二百六十六条的解释》,明确了以伪造证明材料骗取医疗保险金的,属于刑法第二百六十六条规定的诈骗公私财物的行为。《最高人民法院、最高人民检察院关于办理诈骗刑事案件具体应用法律若干问题的解释》规定,诈骗医疗款物的酌情从严惩处。本案中,被告人曾望清伙同他人组成职业骗保团伙,有组织骗取医疗保障基金,曾望清系组织者,在共同犯罪中起主要作用,应依法从严惩处。本案的判处,既体现了对医保骗保犯罪组织者、职业骗保人依法严惩的精神,也有力维护了医疗保障制度健康持续发展。

案例二

靳利娟、罗安君等诈骗案

——社区定点医保机构以虚开药品的方式
骗取医保基金,数额特别巨大

(一)基本案情

被告人靳利娟,女,汉族,1956 年 10 月 18 日出生。

被告人罗安君,女,汉族,1963 年 3 月 6 日出生。

(其他被告人身份情况略)

北京市大兴区黄村镇车站中里西区社区卫生服务站系市定点医保机构,由被告人靳利娟出资创办,靳利娟任法定代表人。2011 年,靳利娟与时任卫生服务站药房负责人的被告人罗安君预谋以虚开药品等方式骗取国家医保资金。后二人通过单位职工收集大量医保卡,并根据相应医保卡骗取医保资金的数额,按照靳利娟确定的比例向提供医保卡的人员分成。罗安君指使药房工作人员采用虚假入库单、虚增药品数量等方式进行药品登记入库。同时,由药房统一管理、调配收集的医保卡,药房工作人员按照罗安君等人的安排,有规律地持收集的医保卡至挂号收费处由被告人张晶晶等人挂号,然后由担任全科医生的被告人张杰琴等人开具虚假处方单,再至张晶晶等人处虚假交费,进而骗取医保报销款。罗安君等人还负责统计及核算每张医保卡的使用及获利情况并报给靳利娟。被告人付正荣系卫生服务站办公室主任兼出纳,同时在药房协助罗安君诈骗医保资金。被告人王淼系药房工作人员,在罗安君等人的领导下参与虚假录入药品、持医保卡进行虚假挂号、交费等诈骗活动。被告人高静系护士,被告人马三春系会计,二人伙同其他被告人分别收集医保卡供卫生服务站虚开药品使用。截至 2017 年 9 月,靳利娟共骗取医保资金 3000 余万元,罗安君参与骗取医保资金 2900 余万元,付正荣参与骗取医保资金 2800 余万元,张杰琴参与骗取医保资金 3000 余万元,马三春参与骗取医保资金 2000 余万元,高静参与骗取医保资金 3000 余万元,张晶晶参与骗取医保资金 2300 余万元,王淼参与骗取医保资金 2700 余万元。

2016年上半年，被告人靳利娟指使靳连海将卫生服务站依法应当保存的原始凭证和记账凭证转移至大兴区青云店镇东回城村父亲的居住地，导致上述会计凭证下落不明。

（二）裁判结果

本案由北京市第二中级人民法院一审，北京市高级人民法院二审。

法院审理认为，被告人靳利娟、罗安君等以非法占有为目的，使用虚开药品等方式骗取国家医保资金，数额特别巨大，其行为均已构成诈骗罪，依法应予惩处。靳利娟作为卫生服务站负责人，对应依法应当保存的会计凭证故意隐匿，情节严重，其行为又构成隐匿会计凭证罪。据此，依法对靳利娟以诈骗罪判处无期徒刑，剥夺政治权利终身，并处没收个人全部财产；以隐匿会计凭证罪判处有期徒刑三年，并处罚金人民币十万元，决定执行无期徒刑，剥夺政治权利终身，并处没收个人全部财产。以诈骗罪判处罗安君有期徒刑十四年，剥夺政治权利三年，并处罚金人民币十四万元。以诈骗罪判处其他被告人有期徒刑三年至十一年不等，罚金人民币三万元至十一万元不等。

（三）典型意义

本案是社区定点医保机构以虚开药品的方式骗取医保基金的典型案例。本案被告人靳利娟等人利用经营的社区卫生服务站，有预谋地收集大量医保卡，采取虚假入库单、虚增药品数量等方式进行药品登记入库，并有规律地持医保卡挂号，开具虚假处方单，虚假交费，进而骗取医保报销款，行为隐蔽性强，时间跨度长达7年，骗取医疗保障基金高达3000余万元，给医疗保障基金造成巨额损失，应依法惩处。本案依法对靳利娟判处无期徒刑、对罗安君判处有期徒刑十四年、对其他被告人判处有期徒刑三年至十一年不等刑罚，充分体现依法严惩精神，同时警示社区定点医保机构切莫实施骗取医保基金的犯罪行为，否则必将受到刑事追究。

案例三

马良、郭万灵诈骗案

——以“挂空床”的方式虚构医药费用，
骗取医疗保障基金

（一）基本案情

被告人马良，男，汉族，1982 年 12 月 14 日出生，嘉兴南湖嘉城护理康复医院股东。

被告人郭万灵，男，汉族，1955 年 9 月 24 日出生，嘉兴南湖嘉城护理康复医院院长。

2015 年 4 月，嘉兴南湖嘉城护理院成立，实际投资人为被告人马良等人，由被告人郭万灵任院长，2015 年 9 月名称变更为嘉兴南湖嘉城护理康复医院。2015 年 10 月至 2016 年 1 月，马良、郭万灵为获取非法利益，以免费体检、康复的名义，吸引持有医保卡的老人到护理院进行简单的体检或不经体检后直接用老人的医保卡办理住院手续，在老人不需要住院实际也未住院的情况下，虚开、多开药品、检验、护理等费用，骗取医保基金 115.6 万余元（其中 14.1 万余元尚未核发）。

（二）裁判结果

本案由浙江省嘉兴市南湖区人民法院一审，浙江省嘉兴市中级人民法院二审。

法院审理认为，被告人马良、郭万灵等人以非法占有为目的，虚构事实，结伙骗取国家医保基金，其行为均已构成诈骗罪。在共同犯罪中，马良系主犯；郭万灵起次要、辅助作用，系从犯，依法减轻处罚。据此，依法以诈骗罪判处马良有期徒刑十年，并处罚金人民币十五万元；判处郭万灵有期徒刑八年，并处罚金人民币十万元。

（三）典型意义

本案是民营医院以“挂空床”的方式虚构医药费用，骗取医疗保障基金的典型案例。近年来，大量民营资金进入医疗行业，特别是面向老年人群体的医养护理型医院发展迅速，但行业发展质量参差不齐。部分民营医疗机构为获取非法利益，将目光锁定老年人群体身上，利用老年人违法认知不足、警惕不高等,骗取医疗保障基金。本案被告人马良、郭万灵作为医院的股东、管理者,组织医护人员,拉拢、利用老年人使用医保卡虚假治疗,非法侵吞国家巨额医疗保障基金,严重扰乱民营医疗行业发展,社会危害性大,依法应予惩处。根据刑法规定,单位不能成为诈骗罪的犯罪主体,但可依法对单位负责人马良等人追究刑事责任。本案的判处,有利于保护医疗保障基金安全,推动民营医疗行业健康发展。

案例四

金叶、张川、高峰、陶玉铨、顾翠霞诈骗案

——医疗机构以开具“大小处方”的方式
虚增药品金额,套取药品差额

(一)基本案情

被告人金叶,男,汉族,1979 年 4 月 10 日出生。

被告人陶玉铨,男,汉族,1982 年 12 月 30 日出生。

被告人张川,男,汉族,1981 年 11 月 28 日出生。

被告人高峰,男,汉族,1980 年 12 月 24 日出生。

被告人顾翠霞,女,汉族,1959 年 6 月 26 日出生。

2017 年 1 月初,被告人金叶因经营管理的淮安仁济医院就诊病人较少、经济效益不佳,与被告人陶玉铨等商议,决定采用“交 100 元住院”的口号对外宣传,吸引经济困难的病人住院。此后,金叶授意陶玉铨、张川、高峰、顾翠霞为住院病人开具大、小价额的两种处方,将实际发生的小额处方上的药品用于病人治疗,使用大额处方上的虚增药品金额向医保经办机构申请报销,套取药品差额。2017 年 1 月至 11 月,金叶等人以上述方法收治参加医保的住院病人 364 人次,骗取医疗保险资金 39.8 万余元。上述违法所得被医院占有后使用,部分用于填补就诊病人的住院费用,部分用于发放员工工资。

被告人金叶经民警电话通知投案,并按案民警要求代为通知其他四名被告人投案。金叶在人社局执法部门查处期间,主动退缴违法

所得。

（二）裁判结果

本案由江苏省淮安市淮安区人民法院审理。宣判后，在法定期限内没有上诉、抗诉，原判已发生法律效力。

法院审理认为，被告人金叶、陶玉铨等五人以非法占有为目的，虚构事实、隐瞒真相，以伪造的证明材料骗取“新农合”医保资金，数额巨大，其行为均已构成诈骗罪。金叶系主犯。陶玉铨等四人系从犯，依法减轻处罚。五被告人均具有自首情节，可依法从轻处罚。金叶退缴全部违法所得，可从轻处罚。据此，依法以诈骗罪判处金叶有期徒刑三年，缓刑四年，并处罚金人民币四十二万元；同时禁止金叶在缓刑考验期限内从事民营医院经营管理活动；判处陶玉铨有期徒刑二年，缓刑三年，并处罚金人民币十五万元；判处张川有期徒刑一年九个月，缓刑二年六个月，并处罚金人民币十万元；判处高峰有期徒刑一年六个月，缓刑二年，并处罚金人民币八万元；判处顾翠霞有期徒刑一年，缓刑一年六个月，并处罚金人民币五万元。

（三）典型意义

本案是医疗机构以小额处方为病人治疗，以大额处方虚增药品金额，骗取医疗保障基金的典型案例。医疗机构应当加强行业自律和自我约束，规范医药服务行为，合理、如实提供医药服务，并如实出具费用单据和相关资料，不得串换药品、诊疗项目。本案被告人金叶等违反规定，以“交 100 元住院”的宣传方式吸引参加“新农合”的病人住院，采用“大小处方”，虚增药品金额，套取药品差额，数额巨大，其行为已构成诈骗罪，应依法惩处。本案的判处，提醒参保人员切勿贪小利，随意向他人提供医保材料，给不法分子可乘之机；也提醒广大医务工作者操守职业道德，依法依规提供医药服务。

案例五

王韬贪污案

——医疗保险局工作人员利用职务便利，
采取虚报冒领等手段，套现国家医保资金

（一）基本案情

被告人王韬，男，汉族，1991 年 2 月 18 日出生，原系鄂州市医疗保险局聘用制员工。

2017 年 9 月至 2018 年 11 月，被告人王韬在鄂州市医疗保险局窗口工作期间，利用负责医保基金报销复核、付款确认等职务便利，先后在市医保局医保系统查询到患者 42 人（次）之前报销的住院医疗费信息后，擅自使用同事的网银 U 盾和密码进入医保局内网系统，将上述患者住院医疗信息重新录入，再利用复核报销数据等权限对重复录入的报销信息进行审批复核和付款确认，套取医保基金 132.1 万余元。

2018 年 9 月至 10 月，被告人王韬利用上述职务便利，在市医保局医保系统查询到有慢性病门诊特殊药费报销资格的患者 6 人（次）相关信息，后虚构该 6 人（次）报销重症慢性病门诊特殊药品费用的信息，擅自使用同事的网银 U 盾和密码进入医保局内网系统，将上述信息录入，再利用复核报销数据等权限对上述虚假录入的报销信息进行审批复核和付款确认，套取医保基金 38 万余元。

被告人王韬将上述套取的医保基金用于网上赌博、偿还因网上赌博透支的信用卡等。后王韬向公安机关投案。

（二）裁判结果

本案由湖北省鄂州市鄂城区人民法院审理。宣判后，在法定期限内没有上诉、抗诉，原判已发生法律效力。

法院审理认为，被告人王韬身为国家工作人员，利用职务上的便利，采取虚报冒领等手段，套现国家医保基金用于非法活动，情节特别严重，其行为已构成贪污罪。王韬具有自首情节，且当庭认罪认罚，可减轻处罚。据此，依法以贪污罪判处王韬有期徒刑六年六个月，并处罚金人民币五十万元。

（三）典型意义

本案是医保局工作人员利用职务便利，贪污医疗保障基金的典型案例。本案被告人王韬身为鄂州市医疗保险局工作人员，在医保局窗口工作期间，利用负责医保基金复核报销、付款确认等职务便利，将他人已经报销的住院医疗费重新报销或虚构他人医疗费用予以报销，套取国家医疗保障基金，并将赃款用于非法活动，情节特别严重，依法以贪污罪定罪处罚。本案的判处，警示从事医疗保障基金相关工作的国家工作人员依法履行职责，审慎行使权力，维护医疗保障基金安全。

案例六

赵德胜诈骗案

——参保人员以超量购买药品后转卖的方式骗取医疗保障基金

（一）基本案情

被告人赵德胜，男，汉族，1953 年 12 月 18 日出生。

2014 年至 2020 年 6 月，被告人赵德胜为转卖药品牟利，持自己的医保卡多次到湖州市中心医院、长兴县人民医院等医药机构多开、虚开药品，并将药品低价出售给李明松等人，骗取国家医保基金至少 49.4 万余元。2016 年 11 月 15 日，赵德胜的医保诈骗行为被湖州市社会保障局发现并被责令退回医保损失，至 2018 年 8 月赵德胜已退回 16.3 万余元。被处罚后赵德胜仍未收手，继续作案直至案发。

另，被告人赵德胜未患有乙肝、阿尔茨海默症、帕金森病、精神类疾病。经对赵德胜个人医保卡流水核查，2014 年至 2020 年 6 月，赵德胜虚开治疗乙肝、阿尔茨海默症、帕金森、精神类疾病的药物，价值 7.9 万余元。

（二）裁判结果

本案由浙江省长兴县人民法院审理。宣判后，在法定期限内没有上诉、抗诉，原判已发生法律效力。

法院审理认为，被告人赵德胜以非法占有为目的，采取虚构事实、隐瞒真相的方式，骗取国家医保基金，数额巨大，其行为已构成诈骗罪。赵德胜归案后如实供述犯罪事实，具有坦白情节，可依法从轻处罚。据此，依法以诈骗罪判处赵德胜有期徒刑四年六个月，并处罚金人民币五万元。

（三）典型意义

本案属于参保人员利用其享受的医疗保障待遇超量购买药品后转卖牟利的典型案例。参保人员不得利用享受医疗保障待遇的机会转卖药品，接受返还现金、实物或者获得其他非法利益。参保人员实施前述行为的，医疗保障行政部门可暂停其医疗费用联网结算 3 个月至 12 个月；以骗取医疗保障基金为目的，实施前述行为，造成医疗保障基金损失的，医疗保障行政部门应当处以骗取金额 2 倍以上 5 倍以下的罚金；达到数额较大标准，触犯刑法的，应以诈骗罪追究刑事责任。本案被告人赵德胜为参保人员，以牟利为目的，利用享受医疗保障待遇的机会超量购买医保药物并转卖，造成国家医疗保障基金损失，数额巨大，其行为已构成诈骗罪，应依法惩处。本案的判处，有利于维护医疗保障基金安全，也为参保人员违法违规使用医疗保障待遇敲响了警钟。

案例七

刘治普诈骗案

——参保人员重复报销医疗费用，骗取医疗保障基金

（一）基本案情

被告人刘治普，男，汉族，1957 年 11 月 14 日出生。

2014 年 12 月至 2016 年 8 月，被告人刘治普因患肝病分别入住上海医院和安徽省立医院，其住院所花医疗费用均通过临泉县城乡基本医疗保险管理中心进行报补。刘治普明知自己的医疗费用已经报补的情况下，仍采取伪造医疗收费票据的方式重复报销医疗费用，先后六次将自己的医疗费用通过临泉县医疗保险基金管理中心进行报补，骗取医疗保险金 9.9 万余元。2016 年 12 月 25 日，刘治普的近亲属将其骗取的医疗保险金退还临泉县医疗保险基金管理中心。

(二)裁判结果

本案由安徽省临泉县人民法院审理。宣判后,在法定期限内没有上诉、抗诉,原判已发生法律效力。

法院审理认为,被告人刘治普以非法占有为目的,虚构事实,隐瞒真相,骗取医疗保险金,数额巨大,其行为已构成诈骗罪。刘治普经公安机关口头传唤到案,如实供述自己的罪行,当庭自愿认罪,具有自首情节,依法可减轻处罚。积极退出赃款,可酌情从轻处罚。据此,依法以诈骗罪判处刘治普有期徒刑二年,缓刑三年,并处罚金人民币一万元。

(三)典型意义

本案是参保人员重复报销医疗费用的典型案例。由于当前医疗保险制度尚在不断完善中,城镇职工医疗保险、城镇居民医疗保险、新农村合作医疗等三大医疗系统不连通,未实现统一管理,部分参保人员重复报销医疗费用,骗取医疗保障基金的案件时有发生。本案被告人刘治普住院所花医疗费用均已通过城乡基本医疗保险管理中心进行报补,仍采取伪造医疗收费票据的方式重复报销医疗费用,骗取医疗保障基金,数额巨大,行为已构成诈骗罪。本案的判处,提醒广大参保人员切莫贪小利,以身试法,也为重复报销骗取医疗保障基金的行为人亮起了红灯、敲响了警钟。

人民法院重点打击六类养老诈骗犯罪典型案例①

案例一

肖开俊、陈荣集资诈骗案

——以提供"养老服务"为名实施非法集资犯罪

一、基本案情

被告人肖开俊,男,汉族,1981 年 11 月 1 日出生。

① 摘自最高人民法院官网,于 2022 年 8 月 24 日发布,网址:https://www.court.gov.cn/zixun-xiangqing-369771.html。

被告人陈荣,男,汉族,1971年1月6日出生。

2016年6月,被告人肖开俊、陈荣与蔡新(已判刑)共谋以开展养老服务之名实施非法集资,先后成立自贡益寿园养老服务有限公司、四川归然养老服务有限公司,并在自贡市、内江市、攀枝花市等地设立分公司或营业网点。三人明知公司无融资资质,"养老基地"不可能建成使用,仍安排融资团队以养老服务名义,采取打电话、发传单、推介会、口口相传等方式,辅以发礼品、参观"养老基地"等手段,在自贡市等地公开集资,承诺支付每月1% -3%的固定收益、享有养老基地优先居住权和折扣及期满后返还本金,与集资参与人签订《预存消费协议》《预存合同》等,收取预存消费款,共吸收189名老年人562万余元。融资团队从集资款中提成45% -50%,其余除用于公司运转外,被肖开俊、陈荣和蔡新等人分赃。

二、裁判结果

本案由四川省自贡市自流井区人民法院一审,四川省自贡市中级人民法院二审。

法院认为,被告人肖开俊、陈荣伙同他人以非法占有为目的,以诈骗方法非法集资,数额特别巨大,其行为均已构成集资诈骗罪。肖开俊、陈荣在共同犯罪中起主要作用,系主犯,应当按照其所参与的或者组织、指挥的全部犯罪处罚。二人归案后如实供述主要犯罪事实,依法可以从轻处罚。据此,以集资诈骗罪判处肖开俊有期徒刑十三年,并处罚金人民币二十万元;判处陈荣有期徒刑十二年六个月,并处罚金人民币二十万元;责令肖开俊、陈荣退赔集资参与人经济损失。

三、典型意义

本案是以提供"养老服务"为名侵害老年人合法权益的典型犯罪案件,该类犯罪主要表现为以预售养老床位、虚构养老服务项目等名义,通过办理会员卡、明显超过床位供给能力承诺服务、预交养老服务费用等手段,诈骗老年人钱财。被告人肖开俊、陈荣利用老年人寻求养老保障的心理,承诺高息回报、享受床位优先居住权、入住打折等,诱骗老年人大额预存消费投资,实施非法集资。二被告人明知"养老基地"不可能建成使用,将集资款的45% -50%用于融资团队提成,并按比例分赃,集资款未用于投资建设"养老基地",具有明显的非法占有目的。一、二审法院以集资诈骗罪对二被告人定罪处罚，于法有据。人民法院提示广大老年人选择具有正规资质的养老服务机构，发现犯罪分子以“养老服务”进行非法集资的，要不听、不信、不参与，并及时向有关部门提供线索。同时，相关部门要规范养老服务行业准入，加强行业监管，保障养老服务行业健康发展，为广大老年人安享幸福晚年营造良好环境。

案例二

鲁鹏非法吸收公众存款案

——以投资“养老项目”为名实施非法集资犯罪

一、基本案情

被告人鲁鹏，男，汉族，1993 年 1 月 13 日出生。

2016 年 4 月，被告人鲁鹏和鲁光明（另案处理）注册成立乐平市太阳山老年事业发展有限公司（以下简称“太阳山老年公司”），鲁鹏为法定代表人。2016 年 8 月至 2017 年 11 月，鲁鹏未经有关部门批准，借用太阳山老年公司名义，通过发放宣传单、召开推介会等方式，公开宣传交费后可以享受老年公寓住房优惠，并承诺以高额福利消费卡、货币等方式返本付息，非法吸收 51 名老年人 165 万余元。所吸收资金被鲁鹏、鲁光明用于消费支出、提现支取或挪作他用。案发后，涉案公司账上余款、委托其他公司代管资金及老年公寓内物品折价转让费共 56 万余元退还集资参与人。

二、裁判结果

本案由江西省乐平市人民法院一审，江西省景德镇市中级人民法院二审。

法院认为，被告人鲁鹏违反国家金融管理法律规定，通过发宣传单、开推介会等途径公开宣传，并承诺在一定期限内还本付息，向社会不特定老年对象吸收资金，数额巨大，其行为已构成非法吸收公众存款罪。鲁鹏如实供述所犯罪行，愿意接受处罚，可以从轻处罚。案发后退缴了部分赃款，可作为量刑情节酌情考虑。据此，依法以非法吸收公众存款罪判处鲁鹏有期徒刑四年,并处罚金人民币五万元;继续追缴鲁鹏尚未足额退赔的违法所得,退赔各集资参与人。

三、典型意义

本案是以投资“养老项目”为名侵害老年人合法权益的典型犯罪案件,该类犯罪主要表现为以开办养老院、购买养老公寓、入股养生基地等为由,以售后定期返点、高额分红为诱饵,诱骗老年人参与投资。开办养老院、养老公寓等“养老项目”关系到老年人晚年幸福生活,国家出台政策予以扶持,但一些“养老项目”监管还存在滞后,犯罪分子打着投资养老公寓、入股养生基地等幌子,诱骗老年人投资,骗取老年人钱财。被告人鲁鹏以承诺高额福利消费卡、货币等返本付息为幌子,引诱老年人投资太阳山老年公司“养老公寓”项目,实施非法集资,最终造成51名老年人的“养老钱”遭受损失,部分老年人因基本生活无法得到保障而经常懊恼自责,诱发了各种疾病,身心健康受到极大摧残,破坏家庭和谐、社会稳定。人民法院针对发现的行业监管漏洞和风险隐患,向当地市场监督管理部门发送司法建议书,建议加强营业执照办理和企业日常经营活动监管,有力促进行业源头治理。人民法院提示老年人要谨慎投资高额返利项目,多与子女沟通商量,投资“养老项目”时要“三看一抵制”:一看“养老项目”是否有登记、备案,二看“养老项目”是否真实合法,三看“养老项目”收益是否符合市场规律;抵制高利诱惑,拒绝非法集资,捂紧“钱袋子”。

案例三

徐正等人诈骗案

——以销售“养老产品”为名实施诈骗犯罪

一、基本案情

被告人徐正,男,汉族,1981年10月21日出生。

被告人周金鹏,男,汉族,1988年5月8日出生。

(其他被告人身份情况略)

2018年初,被告人徐正、周金鹏与他人购买富乾汇文化传播有限公司,徐正、周金鹏安排沈燕娟等 14 人,在公司销售所谓的纪念币(章)、玉石、书画作品等“藏品”,派发传单进行广告宣传,赠送小礼品等方式吸引不特定人到公司后,虚假宣传公司系国有企业授权销售方,谎称购买“藏品”可享有国家补贴,虚构“藏品”系限量供应、在市场上具有稀缺性、具有较高的价值及短期升值空间、“藏品”升值后由公司提供途径帮助销售实现盈利等事实,隐瞒纪念币(章)、玉石、书画作品等“藏品”实际价值及并无稀缺性的真相,欺骗被害人购买纪念币(章)、玉石、书画作品等“藏品”,向被害人开具虚假“收藏品全国统一专用收藏票”。截止案发,徐正等人骗取 46 名被害人(大部分为老年人)379 万余元。

二、裁判结果

本案由江苏省常州市新北区人民法院一审,江苏省常州市中级人民法院二审。

法院认为,被告人徐正、周金鹏等人以非法占有为目的,通过虚构事实、隐瞒真相的手段,骗取他人财物,数额特别巨大,其行为均已构成诈骗罪。徐正、周金鹏在共同犯罪中起主要作用,系主犯,应当按照其所参与的全部犯罪处罚。周金鹏如实供述所犯罪行,可从轻处罚。据此,依法以诈骗罪判处徐正有期徒刑十二年,并处罚金人民币二十万元;判处周金鹏有期徒刑十年六个月,并处罚金人民币十五万元。(其他判项略)

三、典型意义

本案是以销售“养老产品”为名侵害老年人合法权益的典型犯罪案件,该类犯罪主要表现为通过提供免费或低价旅游观光、情感陪护、虚假宣传等手段,采取免费发放礼品、商品回购、寄存代售、消费返利、会议营销、养生讲座等方式,诱骗老年人购买价格虚高的保健品、食品、药品、医疗器械、收藏品或者假冒伪劣产品等。我国老龄人口规模不断增长,已步入中度老龄化社会,犯罪分子瞄准规模庞大的老年群体实施养老诈骗。被告人徐正等人谎称公司系国有企业授权销售方,获取老年人信任,抓住老年人识别鉴定能力较弱的特点,鼓吹收藏品增值空间大、投资利润丰厚,使老年人相信收藏品投资能够提供养老保障、消除养老后顾之忧,诱骗老年人高价购买廉价批发的收藏品,骗取钱财。人民法院提示老年人投资消费要冷静，绷紧防范意识这根弦，不轻信电话、网络、电视推销，认准正规的收藏投资渠道，特别是要谨防所谓“高额返利”“高价回购”等宣传，防止陷入骗子的套路，守护好自己的“养老钱”。

案例四

沈移平集资诈骗、顾乃祥非法吸收公众存款案

——以宣称“以房养老”为名实施非法集资犯罪

一、基本案情

被告人沈移平，男，汉族，1967年3月9日出生。

被告人顾乃祥，男，汉族，1958年7月25日出生。

2015年1月至2017年11月，被告人沈移平先后成立、收购上海俐煜金融服务信息有限公司（以下简称“俐煜公司”）、上海灿宏融资租赁有限公司（以下简称“灿宏公司”），以投资经营德国米拉山奶粉、长青发公司等项目为幌子，以承诺高息回报为诱饵，通过借款方式向社会公众募集资金。2016年下半年，沈移平推出“以房养老”项目，引诱投资客户将房产抵押给小额贷款公司获取抵押款，再将抵押款转投灿宏公司。被告人顾乃祥为获取好处费，明知沈移平通过俐煜公司、灿宏公司向社会不特定公众吸收资金，而引诱并帮助老年客户将房产抵押给小额贷款公司获取抵押款，再将抵押款转借给沈移平。截止案发，沈移平共计吸收资金2.98亿余元，造成集资参与人经济损失1.68亿余元。顾乃祥参与房产抵押17套，帮助沈移平吸收资金5450万元，未兑付总额5006万余元。顾乃祥投案后家属退缴2954万余元。

二、裁判结果

被告人沈移平集资诈骗案由上海市第二中级人民法院一审，宣判后，在法定期限内没有上诉、抗诉，原判已发生法律效力。被告人顾乃祥非法吸收公众存款案由上海市静安区人民法院一审，上海市第二中级人民法院二审。

法院认为，被告人沈移平与他人结伙以非法占有为目的，以诈骗方

法非法集资,数额特别巨大,其行为已构成集资诈骗罪。被告人顾乃祥违反国家金融管理法律规定,非法吸收公众存款,数额巨大,其行为已构成非法吸收公众存款罪。顾乃祥在共同犯罪中起次要作用,系从犯,应从轻处罚。顾乃祥虽自动投案,但未如实供述所犯罪行,不构成自首。顾乃祥家属退出 2954 万余元,可对顾乃祥从轻处罚。据此,依法以集资诈骗罪判处沈移平无期徒刑,剥夺政治权利终身,并处没收个人全部财产;违法所得予以追缴,不足部分责令继续退赔。以非法吸收公众存款罪判处顾乃祥有期徒刑三年四个月,并处罚金人民币五万元;责令顾乃祥退赔违法所得,连同已冻结的钱款,按比例发还各集资参与人。

三、典型意义

本案是以宣称“以房养老”为名侵害老年人合法权益的典型犯罪案件,该类犯罪主要表现为以“房本在家无用”“不耽误自住或出租”等类似话术为借口,诱骗老年人签订房产抵押担保的借贷合同或相关协议,将抵押房屋获得的资金购买其推介的所谓理财产品,借助诉讼、仲裁、公证等手段,非法占有老年人房屋。“以房养老”作为解决人口老龄化问题,缓解社会及家庭养老压力的可行方式,引起了社会广泛关注。然而,很多不法分子打着国家政策的旗号,营造“养老恐慌”,利用老年人金融防范意识较差的特点,恶意设套,借“以房养老”实施非法集资。被告人沈移平、顾乃祥诱使老年人抵押房屋以获得资金,再购买所谓高收益理财产品,最终因理财公司资金链断裂,房屋被行使抵押权,老年人落得“钱房两空”。人民法院根据案件事实、情节以及二人在共同犯罪中的地位和作用,分别以集资诈骗罪、非法吸收公众存款罪对沈移平、顾乃祥定罪处罚,充分体现了宽严相济的刑事政策,罚当其罪。人民法院提示老年人增强金融风险防范意识,投资理财时不要盲目被高收益诱惑,同时子女也要关心、照顾老人,国家、社会、家庭和个人联动起来,最大限度挤压犯罪分子“行骗空间”,让养老诈骗无处遁形,守护老年人幸福晚年。

案例五

李晓雷诈骗案

——以代办“养老保险”为名实施诈骗犯罪

一、基本案情

被告人李晓雷,男,汉族,1988 年 9 月 12 日出生。

被告人李晓雷原系乡镇社保部门临时工作人员,后被开除。2018 年,李晓雷结识王飞(另案处理),王飞得知李晓雷曾在社保部门工作,提出帮忙办理城镇职工养老保险的请求。李晓雷明知无能力帮助他人办理补交职工养老保险,仍谎称可通过挂靠企业的方式办理,并通过王飞介绍,以帮助他人办理职工养老保险、可领取职工养老保险金等为名,先后骗取包括多名老年人在内的 8 名被害人 107 万余元,所骗钱款除极少数为被害人缴纳灵活就业保险以获取被害人信任外,其余均用于个人挥霍。案发后,王飞退赔部分被害人经济损失。

二、裁判结果

本案由山东省青州市人民法院一审。宣判后,在法定期限内没有上诉、抗诉,原判已发生法律效力。

法院认为,被告人李晓雷以非法占有为目的,采用虚构事实、隐瞒真相方法骗取他人财物,数额特别巨大,其行为已构成诈骗罪,应予惩处。李晓雷如实供述主要犯罪事实,可从轻处罚;当庭认罪认罚,可从宽处罚。部分被害人损失已得到挽回,可酌情从轻处罚。据此,依法以诈骗罪判处李晓雷有期徒刑十一年,并处罚金人民币十万元;责令李晓雷继续退赔各被害人的经济损失。

三、典型意义

本案是以代办“养老保险”为名侵害老年人合法权益的典型犯罪案件,该类犯罪主要表现为谎称认识社保局等部门工作人员或者冒充银行、保险机构工作人员,可以代办“提前退休”“养老保险”等,骗取老年人的保险费、材料费、好处费等。职工基本养老保险是符合我国国情,保障社会保险制度健康持续发展和实现“老有所养”的重要制度。一些犯罪分子利用老年人不了解相关政策规定,以有关系代办、违规办理“养老保险”为名，对老年人实施诈骗犯罪。本案中，被害人本应通过当地人社部门咨询了解相关办理城镇职工养老保险的政策条件，但其认为“找关系”更加顺利和省钱，将保险费交由被告人代办，最终导致钱款被骗、个人养老保险断缴的后果。人民法院在审理中发现，相关部门在养老保险政策宣传以及业务办理等方面存在薄弱环节，先后向当地相关部门发送司法建议，建议加大社会保障政策的宣传力度，加强和完善社会保险代缴业务管理。人民法院提示老年人在办理养老、医疗保险时，应通过相关部门、网站、社区、村委会等了解国家和当地政策规定，到相关部门按照程序依规办理，不要轻易相信他人能代办养老保险而把费用交给他人；明知不符合办理条件的不要企图通过“找关系”“走后门”方式违规办理，不要轻信通过熟人可以省钱等谎言，避免让犯罪分子有机可乘。

案例六

李建涛诈骗案

——以开展“养老帮扶”为名实施诈骗犯罪

一、基本案情

被告人李建涛，男，汉族，1972 年 8 月 17 日出生。

2017 年 2 月底至 10 月，被告人李建涛以其担任法定代表人的北京天康通健心脑血管疾病研究所有限公司为依托，伙同杨琳、贾文山、王伟、张玫、苏秀荣等人（均另案处理）为实施诈骗组成较为固定的犯罪组织，在北京市石景山区、丰台区等地，引诱老年人参加“健康讲座、免费健康咨询”活动，谎称贾文山、张玫、苏秀荣为中国人民解放军总医院、空军总医院、北京医院、北京协和医院等知名医院的专家，骗取被害人信任，并以现场看病、开药的方式，将低价购进的保健品“百邦牌天元胶囊”“百邦牌银杏丹葛胶囊”当作特效药品高价销售给被害人。杨琳、贾文山、王伟等人通过上述方式，骗取翟宝才等 124 名被害人 93.74 万元。李建涛家属代为退缴 40 万元。

二、裁判结果

本案由北京市石景山区人民法院一审，北京市第一中级人民法院二审。

法院认为，被告人李建涛以非法占有为目的，伙同他人通过虚构事实、隐瞒真相的手段，骗取多名被害人财物，数额特别巨大，其行为已构成诈骗罪，应依法惩处。李建涛伙同杨琳、贾文山、王伟、张玫等十余人，为实施犯罪而组成较为固定的犯罪组织，是犯罪集团。李建涛系组织、领导犯罪集团的首要分子，应按照集团所犯的全部罪行处罚。李建涛等人诈骗老年人的财物，酌情从重处罚；李建涛主动退缴部分赃款，可酌情从轻处罚。据此，依法以诈骗罪判处李建涛有期徒刑十二年，剥夺政治权利二年，并处罚金人民币十二万元；在案扣押的人民币四十万元，按比例分别发还各被害人；责令李建涛继续退赔各被害人经济损失。

三、典型意义

本案是以开展"养老帮扶"为名侵害老年人合法权益的典型犯罪案件，该类犯罪主要表现为假借义务诊疗、心理关爱、直播陪护、慈善捐助、志愿服务、组织文化活动等形式获得老年人的信任，对老年人实施诈骗。被告人李建涛等人为实施犯罪专门成立公司，在互联网低价购进保健品，招募大量业务员，以免费医疗咨询、义务诊疗等噱头拉拢老年人参加讲座，冒充知名三甲医院的名医在讲座中为老年人"号脉""看病"等，将通过拉家常、聊天方式提前了解的老年人身体状况及病情记录，伪装成通过"号脉"得知，获取老年人信任后夸大病情、虚构保健品为特效药品，高价出售给老年人，骗取老年人钱款。该犯罪集团流窜作案，犯罪时间长、手段隐蔽，社会危害巨大，部分老年人因听信所谓名医建议中断原本服用的正常药物，延误正常治疗，造成严重后果。李建涛系犯罪集团首要分子，该犯罪集团针对老年人实施犯罪，人民法院按照犯罪集团所犯全部罪行对李建涛从重处罚，充分体现了从严惩处养老诈骗犯罪的精神。人民法院提示老年人就医需到正规医院，切莫病急乱投医，不要轻信所谓免费讲座、免费诊疗，更不要高价购买非正规药品、保健品，避免上当受骗。

人民法院依法惩治电信网络诈骗犯罪及其关联犯罪典型案例①

案例一

被告人易扬锋、连志仁等三十八人诈骗、组织他人偷越国境、偷越国境、帮助信息网络犯罪活动、掩饰、隐瞒犯罪所得案

（一）基本案情

被告人易扬锋在缅甸创建“远峰集团”，采取公司化运作模式，编写话术剧本，开展业务培训，配备作案工具，制定奖惩制度，形成组织严密、结构完整的犯罪集团。易扬锋作为诈骗犯罪集团的“老板”，组织、领导该集团实施跨国电信网络诈骗，纠集被告人连志仁加入该集团并逐步成为负责人，二人系诈骗集团的首要分子。被告人林炎兴担任主管，负责管理组长，进行业务培训指导；被告人闫斌、伏培杰、秦榛、黄仁权等人担任代理或组长，招募管理组员并督促、指导组员实施诈骗；被告人易肖锋为实施诈骗提供技术支持。2018 年 8 月至 2019 年 12 月，该集团先后招募、拉拢多名中国公民频繁偷越国境，往返我国和缅甸之间，用网络社交软件海量添加好友后，通过“杀猪盘”诈骗手段诈骗 81 名被害人钱财共计 1820 余万元。

（二）裁判结果

本案由江西省抚州市中级人民法院一审，江西省高级人民法院二审。现已发生法律效力。

法院认为，以被告人易扬锋、连志仁为首的犯罪集团以非法占有为目的，采取虚构事实、隐瞒真相的方法，骗取他人财物，数额特别巨大，其行为均已构成诈骗罪。易扬锋、连志仁还多次组织他人偷越国境，并

① 摘自最高人民法院官网，于 2022 年 9 月 6 日发布，网址：https://www.court.gov.cn/zixun-xiangqing-371131.html。

偷越国境,其行为又构成组织他人偷越国境罪、偷越国境罪。易扬锋、连志仁系诈骗集团首要分子,按照集团所犯的全部罪行处罚。被告人林炎兴、闫斌、伏培杰、秦榛、黄仁权、易肖锋等人是诈骗集团的骨干分子,系主犯,按照其所参与的或组织指挥的全部犯罪处罚。根据各被告人的犯罪事实、犯罪性质、情节和社会危害程度,以诈骗罪、组织他人偷越国境罪、偷越国境罪判处被告人易扬锋无期徒刑,剥夺政治权利终身,并处没收个人全部财产。以诈骗罪、组织他人偷越国境罪、偷越国境罪判处被告人连志仁有期徒刑十六年,并处罚金人民币五十八万元;以诈骗罪、偷越国境罪等判处被告人林炎兴等主犯十三年二个月至十年二个月不等有期徒刑,并处罚金。

(三)典型意义

以被告人易扬锋、连志仁为首的电信网络诈骗犯罪集团,利用公司化运作模式实施诈骗,集团内部层级严密,分工明确,组织特征鲜明。该诈骗集团将作案窝点设在境外,从国内招募人员并组织偷越国境,对我境内居民大肆实施诈骗,被骗人数众多,涉案金额特别巨大。跨境电信网络诈骗犯罪集团社会危害性极大,系打击重点,对集团首要分子和骨干成员必须依法从严惩处。人民法院对该诈骗集团首要分子易扬锋、连志仁分别判处无期徒刑和有期徒刑十六年,对其余骨干成员均判处十年以上有期徒刑,充分体现了依法从严惩处的方针,最大限度彰显了刑罚的功效。

案例二

被告人罗欢、郑坦星等二十一人诈骗案

(一)基本案情

2018 年以来,黄某某组织数百人在柬埔寨、蒙古等国实施跨境电信网络诈骗犯罪并形成犯罪集团,该诈骗集团设立业务、技术、后勤、后台服务等多个部门。其中,业务部门负责寻找被害人,通过微信聊天等方式,诱骗被害人到虚假交易平台投资。后台服务部门接单后,通过制造行情下跌等方式骗取被害人钱款。该犯罪集团诈骗被害人钱财共计

6亿余元。2019年3月至10月，被告人罗欢、王亚菲等19人先后加入该集团的后台服务部门，罗欢任后台服务部门负责人，负责全面工作；王亚菲系后台服务部门的骨干成员，负责安排代理和接单人员对接等工作；其余被告人分别负责钱款统计、客服、接单等工作。罗欢等人涉案诈骗金额1.7亿余元。被告人郑坦星、郑文2人系地下钱庄人员，明知罗欢等人实施诈骗，仍长期将银行卡提供给罗欢等人使用，并对罗欢等人诈骗钱款进行转移。

（二）裁判结果

本案由江苏省南通市通州区人民法院一审，江苏省南通市中级人民法院二审。现已发生法律效力。

法院认为，被告人罗欢等人明知犯罪集团组织实施电信网络诈骗犯罪，仍积极参加，诈骗数额特别巨大，其行为均已构成诈骗罪。根据各被告人的犯罪事实、犯罪性质、情节和社会危害程度，以诈骗罪判处被告人罗欢有期徒刑十五年，并处罚金人民币一百万元；以诈骗罪判处被告人王亚菲、郑坦星等人十二年至三年不等有期徒刑，并处罚金。

（三）典型意义

电信网络诈骗一般是长期设置窝点作案，有明确的组织、指挥者，骨干成员固定，结构严密，层级分明，各个环节分工明确，各司其职，衔接有序，多已形成犯罪集团，其中起组织、指挥作用的，依法认定为犯罪集团首要分子，其中起主要作用的骨干成员，包括各个环节的负责人，一般认定为主犯，按照其所参与或者组织、指挥的全部犯罪处罚。本案中，黄某某犯罪集团各部门之间分工明确，相互协作，共同完成电信网络诈骗犯罪，其中后台服务部门和地下钱庄均系犯罪链条上不可或缺的一环。人民法院对负责后台服务的负责人罗欢、骨干成员王亚菲、地下钱庄人员郑坦星依法认定为主犯，均判处十年以上有期徒刑，体现了对电信网络犯罪集团首要分子和骨干成员依法严惩的方针。

案例三

被告人施德善等十二人诈骗案

（一）基本案情

2019 年 3 月至 5 月，被告人施德善指使并帮助被告人刘登等偷越国境到缅甸，搭建虚假期货投资平台，组建以被告人沈杰等为组长、被告人余强等为组员的电信诈骗团队，通过建立股票交流微信群方式，将多名被害人拉入群内开设直播间讲解股票、期货投资课程，骗取被害人信任后，冒用广州金控网络科技有限公司名义，以投资期货为由，诱骗被害人向虚假交易平台汇入资金，后关闭平台转移资金。该团伙诈骗被害群众 29 人钱款共计 820 余万元。案发后，被告人施德善、刘登等的亲属代为退赔 76 万余元。

（二）裁判结果

本案由山东省济南市市中区人民法院一审。现已发生法律效力。

法院认为，被告人施德善、刘登纠集沈杰等 10 人以非法占有为目的，采取虚构事实、隐瞒真相的方法，在境外通过网络手段向不特定多数人骗取财物，数额特别巨大，其行为均已构成诈骗罪。施德善、刘登在共同犯罪中系主犯。刘登具有自首情节并如实供述其所知晓的施德善控制的赃款下落，为公安机关提供了侦查线索，对刘登依法予以减轻处罚。施德善等人通过亲属或本人退缴部分或全部赃款，依法予以从轻处罚。根据各被告人的犯罪事实、犯罪性质、情节和社会危害程度，以诈骗罪判处被告人施德善有期徒刑十一年六个月，并处罚金人民币三十万元；以诈骗罪判处被告人刘登、沈杰、余强等人九年六个月至三年不等有期徒刑，并处罚金。

（三）典型意义

本案被告人施德善、刘登组织人员前往境外实施电信网络诈骗犯罪，骗取境内被害群众钱款 800 余万元。人民法院准确认定案件事实，彻查涉案赃款流向，与公安、检察机关协调配合，及时查扣、冻结涉案赃款 463 万余元，并灵活运用刑罚调整功能，鼓励被告人退赃退赔。在审判阶段，被告人施德善、刘登等人的亲属代为退赔部分赃款，人民法院按照比例发还各被害人,不足部分责令本案主犯继续退赔,本案从犯在各自分得赃款范围内承担连带退赔责任。全案共计挽回财产损失539余万元,追赃挽损率较高。人民法院在依法审判案件的同时,坚持司法为民和全力追赃挽损,鼓励被告人积极退赃退赔,及时返还被害人,最大限度挽回被害群众的经济损失,取得了良好的法律效果和社会效果。

案例四

被告人吴健成等五人诈骗案

(一)基本案情

2020年10月,被告人吴健成为非法牟利,伙同吴健东在抖音上私信被害人,在得知被害人系未成年人后,假称被害人中奖并要求添加QQ好友领奖,之后向被害人发送虚假的中奖转账截图,让被害人误认为已转账。当被害人反馈未收到转账时,吴健成等便要求被害人使用家长的手机,按其要求输入代码才能收到转账,诱骗被害人向其提供的银行卡或支付宝、微信账户转账、发红包,骗取被害人钱财。被告人邱精友、李秋华、吕开泽按照吴健成的安排,为吴健成提供银行卡、支付宝、微信账户,帮助收款、转款,并按照诈骗金额分成。2020年10月至2021年1月期间,吴健成等人共计骗取5名被害人(10周岁至11周岁之间)的钱财6万余元。

(二)裁判结果

本案由重庆市武隆区人民法院一审,重庆市第三中级人民法院二审。现已发生法律效力。

法院认为,被告人吴健成、吴健东以非法占有为目的,利用电信网络技术手段,虚构事实,骗取他人财物;被告人邱精友、李秋华、吕开泽明知他人实施电信网络犯罪,帮助接收、转移诈骗犯罪所得,五被告人的行为均已构成诈骗罪。被告人吴健成在共同犯罪中系主犯。吴健成等人对未成年人实施诈骗,酌情从重处罚。根据各被告人的犯罪事实、犯罪性质、情节和社会危害程度,以诈骗罪判处被告人吴健成有期徒刑三年六个月,并处罚金人民币三万五千元;以诈骗罪判处被告人吴健东等人二年四个月有期徒刑至三个月拘役,并处罚金。

(三)典型意义

本案被告人吴健成等人利用未成年人涉世未深、社会经验欠缺、容易轻信对方、易受威胁等特点实施诈骗,严重侵害未成年人合法权益,犯罪情节恶劣。"两高一部"《关于办理电信网络诈骗等刑事案件适用法律若干问题的意见》规定,诈骗残疾人、老年人、未成年人、在校学生、丧失劳动能力人的财物,或者诈骗重病患者及其亲属财物的,酌情从重处罚。人民法院对吴健成依法从重处罚,充分体现了人民法院坚决保护未成年人合法权益,严厉惩处针对未成年人犯罪的鲜明立场。

案例五

被告人黄浩等三人诈骗案

(一)基本案情

被告人黄浩、刘仁杰、许俊在湖北省武汉市成立"武汉以沫电子商务有限公司",招聘业务员从事诈骗犯罪活动。三人分工配合共同完成诈骗,并按诈骗金额比例提成,同时还发展"代理公司",提供诈骗话术、培训诈骗方法、提供各种技术支持和资金结算服务,并从"代理公司"诈骗金额中提成。该公司由业务员冒充美女主播等身份,按照统一的诈骗话术在网络社交平台诱骗被害人交友聊天,谎称送礼物得知被害人收货地址后,制造虚假发货信息以诱骗被害人在黄浩管理的微店购买商品回送业务员,微店收款后安排邮寄假名牌低价物品给被害人博取信任。之后,业务员再将被害人信息推送至刘仁杰等人负责的直播平台,按诈骗话术以直播打赏 PK 为由,诱骗被害人在直播平台充值打赏。2020 年 4 月至 9 月,黄浩和刘仁杰诈骗涉案金额 365.2 万元,许俊诈骗涉案金额 454.2 万元。审判阶段许俊退缴赃款 8.1 万余元。

(二)裁判结果

本案由安徽省明光市人民法院一审。现已发生法律效力。

法院认为,被告人黄浩、刘仁杰、许俊以非法占有为目的,伙同他人利用电信网络实施诈骗,数额特别巨大,其行为均已构成诈骗罪。在共同犯罪中，黄浩、刘仁杰、许俊均系主犯。许俊自愿认罪认罚，积极退缴赃款，依法予以从轻处罚。根据各被告人的犯罪事实、犯罪性质、情节和对社会的危害程度，以诈骗罪分别判处被告人黄浩、刘仁杰有期徒刑十二年，并处罚金人民币十八万元；以诈骗罪判处被告人许俊有期徒刑十一年六个月，并处罚金人民币十五万元。

（三）典型意义

当前，电信网络诈骗的手法持续演变升级，犯罪分子紧跟社会热点，随时变化诈骗手法和"话术"，令人防不胜防。本案被告人将传统的结婚交友类"杀猪盘"诈骗，与当下流行的网络购物、物流递送、直播打赏等相结合，多环节包装实施连环诈骗，迷惑性很强。希望广大网友提高警惕，不要轻信网络社交软件结识的陌生人，保护好个人信息，保持清醒，明辨是非，谨防上当受骗。

案例六

被告人赵明云等九人诈骗案

（一）基本案情

2019年6月至10月，被告人赵明云、杨智强等人出资组建诈骗团伙，先后招募郭松清、兰林峰担任团队组长，招募丁某某等多人为成员实施诈骗犯罪。该团伙通过社交软件聊天骗得被害人信任后，向被害人发送二维码链接，让被害人下载虚假投资软件，待被害人投资后，采取控制后台数据等方式让被害人"投资亏损"，以此实施诈骗。同年9月5日，丁某某得知被害人赵某某拟进一步投资60余万元后，在电话中向赵某某坦承犯罪，提醒其停止投资、向平台申请退款并向公安机关报案。之后，丁某某自行脱离犯罪团伙。

（二）裁判结果

本案由江苏省南京市江宁区人民法院一审，南京市中级人民法院二审。现已发生法律效力。

一审法院认为，被告人赵明云、杨智强、丁某某等人以非法占有为目的，利用电信网络技术手段多次实施诈骗，数额特别巨大或巨大，其行为均已构成诈骗罪。在共同犯罪中,被告人赵明云、杨智强起主要作用,系主犯,应当按照其所参与或组织、指挥的全部犯罪处罚;被告人丁某某等人起次要作用,系从犯,依法可从轻或减轻处罚。以诈骗罪判处被告人赵明云、杨智强等人十年六个月至一年一个月不等有期徒刑,并处罚金;以诈骗罪判处被告人丁某某有期徒刑三年九个月,并处罚金。

宣判后,丁某某上诉提出,其主动提醒被害人并自行脱离犯罪团伙的行为构成自首、犯罪中止和立功,原审量刑过重,请求从轻处罚。

二审法院认为,根据相关法律规定,被告人丁某某预警行为不构成自首、犯罪中止和立功,但其预警行为客观上避免了被害人损失扩大,也使被害人得以挽回部分损失,对案件破获及经济挽损等方面起到积极作用,应得到法律的正面评价,结合丁某某大学刚毕业,加入诈骗团伙时间较短,自愿认罪并取得被害人谅解等情节,对丁某某依法予以减轻处罚并适用缓刑。据此,以诈骗罪改判丁某某有期徒刑二年六个月,缓刑三年,并处罚金人民币二万元。

(三)典型意义

电信网络诈骗犯罪的涉案人员在共同犯罪中的地位作用、行为的危害程度、主观恶性和人身危险性等方面有一定区别。人民法院对电信网络诈骗犯罪在坚持依法从严惩处的同时,也注重宽以济严,确保效果良好。本案被告人赵明云系从严惩处的对象,对诈骗团伙所犯全部罪行承担刑事责任。被告人丁某某刚刚进入社会,系初犯,参与犯罪时间较短,且在作案过程中主动向被害人坦承犯罪并示警,避免被害人损失进一步扩大,后主动脱离犯罪团伙,到案后真诚认罪悔罪,对于此类人员应坚持教育、感化、挽救方针,落实宽严相济刑事政策,用好认罪认罚从宽制度,彰显司法温度,进而增加社会和谐因素。

案例七

被告人邓强辉等六人诈骗、侵犯公民个人信息案

(一)基本案情

2018 年 5、6 月份,被告人邓强辉、林松明共谋采用“猜猜我是谁”

的方式骗取他人钱财。二人共同出资，邓强辉购买手机、电话卡等作案工具，纠集被告人陈锣、张万坤等人，利用邓强辉购买的涉及姓名、电话、住址等内容的公民个人信息，拨打诈骗电话，让被害人猜测自己的身份，当被害人误以为系自己的某个熟人后，被告人即冒充该熟人身份，编造理由让被害人转账。2018 年 6 月至 8 月，邓强辉等人采用此种方式大量拨打诈骗电话，骗取被害人罗某某等五人共计 39.2 万元。案发后，从邓强辉处查获其购买的公民个人信息 39482 条。

（二）裁判结果

本案由四川省泸州市纳溪区人民法院一审，泸州市中级人民法院二审。现已发生法律效力。

法院认为，被告人邓强辉、林松明等人以非法占有为目的，虚构事实，隐瞒真相，采用冒充熟人拨打电话的手段骗取他人财物，其行为均已构成诈骗罪；被告人邓强辉非法获取公民个人信息，情节严重，其行为还构成侵犯公民个人信息罪，依法应当数罪并罚。在共同犯罪中，邓强辉、林松明等人均系主犯。根据各被告人的犯罪事实、犯罪性质、情节和社会危害程度，以诈骗罪、侵犯公民个人信息罪判处被告人邓强辉有期徒刑九年六个月，并处罚金人民币六万五千元；以诈骗罪判处被告人林松明等人七年至二年不等有期徒刑，并处罚金。

（三）典型意义

本案被告人借助非法获取的公民个人信息，拨打诈骗电话，通过准确说出被害人个人信息的骗术，骗得被害人信任，实施精准诈骗。侵犯公民个人信息系电信网络诈骗的上游关联犯罪，二者合流后，使得电信网络诈骗犯罪更易得逞，社会危害性更重。“两高一部”《关于办理电信网络诈骗等刑事案件适用法律若干问题的意见》规定，使用非法获取的公民个人信息，实施电信网络诈骗犯罪，构成数罪的，应依法数罪并罚。法院对被告人邓强辉以诈骗罪和侵犯公民个人信息罪予以并罚，是从严惩处、全面惩处电信网络诈骗犯罪及其关联犯罪的具体体现。

案例八

被告人陈凌等五人侵犯公民个人信息案

(一)基本案情

被告人陈凌任职的广东海越信息科技有限公司(以下简称“广东海越公司”)与中国联合网络通信有限公司韶关分公司(以下简称“中国联通韶关分公司”)签订服务协议,由广东海越公司负责中国联通韶关分公司的线上订单交付服务。2019 年 11 月至 2021 年 4 月期间,陈凌利用担任广东海越公司电话卡配送员、配送组长、片区主管的职务便利,先后招揽被告人李武剑、左俊、梁业俊、曾嘉明等人,在向手机卡用户交付手机卡过程中,未经用户同意,擅自获取用户的实名制手机号码和验证码,出售给他人用于注册微信、京东、抖音等账号,其中一张手机号码注册微信账号后被用于实施电信网络诈骗,骗取被害人廖某某 10 万元。被告人陈凌等人涉案非法所得 20.1 万余元至 1.5 万余元不等。

(二)裁判结果

本案由广东省江门市新会区人民法院一审。现已发生法律效力。

法院认为,被告人陈凌、梁业俊、曾嘉明、左俊违反国家有关规定,向他人出售或者提供公民个人信息,情节特别严重,被告人李武剑违反国家有关规定,向他人出售或者提供公民个人信息,情节严重,其行为均已构成侵犯公民个人信息罪。被告人陈凌等人将在提供服务过程中获取的公民个人信息出售和提供给他人,依法应当从重处罚。鉴于各被告人自愿认罪,积极退赃,依法可予以从轻处罚。根据各被告人的犯罪事实、犯罪性质、情节和社会危害程度,以侵犯公民个人信息罪分别判处被告人陈凌、梁业俊、曾嘉明有期徒刑三年九个月,并处罚金;判处被告人左俊有期徒刑三年,缓刑三年,并处罚金;判处被告人李武剑有期徒刑一年六个月,缓刑一年六个月,并处罚金。

(三)典型意义

被告人陈凌等人作为通信企业从业人员,利用职务便利,未经用户同意,擅自获取用户的实名制手机号码和验证码,非法出售给他人用于注册微信、抖音等账号，牟取非法利益，且其中一套手机号码和验证码注册的微信被诈骗分子利用，导致被害人廖某某被骗走巨款。为加大对公民个人信息的保护力度，最高人民法院、最高人民检察院制定出台的《关于办理侵犯公民个人信息刑事案件适用法律问题的解释》，将在履行职责或者提供服务过程中获得的公民个人信息出售或者提供给他人的，入罪的数量、数额标准减半计算。依法对被告人陈凌等行业“内鬼”从重处罚，充分体现了人民法院坚决保护公民个人信息安全的态度，也是对相关行业从业人员的警示教育。

案例九

被告人隆玖柒帮助信息网络犯罪活动案

（一）基本案情

2021 年 4 月，被告人隆玖柒通过微信与他人联系，明知对方系用于实施信息网络犯罪，仍商定以每张每月 100 元的价格将自己的银行卡出租给对方使用。之后，隆玖柒将其办理的 9 张银行卡的账号、密码等信息提供给对方，其中 6 张银行卡被对方用于接收电信网络诈骗等犯罪资金，隆玖柒获利共计 5000 余元。

（二）裁判结果

本案由重庆市丰都县人民法院一审。现已发生法律效力。

法院认为，被告人隆玖柒明知他人利用信息网络实施犯罪，为他人提供帮助，其行为已构成帮助信息网络犯罪活动罪。隆玖柒经公安人员电话通知到案，如实供述自己的罪行，构成自首，且自愿认罪认罚并积极退赃，依法予以从轻处罚。根据被告人的犯罪事实、犯罪性质、情节和社会危害程度，以帮助信息网络犯罪活动罪判处被告人隆玖柒有期徒刑一年十个月，并处罚金人民币四千元。

（三）典型意义

非法交易银行卡、手机卡即“两卡”现象泛滥，大量“两卡”被用于犯罪，是电信网络诈骗犯罪持续高发多发的重要推手之一。加强对电信网络诈骗犯罪的源头治理，必须依法打击涉“两卡”犯罪。“两高一部”《关于办理电信网络诈骗等刑事案件适用法律若干问题的意见(二)》规定,为他人利用信息网络实施犯罪而收购、出售、出租信用卡(银行账户、非银行支付账户、具有支付结算功能的互联网账号密码、网络支付接口、网上银行数字证书)5张(个)以上,或者手机卡(流量卡、物联网卡)20张以上的,以帮助信息网络犯罪活动罪追究刑事责任。本案准确适用这一规定,对被告人隆玖柒依法定罪处罚。本案警示大家,千万不要因贪图蝇头小利而触犯法律底线,以免给自己和家人造成无可挽回的后果。

案例十

被告人薛双帮助信息网络犯罪活动案

(一)基本案情

2020年9月初,被告人薛双从淘宝上以13000元的价格购买了一套“多卡宝”设备,并通过其亲朋办理或购买电话卡26张。后薛双通过聊天软件联系他人租用“多卡宝”设备,并约定租金和支付渠道。2020年9月8日至11日,薛双先后在湖北省襄阳市襄城区、樊城区等地架设“多卡宝”设备供他人拨打网络电话,非法获利28310元。不法分子利用薛双架设的“多卡宝”设备,实施电信网络诈骗犯罪6起,诈骗财物共计16万余元。

(二)裁判结果

本案由湖北省老河口市人民法院一审。现已发生法律效力。

法院认为,被告人薛双明知他人利用信息网络实施犯罪,为他人犯罪提供通讯传输等技术支持和帮助,情节严重,其行为已构成帮助信息网络犯罪活动罪。薛双到案后自愿认罪认罚,并退赔全部违法所得,依法予以从轻处罚。根据被告人的犯罪事实、犯罪性质、情节和社会危害程度,以帮助信息网络犯罪活动罪判处被告人薛双有期徒刑九个月,并处罚金人民币五千元。

(三)典型意义

由于电信网络诈骗犯罪的分工日益精细化,催生了大量为不法分子实施诈骗提供帮助并从中获利的黑灰产业，此类黑灰产业又反向作用，成为电信网络诈骗犯罪多发高发的重要推手。打击电信网络诈骗犯罪，必须依法惩处其上下游关联犯罪，斩断电信网络诈骗犯罪的帮助链条，铲除其赖以滋生的土壤，实现打击治理同步推进。“两高一部”《关于办理电信网络诈骗等刑事案件适用法律若干问题的意见》和《关于办理电信网络诈骗等刑事案件适用法律若干问题的意见（二）》对于惩处电信网络诈骗犯罪的关联犯罪作出了明确规定。本案中，被告人薛双为电信网络诈骗犯罪提供技术支持，对其以帮助信息网络犯罪活动罪定罪处罚，体现了人民法院全面惩处电信网络诈骗关联犯罪的立场。

最高人民法院发布电信网络诈骗及其关联犯罪典型案例①

案例一

被告人黄某等3人诈骗案

——从严惩处跨境电信网络诈骗犯罪集团首要分子

一、基本案情

2020年初，被告人黄某、李某辉在柬埔寨王国西哈努克港市“财神国际”园区等处组建诈骗集团，组织、指挥多人对我国境内居民实施电信网络诈骗犯罪活动，8月，被告人周某刚加入该诈骗集团并担任总监。黄某、李某辉通过境外聊天软件幕后掌控诈骗集团，决定公司运营模式，并控制资金及相关账户等；周某刚现场管理具体诈骗事务，另有多名骨干成员（已被另案判刑）。该诈骗集团通过特定方式筛选出企业法定代表人等具有一定经济实力的女性，通过被害人手机号码批量添加网络社交平台好友，冒充“高富帅”依照预定话术与被害人网络聊天，骗取信任后推荐被害人下载由该集团控制的“金天利”等虚假投资

① 摘自最高人民法院官网，于2025年2月24日发布，网址：https://www.court.gov.cn/zixun/xiangqing/455701.html。

或赌博网络平台，先通过后台操控让被害人小额获利提现，再不断引诱被害人充值，待被害人投入大额资金后，即关闭提现通道，拉黑被害人。该诈骗集团自2020年9月至2021年底骗取100余名被害人共计人民币1亿余元。

二、裁判结果

本案经上海市第一中级人民法院一审，上海市高级人民法院二审，现已发生法律效力。

法院认为，被告人黄某、李某辉、周某刚以非法占有为目的，伙同他人虚构事实、隐瞒真相，在境外通过电信网络骗取境内人员钱款，数额特别巨大，其行为均已构成诈骗罪。黄某、李某辉组建诈骗集团并决定运营模式、掌握资金账户，周某刚系现场最高层级人员，负责管理实施诈骗活动，三人在诈骗集团中起组织、策划、指挥作用，均系首要分子。三人在境外指挥、控制犯罪集团，利用电信网络骗取我国境内居民钱财，给众多被害人造成重大经济损失。综上，对被告人黄某、李某辉、周某刚均以诈骗罪判处无期徒刑，剥夺政治权利终身，并处没收个人全部财产。

三、典型意义

本案系境外诈骗犯罪集团链条化、流水线化、分工细致实施、常见高发的交友婚恋类网络诈骗（俗称"杀猪盘"）。不法分子针对特定类型人员量身定制骗局、实施精准"围猎"，先在社交平台上伪装成"完美情人"，以甜言蜜语等拉近关系，待被害人投入感情放松警惕后，谎称有稳赚不赔的投资机会骗钱，造成被害人感情和金钱双重受损。

被告人黄某等三人在境外组建有组织、有一定规模的诈骗犯罪集团，虚构有经济实力的成功人设诈骗女性被害人，犯罪情节恶劣，诈骗被害人巨额资金并流往境外，社会危害严重，人民法院认定三名被告人均系首要分子，依法判处重刑。本案警示社会公众，不要被虚拟世界的虚情假意蒙蔽双眼，防范甜言蜜语背后的无情陷阱。

案例二

被告人杨某等3人诈骗案

——从严惩处有电信网络诈骗犯罪前科又再次实施电诈犯罪人员

一、基本案情

被告人杨某曾因参与实施“虚假期货理财”类电信网络诈骗被判刑。2023年底，杨某又与被告人吁某、方某文商定利用购物平台实施网络“刷单”诈骗。方某文提供自己的银行卡及身份信息在购物网站上注册网站店铺，并办理电话卡注册网络社交平台账号添加刷单者，还将银行卡及移动支付账号密码提供给杨某使用。之后，杨某等人在网上低价购进箱包，在网站店铺标价588元出售，并在网络上发布刷单广告，许诺刷单者购买并收到箱包后发布好评文案，即可根据刷单者粉丝数量给予150元至1000元不等的好评稿费，且退还购买箱包的588元。在刷单者收到箱包并发布好评文案后，杨某等人以审核好评文案需要时间为由故意拖延，待刷单者购买订单自动确认收货，刷单者支付的588元自动划入杨某等人的账户，致使刷单者无法退货退款。从2024年1月中旬至2月初，杨某等人引诱刷单者下单300余单，共计诈骗103名被害人人民币5万余元。

二、裁判结果

本案经江西省新干县人民法院审理，现已发生法律效力。

法院认为，被告人杨某、吁某、方某文利用电信网络诈骗他人财物，数额巨大，其行为均已构成诈骗罪。三人共同实施诈骗犯罪，相互配合，地位、作用相当。三人到案后均坦白罪行，自愿认罚，方某文、吁某退出全部违法所得，已全额退赔给103名被害人，可酌情从轻处罚。杨某曾因电信网络诈骗犯罪被判刑，有犯罪前科，予以从重处罚。综上，以诈骗罪判处被告人杨某有期徒刑三年五个月，并处罚金人民币三万元；以诈骗罪判处被告人方某文有期徒刑三年一个月，并处罚金人民币二万元；以诈骗罪判处被告人吁某有期徒刑三年，并处罚金人民币二万元。

三、典型意义

本案系典型的网络“刷单”诈骗，欺骗性很强。惯常套路是，不法分子打着“网络兼职”旗号，以给付佣金为诱饵，让受骗者垫资做任务，骗取预先支付的款项。被告人杨某曾因实施电信网络诈骗犯罪被判刑，本应深刻反省，积极改过自新，重新融入社会，但其不思悔改、重操旧业，继续实施电信网络诈骗犯罪，再次受到法律严惩。本案警示社会公众，所谓“刷单”赚钱，其实是骗子在赚你的钱，脚踏实地赚取合法薪酬才是正道。

案例三

被告人肖某诚等2人诈骗案

——从严惩处招募、利用未成年人实施电信网络诈骗犯罪人员

一、基本案情

2023年5月，被告人肖某诚、洪某煌，向许某甲（11岁）、杨某甲（13岁）等人收购电话卡共计4张。之后，二人雇佣李某甲（15岁）、徐某甲（16岁），使用8部手机和4张电话卡，在福建省武夷山市多个宾馆房间内拨打诈骗电话。肖某诚等四人每次使用两部手机，一部通过使用网络社交软件语音通话联系上家，另一部按照上家要求拨打被害人的电话，通过两部手机开启免提功能，实现语音中转。在通话期间肖某诚等人知悉双方通话内容，明知在实施诈骗，按上家要求不出声，由上家对被害人实施诈骗。其间，部分电话卡因异常使用被通讯运营商停机，但肖某诚等人仍继续收卡用于拨打电话。肖某诚等四人拨打诈骗电话1524条，其中造成五名被害人被骗共计人民币47余万元。肖某诚从上家处获取利益后，再给洪某煌等三人发放，肖某诚、洪某煌二人均获利3000余元。

二、裁判结果

本案经福建省武夷山市人民法院审理，现已发生法律效力。

法院认为，被告人肖某诚、洪某煌明知他人实施电信网络诈骗，仍

向多名未成年人收购电话卡并组织两名未成年人共同拨打诈骗电话，其行为均已构成诈骗罪。虽然二人系从犯，到案后坦白罪行，但利用未成年人实施犯罪，予以从重处罚，以诈骗罪判处肖某诚有期徒刑五年六个月，并处罚金人民币五万元；以诈骗罪判处洪某煌有期徒刑四年六个月，并处罚金人民币二万元。

三、典型意义

本案系利诱、拉拢、招募未成年人参与实施电信网络诈骗犯罪的典型案例。宣称只需两部手机、不用说话就能躺着赚钱的“手机口”项目，让越来越多的人沦为“沉默的帮凶”，且“黑手”已伸向未成年人。

被告人肖某诚伙同被告人洪某煌配合不法分子实施诈骗，诱惑涉世未深、缺乏辨别是非能力的未成年人参与实施诈骗，先向低龄少年收购电话卡，又组织未成年人拨打诈骗电话，为不法分子实施诈骗提供帮助并分赃，犯罪情节恶劣，依法予以从严惩处。本案警示社会公众，切勿贪图轻松赚钱快，谨防沦为电诈“工具人”，并提醒未成年人监护人提高警惕，加强保护、引导和教育，切莫让孩子成为诈骗分子的“帮凶”。

案例四

被告人朱某民诈骗案

——依法惩处针对海外留学生
实施的电信网络诈骗犯罪

一、基本案情

2018 年 11 月至 2019 年 5 月间，被告人朱某民在澳大利亚使用多个网络社交媒体账号，在留学生网络社交媒体群内发布虚假的澳元、美元等外币兑换人民币信息，采用谎称已转账并制作、发送虚假的转账截图等手段骗取被害人信任，骗得 19 名被害人共计人民币 60 余万元。

二、裁判结果

本案经江苏省江阴市人民法院审理，现已发生法律效力。

法院认为，被告人朱某民以非法占有为目的，利用互联网发布虚假信息实施诈骗,数额特别巨大,其行为已构成诈骗罪。鉴于朱某民自愿认罪,退赔被害人全部损失,以诈骗罪判处朱某民有期徒刑十年,并处罚金人民币十万元;扣押在案的赃款发还各被害人。

三、典型意义

本案系不法分子在海外针对留学生实施虚假换汇类诈骗犯罪的典型案例。留学生独自一人出国求学,与国内家人存在时差、信息差,且社会阅历较少,缺乏处理突发事件的经验,近来针对留学生群体的诈骗花样百出,迷惑性强,电信网络诈骗威胁着留学生的财产安全和留学梦想。

人民法院依法惩处针对留学生群体实施的诈骗犯罪,助力守护留学之路更加平稳、美好。本案警示海外留学生,不要轻信网络社交平台添加的好友,更不要因侥幸心理或贪图便利而冒险,避免上当受骗。

案例五

被告人余某诈骗、组织他人偷越国(边)境等案

——从严惩处跨境电信网络诈骗犯罪、斩断其人力输送链条

一、基本案情

2018 年下半年,被告人余某伙同他人在柬埔寨王国西哈努克港市盛威园区成立巨星娱乐公司(又名永兴娱乐、永旺娱乐),逐步发展成为 300 余人参与的电信网络诈骗犯罪集团。该犯罪集团内设多部门,分工配合诱骗中国居民在集团控制的“巨星娱乐”等 6 个网络博彩平台充值、投注,采取后台操控输赢、限控提现等手段,非法占有充值、投注资金,实施跨境电信网络诈骗犯罪。余某负责该犯罪集团的日常事务、财务监管、人事管理等,并具体管理各博彩平台运营。2019 年底,该犯罪集团又搬至菲律宾马尼拉市,继续实施跨境电信网络诈骗犯罪。截至 2020 年 3 月 11 日余某离开诈骗园区,已查明 111 名被害人损失共计人民币 5987 余万元,已调取的涉案各博彩平台账户收入资金共计人民币 30 余亿元。多名老年人、未成年人、在校学生被骗,部分被害人受

骗后离婚、产生轻生念头或精神失常。

2018 年下半年以来，被告人余某等人组织、领导的电信网络诈骗犯罪集团，通过网络发布高薪招募信息、奖励成员介绍新人等途径，采取统一安排行程、包购机票、代办签证、提供接机等方式，先后组织引诱 106 名中国居民虚构出境事由掩盖非法出境目的，骗取边防检查机关核准，乘坐飞机到柬埔寨、菲律宾，加入犯罪组织从事跨境电信网络诈骗犯罪。

二、裁判结果

本案经河南省南阳市中级人民法院审理，现已发生法律效力。

法院认为，被告人余某伙同他人以非法占有为目的，虚构事实、隐瞒真相，诈骗他人财物，数额特别巨大，其行为已构成诈骗罪；余某组织他人虚构事由出境从事跨境电信网络诈骗犯罪，组织人数众多，其行为已构成组织他人偷越国（边）境罪，依法应数罪并罚。余某伙同他人成立犯罪集团，系犯罪集团的首要分子，应按照集团所犯的全部罪行处罚；余某组织他人诈骗老年人、未成年人、在校学生，又系累犯，依法从重处罚。综上，对被告人余某以诈骗罪判处无期徒刑，以组织他人偷越国（边）境罪判处有期徒刑十三年，决定执行无期徒刑，剥夺政治权利终身，并处罚金。

三、典型意义

本案系网络博彩类诈骗，赌诈交织，危害极大！惯常套路是，不法分子搭建虚假平台操控结果诱导投注，以小利引诱加大投入，时机成熟时设置提现障碍导致受骗者血本无归。此类诈骗受骗者一般人数众多，且诈骗金额巨大，往往还导致一系列次生危害后果。

被告人余某在境外操纵虚假网络博彩平台，并组织多人出境实施犯罪，为诈骗集团输送人力，人民法院依法认定余某系犯罪集团首要分子，对其按照集团所犯的全部罪行数罪并罚；结合其累犯的法定从重情节和组织诈骗老年人、未成年人、在校学生等酌定从重情节，依法判处重刑并责令其退赔已查明的 111 名被害人经济损失，全力追赃挽损，最大限度剥夺其再犯能力。本案警示社会公众，网络博彩套路深，不要贪图非法利益，做骗子的“提款机”！

案例六

被告人刘某等3人诈骗、组织他人偷越国(边)境等案

——从严惩处组织、利诱人员赴境外实施电信网络诈骗的犯罪

一、基本案情

2020年4月,被告人刘某伙同他人偷越中缅边境到达缅甸联邦共和国邦康市,进入一诈骗团伙对中国境内居民实施"杀猪盘"诈骗,该团伙分为老板、总监、代理、组长、组员等层级。同年7月,刘某为了成为诈骗团伙代理(主要负责从国内拉人到诈骗团伙,指定组长,管理诈骗小组),偷渡潜回原籍四川省武胜县,以高收入利诱等欺骗方式邀约、组织武胜县境内的多名人员偷越中缅边境前往诈骗团伙实施诈骗。刘某本人多次偷越中缅边境,还与多人一起结伙偷越中缅边境前往诈骗窝点。同年8月,被告人祝某在刘某的邀约、组织下,偷越中缅边境,进入刘某所在的诈骗团伙,实施诈骗活动。其间,祝某采取利诱等方式,邀约、联系、安排多人采用偷渡的方式进入刘某做代理的诈骗团伙,在祝某所在诈骗小组实施诈骗。另有他人被邀约偷越中缅边境,进入刘某所在的诈骗团伙,实施诈骗活动。

二、裁判结果

本案经四川省武胜县人民法院审理,现已发生法律效力。

法院认为,被告人刘某、祝某等人以非法占有为目的,参加境外诈骗犯罪团伙,针对境内居民实施电信网络诈骗,其行为均已构成诈骗罪。被告人刘某、祝某作为境外诈骗犯罪团伙的代理、成员,在诈骗团伙的指挥下,为团伙介绍、拉拢、引诱人员偷越国(边)境赴境外实施电信网络诈骗,其行为均已构成组织他人偷越国(边)境罪。被告人刘某违反国(边)境管理法规,多次偷越或多人结伙偷越国(边)境,其行为构成偷越国(边)境罪。刘某等人到案后坦白罪行并认罪认罚,但其多次组织他人偷越国(边)境,地位、作用重于祝某等人。综上,对刘某以诈骗罪、组织他人偷越国(边)境罪、偷越国(边)境罪数罪并罚,决定执

行有期徒刑五年，并处罚金人民币三万元；对祝某以诈骗罪、组织他人偷越国（边）境罪数罪并罚，决定执行有期徒刑一年六个月，并处罚金人民币八千元。

三、典型意义

本案系以高薪诱惑“拉人头”的方式，有计划、有组织招募、拉拢、引诱人员偷渡出境实施电信网络诈骗犯罪的典型案例。被告人刘某、祝某跨境参与电信网络诈骗犯罪，还分别利用他人法律意识淡薄、想一夜暴富的心态，利诱并组织多人偷渡赴境外加入诈骗组织，将多名同乡带上了一条歧路，人民法院依法予以数罪并罚。本案警示社会公众，不要轻信高薪诱惑，参与境外诈骗必受惩处。

案例七

被告人申某涛等 15 人诈骗、组织他人偷越国（边）境等案

——全力追赃挽损，对积极退赔的被告人依法从宽处罚

一、基本案情

2018 年以来，被告人申某涛通过网罗同乡，纠集社会闲杂人员等方式，逐渐形成以申某涛为首，被告人郭某拓、赵某儒、崔某波等人为骨干成员，被告人王某亮、李某孩等人为小组长，被告人靳某伟、董某、申某宁等人为组员的跨境电信网络诈骗犯罪集团。申某涛采用和其他犯罪集团、团伙合作或自己犯罪集团单独犯罪的模式，在柬埔寨王国、老挝人民民主共和国等国实施跨境电信网络诈骗活动。该犯罪集团隐瞒出境实施违法犯罪的真实意图，通过以出境旅游等名义签证出境，采取“杀猪盘”方式对国内女性实施诈骗活动。犯罪集团成员先在婚恋网站上物色女性“谈恋爱”，再引诱女性在犯罪集团制作和控制的虚假博彩平台上投资，通过操控后台输赢进行诈骗。

被告人申某涛作为犯罪集团首要分子，以高薪为利诱，纠集多人通过虚构事实、隐瞒真相等方式掩盖非法目的，骗取出境边防检查机关核

准出境从事“杀猪盘”电信网络诈骗活动，其中申某涛组织人员持护照出境至柬埔寨、老挝共计58人、200余次从事电信网络诈骗犯罪活动。

二、裁判结果

本案经河南省辉县市人民法院一审，河南省新乡市中级人民法院二审，现已发生法律效力。

一审法院认为，被告人申某涛等人以非法占有为目的，以虚构事实、隐瞒真相方法诈骗他人财物，数额特别巨大，其行为已构成诈骗罪；申某涛等人组织他人偷越国（边）境，其行为又构成组织他人偷越国（边）境罪。依法应数罪并罚。申某涛系组织、领导犯罪集团的首要分子，应当按照集团所犯的全部罪行处罚。综上，对申某涛以诈骗罪、组织他人偷越国（边）境罪等数罪并罚，决定执行有期徒刑十九年，并处罚金人民币一百零三万元。对其他14名被告人判处十一年二个月至六个月不等有期徒刑，并处罚金。

二审期间，被告人申某涛认罪悔罪，自愿认罚，全额退赔近500万元；人民法院及时向已查实的被骗群众发还被骗钱款，挽回了被骗群众的经济损失。据此，二审法院对申某涛依法从宽处罚并改判，决定对其执行有期徒刑十六年，并处罚金人民币一百零三万元。

三、典型意义

跨境电信网络诈骗犯罪高发多发，严重侵害人民群众财产权益。人民法院坚持依法严惩犯罪和全力追赃挽损并重，在刑事审判全流程、各环节持续追赃，最大限度为受骗群众挽回经济损失。在坚持总体从严惩处同时，注重贯彻宽严相济刑事政策，区别对待，宽以济严，罚当其罪。被告人申某涛在境外组建电信网络诈骗犯罪集团，一审法院依法认定其为首要分子并科以重刑。鉴于申某涛能积极退赃，退赔被骗群众经济损失，体现了认罪、悔罪态度，二审法院充分体现政策，依法从宽，既严惩犯罪，又最大限度挽回了被骗群众的经济损失，实现了办案“三个效果”的有机统一。

最高人民检察院典型案例

检察机关依法追诉诈骗犯罪典型案例①

案例一

杨某某、黎某等3人诈骗医保基金案

【基本案情】

2015年1月至2016年7月期间,被告人杨某某担任四川省德阳市什邡H医院院长,主持全面工作,分管财务工作。被告人黎某担任什邡H医院财务总监,分管医疗保险工作,协助分管财务工作。被告人郝某某担任什邡H医院出纳、医生。被告人杨某某在召开全院大会时,向全院医务人员暗示通过医生虚开处方、虚增住院天数等方式骗取医疗保险基金。随后,H医院医生以虚开处方、虚增住院天数等方式,由护士录入检查及治疗项目,再由药房录入虚开药品数量骗取医疗保险基金。被告人黎某负责具体骗取医疗保险基金账务整理、报账等事务,被告人郝某某配合支出、使用被骗医疗保险基金。骗取的资金用于支出什邡H医院的招待费、差旅费、员工工资等。经司法会计鉴定,什邡H医院2015年1月至2016年6月期间通过上述方式骗取医疗保险基金共计176万余元。至2017年10月12日,什邡H医院已全额退回上述医疗保险基金。

2017年11月24日,四川省什邡市人民检察院以被告人杨某某、黎某、郝某某涉嫌诈骗犯罪依法提起公诉。同年12月19日,什邡市人民法院作出一审判决,认定三被告人犯合同诈骗罪,且系单位犯罪,判处被告人杨某某、黎某、郝某某有期徒刑一年八个月至二年不等,缓期执行。什邡市人民检察院认为一审判决定罪错误、量刑畸轻,于2018年1

① 摘自最高人民检察院官网,于2021年10月26日发布,网址:https://www.spp.gov.cn/spp/xwfbh/wsfbt/202110/t20211026_533382.shtml#2。

月3日向德阳市中级人民法院提出抗诉。2018年12月7日,德阳市中级人民法院作出二审判决,采纳了检察机关抗诉意见,依法撤销什邡市人民法院一审判决,认定三名被告人犯诈骗罪,判处被告人杨某某有期徒刑四年,并处罚金5万元;判处被告人黎某有期徒刑三年,并处罚金3万元;判处被告人郝某某有期徒刑三年,缓刑三年,并处罚金2万元。

【检察履职情况】

1.认真研判法律、正确适用罪名。本案的争议焦点在于诈骗罪与合同诈骗罪的区别适用,其中难点是对医疗服务协议性质的准确界定。德阳市检察机关认真研究法律政策,收集对照相关案例,邀请专家论证,根据相关司法解释和法学理论,并结合医疗服务协议的约定内容,认定该类协议不属于平等主体之间的民事合同,而属于社会保障经办机构与医疗机构在基本医疗保险基金统筹、管理和支付过程中依法签订的行政合同。骗取医疗保险基金的行为侵害的法益并非市场经济秩序,因而不符合合同诈骗罪的构成,应当认定为诈骗罪。德阳市人民检察院加强审判监督,纠正法律适用错误,取得了良好的法律效果。

2.制发检察建议、参与社会治理。结合此案,什邡市人民检察院分别向什邡市卫生和计划生育局、什邡市人力资源和社会保障局制发检察建议。建议进一步健全完善内控制度,全面实行医疗费用智能审核,对定点医药机构开展全面资格复查、建立定期复审制度,对医疗机构关键岗位和人员及医疗从业人员开展医保基础知识、法律政策和职业道德等培训,夯实医保基金管理基础,促进了医疗领域社会治理,使医药行业监管得到进一步规范。

【典型意义】

1.依法严惩骗取医保基金犯罪,维护人民群众切身利益和医保基金安全。医保基金是老百姓的"救命钱",民营医院通过非法手段骗取医保基金的行为严重扰乱了国家社会保障管理秩序,危害了人民群众医疗保障切身利益,依法应予以严惩。检察机关通过刑事抗诉纠正一审法院错误裁判,促进了法律正确适用,有利于司法机关严厉惩治骗取医保犯罪活动,有助于警示和预防此类犯罪发生,在全社会形成防骗反骗的良好环境。

2.打防并举,聚焦源头治理促进行业监管。针对有的医院通过骗取医保基金严重扰乱相关管理秩序的情况，检察机关在办案中注重法治思维、强基导向，充分发挥检察建议堵漏建制功能，有针对性地向相关行政主管部门制发检察建议，督促职能部门依法履职，加大对骗取医保基金等行为的惩治力度，为维护医保基金安全高效运转、促进医疗行业规范有序发展提供有力的法治保障。

案例二

昝某、凡某雨、林某永等人诈骗失业保险金案

【基本案情】

2017 年 11 月至 2018 年 7 月期间，被告人昝某纠集被告人凡某雨、林某永及储某燕、王某、曹某军、赵某、陈某虎、张某青、谢某林等人，由被告人昝某私刻某科技有限公司等 4 家公司印章，并伪造上述公司开具的解除劳动合同、工人身份信息等，由被告人凡某雨等人寻找并介绍不符合失业金领取条件的工人，昝某再通过填写伪造的终止（解除）劳动合同等手段，由常州某科技公司财务部社保组员工储某燕帮助其查询、提供实施诈骗所需员工的入职信息，并操作员工退保，先后从常州市武进区社会保障服务中心骗得失业保险金总计人民币 48 万余元。

江苏省常州市武进区人民检察院于 2019 年 9 月至 2020 年 3 月先后以昝某、凡某雨等十名被告人犯诈骗罪向常州市武进区人民法院提起公诉。2019 年 12 月至 2020 年 4 月，常州市武进区人民法院先后以昝某、凡某雨等十名被告人犯诈骗罪判处有期徒刑七个月至八年不等的刑罚，并处相应罚金。

【检察履职情况】

1. 落实宽严相济刑事政策，依法积极追诉追赃。案件办理中，检察人员通过对昝某聊天、转账记录审查，发现储某某、王某等七人均不同程度参与该案诈骗犯罪活动，经对相关证据审查，发现上述人员参与犯罪主观恶性较大，且涉案金额均达到追诉标准，即依法向侦查机关发出《补充移送起诉通知书》，建议对储某某等七人移送起诉。对于参与诈骗失业保险金数额达到 6000 元以上、但主观恶性不大、能积极退赃的

工人,建议公安机关从宽处理。检察机关多次与公安、社保等部门沟通协商,依法向被告人追缴赃款,并先后向150名工人追缴被骗失业保险金。

2. 调研与建议相结合,深化社会综合治理。针对办案中发现的失业保险金监管存在的漏洞,检察机关深入区社保中心开展专门走访和专题调研,深刻剖析案发原因,积极探讨防范对策,及时向区社保中心制发检察建议,并跟踪监督整改。相关部门高度重视,根据检察建议,认真落实了整改措施,使该类现象未再发生。同时,针对企业内部工作人员管理不到位、工人法治意识淡漠等现象,检察机关深入涉案企业开展走访调研和法治宣传。

【典型意义】

1. 发挥主导作用,依法打击犯罪。该案是常州市首例骗取失业保险金案件,犯罪持续时间长、影响范围广,冒领保险金的工人众多,严重危害国家失业保险金安全和民生民利。针对该案侦查中面临的取证难等问题,检察机关提前介入,积极引导公安机关侦查取证。移送审查起诉后,多次引导侦查补充证据,依法确定诈骗金额。积极研究该类案件遇到的重点难点问题,为今后办案提供有益指导。

2. 注重职能延伸,促进行业规范。失业保险金是社会保险制度的重要组成部分,是失业劳动者享有的基本生活保障,也是确保民生民利和社会稳定的重要制度。恶意骗取国家失业保险金,不仅侵犯国家失业保险金,而且损坏了失业者的切身利益。因此,针对办案中发现的社保部门程序简单、审核不严,相关公司用工管理不规范、失业保险金宣传不到位、企业沟通不到位等问题,检察机关积极运用检察建议,促使相关部门和企业严肃整顿,及时堵塞社会管理漏洞。

3. 履职检察监督职能,积极挽回国家损失。在办理案件过程中,坚持宽严相济刑事政策,对恶意诈骗失业救济金的储某燕等七名被告人坚决予以追诉,对另外四十余名因法治意识淡薄、主观恶性较小、骗取金额较少、且主动退出冒领金额的工人,依法建议公安机关不予立案或作撤案处理,取得了良好的法律效果和社会效果。打击犯罪的同时,对被骗的失业保险金,积极协助追缴,挽回国家损失。

案例三

李某、黄某某等10人编造“皇家资产”诈骗案

【基本案情】

自2000年开始，被告人李某自称是皇家资产的“继承人”、“皇室后裔”，谎称皇家资产存于海外，以巨额回报为诱饵，利用伪造的国家机关公文、证件、印章、照片等取得被害人信任，采取诱使被害人投入基金助其寻找相关物资和手续，以便解冻皇家资产的方式诈骗钱财。随着皇家资产解冻骗局的发展，李某培养王某文、王某、黄某先、张某荣等人为骨干代理人。10名被告人分工合作，相互配合，运作实施皇家资产解冻骗局形成闭环，骗取被害人大量钱财共1086.07万余元，侵害人民群众财产安全，危害社会稳定。

2021年3月25日，云南省弥勒市人民法院以诈骗罪判处被告人李某、黄某某等10人有期徒刑一年至十五年不等，并分别判处罚金。

【检察机关履职过程】

1. 引导侦查取证，补充完善证据链。本案犯罪嫌疑人作案次数多、时间跨度大，其上线遍布全国各地，有的又在境外，且均未到案，再加上本案被告人均否认知道“皇家资产”解冻项目是虚构的，导致本案主要依靠言辞证据定罪的证明难度较大。承办人多次与侦查机关会商，进一步捋清侦查思路和取证方向，引导公安机关全方位加大侦查力度，最大限度补充完善相关证据。

2. 综合审查判断证据，有力指控犯罪。针对犯罪嫌疑人拒不认罪的辩解，一方面对反证能否实质性阻断、削弱整个证据链条的证明效力进行审慎判断。另一方面结合各被告人的学识学历、工作经历、参与作案时间长度、个人分工、作案次数、诈骗人数、诈骗手段及其中的异常表现、涉案款项、同种犯罪前科等情形，综合评判有罪证据的各个因素。对正反两方面的证据进行综合评判，指出了犯罪嫌疑人辩解不具有合理性、正当性，有力指控犯罪。

【典型意义】

1. 明确指控思路，构建清晰的证明体系。“民族资产解冻”类诈骗

犯罪是一种集返利、传销与诈骗为一体的新型、混合型犯罪，其隐蔽性强、专业程度高，证据易被隐匿、灭失，犯罪证明难度较大。办理该类犯罪，首先要充分了解犯罪组织的构架、层级、运行方式等基本概况，在熟悉案情的基础上，进一步研究相关法律法规，厘定"骨干代理人""一般代理人"等特别概念和规定，准确把握犯罪的主要特征和证明要素，为捋清指控思路和构建证明体系奠定基础。

2. 开展法治宣传，延伸检察职能。在案件办理的过程中，检察机关积极关切、参与社会综合治理，特别是针对存在的问题和薄弱环节。本案中涉及的某镇某村被骗人数众多，弥勒市检察院延伸法律监督职能，向相关部门发出检察建议书，建议加大打击力度、扎实开展法律宣传。同时与公安等政法部门在当地进行法治宣传，督促整改落实，形成了打击犯罪合力，坚决遏制了该类型犯罪在当地的发展蔓延态势，实现了政治效果、法律效果和社会效果的统一。

案例四

周某等人虚假诉讼诈骗案

【基本案情】

被告人周某，女，原系杭州 H 公司法定代表人，同时又系杭州 J 公司实际控制人。

2012 年 4 月，浙江 R 集团出资 1200 余万元向周某收购 H 公司股份（含商会大厦房产），并签订并购协议约定 H 公司对 J 公司的债务由周某负责偿还。2013 年至 2015 年期间，周某指使 J 公司法定代表人肖某某、曹某某等人通过虚增借款、虚增交易环节、归还金额不入账等方式，制造 H 公司欠 J 公司巨额债务的假象，利用虚假债权起诉 R 集团。周某还通过伪造证据，制造 H 公司在被收购前已将商会大厦房产转让给胡某某的假象，指使胡某某起诉 R 集团，诉讼金额共计 2100 余万元。R 集团民事诉讼败诉，截止案发，已被法院执行 700 余万元。

2019 年 7 月至 9 月，浙江省杭州市萧山区人民检察院对涉案人员以诈骗罪提起公诉。2020 年 3 月至 8 月，杭州市萧山区人民法院以诈骗罪判处周某有期徒刑10年6个月并处罚金10万元,判处肖某某有期徒刑7年并处罚金7万元,判处胡某某有期徒刑4年6个月并处罚金4.5万元,判处曹某某有期徒刑3年2个月并处罚金3万元。2021年1月21日,杭州市中级人民法院裁定驳回上诉,维持原判。

【检察机关履职情况】

1. 精准研判,成功追诉漏犯。2017年2月份,杭州市萧山区人民检察院在办理周某等人骗取贷款、拒不执行判决裁定案的过程中,浙江R集团向检察机关反映情况,称企业在并购过程中被骗2100余万元,已被法院执行700多万元,后续还将面临1400余万的损失。检察机关经过分析研判、引导公安机关初查,发现周某是J公司实际控制人,H公司与J公司的债务存在重大疑点。经对胡某某进行大数据信息分析,发现胡某某无正当职业,银行账户资金流水不大,出资300万收购商会大厦房产的可能性极低。经进一步深挖取证,追诉了胡某某、肖某某、曹某某。

2. 公开审查,提升办案质效。检察机关通过大数据银行资金流水分析,推断周某父母在上海的别墅系由周某早年出资购买。为了加快追赃力度,提升办案效果,召集侦查人员、被害企业代表、嫌疑人辩护律师先后进行两次公开审查。第一次公开审查,主要围绕民营企业损失核定、犯罪嫌疑人资产状况、防止资产转移等方面进行沟通协调,充分了解损失情况及给嫌疑人一方主动退赃提供机会。第二次公开审查,主要围绕退赃工作推进、上海别墅拍卖、认罪认罚等方面进行协调。为了表达良好的认罪态度,周某家属自愿将别墅拍卖,不仅代为退赔700余万元的刑事赃款,还主动归还了剩余1100余万元的民事欠款。

3. 保护民企,推进企业合规。2020年4月,R集团送来感谢信,并在市人代会上充分肯定检察机关关心、支持、保障民营企业工作。为推进企业合规建设,萧山区院联合萧山区工商联开展服务“六稳”“六保”护航民企发展检察开放日活动,邀请区人大代表、政协委员、人民监督员、媒体代表及各行各业民营企业家等共15人走进检察机关,了解检察工作。

【典型意义】

1. 为办理同类案件提供指引,保护民营企业健康有序发展。检察机关成功追诉一起在企业并购领域针对上市民营企业的虚假诉讼型诈骗案。办理本案过程中,检察机关以保护民营经济为宗旨,细致分析,精准研判,通过数字化办案,为民营企业主持公道,避免企业 2100 余万元的损失,更为企业挽回声誉。本案中运用数字化办案方式、证据审查方法、追赃挽损途径,为检察机关办理同类案件提供了工作指引,同时通过公开审查,为民营企业反映诉求、化解纠纷提供了畅通的渠道。本案的办理体现了恢复性司法理念,实现了"三个效果"有机统一,充分发挥检察机关的诉前主导责任。

2. 本案的判决有利于预防和警示企业并购领域犯罪。本案系杭州地区企业并购领域诈骗第一案,R 集团在向检察机关送感谢信时,表示目前 R 集团在企业数十亿的并购过程中,都会注意仔细核查被收购企业资产和债务的真实性,并会出示本案判决书给被收购企业,提醒被收购企业要真实、合法申报企业财务信息,否则可能会被追究刑事责任。本案的办理不仅帮助企业追回损失,挽回声誉,维护法律公正,更重要的是,对于全国民营企业而言,在进行并购项目时,对收购方和出售方均具有警示、预防的指导意义。

案例五

杨某等 43 人虚构收藏品拍卖诈骗案

【基本案情】

2016 年 5 月至 2017 年 12 月间,被告人杨某伙同他人在北京市朝阳区、东城区等地先后成立多家国际拍卖有限公司。杨某安排公司业务员以固定的话术每天拨打电话,对被害人谎称粮票、油票等物品是"收藏品",公司能将这些物品在境外免费高价拍卖,并以免费进行鉴定和包装为由,诱骗被害人携带"收藏品"到公司面谈。公司的"设计师"会对被害人带来的"收藏品"进行拍照,设计拍卖品图册;"鉴定师"会现场鉴定和评估价格,谎称被害人的"收藏品"极具市场价值,保守估价为几十万元;业务员虚构公司曾在美国、新加坡、香港等地成功高价拍卖的事实,诱骗被害人与公司签订《艺术品委托拍卖合同》。签订合同后,又要求被害人购买价值5千元至数万元不等的公司"藏品"成为会员,才能够享受境外免费拍卖服务。通过划分会员等级,以公司对不同等级的会员所提供服务内容不同以及拍卖成功后收取的佣金不同为由,逐步诱骗被害人购买更多的公司"藏品"。期间,公司不断更换名称、经营地点和法定代表人。经查,被害人高价购买的公司"藏品"仅价值几百元或几十元,系成批购进,公司亦未曾在境外举办过拍卖会。被害人460余名主要为老年人,共计被骗人民币3000余万元,

2018年12月29日北京市人民检察院第二分院以杨某等28人犯诈骗罪依法提起公诉。2019年11月29日,北京市第二中级人民法院作出一审判决,对28名被告人以诈骗罪分别判处有期徒刑二年至十四年不等,并处罚金。

【检察履职情况】

1. 对案件性质详细论证,准确适用法律,保证案件质量。因案件中犯罪嫌疑人均以拍卖公司的名义与每位被害人签订《艺术品委托拍卖合同》,检察机关对案件是合同诈骗罪还是诈骗罪进行了充分论证。最终认定,犯罪嫌疑人是以委托拍卖为诱饵,通过虚假宣传、虚构具有海外拍卖实力、向被害人夸大所出售字画等物品的价值,向被害人提供虚假的国际航班机票和伪造的拍卖视频等诸多诈骗手段,最终目的是为了向被害人高价售卖字画等物品,骗取被害人财物。因此本案是打着委托拍卖的幌子所实施的普通诈骗犯罪。

2. 积极适用认罪认罚从宽,最大限度追赃挽损。诈骗案件严重侵犯被害人的财产权,检察机关积极适用认罪认罚从宽制度,把为被害人追赃挽损、最大限度减少财产损失作为工作重点。检察机关结合证据开示进行释法析理,使嫌疑人放弃侥幸心理,充分认识到行为的危害性,真诚认罪悔罪,最终全案被告人自愿认罪认罚,主动争取从宽。检察机关还主动做好家属代为退赃退赔工作,为被害人追回数百万元经济损失。不仅为嫌疑人争取更大从宽幅度,更有效挽回了被害人损失,修复社会关系,降低案件的社会危害程度。

【典型意义】

1. 准确区分共同犯罪中各嫌疑人的作用,确定分层处理的原则。本案40余名犯罪嫌疑人,为了区别各犯罪嫌疑人在共同犯罪中的地位

和作用,检察机关确定分层处理的原则。对在公司中起组织、领导作用,并参与公司整体分红的杨某等3人认定为主犯,对全案负责,其他嫌疑人为从犯,对其所参与的犯罪负责。对25名从犯依法提起公诉,并提出了量刑建议,对15名犯罪情节轻微的犯罪嫌疑人做出不起诉处理,使案件繁简分流。既突出了刑罚惩治和打击犯罪的重点,也充分体现了认罪认罚从宽和教育挽救的刑事政策。

2. 对以拍卖为名实施诈骗的犯罪行为进行了有效打击和遏制。近年来,"以拍卖为名,实则诈骗"的案件屡屡发生,不仅犯罪时间长,人员流动性大,诈骗手段隐蔽性强,而且被害人范围广,造成的经济损失巨大,取证难度随之增大。由于涉及拍卖行业的专业领域,行为人往往会利用被害人不了解拍卖"行规",夸大获利前景,骗取被害人信任花费高额费用。在给被害人造成财产损失后,则以"流拍"或者"拍卖属于风险投资"等借口,规避责任。本案为拍卖领域的犯罪认定和预防提供了有益借鉴。

案例六

洪某源、张某发、彭某明等61人利用期货交易平台诈骗案

【基本案情】

2017年9月起,被告人洪某源、黄某龙、吴某嘉等平台方分别搭建BNP、RBS、Kentcarlyle、TRADEMAX等虚假期货投资交易平台,嫁接于MetaTrader4交易软件,设A、B两个交易通道。A通道连接真实期货交易市场,B通道为封闭的交易通道,平台方可根据代理商要求修改后台数据,投资人的"入金"钱款进入平台方或代理商控制的公司、个人银行账户。被告人张某发、彭某明等平台代理商从洪某源等人处购买上述平台,招募业务员,发展下级平台代理商,要求业务员以微信虚拟定位、虚构"白富美"身份、发送虚假盈利截图等方式,诱使客户在平台投资。并使用B通道交易,通过设置高杠杆规则、诱导高频交易等方式使客户亏损,骗取客户交易损失及手续费。从2017年8月至2018

年5月案发,张某发等人利用BNP、RBS、TRADEMAX平台骗取37名被害人共计1047.1万余元,被告人彭某明等人利用Kentcarlyle平台骗取64名被害人共计295.4万余元。

2018年11月22日,上海市松江区人民检察院根据不同平台和代理商层级,以诈骗罪分7案对洪某源等61名被告人提起公诉。2019年8月23日至9月6日,松江区人民法院对7起案件一审判决,全部采纳指控意见,以诈骗罪对被告人洪某源等11名平台方和代理商负责人判处有期徒刑十四年至十年不等,并处剥夺政治权利和相应罚金;对被告人刘某豪等42名业务员判处有期徒刑七年至一年四个月不等,并处罚金;对被告人王某萍等8名参与时间相对较短、涉案金额较小的业务员判处一年至八个月不等有期徒刑,适用缓刑,并处罚金。部分被告人提出上诉,二审维持原判。

【检察履职情况】

1. 提前介入,积极引导侦查。本案系利用虚假期货投资交易平台实施诈骗的新型网络犯罪,作案手法专业性强,电子证据多。案发后,松江区人民检察院第一时间提前介入引导侦查,建议公安机关第一时间扣押和封存电子数据,全程同步录音录像,并制作笔录,规范完整记录提取电子数据的过程及数据清单。厘清犯罪嫌疑人层级关系,根据不同层级特点针对性地制定讯问提纲。

2. 会商研判,精准适用法律。围绕本案系诈骗还是非法经营的争议焦点,多次召开联席会议会商,进一步证实涉案平台具有虚假性、犯罪嫌疑人诈骗行为与被害人的损失具有因果关系、洪某源等人主观上具有非法占有的目的。从平台真伪、犯罪行为因果关系、主观目的三个层面进行全面深入分析,准确认定犯罪嫌疑人的诈骗犯罪性质。

3. 延伸职能,扩大办案效果。注重发挥法律监督职能,坚持深挖犯罪与追赃挽损并重。积极引导公安机关依法及时对涉案财物采取查封、扣押、冻结措施,并通过强化资金流向审查完善涉案账户冻结工作。最终本案顺利冻结了银行账户内资金300余万元、扣押汽车3辆、被告人主动退出违法所得60余万元,最大程度减少被害人的经济损失。

【典型意义】

1. 加强电子证据收集、固定和审查。针对电子数据证据易篡改、易灭失的特点，引导公安机关第一时间对手机、电脑等原始存储介质规范扣押和封存，完整提取和固定后台数据。对平台电子数据委托专业鉴定机构提取、恢复，并全程同步录音录像，必要时通过邀请期货行业专业人员介入等方式，提高电子数据审查的专业性。

2. 把握犯罪特点确保精准打击。对期货投资交易平台类案要从平台真伪、被害人亏损原因、犯罪嫌疑人盈利来源厘清诈骗与非法经营等犯罪的界限，抓住涉案平台的虚假性、被告人虚构事实与被害人“入金”的因果关系、资金走向及盈利来源等关键点，依法准确定性。

3. 深挖犯罪与追赃挽损并重。针对网络诈骗案件涉案人数多、犯罪事实多的特点，检察机关全面梳理平台电子数据，厘清各平台、各层级、各角色人员的犯罪事实，及时发现纠正漏罪漏犯，从犯罪嫌疑人分赃、取现的资金账户入手，倒查资金流向，及时冻结关联账户，加强追赃工作，尽可能挽回被害人经济损失。

案例七

腾某珠、童某散等 7 人“骗婚”诈骗案

【基本案情】

被告人腾某珠曾在南京市溧水区、高淳区交界处的农村地区生活多年，深知该地区地处偏远且经济相对落后，很多家境贫寒的大龄男青年急需介绍对象结婚。2013 年 2 月至 2018 年 3 月，腾某珠为牟取非法利益，与被告人李某刀、小某、排某比等人合谋，介绍女青年假意与被害人结婚以骗取高额彩礼。经介绍，已经结婚且生育的被告人金某米、童某散以及离异的被告人吴某梅(另案处理)、王某努等，隐瞒婚史及生育史，与被害人史某某、倪某某等 6 人先后结婚。上述被告人在介绍过程中及婚后生活期间，刻意隐瞒婚育史，取得被害人的信任并骗取彩礼后，再故意制造家庭矛盾离开被害人。被告人采取上述手段共计骗取人民币 76.3 万元。

江苏省南京市高淳区人民检察院于 2019 年 9 月至 2020 年 10 月，先后以腾某珠等七名被告人犯诈骗罪向南京市高淳区人民法院提起公

诉。南京市高淳区人民法院对腾某珠等七名被告人犯诈骗罪判处有期徒刑三年至十年六个月不等刑罚，并处相应罚金。

【检察履职情况】

1. 持续引导侦查，及时追捕追诉，做到查深查细查准。该案时间跨度长、地域跨度广，前期南京溧水、高淳公安机关仅就个案开展侦查，未作并案处理，证据相对薄弱。案件分别报捕后，两地检察机关均作出证据不足不批捕的决定。南京市人民检察院主动挂牌督办，由高淳区院引导公安机关将两地案件并案侦查，先后发出3份补充侦查提纲，并坚持深挖彻查，开展自行补充侦查。对审查逮捕、审查起诉过程中发现遗漏的金某、小某等犯罪嫌疑人及相关事实，依法纠正漏捕、漏诉。最终犯罪数额由8.6万元增至76.3万元，犯罪事实由2笔增至6笔，犯罪嫌疑人由3人增至7人。

2. 融合法理情，实现案结事了人和。针对腾某珠等人在侦查阶段拒不供述犯罪事实的情形，详细阐释犯罪事实、罪名、情节，量刑建议的理由和依据，充分开展认罪认罚说理。发现腾某珠担心未成年女儿无人抚养问题后，主动帮其联系家人照顾女儿。市区两级院检察长主动接待被害人，及时启动司法救助程序，并面向社会制发防范诈骗犯罪“检察关注函”，在农村基层设立巡回“道德法治讲堂”，开展系列普法活动，实现了案结事了人和。

【典型意义】

1. 发挥检察一体优势，立体监督与自行补侦相结合。对于案件跨多个区域、涉及多笔犯罪事实的，应采取上下级检察机关一体联动模式，采取挂牌督办、指定管辖等方式加大案件办理力度。针对证据薄弱、犯罪嫌疑人供述不稳定等问题，检察机关应践行能动司法理念，综合运用纠正违法、纠正漏补、漏诉等监督手段，并发挥引导侦查、自行补充侦查等职能，及时固定证据，精准指控犯罪。

2. 厘清犯罪事实，精准认定骗婚类诈骗犯罪。婚姻应当基于感情，绝不能成为骗财的手段。在办理农村“骗婚”类案件中，不能仅以是否领取结婚证、是否共同生活作为罪与非罪的判断标准，而应当把握诈骗犯罪的实质，综合考量行为人是否隐瞒婚育史、婚后是否故意挑起矛盾意欲解除婚姻关系、是否存在故意失联行为等。在此基础上，准确区分索取钱财的行为是正常的索要彩礼还是以结婚为名的诈骗。对于隐瞒婚育史、婚后不履行夫妻义务、彩礼得手后故意挑起夫妻矛盾、以夫妻感情不合等理由离家出走、要求离婚的,应以诈骗罪追究其刑事责任。

3. 保障被害人权益,延伸社会治理职能。针对因骗婚行为致被害人“人财两空”、生活陷入困境的问题,检察机关及时启动司法救助程序,防止因案致贫。并注重引入社会力量适时开展心理疏导,化解负面情绪。针对农村地区“骗婚”案件多发的问题,及时制发“检察关注函”,提示当地政府关注农村大龄男青年婚育问题,提醒农村群众认清诈骗分子“真面目”、守好手中“钱袋子”。同时,广泛开展送法进社区、进乡村,引导群众学法、懂法、守法、用法,促进公民法治观念养成。

检察机关打击治理电信网络诈骗及关联犯罪典型案例①

案例一

魏某双等 60 人诈骗案

——以投资虚拟货币等为名搭建虚假交易平台跨境实施电信网络诈骗

【关键词】

电信网络诈骗　跨境犯罪集团　虚拟货币　投资风险防范

【要旨】

跨境电信网络诈骗犯罪多发,受害范围广、涉及金额多、危害影响大,检察机关要充分发挥法律监督职能,依法追捕、追诉境内外犯罪分子,全面追查、准确认定犯罪资金,持续保持从严惩治的态势。对于投资型网络诈骗,会同相关部门加强以案释法和风险预警,引导社会公众提高防范意识,切实维护人民群众财产权益。

---

① 摘自最高人民检察院官网,于 2022 年 4 月 21 日发布,网址:https://www.spp.gov.cn/spp/xwfbh/wsfbt/202204/t20220421_554307.shtml#2。

一、基本案情

被告人魏某双，无固定职业；

被告人罗某俊，无固定职业；

被告人谢某林，无固定职业；

被告人刘某飞，无固定职业；

其他56名被告人基本情况略。

2018年9月至2019年9月间，被告人魏某双、罗某俊、谢某林、刘某飞等人在黄某海（在逃）等人的纠集下，集中在柬埔寨王国首都金边市，以投资区块链、欧洲平均工业指数为幌子，搭建虚假的交易平台，冒充专业指导老师诱使被害人在平台上开设账户并充值，被害人所充值钱款流入该团伙实际控制的对公账户。之后，被告人又通过事先掌握的虚拟货币或者欧洲平均工业指数走势，诱使被害人反向操作，制造被害人亏损假象，并在被害人向平台申请出款时，以各种事由推诿，非法占有被害人钱款，谋取非法利益。

在黄某海组织策划下，被告人魏某双、罗某俊、谢某林、刘某飞担任团队经理负责各自团队的日常运营；其余56名被告人分别担任业务组长、业务员具体实施诈骗活动。该团伙为躲避追查，以2至3个月为一个作案周期。2019年10月，该团伙流窜至蒙古国首都乌兰巴托市准备再次实施诈骗时，被当地警方抓获并移交我国。

经查，该团伙骗取河北、内蒙古、江苏等地700余名被害人，共计人民币1.2亿余元。

二、检察履职过程

本案由江苏省无锡市公安局经济开发区分局立案侦查。2019年11月21日，无锡市滨湖区人民检察院介入案件侦查，引导公安机关深入开展侦查，将诈骗金额从最初认定的人民币1200万余元提升到1.2亿余元。2020年2月11日，公安机关以魏某双等60人涉嫌诈骗罪移送起诉。办案过程中，检察机关分别向公安机关发出《应当逮捕犯罪嫌疑人建议书》《补充移送起诉通知书》，追捕追诉共计32名犯罪团伙成员（另案处理）。同年5月9日，检察机关以诈骗罪对魏某双等60人依法提起公诉。2021年9月29日，无锡市滨湖区人民法院以诈骗罪判处被告人魏某双有期徒刑十二年，并处罚金人民币六十万元；判处被告人罗某俊有期徒刑十一年三个月，并处罚金人民币五十万元；判处被告人谢某林有期徒刑十年，并处罚金人民币十万元；判处被告人刘某飞有期徒刑八年，并处罚金人民币五十万元；其余56名被告人分别被判处有期徒刑十年三个月至二年不等，并处罚金人民币三十万元至一万元不等。1名被告人上诉，无锡市中级人民法院裁定驳回上诉，维持原判。

针对本案办理所反映的金融投资诈骗犯罪发案率高、社会公众对这类投资陷阱防范意识不强等问题，无锡市检察机关与公安机关、地方金融监管部门召开联席会议并会签协作文件，构建了打击治理虚假金融投资诈骗犯罪信息共享、线索移送、共同普法、社会治理等8项机制，提升发现、查处、打击这类违法犯罪的质效。检察机关会同有关部门线上依托各类媒体宣传平台，线下进社区、进企业、进校园，向社会公众揭示电信网络诈骗、非法金融活动的危害，加强对金融投资知识的普及，提高投资风险防范意识。

三、典型意义

（一）依法从严追捕追诉，全面追查犯罪资金，严厉打击跨境电信网络诈骗犯罪集团。当前，跨境电信网络诈骗集团案件高发，犯罪分子往往多国流窜作案，多地协同实施，手段不断翻新，严重危害人民群众财产安全和社会安定。对此，检察机关要加强与公安机关协作，深挖细查案件线索，对于集团内犯罪分子，公安机关应当提请逮捕而未提请的、应当移送起诉而未移送的，依法及时追捕、追诉。注重加强追赃挽损，主动引导公安机关全面追查、准确认定、依法扣押犯罪资金，不给犯罪分子在经济上以可乘之机，切实维护受骗群众的财产利益。

（二）加强以案释法，会同相关部门开展金融知识普及，引导社会公众提升投资风险防范意识。当前，投资类诈骗已经成为诈骗的重要类型。特别是犯罪集团以投资新业态、新领域为幌子，通过搭建虚假的交易平台实施诈骗，隐蔽性强、受害人众多、涉案金额往往特别巨大。为此，检察机关要会同相关部门加强以案释法，揭示投资型诈骗的行为本质和危害实质，加强对金融创新产品、新业态领域知识的普及介绍，提示引导社会公众提高风险防范意识，充分了解投资项目，合理预期未来收益，选择正规途径理性投资，自觉抵制虚拟货币交易等非法金融活动，切实维护自身合法权益。

案例二

邱某儒等 31 人诈骗案

——虚构艺术品交易平台以投资理财为名
实施网络诈骗

【关键词】

网络诈骗　虚假投资　法律监督　追赃挽损

【要旨】

对于以频繁交易方式骗取高额手续费行为,检察机关要全面把握投资平台操作模式,准确认定其诈骗本质,依法精准惩治。准确区分诈骗集团中犯罪分子的分工作用,依法全面惩治集团内部各个层级的诈骗犯罪分子。强化追赃挽损,及时阻断诈骗资金的转移和处置,维护人民群众合法权益。

一、基本案情

被告人邱某儒,系广东创意文化产权交易中心有限公司(以下简称广文公司)股东;

被告人陶某龙,系广文公司后援服务中心总经理;

被告人刘某,系广东省深圳市恒古金实业有限公司(以下简称恒古金公司)股东、法定代表人;

被告人郑某辰,系广东省惠州惠赢浩源商务服务有限公司(以下简称惠赢公司)法定代表人;

被告人蒋某,系广西元美商务服务有限公司(以下简称元美公司)实际控制人;

其他 26 名被告人基本情况略。

2016 年 3 月,被告人邱某儒设立广文公司后,通过组织人员、租赁办公场所、购买交易软件、租用服务器,搭建了以“飞天蜡像”等虚构的文化产品为交易对象的类期货交易平台。陶某龙等人通过一级运营中心恒古金公司刘某发展了惠赢公司、元美公司等三十余家会员单位。为实现共同骗取投资者财物的目的,会员单位在多个股票投资聊天群中选择投资者,拉入事先设定的聊天群。同时,安排人员假扮“老师”和跟随老师投资获利的“投资者”、发送虚假盈利截图，以话术烘托、虚构具有盈利能力等方式，骗取投资者的信任，引诱投资者在平台上入金交易。

交易过程中，广文公司和会员单位向投资者隐瞒“平台套用国际期货行情趋势图、并无实际交易”等事实，通过后台调整艺术品价格，制造平台交易平稳、未出现大跌的假象。投资者因此陷入错误认识，认为在该平台交易较为稳妥，且具有较大盈利可能性，故在平台上持续多笔交易，付出高额的手续费。邱某儒、陶某龙、刘某、郑某辰、蒋某等人通过上述手段骗取黄某等6628名投资者共计人民币4.19亿余元。

二、检察履职过程

本案由广东省深圳市公安局南山分局立案侦查。2017年2月，深圳市检察机关介入案件侦查，引导公安机关围绕犯罪主体、诈骗手法、诈骗金额等问题夯实证据并及时追缴赃款。深圳市公安局南山分局于2017年7月至2018年6月分批以诈骗罪将邱某儒等237人向深圳市南山区人民检察院移送起诉。由于邱某儒以及陶某龙、刘某等7人（系广文公司后援服务中心及相关内设部门、恒古金公司主要成员）、郑某辰、蒋某等23人（系会员单位主要负责人）涉案金额特别巨大，深圳市南山区人民检察院依法报送深圳市人民检察院审查起诉。根据级别管辖和指定管辖，其余206人分别由南山区、龙岗区人民检察院审查起诉。2018年2月至12月，深圳市人民检察院以诈骗罪对邱某儒、陶某龙、刘某、郑某辰、蒋某等31人分批向深圳市中级人民法院提起公诉。

2019年1月至7月，深圳市中级人民法院以非法经营罪判处邱某儒有期徒刑七年，并处罚金人民币二千八百万元；以诈骗罪判处陶某龙、刘某等7人有期徒刑十年至三年六个月不等，并处罚金人民币三十万元至十万元不等；以非法经营罪判处郑某辰、蒋某等23人有期徒刑八年至二年三个月不等，并处罚金人民币一千万元至五万元不等。一审判决后，邱某儒、陶某龙等10人提出上诉，深圳市人民检察院审查认为邱某儒、郑某辰、蒋某等24人虚构交易平台，通过多次赚取高额手续费的方式达到骗取投资钱款目的，其行为构成诈骗罪，一审判决认定为非法经营罪确有错误，对邱某儒、郑某辰、蒋某等24人依法提出抗诉，广东省人民检察院支持抗诉。2020年5月至2021年5月，广东省高级人民法院作出二审判决，驳回邱某儒、陶某龙等10人上诉，对邱某儒、郑某辰、蒋某等24人改判诈骗罪，分别判处有期徒刑十三年至三年不等，并处罚金人民币二千八百万元至五万元不等。

办案过程中，深圳市检察机关引导公安机关及时提取、梳理交易平台电子数据，依法冻结涉案账户资金共计人民币8500万余元，判决生效后按比例返还被害人，并责令各被告人继续退赔。深圳市检察机关向社会公开发布伪交易平台类电信网络诈骗典型案例，开展以案释法，加强防范警示。

三、典型意义

（一）以频繁交易方式骗取高额手续费行为迷惑性强，要全面把握交易平台运行模式，准确认定这类行为诈骗本质。在投资型网络诈骗中，犯罪分子往往以“空手套白狼”“以小套大”等方式实施诈骗。但在本案中，犯罪分子利用骗术诱导投资者频繁交易，通过赚取高额手续费的方式达到骗取钱款目的。与传统诈骗方式相比，这种“温水煮青蛙”式的诈骗欺骗性、迷惑性更强、危害群体范围也更大。检察机关在审查案件时，要围绕“平台操控方式、平台盈利来源、被害人资金流向”等关键事实，准确认定平台运作的虚假性和投资钱款的非法占有性，全面认定整个平台和参与成员的犯罪事实，依法予以追诉。法院判决确有错误的，依法提起抗诉，做到不枉不纵、罚当其罪。

（二）准确区分诈骗集团中的犯罪分子的分工作用，依法全面惩治各个层级的诈骗犯罪分子。电信网络诈骗集团往往层级多、架构复杂、人员多，对于参与其中的犯罪分子的分工作用往往难以直接区分。对此，检察机关要围绕平台整体运作模式和不同层级犯罪分子之间的行为关联，准确区分集团内部犯罪分子的分工作用。既要严厉打击在平台上组织开展诈骗活动的指挥者，又要依法惩治在平台上具体实施诈骗行为的操作者，还要深挖诈骗平台背后的实质控制者，实现对诈骗犯罪集团的全面打击。

（三）强化追赃挽损，维护人民群众合法权益。投资类诈骗案件往往具有涉案人数多、犯罪事实多、涉案账户多等特点，在办理这类案件时，检察机关要把追赃挽损工作贯穿办案全过程，会同公安机关及时提取、梳理投资平台的后台电子数据。从平台资金账户、犯罪分子个人账户入手，倒查资金流向，及时冻结相关的出入金账户；通过资金流向发现处置线索，及时扣押涉案相关财物，阻断诈骗资金的转移和处置，最大限度挽回被害人的财产损失。

案例三

张某等3人诈骗案、戴某等3人掩饰、隐瞒犯罪所得案

——冒充明星以投票打榜为名骗取未成年人钱款

【关键词】

电信网络诈骗　“饭圈”文化　未成年人　掩饰隐瞒犯罪所得罪

【要旨】

以“饭圈”消费为名实施的诈骗对未成年人身心健康造成严重侵害。检察机关要依法从严惩治此类诈骗犯罪，引导未成年人自觉抵制不良“饭圈”文化，提高防范意识。对于利用个人银行卡和收款码，帮助诈骗犯罪分子收取、转移赃款的行为，加强全链条打击，可以掩饰、隐瞒犯罪所得罪论处。

一、基本案情

被告人张某，男，系大学专科在读学生；

被告人易某，男，无固定职业；

被告人刘某甲，男，无固定职业；

被告人戴某，男，无固定职业；

被告人黄某俊，男，无固定职业；

被告人范某田，男，无固定职业。

被告人张某、易某、刘某甲单独或合谋，购买使用明星真实名字作为昵称、明星本人照片作为头像的QQ号。之后，上述人员通过该QQ号之前组织的多个“明星粉丝QQ群”添加被害人为好友，在群里虚构明星身份，以给明星投票的名义骗取被害人钱款。

2020年6月，被告人张某通过上述虚假明星QQ号，添加被害人刘某乙（女，13岁，初中生）为好友。张某虚构自己系明星本人的身份，以给其网上投票为由，将拟骗取转账金额人民币10099元谎称为“投票编码”，向刘某乙发送投票二维码实为收款二维码，诱骗刘某乙使用其母

微信账号扫描该二维码,输入“投票编码”后完成所谓的“投票”,实则进行资金转账。在刘某乙发现钱款被转走要求退款时,张某又继续欺骗刘某乙,称添加“退款客服”后可退款。刘某乙添加“退款客服”为好友后,易某、刘某甲随即谎称需要继续投票才能退款,再次诱骗刘某乙通过其母支付宝扫码转账人民币 1 万余元。经查,被告人张某、易某、刘某甲等人通过上述手段骗取 5 名被害人钱款共计人民币 9 万余元。其中,4 名被害人系未成年人。

应张某等人要求,被告人戴某主动联系黄某俊、范某田,利用自己的收款二维码,帮助张某等人转移上述犯罪资金,并收取佣金。期间,因戴某、黄某俊、范某田收款二维码被封控提示可能用于违法犯罪,不能再进账,他们又相继利用家人收款二维码继续协助转账。

二、检察履职过程

本案由黑龙江省林区公安局绥阳分局立案侦查。2020 年 9 月 28 日,公安机关将本案移送绥阳人民检察院起诉。同年 10 月 28 日,检察机关以诈骗罪对张某、易某、刘某甲提起公诉;以掩饰隐瞒犯罪所得罪对戴某、黄某俊、范某田提起公诉。同年 12 月 16 日,绥阳人民法院以诈骗罪分别判处张某、易某、刘某甲有期徒刑四年六个月至三年不等,并处罚金人民币三万元至一万元不等;以掩饰、隐瞒犯罪所得罪分别判处戴某、黄某俊、范某田有期徒刑三年至拘役三个月不等,并处罚金人民币一万五千元至一千元不等。被告人戴某提出上诉,林区中级人民法院裁定驳回上诉,维持原判。其余被告人未上诉,判决已生效。

案发后,检察机关主动联系教育部门,走进被害人所在的学校,通过多种方式开展法治宣传教育活动,教育引导学生自觉抵制不良“饭圈”文化影响,理性对待明星打赏,提高网上识骗防骗的意识和能力。

三、典型意义

(一)依法从严打击以“饭圈”消费为名针对未成年人实施的诈骗犯罪。当下,在“饭圈”经济的助推下,集资为明星投票打榜、购买明星代言产品成为热潮,不少未成年人沉溺于此。一些犯罪分子盯住未成年人社会经验少、防范意识差、盲目追星等弱点,以助明星消费为幌子实施的诈骗犯罪时有发生,不仅给家庭造成经济损失,也使未成年人产生心理阴影。检察机关要加强对未成年人合法权益的特殊保护,依法从严惩治此类犯罪行为。坚持惩防结合，结合司法办案，引导未成年人自觉抵制不良“饭圈”文化影响，理性对待明星打赏活动，切实增强网络防范意识，防止被诱导参加所谓的应援集资，落入诈骗陷阱。

（二）对于利用个人银行卡和收款码，帮助电信网络诈骗犯罪分子转移赃款的行为，加强全链条打击，可以掩饰、隐瞒犯罪所得罪论处。利用自己或他人的银行卡、收款码为诈骗犯罪分子收取、转移赃款，已经成为电信网络诈骗犯罪链条上的固定环节，应当予以严厉打击。对于这类犯罪行为，检察人员既要认定其利用银行卡和二维码实施收取、转账赃款的客观行为，又要根据被告人实施转账行为的次数、持续时间、资金流入的频率、数额、对帮助对象的了解程度、银行卡和二维码被封控提示等主客观因素综合认定其主观明知，对于构成掩饰、隐瞒犯罪所得罪的，依法可以该罪论处。

案例四

刘某峰等37人诈骗案

——以组建网络游戏情侣为名
引诱玩家高额充值骗取钱款

【关键词】

电信网络诈骗　游戏托　高额充值　网络游戏行业规范

【要旨】

“游戏托”诈骗行为隐蔽套路深，欺骗性诱惑性强。检察机关要穿透“游戏托”诈骗骗局，通过对“交友话术欺骗性、充值数额异常性、获利手段非法性”等因素进行综合分析，准确认定其诈骗本质，依法以诈骗罪定罪处罚。通过办案引导广大游戏玩家提高自我防范能力，督促网络游戏企业强化内控、合规经营，促进行业健康发展。

一、基本案情

被告人刘某峰，系辽宁盘锦百思网络科技有限公司（以下简称百思公司）实际控制人；

杨某明等36名被告人均系百思公司员工。

2018 年 8 月至 2019 年 4 月，百思公司代理运营推广江苏某网络科技有限公司的两款网络游戏，被告人刘某峰招聘杨某明等 36 人具体从事游戏推广工作。为招揽更多的玩家下载所推广的游戏并充值，刘某峰指使杨某明等员工冒充年轻女性，在热门网络游戏中发送“寻求男性游戏玩家组建游戏情侣”的消息与被害人取得联系。在微信添加为好友后，再向被害人发送游戏链接，引诱被害人下载所推广的两款网络游戏。在游戏中，被告人与被害人组建游戏情侣，假意与被害人发展恋爱关系，通过发送虚假的机票订单信息截图、共享位置截图等方式骗取被害人的信任，诱骗被害人向游戏账号以明显超过正常使用范围的数额充值。部分被告人还以给付见面诚意金、报销飞机票等理由，短时间多次向被害人索要钱款，诱使被害人以向游戏账号充值的方式支付钱款。经查，刘某峰等人骗取 209 名被害人共计人民币 189 万余元。

二、检察履职过程

本案由天津市公安局津南分局立案侦查。2019 年 9 月 9 日，公安机关以刘某峰等 37 人涉嫌诈骗罪移送天津市津南区人民检察院起诉。同年 12 月 2 日，检察机关以诈骗罪对刘某峰等 37 人提起公诉。2020 年 12 月 21 日，天津市津南区人民法院以诈骗罪分别判处刘某峰等 37 人有期徒刑十三年至一年不等，并处罚金人民币三十万元至一万元不等。刘某峰提出上诉，2021 年 3 月 3 日，天津市第二中级人民法院裁定驳回上诉，维持原判。

结合本案办理，检察机关制作反诈宣传视频，深入大中专院校、街道社区进行宣传，警示游戏玩家警惕“游戏托”诈骗，对游戏中发布的信息要仔细甄别，理性充值，避免遭受财产损失。同时，检察人员深入游戏研发企业座谈，提出企业在产品研发、市场推广中存在的法律风险，督促企业规范产品推广，审慎审查合作方的推广模式，合理设定推广费用，加强产品推广过程中的风险管控。

三、典型意义

（一）以游戏充值方式骗取行为人资金，在“游戏托”诈骗中较为常见，要准确认定其诈骗本质，依法从严惩治。“游戏托”诈骗是新近出现的一种诈骗方式。犯罪分子在网络游戏中扮演异性角色，以“奔现交友”（系网络用语，指由线上虚拟转为线下真实交友恋爱）等话术骗取被害人信任，以游戏充值等方式诱骗被害人支付明显超出正常范围的游戏费用,具有较强的隐蔽性和欺骗性。检察机关要透过犯罪行为表象,通过对交友话术欺骗性、充值数额异常性、获利手段非法性等因素进行综合分析,认定其诈骗犯罪本质,依法予以严厉打击。

(二)强化安全防范意识,提高游戏玩家自我防范能力。网络游戏用户规模大、人数多,犯罪分子在网络游戏中使用虚假身份,运用诈骗"话术",极易使游戏玩家受骗。对于广大游戏玩家而言,应当提高安全防范意识,对于游戏中发布的信息仔细甄别,对于陌生玩家的主动"搭讪"保持必要的警惕,以健康心态参与网络游戏,理性有节制进行游戏充值,防止落入犯罪分子编织的"陷阱"。

(三)推动合规建设,促进网络游戏行业规范健康发展。结合司法办案,检察机关协同有关部门要进一步规范网络游戏行业,严格落实备案制度,完善游戏推广机制,加强对游戏过程中违法犯罪信息的监控查处,推动网络游戏企业加强合规建设,督促企业依法依规经营。

案例五

吴某强、吴某祥等60人诈骗案

——虚构基因缺陷引诱被害人购买增高产品套餐骗取钱款

【关键词】

电信网络诈骗　网络销售　保健品　基因检测

【要旨】

准确认定网络销售型诈骗中行为人对所出售商品"虚构事实"的行为,依法区分罪与非罪、此罪与彼罪的界限,精准惩治。对于涉案人数较多的电信网络诈骗案件,区分对象分层分类处理,做到宽严相济,确保案件效果良好。

一、基本案情

被告人吴某强,系广州助高健康生物科技有限公司(以下简称助高公司)法定代表人、总经理;

被告人吴某祥,系助高公司副总经理,吴某强之弟;

其余58名被告人均系助高公司员工。

2016年9月，被告人吴某强注册成立助高公司，组建总裁办、广告部、服务部、销售部等部门，逐步形成以其为首要分子，吴某祥等人为骨干成员的电信网络诈骗犯罪集团。该犯罪集团针对急于增高的青少年人群，委托他人生产并低价购进"黄精高良姜压片""氨基酸固体饮料""骨胶原蛋白D"等不具有增高效果的普通食品，在其包装贴上"助高特效产品"标识，将上述食品从进价每盒人民币20余元抬升至每盒近600元，以增高套餐的形式将产品和服务捆绑销售，在互联网上推广。

为进一步引诱客户购买产品，助高公司私下联系某基因检测实验室工作人员，编造客户存在"骨密度低"等基因缺陷并虚假解读基因检测报告，谎称上述产品和服务能够帮助青少年在3个月内增高5-8厘米，骗取被害人信任并支付高额货款，以此实施诈骗。当被害人以无实际效果为由要求退款时，助高公司销售及服务人员或继续欺骗被害人升级套餐，或以免费更换服务方案等方式安抚、欺骗被害人，直至被害人放弃。经查，该犯罪集团骗取13239名被害人共计人民币5633万余元。

二、检察履职过程

本案由江苏省盐城市大丰区公安局立案侦查。2020年1月，公安机关以吴某强、吴某祥等117人涉嫌诈骗罪提请盐城市大丰区人民检察院批准逮捕。检察机关审查后，对吴某强、吴某祥等60人批准逮捕，对参与时间短、情节轻微、主观无诈骗故意的57人不批准逮捕；对2名与助高公司共谋、编造虚假基因检测报告的人员监督立案（另案处理）。同年6月16日至20日，公安机关先后将吴某强、吴某祥等60人移送检察机关起诉。同年7月13日至7月18日，检察机关先后对吴某强、吴某祥等60名被告人以诈骗罪提起公诉。2021年2月9日，盐城市大丰区人民法院以诈骗罪判处吴某强有期徒刑十四年，罚金人民币三百万元；判处吴某祥有期徒刑十二年，罚金人民币二百万元；其他58人有期徒刑九年至二年不等，并处罚金人民币九万元至二万元不等。部分被告人提出上诉，盐城市中级人民法院对其中一名被告人根据最终认定的诈骗金额调整量刑；对其他被告人驳回上诉，维持原判。

三、典型意义

（一）准确认定网络销售型诈骗中行为人对所出售商品"虚构事

实”的行为，依法区分罪与非罪、此罪与彼罪的界限。在网络销售型诈骗中，被告人为了达到骗取钱款的目的，需要对其出售的商品进行虚假宣传，这其中存在着与民事欺诈、虚假广告罪之间的界分问题。在办理这类案件时，检察人员要从商品价格、功能、后续行为等角度综合考虑。对于被告人出售商品价格与成本价差距过于悬殊、对所销售商品功效以及对购买者产生影响“漠不关心”、采用固定销售“话术”“剧本”套路被害人反复购买、被害人购买商品所希望达到目的根本无法实现的，结合被告人供述，可认定其具有非法占有目的，依法以诈骗罪论处。行为人为了拓宽销路、提高销量，对所出售的商品作夸大、虚假宣传的，可按民事欺诈处理；情节严重的，符合虚假广告罪构成要件的，依法可以虚假广告罪论处。行为人明知他人从事诈骗活动，仍为其提供广告等宣传的，可以诈骗罪共犯论处。

（二）对于涉案人数较多的电信网络诈骗案件，区分对象分层处理。电信网络诈骗案件层级多、人员多，对此检察机关要区分人员地位作用、分层分类处理，不宜一刀切。对于参与时间较短、情节较轻、获利不多的较低层次人员，贯彻“少捕慎诉慎押”的刑事司法政策，依法从宽处理。对于犯罪集团中的组织者、骨干分子和幕后“金主”，依法从严惩处。对于与诈骗分子同谋，为诈骗犯罪提供虚假证明、技术支持等帮助，依法以诈骗罪共犯论处，做到罚当其罪。

案例六

罗某杰诈骗案

——利用虚拟货币为境外电信网络诈骗团伙跨境转移资金

【关键词】

电信网络诈骗　虚拟货币　资金跨境转移　共同犯罪

【要旨】

利用虚拟货币非法进行资金跨境转移，严重危害经济秩序和社会稳定，应当依法从严全链条惩治。对于专门为诈骗犯罪团伙提供资金转移通道，形成较为稳定协作关系的，应以诈骗罪共犯认定，实现罪责刑相适应。

一、基本案情

被告人罗某杰，男，1993 年 9 月 4 日生，无固定职业。

2020 年 2 月 13 日，被告人罗某杰在境外与诈骗分子事前通谋，计划将诈骗资金兑换成虚拟货币“泰达币”，并搭建非法跨境转移通道。罗某杰通过境外地下钱庄人员戴某明和陈某腾（均为外籍、另案处理），联系到中国籍虚拟货币商刘某辉（另案处理），共同约定合作转移诈骗资金。同年 2 月 15 日，被害人李某等通过网络平台购买口罩被诈骗分子骗取人民币 110.5 万元后，该笔资金立即转入罗某杰控制的一级和二级账户，罗某杰将该诈骗资金迅速转入刘某辉账户；刘某辉收到转账后，又迅速向陈某腾的虚拟货币钱包转入 14 万余个“泰达币”，陈某腾扣除提成，即转给罗某杰 13 万个“泰达币”。后罗某杰将上述 13 万个“泰达币”变现共计人民币 142 万元。同年 5 月 11 日，公安机关抓获罗某杰，并从罗某杰处扣押、冻结该笔涉案资金。

二、检察履职过程

本案由山东省济宁市公安局高新技术产业开发区分局立案侦查。2020 年 5 月 14 日，济宁高新区人民检察院介入案件侦查。同年 8 月 12 日，公安机关以罗某杰涉嫌诈骗罪移送起诉。因移送的证据难以证明罗某杰与上游诈骗犯罪分子有共谋，同年 9 月 3 日，检察机关以掩饰、隐瞒犯罪所得罪提起公诉，同时开展自行侦查，进一步补充收集到罗某杰与诈骗犯罪分子事前联络、在犯罪团伙中专门负责跨境转移资金的证据，综合全案证据，认定罗某杰为诈骗罪共犯。2021 年 7 月 1 日，检察机关变更起诉罪名为诈骗罪。同年 8 月 26 日，济宁高新区人民法院以诈骗罪判处罗某杰有期徒刑十三年，并处罚金人民币十万元。罗某杰提出上诉，同年 10 月 19 日，济宁市中级人民法院裁定驳回上诉，维持原判。

结合本案办理，济宁市检察机关与外汇监管部门等金融监管机构召开座谈会，建议相关单位加强反洗钱监管和金融情报分析，构建信息共享和监测封堵机制；加强对虚拟货币交易的违法性、危害性的社会宣传，提高公众防范意识。

三、典型意义

（一）利用虚拟货币非法跨境转移资金，严重危害经济秩序和社会稳定，应当依法从严惩治。虚拟货币因具有支付工具属性、匿名性、难追查等特征，往往被电信网络诈骗犯罪团伙利用，成为非法跨境转移资金的工具，严重危害正常金融秩序，影响案件侦办和追赃挽损工作开展。检察机关要依法加大对利用虚拟货币非法跨境转移资金行为的打击力度，同步惩治为资金转移提供平台支持和交易帮助的不法虚拟货币商，及时阻断诈骗集团的资金跨境转移通道。

（二）专门为诈骗犯罪分子提供资金转移通道，形成较为稳定协作关系的，应以诈骗罪共犯认定。跨境电信网络诈骗犯罪案件多是内外勾结配合实施，有的诈骗犯罪分子在境外未归案，司法机关难以获取相关证据，加大了对在案犯罪嫌疑人行为的认定难度。检察机关在办理此类案件时，要坚持主客观相统一原则，全面收集行为人与境外犯罪分子联络、帮助转移资金数额、次数、频率等方面的证据，对于行为人长期帮助诈骗团伙转账、套现、取现，或者提供专门资金转移通道，形成较为稳定协作关系的，在综合全案证据基础上，应认定其与境外诈骗分子具有通谋，以诈骗罪共犯认定，实现罪责刑相适应。

案例七

徐某等6人侵犯公民个人信息案

——行业“内鬼”利用非法获取的公民个人信息激活手机“白卡”用于电信网络诈骗犯罪

【关键词】

侵犯公民个人信息罪　手机卡　刑事附带民事公益诉讼

【要旨】

公民个人信息是犯罪分子实施电信网络诈骗犯罪的“基础物料”。特别是行业“内鬼”非法提供个人信息，危害尤为严重。对于侵犯公民个人信息的行为，检察机关坚持源头治理全链条打击。注重发挥刑事检察和公益诉讼检察双向合力，加强对公民个人信息的全面司法保护。

一、基本案情

被告人徐某，系浙江杭州某科技公司负责人；

被告人郑某，系浙江诸暨某通信营业网点代理商；

被告人马某辉，无固定职业；

被告人时某华，系江苏某人力资源公司员工；

被告人耿某军，系江苏某劳务公司员工；

被告人赵某，系上海某劳务公司员工。

2019 年 12 月，被告人徐某、郑某合谋在杭州市、湖州市、诸暨市等地非法从事手机卡“养卡”活动。即先由郑某利用担任手机卡代理商的便利，申领未实名验证的手机卡（又称“白卡”）；再以每张卡人民币 35 元至 40 元的价格交由职业开卡人马某辉；马某辉通过在江苏省的劳务公司员工时某华、耿某军等人，以办理“健康码”、核实健康信息等为由，非法采集劳务公司务工人员身份证信息及人脸识别信息，对“白卡”进行注册和实名认证。为规避通信公司对外省开卡的限制，时某华、耿某军利用郑某工号和密码登录内部业务软件，将手机卡开卡位置修改为浙江省。此外，马某辉还单独从赵某处购买公民个人信息 400 余条用于激活“白卡”。

经查，上述人员利用非法获取的公民个人信息办理手机卡共计 3500 余张。其中，被告人徐某、郑某、马某辉非法获利共计人民币 147705 元，被告人时某华、耿某军非法获利共计人民币 59700 元，被告人赵某非法获利共计人民币 7220 元。上述办理的手机卡中，有 55 张卡被用于电信网络诈骗犯罪，涉及 68 起诈骗案件犯罪数额共计人民币 284 万余元。

二、检察履职过程

本案由浙江省杭州市公安局钱塘新区分局（现为杭州市公安局钱塘分局）立案侦查。2020 年 12 月 10 日，杭州市经济技术开发区人民检察院（现为杭州市钱塘区人民检察院）介入案件侦查。2021 年 2 月 4 日，公安机关以徐某等 6 人涉嫌侵犯公民个人信息罪移送起诉。刑事检察部门在审查过程中发现，被告人利用工作便利，非法获取公民个人信息注册手机卡，侵犯了不特定公民的隐私权，损害了社会公共利益，将案件线索同步移送本院公益诉讼检察部门。公益诉讼检察部门以刑事附带民事公益诉讼立案后,开展了相关调查核实工作。

2021 年 11 月 30 日、12 月 1 日,检察机关以徐某等 6 人涉嫌侵犯公民个人信息罪提起公诉,同时提起刑事附带民事公益诉讼。同年 12 月 31 日,杭州市钱塘区人民法院以侵犯公民个人信息罪对徐某等 6 名被告人判处有期徒刑三年至七个月不等,并处罚金人民币九万元至一万元不等。同时,判决被告人徐某等 6 人连带赔偿人民币 14 万余元,并在国家级新闻媒体上进行公开赔礼道歉。被告人未上诉,判决已生效。

针对通信公司网点人员"养卡"的问题,检察机关与有关通信公司座谈,建议加强开卡和用卡环节内部监管,切断电信网络诈骗犯罪黑产链条。针对不法分子通过"地推"["地推"是指通过实地宣传进行市场营销推广人员的简称。]获取大学生、老年人、务工人员等群体个人信息的情况,检察人员在辖区大学城、社区、园区企业开展普法宣传,通过以案释法,提升民众的防范意识和能力。

三、典型意义

(一)公民个人信息成为电信网络诈骗犯罪的基础工具,对于侵犯公民个人信息的行为,坚持源头治理全链条打击。当前,非法泄露公民个人信息已成为大多数电信网络诈骗犯罪的源头行为。有的犯罪分子把非法获取的公民个人信息用于注册手机卡、银行卡作为实施诈骗的基础工具;有的利用这些信息对被害人进行"画像"实施精准诈骗。检察机关要把惩治侵犯公民个人信息作为打击治理的重点任务,既要通过查办电信网络诈骗犯罪,追溯前端公民个人信息泄露的渠道和人员;又要通过查办侵犯公民个人信息犯罪,深挖关联的诈骗等犯罪线索,实现全链条打击。特别是对于行业"内鬼"泄露公民个人信息的,要坚持依法从严追诉,从重提出量刑建议,加大罚金刑力度,提高犯罪成本。

(二)发挥刑事检察和公益诉讼检察双向合力,加强对公民个人信息的全面司法保护。加强公民个人信息司法保护,是检察机关的重要职责。个人信息保护法明确授权检察机关可以提起这一领域的公益诉讼。检察机关刑事检察和公益诉讼检察部门要加强协作配合,强化信息互通、资源共享、线索移送、人员协作和办案联动,形成办案双向合力,切实加强对公民个人信息的全面司法保护。

案例八

施某凌等18人妨害信用卡管理案
——多人参与、多途径配合搭建专门运输通道
向境外运送银行卡套件

【关键词】

妨害信用卡管理罪　银行卡　物流寄递

【要旨】

当前，银行卡已成为电信网络诈骗犯罪的基础工具，围绕银行卡的买卖、运输形成一条黑色产业链。检察机关要严厉打击境内运输银行卡犯罪行为，深入推进“断卡”行动，全力阻断境外电信网络诈骗犯罪物料运输通道。结合司法办案，推动物流寄递业监管，压实企业责任，提高从业人员的法治意识。

一、基本案情

被告人施某凌，无固定职业；

被告人王某韬，无固定职业；

被告人吴某鑫，无固定职业；

被告人蔡某向，某快递点经营者；

被告人施某补，无固定职业；

被告人郑某，某快递点经营者；

被告人施某莉，无固定职业；

其他11名被告人基本情况略。

2018年7月至2019年10月间，时在菲律宾的被告人施某凌以牟利为目的，接受被告人王某韬以及“周生”、“龙虾”（均系化名，在逃）等人的委托，提供从国内运送信用卡套件到菲律宾马尼拉市的物流服务。

被告人施某凌接到订单后，直接或者通过被告人吴某鑫联系全国各地1000多名长期收集、贩卖银行卡的不法人员，通过物流快递和水客携带运输的方式，将购买的大量他人银行卡、对公账户通过四个不同层级，接力传递，运送至菲律宾。具体运输流程如下：首先由施某凌等人将从“卡商”处收购的大量银行卡以包裹形式运送至蔡某向等人经

营的位于福建晋江、石狮一带的物流点；再由被告人施某补等人将包裹从上述物流点取回进而拆封、统计、整理后，乘坐大巴车携带运往郑某等人经营的广东深圳、珠海一带的物流点；后由往来珠海到澳门的“水客”以“蚂蚁搬家”方式，或由被告人郑某通过货车夹带方式，将包裹运往被告人施某莉在澳门设立的中转站；最终由施某莉组织将包裹从澳门空运至菲律宾。包裹到达菲律宾境内后，吴某鑫再组织人员派送给王某韬以及“周生”、“龙虾”等人。

经查，被告人施某凌等人参与运转的涉案银行卡套件多达5万余套，获利共计人民币616万余元。

二、检察履职过程

本案由福建省晋江市公安局立案侦查。2019年11月1日晋江市人民检察院介入案件侦查。公安机关于2020年4月20日、10月4日以妨害信用卡管理罪将本案被告人分两批移送起诉。检察机关于同年8月18日、11月4日以妨害信用卡管理罪对被告人分批提起公诉，晋江市人民法院对两批案件并案审理。2021年5月6日，晋江市人民法院以妨害信用卡管理罪判处施某凌、王某韬、吴某鑫、蔡某向、施某补、郑某、施某莉等18人有期徒刑九年至二年三个月不等，并处罚金人民币二十万元至二万元不等。部分被告人上诉，同年9月13日，泉州市中级人民法院二审维持原判决。

根据本案所反映出的物流行业经营的风险问题，晋江市检察机关会同当地商务、交通运输、海关、邮政部门联合制发了《晋江市物流行业合规建设指引（试行）》，通过建立健全物流行业合规风险管理体系，加强对行业风险的有效识别和管理，促进物流行业合规建设。同时，督促物流企业加强内部人员法治教育，加大以案释法，切实推进行业规范经营发展。

三、典型意义

（一）严厉打击境内运输银行卡犯罪行为，全力阻断境外电信网络诈骗犯罪物料运转通道。当前，境外电信网络诈骗犯罪分子为了转移诈骗资金，需要获取大量的国内公民银行卡，银行卡的转移出境成为整个犯罪链条中的关键环节。实践中，犯罪分子往往将物流寄递作为运输的重要渠道，通过陆路、水路、航空多种方式流水作业，将银行卡运送到境外。为此,检察机关要深入推进"断卡"行动,加强物流大数据研判分析,掌握银行卡在境内运转轨迹,依法严厉打击买卖、运输银行卡的犯罪行为,尤其是要切断境内外转运的关键节点,阻断银行卡跨境运转通道。

(二)推动社会综合治理,促进物流寄递业规范经营。物流寄递具有触角长、交付快、覆盖面广等特点,因而在运输银行卡过程中容易被犯罪分子利用。对此,检察机关要结合办案,主动加强沟通,推动物流寄递业加强行业监管,压实企业主体责任,严把寄递企业"源头关"、寄递物品"实名关"、寄递过程"安检关"。对于发现的涉大量银行卡的包裹,相关企业要加强重点检查,及时向寄递人核实了解情况,必要时向公安机关反映,防止银行卡非法转移。结合典型案例,督促物流企业加强培训宣传,通过以案释法,提高从业人员的法治意识和安全防范能力,防止成为电信网络诈骗犯罪的"帮凶"。

案例九

唐某琪、方某帮助信息网络犯罪活动案

——非法买卖 GOIP 设备并提供后续维护支持,为电信网络诈骗犯罪提供技术帮助

【关键词】

帮助信息网络犯罪活动罪　GOIP 设备[GOIP(Gsm Over Internet Protocol)设备是一种虚拟拨号设备,该设备能将传统电话信号转化为网络信号,供上百张手机卡同时运作,并通过卡池远程控制异地设备,实现人机分离、人卡分离、机卡分离等功能。]　技术支持　网络黑灰产业链

【要旨】

电信网络诈骗犯罪分子利用 GOIP 设备拨打电话、发送信息,加大了打击治理难度。检察机关要依法从严惩治为实施电信网络诈骗犯罪提供 GOIP 等设备行为,源头打击治理涉网络设备的黑色产业链。坚持主客观相统一,准确认定帮助信息网络犯罪活动罪中的"明知"要件。

一、基本案情

被告人唐某琪，系广东深圳乔尚科技有限公司（以下简称乔尚公司）法定代表人；

被告人方某，系浙江杭州三汇信息工程有限公司（以下简称三汇公司）销售经理。

被告人唐某琪曾因其销售的 GOIP 设备涉及违法犯罪被公安机关查扣并口头警告，之后其仍以乔尚公司名义向方某购买该设备，并通过网络销售给他人。方某明知唐某琪将 GOIP 设备出售给从事电信网络诈骗犯罪的人员，仍然长期向唐某琪出售。自 2019 年 12 月至 2020 年 10 月，唐某琪从方某处购买 130 台 GOIP 设备并销售给他人，并提供后续安装、调试及配置系统等技术支持。期间，公安机关在广西北海、钦州以及贵州六盘水、铜仁等地查获唐某琪、方某出售的 GOIP 设备 20 台。经查，其中 5 台设备被他人用于实施电信网络诈骗，造成张某淘、李某兰等人被诈骗人民币共计 34 万余元。

二、检察履职过程

本案由广西壮族自治区北海市公安局立案侦查。2020 年 9 月 27 日，北海市人民检察院介入案件侦查。2021 年 1 月 25 日，公安机关以唐某琪、方某涉嫌帮助信息网络犯罪活动罪移送起诉，北海市人民检察院将本案指定由海城区人民检察院审查起诉。检察机关经审查认为，唐某琪曾因其销售的 GOIP 设备涉及违法犯罪被公安机关查扣并口头警告，后仍然实施有关行为；方某作为行业销售商，明知 GOIP 设备多用于电信网络诈骗犯罪且收到公司警示通知的情况下，对销售对象不加审核，仍然长期向唐某琪出售，导致所出售设备被用于电信网络诈骗犯罪，造成严重危害，依法均应认定为构成帮助信息网络犯罪活动罪。同年 6 月 21 日，检察机关以帮助信息网络犯罪活动罪对唐某琪、方某提起公诉。同年 8 月 2 日，北海市海城区人民法院以帮助信息网络犯罪活动罪分别判处被告人唐某琪、方某有期徒刑九个月、八个月，并处罚金人民币一万二千元、一万元。唐某琪提出上诉，同年 10 月 18 日，北海市中级人民法院裁定驳回上诉，维持原判。

三、典型意义

（一）GOIP 设备被诈骗犯罪分子使用助推电信网络诈骗犯罪，要坚持打源头斩链条，防止该类网络黑灰产滋生发展。当前，GOIP 设备在电信网络诈骗犯罪中被广泛使用，尤其是一些诈骗团伙在境外远程控制在境内安置的设备，加大反制拦截和信号溯源的难度，给案件侦办带来诸多难题。检察机关要聚焦违法使用 GOIP 设备所形成的黑灰产业链，既要从严惩治不法生产商、销售商，又要注重惩治专门负责设备安装、调试、维修以及提供专门场所放置设备的不法人员，还要加大对为设备运转提供大量电话卡的职业“卡商”的打击力度，全链条阻断诈骗分子作案工具来源。

（二）坚持主客观相统一，准确认定帮助信息网络犯罪活动罪中的“明知”要件。行为人主观上明知他人利用信息网络实施犯罪是认定帮助信息网络犯罪活动罪的前提条件。对于这一明知条件的认定，要坚持主客观相统一原则予以综合认定。对于曾因实施有关技术支持或帮助行为，被监管部门告诫、处罚的，仍然实施有关行为的，如没有其他相反证据，可依法认定其明知。对于行业内人员出售、提供相关设备工具被用于网络犯罪的，要结合其从业经历、对设备工具性能了解程度、交易对象等因素，可依法认定其明知，但有相反证据的除外。

案例十

周某平、施某青帮助信息网络犯罪活动案

——冒用他人信息实名注册并出售校园宽带账号为电信网络诈骗犯罪提供工具

【关键词】

帮助信息网络犯罪活动罪　宽带账号　通信行业治理　平安校园建设

【要旨】

为他人逃避监管或者规避调查，非法办理、出售网络宽带账号，情节严重的，构成帮助信息网络犯罪活动罪，应当依法打击、严肃惩处。检察机关要会同相关部门规范电信运营服务、严格内部从业人员管理。加强校园及周边综合治理，深化法治宣传教育，共同牢筑网络安全的校

园防线。

一、基本案情

被告人周某平，系某通信公司宽带营业网点负责人；

被告人施某青，系某通信公司驻某大学营业网点代理商上海联引通信技术有限公司工作人员。

2019 年上半年起，被告人周某平在网上获悉他人求购宽带账号的信息后，向施某青提出购买需求。施某青利用负责面向在校学生的“办理手机卡加 1 元即可办理校园宽带”服务的工作便利，在学生申请手机卡后，私自出资 1 元利用申请手机卡的学生信息办理校园宽带账号 500 余个，以每个宽带账号人民币 200 元的价格出售给周某平，周某平联系买家出售。周某平、施某青作为电信行业从业人员，明知宽带账号不能私下买卖，且买卖后极有可能被用于电信网络诈骗等犯罪，仍私下办理并出售给上游买家。同时，为帮助他人逃避监管或规避调查，两人还违规帮助上游买家架设服务器，改变宽带账号的真实 IP 地址，并对服务器进行日常维护。周某平、施某青分别获利人民币 8 万余元、10 万余元。经查，二人出售的一校园宽带账号被他人用于电信网络诈骗，致一被害人被骗人民币 158 万余元。

二、检察履职过程

本案由上海市公安局闵行分局立案侦查。2021 年 6 月 4 日，公安机关以周某平、施某青涉嫌帮助信息网络犯罪活动罪移送闵行区人民检察院起诉。同年 6 月 30 日，检察机关对周某平、施某青以帮助信息网络犯罪活动罪提起公诉。同年 7 月 12 日，闵行区人民法院以帮助信息网络犯罪活动罪判处周某平有期徒刑八个月，并处罚金人民币一万元；判处施某青有期徒刑七个月，并处罚金人民币一万元。被告人未上诉，判决已生效。

针对本案办理中所暴露的宽带运营服务中的管理漏洞问题，检察机关主动到施某青所在通信公司走访，通报案件情况，指出公司在业务运营中所存在的用户信息管理不严、业务办理实名认证落实不到位等问题，建议完善相关业务监管机制，加强用户信息管理。该公司高度重视，对涉案的驻某高校营业厅处以年度考评扣分的处罚，并规定“1 元加购宽带账户”的业务必须由用户本人到现场拍照确认后，方可办理。

检察机关还结合开展“反诈进校园”活动,提示在校学生加强风险意识,防范个人信息泄露,重视名下个人账号管理使用,防止被犯罪分子利用。

三、典型意义

(一)非法买卖宽带账号并提供隐藏IP地址等技术服务,属于为网络犯罪提供技术支持或帮助,应当依法从严惩治。宽带账号直接关联到用户网络个人信息,关系到互联网日常管理维护,宽带账号实名制是互联网管理的一项基本要求。电信网络从业人员利用职务便利,冒用校园用户信息开通宽带账户倒卖,为犯罪分子隐藏真实身份提供技术支持帮助,侵犯用户的合法权益、影响网络正常管理,也给司法办案制造了障碍。对于上述行为,情节严重的,构成帮助信息网络犯罪活动罪,应当依法追诉;对于行业内部人员利用工作便利实施上述行为的,依法从严惩治。

(二)规范通信运营服务,严格行业内部人员管理,加强源头治理,防范网络风险。加强通信行业监管是打击治理电信网络诈骗的重要内容。网络黑灰产不断升级发展,给电信行业监管带来不少新问题。对此,检察机关要结合办案所反映出的风险问题,会同行业主管部门督促业内企业严格落实用户实名制,规范用户账号管理;建立健全用户信息收集、使用、保密管理机制,及时堵塞风险漏洞,对于频繁应用于诈骗等违法犯罪活动的高风险业务及时清理规范。要督促有关企业加强对内部人员管理,加大违法违规案例曝光,强化警示教育,严格责任追究,构筑企业内部安全“防火墙”。

(三)加强校园及周边综合治理,深化法治宣传教育,共同牢筑网络安全的校园防线。当前,校园及周边电信网络诈骗及其关联案件时有发生,一些在校学生不仅容易成为诈骗的对象,也容易为了眼前小利沦为诈骗犯罪的“工具人”。要深化检校协作,结合发案情况,深入开展校园及周边安全风险排查整治,深入开展“反诈进校园”活动,规范校园内电信、金融网点的设立、运营,重视加强就业兼职等重点领域的法治教育。

检察机关打击整治养老诈骗犯罪典型案例①

案例一

曹某铭集资诈骗案

——以投资养老产业为名集资诈骗

【关键词】

投资养老产业　集资诈骗　非法吸收公众存款　洗钱　追赃挽损

【基本案情】

2012年底以来，曹某铭设立江苏爱晚投资股份有限公司等系列公司（以下简称“爱晚系”公司），未经依法批准，以提供居家养老服务、进行艺术品投资等“老龄产业”为幌子，由组建的负责集资的团队向有养老服务需求的不特定社会公众特别是老年人进行虚假宣传，夸大经营规模、投资价值，并许诺给付年化收益率为8%—36%的高额回报。为了诱骗老年人参与投资，“爱晚系”公司集资团队成员采取了一系列手段，如，免费发放鸡蛋、米、油等生活用品；吸引养老群体参加公司活动，向老年人宣讲老龄健康、老龄金融、老龄文化等公司六大老龄板块，夸大宣传养老产业前景、规模；使用极少数集资款设立根本不具备养老条件的养老社区、打造居家服务项目等，组织老年人参观、试住；邀请影视明星广告代言，等等。骗取宣传对象的信任后，“爱晚系”公司通过与其签订“居家服务合同”“艺术品交易合同”等方式收取集资款。

至2018年4月，“爱晚系”公司累计向11万余人吸收资金人民币（以下币种同）132.07亿余元。曹某铭将集资款主要用于支付集资参与人的本息，支付高管高额薪酬、奖金及销售团队薪酬、提成，个人支配使用、挥霍消费等，少部分用于对外投资。2018年5月，曹某铭因担心资金链断裂，大量转移、隐匿资产，销毁、掩藏证据后逃往国外。案发

① 摘自最高人民检察院官网，于2022年6月8日发布，网址：https://www.12309.gov.cn/12309/gj/zdajxx/202206/t20220617_spp560065.shtml。

时,给集资参与人造成本金损失46.98亿余元。

2019年11月26日,江苏省南京市中级人民法院以集资诈骗罪判处曹某铭无期徒刑,剥夺政治权利终身,并处没收个人全部财产。一审判决后,曹某铭上诉,2020年6月12日,江苏省高级人民法院裁定驳回上诉,维持原判。

【检察机关履职过程】

2018年5月14日,江苏省南京市公安局建邺分局对“爱晚系”公司非法集资案立案侦查。同年6月3日,南京市建邺区人民检察院对曹某铭作出批准逮捕决定,6月12日,国际刑警组织对曹某铭及其前妻徐某玲发出红色通报;同年9月15日,曹某铭、徐某玲被抓获归案。南京市人民检察院迅速启动市、区两级检察机关联动机制,成立办案组,介入侦查活动引导取证,并建议公安机关将下游洗钱犯罪列为重要侦查方向之一。

2018年12月15日,公安机关将本案移送南京市建邺区人民检察院起诉。2019年6月24日,因曹某铭可能被判处无期徒刑,南京市建邺区人民检察院将本案上报南京市人民检察院审查起诉。南京市人民检察院审查认为,曹某铭在非法集资过程中宣称的“老龄产业”均为吸引投资的噱头,吸收资金主要用于还本付息、支付高额薪酬和个人挥霍使用等,未实际投向所谓的“老龄产业”建设,曹某铭明知无法归还集资款,仍编造传播旗下公司国外上市等虚假信息进一步扩大吸收资金规模,“资金链”断裂后又携款潜逃,具有非法占有目的,构成集资诈骗罪。2019年8月6日,南京市人民检察院对曹某铭以集资诈骗罪提起公诉。

办案过程中,为最大限度追赃挽损,检察机关会同公安机关对洗钱犯罪线索开展同步审查,发现徐某玲使用个人账户帮助曹某铭将赃款1990万元转至境外,金某海使用公司账户接收“爱晚系”公司赃款3400万元,并以转账、取现方式帮助曹某铭控制该款,获利25万元。南京市建邺区人民检察院以洗钱罪对徐某玲、金某海二人提起公诉,二人被依法追究刑事责任。至提起公诉时,依法追缴涉案财物折合人民币7.2亿余元。目前,资产处置工作正在进行中。

同时,对其他积极组织、参与实施非法吸收公众存款行为的69名集资团队主要成员，因其不具有非法占有目的，南京市建邺区人民检察院以非法吸收公众存款罪提起公诉。上述人员均被依法追究刑事责任。

【典型意义】

（一）严格把握金融活动特许经营的基本原则，依法惩治以投资养老产业为名进行非法集资等非法金融活动。随着我国进入老龄化社会，中共中央、国务院先后印发了《关于加强新时代老龄工作的意见》《“十四五”国家老龄事业发展和养老服务体系规划》等文件，部署实施积极应对人口老龄化国家战略，推动老龄事业和产业协同发展，着力构建和完善兜底型、普惠型、多样化的养老服务体系。养老产业的发展离不开金融体系的支持，但是涉及养老产业金融活动同样必须遵守金融法律规定，坚持金融活动特许经营原则。向不特定社会公众公开吸收存款，必须取得国务院金融管理部门相关行政许可，否则便构成非法集资。对于非法集资行为人，根据其主观上是否具有非法占有目的，分别以集资诈骗罪和非法吸收公众存款罪追究刑事责任。认定行为人是否具有非法占有目的，应根据其在非法集资中的层级、职责分工、获取收益方式、是否参与对资金处置以及对资金实际用途知情程度等方面综合审查判断。

（二）办理非法集资案件必须同步审查洗钱犯罪线索，最大限度做好追赃挽损工作。追赃挽损工作关系到参与集资的老年人的切身利益，检察机关应当把追赃挽损作为办理非法集资案件的重要工作内容。但在非法集资案件中，往往因非法集资人将集资款用于还本付息、个人挥霍或者不负责任的投资，导致案发时资金链断裂，给追赃挽损带来诸多客观困难。检察机关在追赃挽损中要积极采取措施，最大限度做到应追尽追。要注意同步审查洗钱犯罪线索，依法追究洗钱行为人的刑事责任，并从中发现、追缴涉案财物，提升追赃挽损的实际效果。

（三）投资养老产业时注意辨识合法融资与非法集资，依法理性开展金融投资活动。社会公众投资养老产业时，要根据公司企业经营状况、宣传项目是否真实存在、是否许诺回报或分红、许诺的回报或分红是否超出合理范围、是否具有给付所承诺回报的盈利能力等方面，分辨融资活动是否属于吸收公众存款、公开发行证券等公开募集资金行为甚至诈骗行为。对于公开募集资金行为，还要进一步了解相关公司企业是否具有相应金融业务许可，判断是合法融资还是非法集资。没有取得相关金融业务许可，以入股、投资、预定等名义许诺还本付息或者给付其他投资回报，向不特定社会公众公开吸收资金的，就是非法集资，不能因其以养老产业政策、公司前景、承诺高额回报等为噱头，就误以为是合法业务，不顾风险进行投资。

案例二

戴某平等人集资诈骗、非法吸收公众存款案

——以预定养老公寓床位为名向老年人非法集资

【关键词】

预定养老公寓　集资诈骗　非法吸收公众存款　非法占有目的　从严惩治

【基本案情】

2010年，戴某平开始对外经营夕阳红老年公寓，收取费用作为日常经营资金。戴某平还通过民间借贷和银行贷款融资经营其他工程项目，但因经营不善而背负债务。为偿还上述民间借贷、银行贷款本息，戴某平与魏某升、徐某强、徐某刚、戴某擎分别设立夕阳红老年公寓市场部、夕阳红孝德广场、夕阳红旅行社，自2013年1月起开始非法集资。魏某升、徐某强、徐某刚、戴某擎等人分别组织营销团队，通过发放“投资养老”传单、开展讲座、组织聚餐等方式，宣传其名下养老公寓等项目，推广所谓“投资高回报＋优惠享受养老服务”投资项目，即签订床位预定合同、缴纳预定金能够获得年化7％－12％的利息，后期入住可享受优惠价格，吸引中老年人签订预定养老服务合同、缴纳预定金。

至2018年3月，戴某平与魏某升、徐某强、徐某刚、戴某擎等人通过上述方式共向2100余人吸收资金1.36亿余元。上述资金中，绝大部分被戴某平个人任意支配使用，仅有744万元用于养老公寓等日常

经营活动,其余资金用于支付集资参与人本息、归还所欠的民间债务和银行贷款、销售团队提成以及个人挥霍使用,给集资参与人造成本金损失 9300 万余元。

2021 年 2 月 1 日,湖北省黄石市黄石港区人民法院以集资诈骗罪判处戴某平有期徒刑十五年,并处罚金四十万元;以非法吸收公众存款罪判处魏某升等 4 名被告人有期徒刑八年十一个月至二年八个月不等,并处罚金。一审判决后,被告人上诉,2021 年 7 月 6 日,黄石市中级人民法院裁定驳回上诉,维持原判。

【检察机关履职过程】

2018 年 12 月 29 日,公安机关刑事立案后,湖北省黄石市黄石港区人民检察院介入侦查,并建议公安机关发布公告,通知未报案登记的集资参与人,查明非法集资金额及损失情况。公安机关采纳检察机关建议,对 1700 余名集资参与人的报案材料进行收集、整理、核对,核实赃款去向,查询、冻结涉案人员及单位的财产,聘请审计部门出具审计报告。2019 年 6 月 28 日,公安机关以戴某平等人涉嫌非法吸收公众存款罪移送起诉。检察机关审查起诉后两次退回补充侦查,引导公安机关从主观目的、赃款去向等方面进一步补充收集相关证据。2019 年 12 月 25 日,黄石市黄石港区人民检察院认为在案证据尚不足以证明戴某平等人具有非法占有目的,遂以非法吸收公众存款罪对戴某平等人提起公诉。

提起公诉后,黄石市黄石港区人民检察院继续要求公安机关补充提供涉案资金去向相关证据。公安机关最终补充提供了相关证据。检察机关审查认为,戴某平个人实际控制集资款并将绝大部分集资款用于归还银行贷款及民间借贷本息、支付集资参与人本息等,只有极少部分投入夕阳红老年公寓等养老机构的日常经营活动,与所筹集资款规模明显不成比例,足以证明戴某平在非法集资过程中具有非法占有目的,构成集资诈骗罪。其余被告人主要负责实施非法吸收公众存款,不参与集资款的使用,构成非法吸收公众存款罪。2020 年 11 月 23 日,黄石市黄石港区人民检察院对戴某平变更起诉为集资诈骗罪。法庭审理中,检察机关发表公诉意见指出,本案犯罪对象是老年人,性质恶劣,社会危害性大,建议法院对戴某平等人酌情从重处罚,法院予以采纳。

【典型意义】

（一）注重对非法集资款实际去向的引导取证和全面审查，准确判断非法集资人有无非法占有目的。非法集资人是否具有非法占有目的，直接关系其构成非法吸收公众存款罪还是集资诈骗罪，进而影响其刑罚轻重。办理非法集资案件过程中，检察机关要注意引导公安机关加强对集资款实际去向相关证据进行全面侦查取证，通过对集资款实际去向的审查，准确判断非法集资人是否具有非法占有目的。对于明知没有归还能力，仍然以非法集资方式吸收资金，集资款主要用于归还个人债务、还本付息、业务员提成等非经营用途的，应当认定具有非法占有目的。

（二）对于以老年人为犯罪对象的非法集资案件，应当依法从严惩治。老年人的积蓄是老年人幸福生活、安度晚年的重要保障，针对老年人的欺诈犯罪性质恶劣，检察机关在办理涉养老领域非法集资案件时，应当坚持依法从严的主基调。专门以老年人为犯罪对象的，可以结合犯罪手段恶劣程度、追赃挽损情况等，提出酌情从重处罚的量刑建议。此外，还要注意准确把握罪与非罪、轻罪与重罪的界限，对于以非法吸收公众存款罪移送起诉、提起公诉的案件，经过认真审查和补充侦查等工作发现构成集资诈骗罪的，应当及时变更罪名，做到不枉不纵。

（三）养老服务行业要依法规范经营，老年人要防范以缴纳预定金享受养老服务的推销陷阱。养老公寓、养老旅游等养老服务行业关系老年人晚年生活的幸福，国家出台了一系列规范文件和扶持政策，从业者应当依法规范经营。以享受定期高额回报，或者若干年后返还全部预定金并享受免费入住、免费度假旅游等为幌子，收取预定金、投资款等养老“促销”，实际是吸收公众资金的金融活动，没有取得国务院金融管理部门依法许可，不能擅自开展。对于此类非法营销，老年人要抵制诱惑、谨防受骗，否则这些预先缴纳的资金因不受任何监管，可能被经营者随意支配使用，给资金安全带来重大风险隐患，容易遭受巨大损失。

案例三

许某燕集资诈骗案

——以亲情关怀、溢价回购手段向老年人集资诈骗

【关键词】

亲情关怀　溢价回购　集资诈骗　认罪认罚　追赃挽损

【基本案情】

2017年5月，许某燕冒用他人名义，注册成立博某商贸有限公司，专门以“退休、有闲钱”的老年群体为对象，组织员工将低价购买的纪念币、邮票等物品渲染成具有艺术价值、收藏价值的收藏品，诱骗老年群体购买并承诺一年后溢价20%回购。为骗取老年群体对公司的信任，许某燕等人采取了诸多包装手段：一是租赁、装修经营场所，统一员工着装，并虚假宣传“公司总部位于北京、全国连锁经营，产品合法合规”，伪装成正规经营的假象。二是频繁组织公司员工到老年人经常聚集的小区、公园、菜市场等场所，以免费分发鸡蛋、洗衣液等方式，配合虚假宣传，获取老年人关注并拉近关系。三是对有购买可能的老年人，组织公司员工帮助老人打扫卫生、照顾老伴、陪同聊天，甚至以认“干亲”等骗取老年人信任。四是定期组织老年人参加公司的“拍卖会”“交易会”，导演“拍卖”“交易”公司收藏品的骗局，虚假宣传“早投资早受益、多投资多受益”。为防止老年人的家人发现，许某燕等人在销售时将所谓“收藏品”装入黑色袋子密封，以“防光防潮”“影响回购”等理由叮嘱老人不得打开。案发时，许某燕共非法吸收资金192万余元，仅向部分老年人返还本金及收益18万余元，未兑付本金173万余元。

2021年3月22日，山东省邹城市人民法院以集资诈骗罪判处许某燕有期徒刑七年六个月，并处罚金五万元。许某燕未上诉，判决已生效。

【检察机关履职过程】

2019年5月10日，山东省邹城市公安局接到报案后，以许某燕涉嫌诈骗罪立案侦查。2019年6月25日，邹城市公安局商请邹城市人民

检察院介入侦查。邹城市人民检察院研判后认为，许某燕通过发放传单、举办讲座、赠送礼品等方式向不特定老年群体公开销售所谓“收藏品”，并承诺到期后溢价回购，涉嫌集资诈骗犯罪。遂建议公安机关围绕经营模式、宣传方式、资金去向等进行侦查取证，以查明是否构成集资诈骗犯罪。

2019 年 8 月 20 日，公安机关以许某燕涉嫌集资诈骗罪移送起诉。在审查起诉过程中，许某燕认罪认罚，并签署具结书。2020 年 2 月 18 日，邹城市人民检察院以集资诈骗罪对许某燕提起公诉，并依法提出确定刑量刑建议，法院采纳了检察机关的量刑建议。

邹城市人民检察院在开展认罪认罚工作过程中，与公安机关密切配合，将追赃挽损作为重要工作内容，督促引导许某燕及其家属自愿退赔房产一套、汽车一辆，为老年人挽回经济损失 120 万余元。

【典型意义】

（一）准确把握集资诈骗罪的犯罪构成要件，妥善区分诈骗罪与集资诈骗罪。当前，以销售收藏品等名目骗取老年人钱财的案件增多，有的构成诈骗罪，有的则构成集资诈骗罪，检察机关在办案时应当根据刑法规定的两罪的构成要件准确认定。通过承诺溢价回购等方式销售商品，向不特定社会公众非法吸收资金的行为，实际上销售商品不是主要目的、吸收资金才是主要目的，违反了《防范和处置非法集资条例》等金融法律规定，侵犯了金融管理秩序，属于非法集资。以非法占有为目的实施上述行为的，应当以集资诈骗罪追究刑事责任。对于主要通过虚假宣传等方式掩盖商品的真实价值，使购买者陷入“物有所值”的错误认识，并以虚高价格出售获取非法利益的，应当以诈骗罪追究刑事责任。

（二）注重把追赃挽损融入认罪认罚工作，根据退赃退赔情况确定从宽幅度。非法集资犯罪嫌疑人、被告人是否退赃退赔，是评价其是否真诚认罪认罚的重要因素之一。检察机关对涉养老领域非法集资案件的犯罪嫌疑人、被告人开展认罪认罚工作时，要将追赃挽损工作融入其中，督促引导犯罪嫌疑人、被告人主动退赃退赔。提出量刑建议时，要把退赃退赔表现、老年人损失挽回情况等作为从宽幅度的重要因素。

（三）谨防陌生人亲情关怀陷阱，避免“关怀”变“伤害”。现代社会老年人与子女各自生活逐渐成为常态。不法分子利用老年人需要亲情关怀、缺乏投资专业知识等特点,通过嘘寒问暖、上门服务等方式发起“亲情”攻势,骗取老年人的信任,灌输各种错误投资理财、健康养生等观念,以实现骗取老年人财物的最终目的。对于这种虚假伪善的“亲情关怀”,老年人要注意识别防范,不能轻易将养老钱托付他人。同时,为人子女,要更多地关心老年人的生活近况,勤联系、多关注、善提醒,让老年人能老有所养、老有所依、老有所乐、老有所安,不要让“伪亲情”成为养老诈骗的温床。

案例四

叶某亚、纪某波等人诈骗案

——假借中医专家诊疗之名诈骗医药费

【关键词】

中医诊疗　诈骗　自行侦查　法治宣传

【基本案情】

2020 年 11 月起,叶某亚伙同纪某波、孟某坤、平某要、张某连等人,以其实际控制经营的上海参某网络科技有限公司名义开设艾灸馆,在不具备中医医疗机构资质的情况下,由未取得国家执业医师资格的纪某波假冒中医专家坐诊为老年人看病。为精准诈骗,叶某亚等人以年龄、家庭经济状况、消费习惯等条件,对艾灸馆经营过程中获取的老年人信息进行筛选,选择年龄大、家境殷实、曾有过大额消费记录、子女不在身边等特点的“病人”作为诈骗目标,并通过设计话术、反复电话联系、安排上门接送等,将老年人骗至诊所。然后,纪某波根据预先获悉的老年人信息进行虚假“问诊、把脉、开方”,叶某亚将普通中药材制作的“中成药”谎称是含有名贵药材的中成药,根据老年人的经济条件和消费能力确定价格,高价卖给老年人。至案发,共骗取 9 名老年人 31.9 万元。公安机关立案后,被告人退缴了全部赃款,已发还各被害人。

2021 年 9 月 28 日,上海市宝山区人民法院以诈骗罪判处叶某亚有期徒刑四年六个月,并处罚金十万元;判处纪某波有期徒刑三年,并处罚金五万元；判处孟某坤等三人有期徒刑二年至十个月不等，并处罚金。

【检察机关履职过程】

2021 年 4 月 27 日，上海市公安局宝山分局以叶某亚等人涉嫌诈骗罪移送起诉。本案涉及中医诊疗专业问题，纪某波具有一定中医知识，辩解其行为不是诈骗。针对被告人的辩解，检察机关开展自行侦查查明，叶某亚公司不具备中医医疗机构资格，聘请的“专家”纪某波未取得国家执业医师资格；艾灸馆筛选“病患”问诊后，便向其大量出售私自研制的谎称含有名贵中药材成分的“制剂”，一次开具药量达 3 至 6 个月不等，并根据被害人经济实力定价。检察机关认为，上述事实表明叶某亚等人的行为根本不具有诊疗的目的和实质，系假借中医诊疗名义实施诈骗犯罪。2021 年 6 月 11 日，上海市宝山区人民检察院以诈骗罪对叶某亚等五人提起公诉。

上海市宝山区人民检察院通过邀请人大代表及社区涉老工作人员旁听庭审，向社会发布该诈骗案例，走进街道、社区开展老年人法治宣传讲座，在微信公众号普法栏目“法律课堂”推送老年人权益保护的法律网课等多种方式，向老年群体开展普法工作，警示此类诈骗风险。

【典型意义】

（一）依法能动履职，开展自行侦查，准确界定案件性质。开设中医诊所，以民间专家中医诊疗为名针对老年人实施诈骗案件时有发生，不仅侵害老年人的财产安全，还可能危害老年人的身体健康。对这种诈骗手段的定性具有一定的迷惑性，检察机关应当结合犯罪嫌疑人、被告人行为方式、主观目的等准确界定案件性质，准确区分诈骗罪与非法行医罪等罪名。对于假借行医之名，通过虚假宣传以高价销售不具有实际价值的药材骗取钱财的，应当透过行医表象看到诈骗本质，依法以诈骗罪追究刑事责任。检察机关应当重点围绕是否以行医之名行诈骗之实进行审查。必要时，可以通过自行侦查夯实相关证据，邀请相关行业专家进行辅助审查。

（二）结合办案创新开展法治宣传，让“检察蓝”护佑“夕阳红”。检察机关在办案的同时，要注重通过以案释法深化法治宣传效果，推动法治宣传进社区、进超市、进公园、进广场、进家庭、进老年人活动场所。

发挥各类新媒体平台的作用,通过发布相关典型案例、举办网络法律课堂等开展普法宣传。要发挥人大代表等社会各界人士的作用,通过邀请人大代表及社区涉老工作人员旁听庭审等形式,促进普法宣传工作。

案例五

夏某等人诈骗、侵犯公民个人信息案

——非法获取老年人个人信息,冒充国家工作人员办理“养老抚恤金”等诈骗老年人

【关键词】

养老抚恤　侵犯公民个人信息　诈骗　全链条惩治　释法说理

【基本案情】

2016 年 3 月,夏某指使董某松通过互联网购买老年人个人信息 98000 余条。获取个人信息后,夏某指使其雇佣的董某松、刘某慧、孙某旭、高某、郭某峰、闫某风等人,分工负责,冒充国家扶贫办、药监局、民政局等部门的工作人员给老年人打电话,了解其身体、家庭、收入情况,逐步取得其信任,再以帮助办理“养老抚恤金”“慢性病补贴”“扶贫款”等虚假名目,收取材料费、保证金、异地转让金等费用,骗取老年人钱财。至 2019 年 7 月案发,夏某等人共骗得 41 名老年人人民币共计 498 万余元。诈骗所得被夏某用于发放员工工资、个人挥霍等。

2020 年 6 月 28 日,浙江省义乌市人民法院对夏某以诈骗罪判处有期徒刑十一年,并处罚金八万元;以侵犯公民个人信息罪判处有期徒刑三年,并处罚金二万元,数罪并罚决定执行有期徒刑十二年六个月,并处罚金十万元。董某松等被告人被判处有期徒刑六年十个月至二年九个月不等,并处罚金。判决后被告人均未上诉,判决已生效。

【检察机关履职过程】

2019 年 12 月 11 日,浙江省义乌市公安局以夏某等人涉嫌诈骗罪、侵犯公民个人信息罪向义乌市人民检察院移送起诉。检察机关审查认为,本案系不法人员冒充国家扶贫办、药监局等工作人员实施的诈骗,

同时构成诈骗罪和招摇撞骗罪，依法应当依照处罚较重的诈骗罪追究刑事责任。同时，夏某、董某松为了实施诈骗犯罪，违反国家有关规定，非法获取公民个人信息的行为，构成侵犯公民个人信息罪。2020 年 4 月 7 日，义乌市人民检察院对夏某、董某松、刘某慧、孙某旭、高某、郭某峰、闫某风提起公诉。

因本案犯罪对象均系老年人，其中部分被害老年人多次被骗，且被骗钱款有的系其毕生积蓄，心理受到较大打击。为维护老年人合法权益，义乌市人民检察院会同法院、公安机关核实被害人具体身份、联系方式、家庭住址等信息，积极开展释法说理、心理安抚工作。同时，针对案件中反映的针对老年人群体的电信网络诈骗高发、频发情况，系统梳理了三年来电信网络诈骗犯罪的基本情况、主要特征、问题成因，提出源头治理的意见建议，制发《检察白皮书》，联合公安机关、电信网络公司等共同筑牢反诈防线。

【典型意义】

（一）全面从严惩治涉养老电信网络诈骗及相关犯罪，促进全链条治理。涉老年人等弱势群体的电信网络诈骗犯罪较为高发，该类案件往往时间跨度较长，被害人分布全国各地。检察机关要通过介入侦查，引导公安机关全面查清犯罪事实。对于冒充国家工作人员实施诈骗犯罪的，应当依照处罚较重的罪名追究刑事责任。在养老诈骗犯罪中，提供老年人个人信息成为“精准”诈骗的帮凶，在依法追究诈骗人员刑事责任的同时，要注意查处侵犯公民个人信息、帮助信息网络犯罪活动等关联犯罪，坚决斩断针对老年人电信网络诈骗的黑色产业链条。对于在诈骗过程中侵犯公民个人信息构成犯罪的，应当一并追究刑事责任。

（二）针对老年人的身心特点做实做细释法说理工作，更好体现司法人文关怀。养老诈骗犯罪不仅侵害老年人的财产安全，而且还会给老年人的身心健康带来负面影响。检察机关在办好案件的同时，要主动听取老年人的合理合法诉求，有针对性地开展释法说理、心理安抚等工作，对因诈骗陷入生活困境的老年人主动开展司法救助工作，最大限度维护老年人的生活安宁。

案例六

许某桥、鲍某康等人诈骗案
——销售虚假藏品诈骗老年人

【关键词】

销售虚假藏品　犯罪集团　诈骗　检察建议

【基本案情】

2014年11月至2018年12月期间，许某桥注册成立瀚某文化交流有限公司等数个连锁公司，招募鲍某康等员工组成诈骗犯罪集团，将从集散批发市场廉价批发的工艺品、字画包装成所谓的“藏品”，通过电话邀约、发放传单、赠送小礼品等方式，引诱缺乏收藏品专业知识的老年人购买，并谎称“藏品”具有数倍至数十倍的升值空间。为打消老年人购买“藏品”后无从出售的顾虑，许某桥等人谎称升值后可以代为拍卖或者销售，甚至表示公司可以兜底回购。为制造“藏品”稀缺交易活跃的假象打消购买者顾虑，许某桥等人组织员工向老年人展示虚假的“藏品”拍卖、销售记录，第三人求购、征集“藏品”函件、文件，已投资客户收益表等，甚至编造部分藏品因属于“一带一路”政策鼓励购买可享受财政补贴返还等信息，使老年人误认为所购“藏品”物有所值甚至超值，从而诱使老年人购买。当老年人要求代为拍卖、销售时，许某桥等人又设置需进一步购买更多“藏品”等附加条件，在老年人无力购买时，引诱其以借款、信用卡消费、网络贷款等方式继续购买“藏品”。至案发，许某桥等人诈骗集团从160余名老年人处骗得人民币2071万余元。诈骗所得被许某桥等人用于公司日常运营支出、发放人员工资及分红、日常消费及购买房产、车辆。

2020年5月28日，江苏省常州市武进区人民法院判决认为，许某桥、鲍某康等人为共同实施诈骗犯罪活动而组成较为固定的犯罪组织，是犯罪集团。许某桥系首要分子，鲍某康系首要分子以外的主犯，其余15名被告人系从犯，以诈骗罪判处许某桥有期徒刑十四年，并处罚金五十万元；判处鲍某康有期徒刑十二年，并处罚金二十万元；判处其余15名被告人有期徒刑七年六个月至一年九个月不等，并处罚金。一审宣判后，许某桥、鲍某康提出上诉。2020 年 8 月 8 日，常州市中级人民法院裁定驳回上诉，维持原判。办案机关依法查封、扣押、冻结了被告人的存款、房产、汽车等涉案财物若干，资产处置工作正在进行中。

【检察机关履职过程】

2018 年 10 月 8 日，江苏省常州市公安局武进分局立案后，商请常州市武进区人民检察院介入侦查。2019 年 1 月 25 日，公安机关根据检察机关的建议，依据涉案 80 余名人员的地位、作用、明知程度、参与时间及非法获利等情况，将人员分为 4 个层次，依法对其中 17 人提请批准逮捕。检察机关审查后，对公司领导层和中层人员共 16 人依法批准逮捕。同时检察机关在审查中发现鲍某康未在案，依法追加逮捕该漏犯。

2019 年 4 月 25 日，公安机关以许某桥、鲍某康等人涉嫌诈骗罪移送起诉。检察机关审查认为，本案被告人以非法占有为目的，采用了系列欺骗性手段设置各种陷阱，销售的商品均为低价购进的工艺品而非具有收藏价值的收藏品，采用“套路”致众多老年人受骗持续购买“藏品”，构成诈骗罪。2019 年 11 月 1 日，常州市武进区人民检察院对许某桥等 17 人以诈骗罪提起公诉。

检察机关针对案件办理中发现的文化市场中的问题，向当地市场监督管理部门制发了《检察建议书》，建议加强市场监管，对文化市场及相关市场存在的欺骗性营销进行专项整治。当地市场监督管理部门高度重视，采取相应措施进行整治和落实，取得良好的社会效果。

【典型意义】

（一）办理养老诈骗犯罪集团案件，要注意区分各被告人在犯罪中的地位、作用，对首要分子要依法从重惩治。为实施养老诈骗形成犯罪集团，社会危害十分严重，应当依法从严打击。检察机关要发挥介入侦查、引导取证等作用，会同公安机关做好案情研判，对符合逮捕条件的，依法及时批准逮捕；发现遗漏犯罪嫌疑人的，依法督促公安机关追加逮捕，作出批准逮捕决定。要结合各被告人在犯罪中的地位、作用、获利情况、参与时间、主观明知程度等因素，全面考量评价，依法准确区分主从犯。提出量刑建议时，对犯罪集团的首要分子要充分体现依法从重惩治。

（二）结合办案制发检察建议，协同整治规范收藏品文化市场。利用“书画收藏”“艺术品收藏”等名目针对老年人群体的诈骗，对老年人迷惑性强，不但扰乱文化市场秩序，还骗取众多老年人的养老钱，社会危害性很大，影响人民群众安全感。文化市场是社会治理的重要方面，检察机关要注重发挥检察建议的作用，结合办案推动相关部门开展行业专项整治规范工作，有效防范同类案件的发生。同时，结合案件办理和整治规范，有针对性地开展从业人员预防犯罪警示教育，通过以案释法，教育引导相关市场主体合法、诚信经营。

检察机关惩治养老诈骗违法犯罪典型案例（第二批）①

案例一

汪某、唐某等人集资诈骗、非法吸收公众存款案

——以投资区块链免费养老为名诈骗老年人

【关键词】

养老诈骗　集资诈骗罪　区块链　免费养老　立案监督

【基本案情】

2018 年 4 月，被告人汪某以 BVI 公司（注：在英属维尔京群岛注册的公司）等名义，招募代理人以网络广告、线下发布会等多种途径，向不特定社会公众特别是老年人宣传“云储链”项目，宣称“云储链”是具有国际贸易流通、交互、结算、集仓、集采、集运等相关功能的公链，是国家“一带一路”贸易应用背景下的科技创新项目，属于“一带一路”贸易联盟筹建委员会联合中国云仓公司一起开发的支持“一带一路”的贸易体系。投资者可以通过购买公司的节点挖机在网络节点上挖掘“云储链”，所获得的“云储链”可以在交易所上市交易。投资者也可以购买云储链，购买后锁仓 180 天增值 70%，解锁之后可以自由交易，也可以

① 摘自最高人民检察院官网，于 2022 年 11 月 9 日发布，网址：https://www.spp.gov.cn/spp/xwfbh/wsfbh/202211/t20221109_592264.shtml。

继续持有增值。为吸引养老群体关注，汪某等人还宣称每购买一个价值 3 美金的“云储链”，便配送一个价值 3 美金的“养老链”，投资即可到国家五星级养老机构享受免费养老服务。

至 2019 年 10 月，被告人汪某、唐某、刘某玉等人通过上述方式累计吸收资金人民币（以下币种同）2200 万余元。除将极少部分集资款项用于支付集资参与人的本息，其余大部分用于支付集资团队高额提成、购买奢侈品等，给集资参与人造成本金损失 2000 余万元。

2021 年 8 月 11 日，浙江省桐乡市人民法院以集资诈骗罪，判处汪某有期徒刑十一年四个月，剥夺政治权利一年，并处罚金四十万元；判处唐某有期徒刑十年六个月，剥夺政治权利一年，并处罚金三十万元；以非法吸收公众存款罪判处刘某玉等其余 10 名被告人有期徒刑一年九个月至一年二个月不等。一审宣判后，汪某、唐某上诉。2022 年 1 月 6 日，浙江省嘉兴市中级人民法院裁定驳回上诉，维持原判。

【检察机关履职过程】

2020 年 4 月 10 日，浙江省桐乡市公安局以汪某、唐某等人涉嫌集资诈骗罪、刘某玉等人涉嫌非法吸收公众存款罪移送起诉。汪某等人辩解“云储链”是将互联网新兴技术云计算、大数据等与区块链整合，属于数字资产和金融创新，其主观上不具有非法占有目的。浙江省桐乡市人民检察院审查认为，汪某、唐某在非法集资过程中宣称的“云储链”系其自行“开发”包装，并无其所宣传的功能，所谓“半年超 70% 高额回报”“投资即可到国家五星级养老机构享受免费养老”“支持国家‘一带一路’发展”等均系虚假宣传，属于假借投资“区块链”赠送养老服务为名进行非法集资。汪某、唐某直接支配集资款用于还本付息、个人挥霍等，具有非法占有目的，构成集资诈骗罪。刘某玉等被告人从投资者转变为非法集资协助者，帮助汪某、唐某向不特定社会公众非法吸收资金，对于资金实际去向等不知情，主观上不具有非法占有目的，构成非法吸收公众存款罪。

2020 年 9 月 3 日，桐乡市人民检察院对汪某、唐某以集资诈骗罪、刘某玉等 10 人以非法吸收公众存款罪提起公诉。同时，检察机关在审查起诉过程中发现韩某等 5 人参与吸收公众存款且金额巨大，遂向公安机关发出《要求说明不立案理由通知书》，公安机关立案侦查后移送起诉。目前，法院已对2人判处非法吸收公众存款罪。

【典型意义】

随着老百姓生活日益富足，部分不法分子利用老年人经济宽裕投资需求旺盛，但对互联网金融等新生事物认识不足、缺乏投资专业知识等情况，以“区块链”“元宇宙”等新科技概念为噱头或者假借“一带一路”“乡村振兴”等重大国家政策蹭热点、搞虚假营销，并再以“投资获取高息”“赠送养老服务”等为诱饵吸引老年人等社会公众“投资”，实际上所吸收资金用途与其宣称科技项目、国家政策毫无关系，目的是骗取老年人的养老钱。老年人在将养老钱用于投资理财时，要树立理性投资观念，既要了解所投资的项目，又要了解关于投资理财的相关规定，不要盲目跟风不了解或一知半解的新事物，不要投资于未经批准的非法金融活动。特别是在接触吸收新事物、新知识时，要注意了解社会上伴随出现的新型养老诈骗手法，增强防范意识，守好自己的钱袋子。

案例二

刘某平等人非法吸收公众存款案

——通过“广场舞”应用软件向老年人非法集资

【关键词】

养老诈骗　非法吸收公众存款罪　广场舞　互联网应用软件　延伸治理

【基本案情】

2014年至2015年间，被告人刘某平先后成立北京红舞联盟科技有限公司（以下简称“红舞联盟”）等公司，伙同被告人李某鹏等人，在未经依法批准的情况下，以众筹开发老年人网络社交平台——“红舞联盟”手机应用软件为由，约定8% -14%年化收益率并承诺保本付息，向不特定社会公众特别是爱好广场舞的老年人公开宣传。为吸引老年人投资，刘某平等人在“红舞联盟”手机应用软件推出聊天交友、舞蹈教学、舞场定位、活动报名、积分换购、推荐抽奖等对老年广场舞爱好者具有吸引力的功能，拉拢老年人下载注册。同时，在线下通过发放统一服装、组织广场舞比赛、申请万人同舞“吉尼斯”世界纪录、组织用户旅游考察等方式进行宣传，吸引老年人关注。为拓展吸收资金渠道，刘某平等人吸纳原有社区广场舞队加入“红舞联盟”，将部分广场舞组织者、教学者发展为业务员吸收资金。为解决老年人线上签合同、转账操作不熟练等问题并规避监管，业务员均在线下与老年投资者签合同收取资金。

至2019年7月，被告人刘某平等人向1200余人非法吸收公众存款8.7亿余元。上述资金被用于支付集资参与人本息、向业务员发放提成、投入“红舞联盟”应用软件运营以及其他经营项目，给集资参与人造成本金损失3.3亿余元。

2022年4月2日，北京市海淀区人民法院以非法吸收公众存款罪，判处刘某平有期徒刑九年，并处罚金五十万元；判处李某鹏等24名被告人有期徒刑七年至二年四个月不等，并处罚金；判处王某华等7名被告人有期徒刑三年至二年，并处罚金，同时适用缓刑（本案根据从旧兼从轻原则，适用刑法修正案〔十一〕实施前的刑法条文）。一审判决后，刘某平等7名被告人上诉，2022年8月4日，北京市第一中级人民法院裁定驳回上诉，维持原判。

【检察机关履职过程】

2019年3月26日，北京市公安局海淀分局对刘某平等人非法吸收公众存款案立案侦查。检察机关介入侦查后，建议公安机关以发布公告的方式查明其他未报案参与人、及时固定基础证据材料、尽快委托司法审计，同时以定期座谈方式向集资参与人代表通报案件进展，回应集资参与人关切的问题。2020年1月30日，公安机关以刘某平等人涉嫌非法吸收公众存款罪移送起诉。检察机关在审查起诉过程中，向犯罪嫌疑人告知认罪认罚从宽制度，26名犯罪嫌疑人认罪认罚并签署具结书。检察机关综合各犯罪嫌疑人在犯罪中的地位、作用以及认罪认罚、退缴违法所得等情况，提出不同的量刑建议。2020年8月7日，北京市海淀区人民检察院以非法吸收公众存款罪对刘某平等人提起公诉。

北京市海淀区人民检察院对本案所暴露出的涉老年用户互联网应

用软件领域风险进行了全面筛查,锁定“养老”“广场舞”“养生”等17个关键词,在各大应用软件下载平台筛查涉及养老服务、休闲娱乐、网络交友、消费购物及保健养生五类“涉老App”213个,从中梳理出存在养老诈骗风险的“涉老App”26个,将相关行政公益诉讼线索移送有关部门并获立案,将相关涉嫌违法犯罪线索移送公安机关、行政机关依法处理。在本案办理后,检察机关以本案事实为基础,改编拍摄了打击防范养老诈骗微电影《分生》,网络点击率近百万。

【典型意义】

当前,我国社会老龄化和互联网产业的高速发展,金融市场的不断创新,“银发族”与“互联网”“金融圈”的交集不断扩大。不法分子利用老年人网络风险意识不高、互联网运用不熟练等特点,专门针对老年人的兴趣爱好设计兼具交友、投资等功能的应用软件从事非法集资、诈骗等犯罪活动。这类犯罪以老年人的兴趣爱好为引子,以高额回报为诱饵,再通过身边人身边事打消老年人警惕心理,极易使老年人陷入骗局。老年人要牢记,任何未经金融管理部门批准,以高额回报为幌子吸收资金的行为,都是非法金融活动。检察机关在办理此类新型非法集资案件时,应当能动履职,延伸开展治理工作,从个案中研判类案风险,通过公益诉讼、线索移转等方式,积极协同有关监管部门开展相关行业领域溯源治理,实现“惩治一案、治理一片”的效果。对于手段翻新的养老诈骗案件,还可以通过视频短片等形式进行以案释法,及时向社会公众揭示新型犯罪手段,开展警示教育,提高防范意识。

案例三

陈某等人诈骗案

——在低价旅游中设置购物陷阱诈骗老年人

【关键词】

养老诈骗　诈骗罪　旅游购物　认罪认罚　追赃挽损　溯源治理

【基本案情】

2020年12月至2021年6月23日间,被告人陈某纠集被告人林某滨等4人在福建省厦门市湖里区东渡古玩城等处开设多家珠宝店，并雇佣被告人石某婷等15人担任“店长”“讲师”“销售人员”等，形成以陈某为组织者、领导者，林某滨等其他人员为组织成员的犯罪集团。该犯罪集团购进廉价玉器产品后，委托某鉴定机构在未经实际鉴定的情况下出具虚假鉴定证书，并以高于实际进价数百倍的价格制作价签放置珠宝店内售卖。随后，陈某串通被告人吴某国等人经营的旅行社，以“不合理低价游”将老年游客等招揽至店内。游客到店后，导游、店内导购人员先向游客虚假宣传珠宝店知名度、商品价值等，再由店内“讲师”冒充“珠宝设计师”等虚假身份进行“专业讲解”，宣扬店内“金镶玉”“玉观音”“和田白玉”等产品具有“传世收藏”“保值增值”价值。最后由冒充“玉石供应商子女”“珠宝店老板子女”等“富二代”身份的员工，向有购买意向的游客谎称交友让利，以所谓“成本价”“打折优惠价”高价出售店内玉器，骗取大量老年被害人钱款。在推销过程中，珠宝店后台工作人员实时监控入店游客的状态，将经观察没有购买意愿或对价格、质量提出质疑的游客逐一请出店外，防止他们影响其他游客购买。至案发，陈某等人共计骗得钱款702万余元。

2022年7月12日，福建省厦门市湖里区人民法院以诈骗罪判处陈某有期徒刑十年四个月，并处罚金十五万元；判处林某滨等19人有期徒刑四年六个月至十一个月、缓刑一年不等，并处罚金；判处吴某国有期徒刑三年，缓刑四年，并处罚金五万元。被告人均未上诉，判决已生效。

【检察机关履职过程】

2021年10月28日、29日，福建省厦门市公安局湖里分局以陈某等21人涉嫌诈骗罪分别移送起诉，厦门市湖里区人民检察院于2021年11月15日决定并案处理。检察机关审查认为，陈某等人以非法占有为目的，在“不合理低价游”中设置购物骗局，通过赠礼交友、大幅让利等“套路”销售劣质玉器，骗取被害人钱款，构成诈骗罪。审查起诉过程中，检察机关充分运用认罪认罚从宽制度，巩固和扩大追赃挽损效果。最终被告人全部认罪认罚，签署认罪认罚具结书并退缴全部赃款。检察机关根据犯罪嫌疑人的地位、作用以及认罪认罚、退赃退赔情况，对部分被告人提出从轻处罚的量刑建议。

2022 年 4 月 11 日,厦门市湖里区人民检察院对陈某等 21 人以诈骗罪提起公诉。同时,检察机关就办案中发现的无证带团、虚假宣传、“不合理低价游”等一系列本地旅游行业存在的问题隐患,主动与旅游监管部门沟通联系、协同整治,吴某国所经营的旅行社被停业整顿并处罚款。检察机关向与珠宝店存在合作关系的其他 6 家旅行社制发检察建议,督促自查整改、依法规范经营,公益诉讼检察部门亦跟进监督立案。

【典型意义】

旅游是当前老年人热衷的休闲娱乐方式之一,老年人已成为我国旅游市场的重要客户群体,许多旅行社根据老年人的需求和特点专门设计旅游产品,极大地丰富了老年人的晚年生活。但是,不法分子为了骗取老年人钱财,以“低价游”为诱饵吸引老年人报团,在游玩过程中的购物环节,通过编造话术辅之“精湛”演技,以欺骗性手段让老年人错误地将普通、廉价珠宝当作精品、珍品高价买入,让老年人的“舒心游”变成“闹心游”。这类行为看似正常市场销售活动,实则是通过虚构事实、隐瞒真相骗取财物,已构成诈骗罪,应当依法追究刑事责任。检察机关办理这类案件时,既要依法惩治犯罪,又要因人因案精准施策,最大限度挽回老年群体经济损失,保障老年人的合法权益。对于案件背后折射出来的旅游行业存在的深层次问题,检察机关要结合办案综合运用检察建议、公益诉讼等方式为推动整治规范开出检察良方,促进旅游市场规范发展。

案例四

房某亮诈骗案

——以代办养老保险为名诈骗

【关键词】

养老诈骗　诈骗罪　养老保险　代办

【基本案情】

2016 年 5 月以来,被告人房某亮冒充中国移动河北省分公司暗访员、养老办主任的身份，宣称能够为没有工作的人员办理中国移动公司河北省分公司养老保险。女性满 55 周岁、男性满 60 周岁后每人每月可领取 2000 元退休金，未满年龄人员可每月领取 500 元生活费。为了取得被害人信任，房某亮组织被害人到移动公司各营业点拍照，到外地旅游，承诺办理退休手续后可享受领取取暖费、免费旅游等待遇，宣称办理养老保险后还可购买移动公司在海南等地的员工福利房，并将租借的本地高档小区房屋包装成移动公司福利房组织参观。房某亮收取“保险金”后，只向部分被害人按照约定支付了少量“退休金”和“生活费”，之后便不再支付。

至 2019 年 6 月，被告人房某亮以代办养老保险为名诈骗 100 名有办理养老保险需求人员共计 368.75 万元，其中，房某亮以发放“退休金”“生活费”名义向部分被害人支付 78.4 万元，其余用于个人消费等。此外，房某亮还以疏通关系“捞人”为名骗取他人 16 万元。

2022 年 6 月 1 日，河北省邯郸市复兴区人民法院以诈骗罪判处房某亮有期徒刑十三年，并处罚金二十万元。房某亮未上诉，判决已生效。

【检察机关履职过程】

河北省邯郸市复兴区人民检察院介入侦查后，考虑到该案被害人大多为接近退休年龄，所损失的多为积攒多年的养老钱，且被害群众人数较多、涉及邯郸市多个县、区，遂多次和公安机关沟通、会商，引导公安机关根据线索逐人核实被骗的时间、地点、金额，收集固定有关证据，全面准确认定被害人人数和具体金额。

2022 年 5 月 10 日，公安机关以房某亮涉嫌诈骗罪移送起诉，邯郸市复兴区人民检察院审查认为，房某亮虚构身份、以代办养老保险名义诈骗钱款，具有非法占有目的，虽然案发前以支付“退休金”“生活费”等名义返还少部分资金，但这只是维系、扩大骗局的手段，不影响诈骗罪的认定。2022 年 5 月 13 日，邯郸市复兴区人民检察院对房某亮以诈骗罪提起公诉。

【典型意义】

国家建立基本养老保险制度，保障公民在年老时依法从国家和社会获得物质帮助，是让老年人老有所养的基础制度安排。社会保险法等法律法规对各类养老保险的办理条件有较为明确的规定,任何人不能以欺诈、伪造证明材料等手段骗取社会保险待遇。然而实践中,一些不法分子利用老年人或者接近退休年龄人员对国家养老保险法律、政策不了解的弱点,冒充公司企业人员或者国家机关工作人员,打着能够帮助不符合条件的人员代办职工养老保险等旗号实施诈骗,导致老年人不仅领不到所谓的养老保险金,还赔上了自己的养老钱。办理各类养老保险应当依法进行,社会公众办理养老保险时,要向养老保险办理部门了解清楚法律政策,遇到代办养老保险等涉诈广告时,要及时向有关部门反映或者向公安机关报案,不要向个人账户缴纳所谓的“养老保险费”。

案例五

张某诈骗案

——以投资养老服务券变现业务为名实施诈骗

【关键词】

养老诈骗　诈骗罪　养老服务券　投资变现

【基本案情】

被告人张某原系吉林省通化市东昌区好帮居家养老服务有限公司前台社区服务站站长,负责社区服务站的运营和管理,2019 年 3 月因无故旷工被开除。从 2019 年 5 月开始,张某在明知政府印发的养老服务券只能兑换物品或购买服务而不能回收、变现的情况下,向邻居、朋友隐瞒其被开除的事实,谎称好帮居家养老公司有内部福利项目,可以通过低价从不需要家政服务的老人手中收购“好帮养老券”,再按照面值价格卖出,从而赚取差价。张某宣称自己缺乏资金,极力游说邻居、朋友借钱给其投资并承诺赚取差价后给予分红利息。截止到 12 月,通过上述方法,张某共骗取 9 名被害人共计 163.4 万元。张某将诈骗款项全部用于个人投资、偿还个人贷款和日常花销。

2022 年 5 月 30 日,吉林省通化市二道江区人民法院以诈骗罪判处张某有期徒刑十年六个月,并处罚金五十万元。张某未上诉,判决已生效。

【检察机关履职过程】

2022年3月28日,公安机关以张某涉嫌诈骗罪移送起诉。吉林省通化市二道江区人民检察院在审查起诉过程中,专门走访有关养老服务机构,相关服务机构均表示养老服务券只能用于向指定养老服务机构购买服务,不能私下变现。张某编造收购、变现政府发放的养老服务券并从中赚取差价的事由骗取被害人信任,诈骗被害人投资款,构成诈骗罪。2022年4月28日,通化市二道江区人民检察院对张某以诈骗罪提起公诉。

虽然本案不涉及养老服务券违法变现的问题,但也反映养老服务券使用过程中可能存在风险隐患,检察机关在办理案件过程中,针对本案所涉及的养老服务券规范使用问题,建议当地民政局开展了专项摸排,健全监督检查机制,并对养老服务机构及其从业人员进行预防教育,确保养老服务券真正惠及老年人。

【典型意义】

为应对人口快速老龄化,加快发展养老服务业,不断满足老年人持续增长的养老服务需求,党中央和国务院相继出台养老服务补贴等养老惠老服务政策。许多地方根据当地实际实行适度普惠的经济困难老年人补贴制度,以政府购买服务的方式对低收入的高龄、独居、失能等养老困难的老年人发放养老服务券,为老年人入住养老机构或者接受社区、居家养老服务提供支持。民政部门等对养老服务券的发放、使用、回收设置了严格制度,养老服务券只能用于购买养老服务,不允许变现使用,所谓投资养老服务券变现的业务本身就是违法。一些不法分子利用从事过养老服务行业的工作背景,虚假宣传养老服务券可以变现,误导、诱骗身边亲友投资所谓的养老服务券变现业务,以实现诈骗钱财的目的,不仅损害被害人的合法权益,而且还严重破坏养老服务券等养老服务产业的社会声誉,也不利于养老惠老服务政策的顺利实施,必须依法从严惩治。社会公众一旦发现假借养老惠老政策之名进行非法套利的,应及时向有关部门举报。检察机关在办案中发现养老服务领域可能存在的风险隐患,应当及时提示有关部门加强防范。

案例六

杨某阁销售有毒、有害食品刑事附带民事公益诉讼案
——向老年人销售含有国家禁止添加成分的“降糖茶”

【关键词】

养老诈骗　销售有毒、有害食品罪　刑事附带民事公益诉讼　行政公益诉讼

【基本案情】

2018年10月，被告人杨某阁在未取得食品经营许可的情况下，从他人处大量购进“三无”产品“降糖茶”，并冒充某三甲医院教授等身份，谎称“降糖茶”为纯植物、无添加、有奇效的保健品，通过快递发货、网络收款等方式向患有糖尿病的老年人或其家属销售。2019年12月，一名购买“降糖茶”的消费者告知杨某阁化验报告显示“降糖茶”中含有西药成分后，杨某阁自行委托检测，发现该产品含西药成分格列苯脲，但其仍继续对外销售。至2020年11月，杨某阁销售金额共计95万余元。经检测，杨某阁销售的“降糖茶”中含有国家食品药品监督管理局办公室发布的《保健食品中可能非法添加的物质名单（第一批）》中所列的格列苯脲和盐酸二甲双胍。

另查明，被告人杨某阁在未取得执业医师资格的情况下，违反执业医师法有关规定，在其经营的养生会所等地为他人实施针灸、开具药方等诊疗行为。

2022年1月26日，北京市东城区人民法院以销售有毒、有害食品罪，判处杨某阁有期徒刑十年，并处罚金二十万元。判令杨某阁支付民事惩罚性赔偿金三百二十六万六千元，并在国家级媒体上就其销售不符合食品安全标准的食品行为向社会公开赔礼道歉、消除危险。杨某阁认罪认罚未提出上诉，判决已生效。

【检察机关履职过程】

北京市东城区人民检察院就涉食品安全案件与区市场监督管理局、公安分局建立常态化会商、信息共享及线索移转机制，在发现案件线索时介入核查工作，2020年9月25日，北京市东城区人民检察院对

杨某阁涉嫌销售有毒、有害食品案通知公安机关立案。9 月 26 日，北京市公安局东城分局对杨某阁涉嫌销售有毒、有害食品案立案侦查。立案后，北京市东城区人民检察院刑事检察部门依法介入侦查，就涉案有毒、有害食品的检验检测、销售金额的查证、电子数据的调取、审查、主观明知的证明等方面提出引导取证意见。在介入侦查过程中，检察机关发现杨某阁通过互联网向老年人及其家属等不特定消费者销售有毒、有害食品的行为涉嫌损害社会公共利益，刑事检察部门依法将线索移转至公益诉讼检察部门。2021 年 1 月 6 日，北京市东城区人民检察院将杨某阁销售有毒、有害食品行为作为民事公益诉讼线索开展初步调查工作，同年 2 月 2 日立案后，在媒体发布诉前公告。北京市公安局东城分局于 2021 年 2 月 18 日以杨某阁涉嫌销售有毒、有害食品罪向北京市东城区人民检察院移送起诉。

检察机关认为，杨某阁在知道所销售的“降糖茶”含有西药成分之日起至案发时的销售行为，已构成销售有毒、有害食品罪。同时，其长期以来明知“降糖茶”系三无产品，不符合食品安全标准，仍然向全国多地的消费者进行销售的行为，侵害众多消费者合法权益，损害社会公共利益，应当承担相应的民事责任，侵权行为自其开始销售“降糖茶”时即 2018 年 10 月起算，销售金额共计 32 万余元。2021 年 7 月 27 日，北京市东城区人民检察院以销售有毒、有害食品罪对杨某阁提起刑事附带民事公益诉讼。

检察机关在审查中还发现，杨某阁在未取得医师执业资格的情况下，违法在其经营场所等地为老年人等群体实施针灸、开具药方等诊疗行为涉嫌侵害社会公共利益。2022 年 3 月 15 日，北京市东城区人民检察院将杨某阁非法行医行为作为行政公益诉讼线索开展初核工作，2022 年 3 月 30 日立案。经调查，东城区人民检察院于 2022 年 6 月 30 日向相关行政机关制发行政公益诉讼诉前检察建议，相关行政机关接收检察建议后已对杨某阁非法行医行政违法行为立案调查。

【典型意义】

健康是老年人安享晚年的“本钱”，但也往往成为不法分子实施违法犯罪所依托的对象，市场上治疗老年疾病的产品层出不穷，其中不乏圈钱的骗局。不法分子蓄意编造“玄妙”的理论，将根本不具有任何功效的产品宣传成可以包治百病的良方或者将含有药品成分的产品包装成日常保健食品，通过各种方式向老年人推销盈利，所谓的产品不仅治不了病，还损失了养老钱，甚至耽误正规治疗，危害老年人的身心健康。老年人在追求健康生活的过程中，不能轻信能包治各种老年疾病的产品宣传，购买前看清楚产品的成分、生产批号等，对于“三无”产品不要购买。检察机关在办理此类案件时，要注意同步审查是否存在损害社会公共利益事实或行政处罚执法线索，融合刑事检察、公益诉讼检察等职能，在惩治刑事犯罪的同时，及时、敏锐发现公益诉讼线索，将查证属实的事实区分不同性质予以准确认定，坚持落实食品药品安全“四个最严”要求，依法要求违法行为人承担十倍惩罚性赔偿责任，确保应查尽查、应罚尽罚。

案例七

广东省江门市江海区人民检察院督促整治老年人保健品市场乱象行政公益诉讼案

【关键词】

行政公益诉讼　诉前程序　保健品　公开听证　协同治理

【基本案情】

2020年2月以来，广东省江门市江海区辖区内的某生物科技有限公司、保健店、商行、床上用品店、饮用水机经营部等23家商户，以提供“免费聚餐”“免费旅游”“打卡计分兑换礼品”等手段博取老年人信任，再通过播放“权威”视频、传播自制“养生”小程序、提供“专家”课程等方式，夸大甚至杜撰“磁性床垫”“磁性护膝”“磁性能量帽”“安宁固元液”等保健产品功效，误导欺诈老年消费者高价购买。其中多数为“三无”产品，甚至部分为不符合安全标准的食品，其行为涉嫌侵犯不特定多数老年人的合法权益，严重损害社会公共利益。

【检察机关履职过程】

2022年1月，广东省江门市江海区人民检察院针对老年人保健品市场乱象开展公益诉讼专项监督行动中发现该案线索，于3月3日决定立案，制定调查方案，开展现场调查，及时固定收集相关证据。3月7日，为进一步查明公共利益受损事实，江门市江海区人民检察院召开以“老年保健品安全监管”为主题的公开听证会，邀请人大代表、政协委员、行政机关和行业代表参加，聚焦如何从源头上加强老年人保健品市场监管展开讨论，并形成共识：一是依法督促相关行政部门加强保健品生产、消费市场的源头监管，规范市场准入资格，加强从业人员的监管；二是依法督促相关行政部门加强互联网、电视、电台等媒体严格按照广告法及相关法律法规审核广告内容，杜绝夸大、虚假宣传，避免误导群众；三是建立多部门联动的联络、会商、巡查、协作机制，加大打击“骗老坑老”保健品的力度；四是加大对保健品知识的宣传力度，深入社区、村居开展消费警示活动，曝光典型案例，引导老年人正确认识和消费保健品；五是加强对保健品虚假宣传的监管，公开监督举报电话，发挥群众监督作用，营造全社会参与监督的良好氛围。

2022年3月18日，基于听证会各方意见和已查明的案件事实，江门市江海区人民检察院向市场监管部门发出诉前检察建议，督促其积极履行监管职责，依法保障老年人群体合法权益。市场监管部门收到检察建议后，立即在辖区开展专项行动，根据检察机关提供的线索依法查处涉案商家12家，其中责令关停7家，对其中涉嫌犯罪的5件依法移送公安机关，涉案货值共计400余万元，公安机关现已刑事立案2件。同时，继续加强保健品店准入监管和抽查，将违法犯罪人员列入失信名单，联合检察机关进村居、社区开展养老诈骗法治宣传。

针对老年人保健品市场乱象治理存在涉及部门多、协调难度大、利益链复杂等特点，江门市江海区人民检察院还主动将监督办案情况向当地党委、政法委汇报争取支持，协同推动与市场监管、公安、民政、城管等职能部门建立打击老年人保健品诈骗专项行动协作机制，充分利用各行政部门执法大数据，加强辖区保健品商户的合法经营监管，形成打击合力，巩固整治成果。此外，江门市江海区人民检察院还以“消费者权益保护日”为契机，联合市场监管部门召开保健品市场专项整治行动新闻发布会，详细通报该院办理违法销售老年保健品案件情况，通过以案说法开展警示教育，公开举报监督电话，印发宣传册、设点咨询等形式让涉老反诈宣传进社区、进家庭，切实增强人民群众特别是老年群体的法治意识和识骗防骗能力。

【典型意义】

保健品市场虚假宣传、欺诈销售等“骗老坑老”问题较为突出，严重损害老年人的身心健康，侵害老年人合法权益。检察机关要主动聚焦“骗老坑老”问题集中的保健品等行业领域，部署开展公益诉讼“小专项”活动。在履行公益诉讼职责过程中，要注意运用公开听证、检察建议等方式督促相关部门积极履职，力促形成打击整治合力，以“我管”促“都管”，协同推动建立协作机制，从源头到末端铲除问题隐患。检察机关在开展公益诉讼监督过程中发现涉嫌犯罪线索的，应依法移送公安机关处理。同时，要结合检察办案中发现的问题加大反诈宣传和警示教育力度，积极向老年人和保健品从业人员开展普法宣传，教育引导保健品等相关行业经营者依法诚信经营，帮助老年人提高识别防范虚假宣传营销的意识和能力，维护好自身的合法权益。

最高人民检察院、最高人民法院、公安部联合发布
依法惩治跨境电信网络诈骗及其关联犯罪典型案例①

案例一

梁某等人跨境电信网络诈骗案

【基本案情】

2020 年 2 月至 9 月，梁某伙同何某华（另案处理）等人，在缅甸木姐地区设立诈骗窝点，招揽电信网络诈骗等犯罪团伙入驻，对各犯罪团伙进行管理，向犯罪团伙收取房租、水、电等“物业”费用，提供公民个人信息、短信群发技术设备，并帮助联系“洗钱”团伙，以此获取巨额非

① 摘自最高人民法院官网，于 2024 年 7 月 26 日发布，网址：https://www.court.gov.cn/zixun/xiangqing/439351.html。

法利益。期间，王某（另案处理）带领诈骗团队进入梁某管理的诈骗窝点，指使黄某某（另案处理）等人搭建虚假的"安逸花"贷款 App 平台服务器，林某使用短信群发技术将含有虚假"安逸花"贷款 App 链接的短信向国内电信用户大量发送。李某雨、王某辉等人在王某等人的组织安排下，通过"QQ"语音电话和国内被害人联系，冒充贷款平台客服人员骗取被害人信任，以办理贷款名义诱导被害人交纳认证金、解冻费，骗取被害人资金。经查，该诈骗集团采用上述手法共计诈骗 1400 余名被害人人民币近 6000 万元。

另查明，梁某、王某等人通过"泰达币"交易进行"洗钱"，将诈骗赃款转移至国内，梁某富、王某林等人事先与梁某、王某等人通谋，明知系电信网络诈骗犯罪所得而通过转账、收取现金等方式帮助转移。梁某洪、王某洪、桂某等人作为梁某、王某、何某华亲属，明知相关人员转送的现金等财物系电信诈骗犯罪所得而予以接收、藏匿。案发后，公安机关共查扣现金、黄金、基金等财物折合人民币近 6000 万元。

2020 年 9 月中旬，梁某等三人结伙，与缅北地区偷渡团伙"蛇头"联系，通过缅甸村寨接抵的边境地区，经隐蔽路线偷越国境进入云南瑞丽。

【诉讼过程】

2020 年 8 月 14 日，山西省太原市公安局晋源分局对本案立案侦查。2021 年 3 月 17 日，太原市公安局晋源分局将梁某等人移送晋源区人民检察院审查起诉，晋源区人民检察院将该案报送至太原市人民检察院。2021 年 7 月 13 日，太原市人民检察院对梁某等 23 人以诈骗罪、偷越国（边）境罪、掩饰、隐瞒犯罪所得、犯罪所得收益罪提起公诉。

2021 年 12 月 15 日，太原市中级人民法院经依法审理，以诈骗罪、偷越国（边）境罪判处首要分子梁某无期徒刑，剥夺政治权利终身，并处没收个人全部财产；以诈骗罪判处林某、梁某富、王某林等 8 名犯罪集团骨干成员十四年五个月至十一年不等的有期徒刑，并处人民币一百零五万元至三十万元不等的罚金；以诈骗罪判处李某雨、王某辉等 7 名一般参加者七年四个月至一年九个月不等的有期徒刑，并处人民币十一万元至一万三千元不等的罚金；以掩饰、隐瞒犯罪所得、犯罪所得收益罪判处梁某洪、王某洪、桂某等 7 名境内转移诈骗犯罪所得及收益人员六年三个月至三年不等的有期徒刑,并处人民币五十万元至十万元不等的罚金;依法及时返还被害人损失。部分被告人上诉后,二审维持原判。

【典型意义】

1. 依法从重打击跨境电信网络诈骗犯罪集团及其首要分子、幕后“金主”。近年来,境外电诈组织呈现出新形态,犯罪分子在境外设立诈骗窝点,表面上不直接实施诈骗,但通过招募诈骗团伙或人员,为诈骗团伙提供犯罪场所、条件保障、武装庇护、人员管理等服务,对犯罪团伙及成员实施管理控制,逐步形成较稳定的大型犯罪集团,并通过抽成分红或者收取相关费用等方式巨额敛财,大肆实施诈骗活动,严重侵犯人民群众生命财产安全,社会危害极大。对跨境电信网络诈骗集团及其首要分子、幕后“金主”,要用足用好法律武器,持续保持高压严惩态势,形成有力震慑。既要依法从严适用自由刑,彰显“零容忍”立场,又要加大财产刑适用力度,最大限度剥夺其再犯能力。对于诈骗数额特别巨大、犯罪情节特别严重的,依法“顶格”判处无期徒刑,并处没收个人全部财产。

2. 依法严惩为跨境电信网络诈骗犯罪提供境内资产转移帮助的人员,最大范围查扣犯罪分子诈骗所得及转化收益。办案机关应当全力查清犯罪集团的财产状况及犯罪所得资金流向,及时准确查封、扣押、冻结相关资产,最大限度追赃挽损。对于境内协助转移、窝藏犯罪所得及转化收益的人员,应当结合其主观明知情况、参与犯罪程度,以诈骗罪共犯或掩饰、隐瞒犯罪所得、犯罪所得收益罪依法追究其刑事责任。

案例二

葛某等人跨境电信网络诈骗案

【基本案情】

2019 年至 2020 年间,以赵某、张某(均另案处理)等人为首的诈骗犯罪集团,在国内招募 400 余人赴柬埔寨实施诈骗。葛某作为犯罪集团的“团队老板”(属犯罪集团中第二层级),出资并招募大量人员组成业务团队，刘某、李某等人担任“团队长”等职务，组织、指挥业务员实施诈骗。诈骗集团以小组为单位，在小组微信群内实施“多对一”精准诈骗。业务员使用该集团统一发放的手机和微信号组建微信群，再由引流团队以免费授课、推荐股票等虚假宣传诱骗被害人入群，继而由业务团队通过控制的多个微信号在微信群分别扮演“讲师”“群内助理”“普通股民”等角色，由“讲师”进行“炒股授课”，“普通股民”按照话术发言、发截图，鼓吹“讲师”炒股水平，诱导被害人到该集团控制的虚假股票投资平台投资炒股。被害人投入钱款后，该集团通过后台控制涨跌，让被害人误以为“投资”升值并可随时提现，进而加大投入，后该集团通过限制提现、关闭平台等方式将被害人钱款占为己有。经查，犯罪集团骗取500余名被害人共计人民币1.5亿余元。

【诉讼过程】

本案系最高检、公安部联合挂牌督办的特大跨境电信网络诈骗案。2020年12月30日，浙江省金华市公安局对本案立案侦查。2021年7月至2023年11月，金华市公安机关以葛某等人涉嫌诈骗罪向金华市检察机关移送审查起诉。金华市两级检察机关于2021年10月至2024年3月以葛某等人涉嫌诈骗罪分别提起公诉。

2021年12月至2024年5月，金华市两级法院以诈骗罪判处团队老板葛某无期徒刑，剥夺政治权利终身，并处没收个人全部财产；判处团队长刘某、李某等10人十四年至十年三个月不等的有期徒刑，并处罚金；另有团队总监、团队经理、组长、业务员379人被判处三年以上有期徒刑，并处罚金。部分被告人上诉后，二审维持原判。

【典型意义】

依法严惩跨境电信网络诈骗犯罪集团的骨干成员和积极参加者。近年来，跨境电信网络诈骗犯罪集团呈现规模化、集团化等新特点，部分犯罪分子受到境外犯罪集团招募，出境赴电诈窝点，在犯罪集团管理和庇护下，组建电诈集团，大肆实施诈骗活动，严重侵害人民群众财产权益，社会危害性极大。对犯罪集团首要分子以外的对集团犯罪起关键作用，诈骗数额特别巨大的其他主犯、骨干成员、积极参加者，应当依法从严惩处。诈骗数额特别巨大、情节特别严重的，可以依法判处无期徒刑，并处没收个人全部财产。

案例三

李某某等人跨境电信网络诈骗案

【基本案情】

2018年,李某某偷渡出境至缅甸承租场地用于实施电信网络诈骗,并伙同"洗钱"团伙转移诈骗赃款。2019年下半年,李某某出资将缅甸南邓胶林宾馆改造成集诈骗工作室、通讯网络连接、安保食宿为一体的诈骗窝点,招募饶某某等1000余名诈骗人员在窝点实施电信网络诈骗,逐渐发展形成以李某某为首要分子,廖某某、林某某等人为骨干成员的电信网络诈骗犯罪集团。该犯罪集团以"杀猪盘"、虚假投资理财、虚假刷单等方式对我国境内公民实施电信网络诈骗,共计诈骗700余名被害人人民币9800余万元。

李某某还将胶林宾馆部分场地出租给其他诈骗团伙,提供生活食宿、安全保障、技术支持等服务,并成立"卡部"帮助转移诈骗犯罪所得。以李某某为首的犯罪集团累计收取其他诈骗团伙租金人民币3000万余元。

【诉讼过程】

本案为最高检、公安部联合挂牌督办的特大跨境电信网络诈骗案。2021年6月至2021年9月,福建省龙岩市公安机关陆续对李某某等人跨境电信网络诈骗系列案立案侦查。2022年2月至2024年3月,龙岩市公安机关以李某某、廖某某、林某某等122人涉嫌诈骗罪、组织他人偷越国(边)境罪、偷越国(边)境罪等移送龙岩市检察机关审查起诉。2022年3月至2024年4月,龙岩市检察机关先后以李某某、廖某某、林某某等122人犯诈骗罪、组织他人偷越国(边)境罪、偷越国(边)境罪、掩饰、隐瞒犯罪所得罪、帮助信息网络犯罪活动罪等提起公诉,并对李某某等"金主"、骨干成员提出从严惩处的量刑建议。对于在胶林宾馆"卡部"内帮助转移诈骗犯罪所得收益的傅某某等10余名被告人,检察机关以诈骗罪、偷越国(边)境罪等提起公诉。

2022年4月至2024年5月,龙岩市审判机关经依法审理,对犯罪集团"金主"李某某以诈骗罪、组织他人偷越国(边)境罪等判处有期徒刑十八年，并处人民币八百五十五万元的罚金；对廖某某、林某某等9名骨干成员判处八年八个月至三年二个月不等的有期徒刑，并处人民币五百一十三万元至十万元不等的罚金；对饶某某等112名一般参与人员以诈骗罪、偷越国（边）境罪、掩饰、隐瞒犯罪所得罪、帮助信息网络犯罪活动罪等判处七年至七个月不等的有期徒刑，并处人民币五百五十万元至五千元不等的罚金。对在胶林宾馆“卡部”实施犯罪的傅某某等10余名被告人以诈骗罪、偷越国（边）境罪判处七年至三年六个月不等的有期徒刑，并处人民币六十万元至五万元不等的罚金。

司法机关协同配合，坚持将追赃挽损贯穿刑事诉讼全过程。公安机关扣押涉案现金及大量房、车、黄金、名贵表、虚拟货币等价值人民币近2亿元；检察机关督促各被告人退赃退赔人民币362万余元；审判机关加大罚金刑适用力度，已判决案件适用罚金刑总额达人民币5167万余元。对于被告人诈骗所得财物，依法判决返还被害人。

【典型意义】

依法从严认定跨境电信网络诈骗集团犯罪数额，加大涉案财物追缴和财产刑适用力度，坚决“打财断血”。有的犯罪分子既自行组建电诈团伙实施诈骗，又向其他电诈团伙提供犯罪场地、通讯网络、安保食宿等服务保障。对此，要依法从严认定诈骗金额，既应包括本团伙的诈骗金额，也应包括其提供服务保障的其他诈骗团伙诈骗金额。其他诈骗团伙的诈骗金额难以具体查证的，可以根据该犯罪团伙从其服务保障的犯罪团伙抽成分红或者收取费用的数额和方式折算；无法折算的，抽成分红或者收取费用的数额可以认定为犯罪数额。要加大追赃挽损力度，依法及时甄别财产性质，准确查扣冻结涉案财产，特别是隐蔽资产。对电信网络诈骗资金已通过消费等转化为房、车、黄金、名贵表、虚拟货币的，应注意审查甄别购买上述资产的资金来源，防止犯罪分子通过消费等方式“洗白”犯罪所得。办案机关要充分运用宽严相济刑事政策引导在案人员主动退赃退赔，全力挽回被害人损失。依法加大财产刑适用力度，真正实现“打财断血”，合力斩断跨境电信网络诈骗犯罪资金转移链条，铲除电诈犯罪赖以滋生蔓延的经济土壤。

案例四

曾某某、郭某某等人跨境电信网络诈骗案

【基本案情】

2020年4月至9月，曾某某、郭某某为实施跨境电信网络诈骗，安排周某某先行偷渡到缅甸木姐寻找诈骗窝点，后雇佣李某等人为诈骗业务小组组长，纠集50余人先后偷渡至缅甸木姐诈骗窝点，逐渐形成以曾某某、郭某某为首要分子，周某某等人为骨干成员，李某、贺某等人为积极参加者，李某强、毛某志等其余业务员为一般成员的诈骗犯罪集团。该诈骗犯罪集团利用手机微信添加境内被害人为好友，以虚构人设聊天养号，培养感情，后向被害人介绍虚假投资平台"星汇"APP，以高额返利引诱被害人投资，博得被害人信任，从而诱骗被害人加大投资金额，后通过将平台关闭等方式将被害人钱款占为己有，共计诈骗人民币1500余万元。2020年5月，毛某志等部分一般成员离开该窝点回国，未再从事电信网络诈骗。

2020年11月至2021年3月，李某伙同毛某纠集20余人偷越国境至缅甸木姐进行诈骗活动，并逐渐形成以李某、毛某为首要分子的电信诈骗犯罪集团。该犯罪集团采用相同诈骗手法，诈骗境内被害人100余名，诈骗金额共计人民币200余万元。

【诉讼过程】

本案系最高检、公安部联合挂牌督办的特大跨境电信网络诈骗案。2021年8月7日，湖南省涟源市公安局对本案立案侦查。2022年5月16日，涟源市公安局将曾某某、郭某某等24人移送涟源市人民检察院审查起诉。2022年6月16日，涟源市人民检察院以诈骗罪、组织他人偷越国（边）境罪、偷越国（边）境罪等对曾某某、郭某某等人提起公诉，并对曾某某、郭某某、李某、毛某等人提出依法从严惩处的量刑建议。对于毛某志等偷越国（边）境至诈骗窝点，前期在诈骗窝点实施聊天养号等行为，后离开诈骗窝点的人员，以诈骗罪、偷越国（边）境罪提起公诉。

2023年3月17日，涟源市人民法院经依法审理，以诈骗罪、组织他

人偷越国(边)境罪判处犯罪集团首要分子曾某某、郭某某、李某、毛某十八年六个月至十四年十个月不等的有期徒刑,并处人民币六十万元至四十万不等的罚金;以诈骗罪、组织他人偷越国(边)境罪、偷越国(边)境罪判处犯罪集团骨干成员、积极参加者周某某、贺某等人十三年至十年六个月不等的有期徒刑,并处人民币三十万元至二十一万元不等的罚金;以诈骗罪、偷越国(边)境罪判处李某强、毛某志等17名一般参加者八年三个月至一年二个月不等的有期徒刑,并处人民币七万元至二万五千元不等的罚金。部分被告人上诉后,二审维持原判。

【典型意义】

依法严惩赴境外窝点实施诈骗的犯罪分子。随着国内电信网络诈骗犯罪打击力度加大,境内大批诈骗窝点向境外转移。部分境内人员在“高薪报酬”诱惑下,赴境外窝点实施电信网络诈骗犯罪,对此应予依法严惩。鉴于电信网络诈骗犯罪链条长、环节多,各行为人分工配合完成犯罪,故行为人辩称其仅实施广告推广、聊天引流等行为,未直接实施诈骗行为的,不影响诈骗罪的认定。有的行为人参加境外诈骗团伙,后离开诈骗窝点的,行为人应当对其参与实施犯罪期间犯罪集团犯罪数额承担刑事责任。对在案证据无法查明行为人具体诈骗数额,亦无法查明其参与犯罪期间诈骗集团诈骗数额,但行为人一年内出境赴境外犯罪窝点累计时间达到30日以上或者多次出境赴境外犯罪窝点的,可依法以诈骗罪追究其刑事责任。

案例五

刘某某等人跨境电信网络诈骗案

【基本案情】

2019年7月至2021年5月,江某某(另案处理)为牟取非法利益,先后在缅甸孟波、柬埔寨马德旺及金边、菲律宾马尼拉、湖南省汨罗市等地出资租赁场所、招募人员利用虚假投资平台实施电信网络诈骗。该诈骗团伙下设团队长、组长、业务员等层级,并有专门后勤安保人员,诈骗分期进行,每期约为2个月。现已查明,该犯罪团伙9名团队长先后组织212人参与诈骗，每名团队长组织诈骗1至6期不等。其中，刘某某、张某某等9人为团队长，负责对团队成员分组、任命组长，安排具体工作、统计业绩并分配犯罪所得，对接后勤保障等，按照团队诈骗金额1%提成，涉及被害人3800余名，诈骗金额合计人民币2.7亿余元。文某某、钟某某等13人为组长，负责提供话术，管理、指导业务员实施诈骗，按照本组诈骗金额2%提成；李某某、王某某等192人为业务员，负责在微信交流群、直播间等平台讲解股票、虚拟币等知识，诱导被害人至虚假的MT4、中原证券等平台投资股票、虚拟币等，并采取控制平台涨幅给予小额提现的方式不断诱骗被害人投资以骗取钱财，按照本组诈骗金额1%至10%提成；邢某某、梁某某等后勤安保人员7人，负责维护诈骗场所秩序、接送业务员、保障食宿、采买家具、电脑、电话卡，维护网络和电脑等。

【诉讼过程】

本案系公安部、最高人民检察院联合挂牌督办的特大跨境电信网络诈骗犯罪案。2020年11月4日，重庆市公安局巴南区分局立案侦查。2022年7月至2024年1月，巴南区分局陆续以刘某某等人涉嫌诈骗、偷越国（边）境等罪名向巴南区人民检察院移送审查起诉。2022年6月至2024年2月，巴南区人民检察院将刘某某等人以涉嫌诈骗、组织他人偷越国（边）境、偷越国（边）境等罪名提起公诉，并对刘某某、张某某等犯罪集团骨干成员提出从严惩处的量刑建议。

2022年7月至2024年3月，巴南区人民法院经依法审理，以诈骗罪判处团队长刘某某、张某某等人十三年至十年不等的有期徒刑，并处人民币四十八万元至三十万元不等的罚金；以诈骗罪、组织他人偷越国（边）境罪等判处组长文某某、钟某某等人八年至七年不等的有期徒刑，分别并处罚金人民币七万余元；以诈骗罪、偷越国（边）境罪判处业务员李某某、王某某等人四年至二年不等的有期徒刑，并处人民币四万元至二万元不等的罚金；以诈骗罪判处后勤安保人员邢某某、梁某某等人三年六个月至二年九个月不等的有期徒刑，并处人民币三万六千元至二万八千五百元不等的罚金。

办案机关协同配合，查明在逃的江某某系犯罪团伙“金主”，及江某某采取购买虚拟币、黄金、他人代持股份、基金等方式将诈骗资金“合法化”的事实，遂依法及时冻结、追缴涉诈资金、扣押涉案财物价值人民币 1.35 亿余元。部分被告人上诉后，二审维持原判。

【典型意义】

依法准确惩治在境外电诈窝点从事服务工作的犯罪分子。随着境外电诈犯罪集团逐渐规模化、公司化、园区化，参与实施诈骗人员不断增多，在诈骗窝点中从事秩序管理、技术保障、生活服务等人员也随之增多，为犯罪集团日常运转、实施诈骗活动提供重要支撑，其行为同样具有社会危害性。对于从事服务保障工作的人员，要准确甄别、区别对待，该严则严、当宽则宽。对跨境电信网络诈骗窝点中提供餐饮住宿、保安物业、技术保障等服务的人员，在案证据能够证明其主观明知系为诈骗窝点提供服务，仍在较长时间内持续提供生活服务、技术保障，且提供的服务保障对诈骗犯罪集团组织管理、秩序维护、诈骗实施起到重要支持促进作用的，应当认定为诈骗罪共犯。对进入诈骗犯罪窝点时间短，从事一般服务性、劳务性工作的厨师、保洁等一般工作人员，未获取明显高于其所从事劳务活动的正常报酬，其行为对实施诈骗所起作用不大的，可以认定为情节显著轻微，危害不大，不认为是犯罪。

案例六

王某等人跨境电信网络诈骗案

【基本案情】

2019 年初，王某、谢某、闵某甲、闵某乙、闵某丙、闵某丁在国内共谋，商定合伙在缅北组建电诈窝点，实施电信网络诈骗活动。2019 年 5 月 12 日，闵某甲指使闵某丙、闵某丁纠集苏某等 7 人从湖北省武汉市飞至云南省西双版纳，联系“蛇头”偷渡至缅甸勐拉市，在东方侧楼组建电信诈骗犯罪集团。该犯罪集团以“荐股”的方式骗得被害人信任，后将被害人引流至“益群国际”虚假平台炒期货，通过老师号、助理号、水军号等微信号相互配合，共同诱骗被害人在该虚假平台投资，恶意造成被害人在平台账户内的资金持续亏损，最后关闭平台骗取被害人在平台账户内的剩余资金。截至 2019 年 7 月下旬，共骗取我国境内 18

名投资者共计人民币1020余万元。其中,王某、闵某甲系幕后组织者、出资者,负责招募管理人员、技术人员等,组织境内外人员对接实施诈骗活动;谢某、闵某乙在国内成立引流公司,由胡某协助共同寻找股民并引流至虚假投资平台;闵某丙作为后勤主管,负责窝点的后勤保障工作,闵某丁作为技术主管,负责为电信网络诈骗提供技术保障等事宜;另有苏某等7人系业务员,负责实施具体诈骗活动。

【诉讼过程】

2019年8月8日,江苏省昆山市公安局对本案立案侦查。2019年11月至2020年5月,公安机关以闵某甲、闵某丙等10人涉嫌诈骗罪、组织他人偷越国(边)境罪等移送审查起诉。2020年4月至2020年6月,昆山市人民检察院经审查后追加认定7笔诈骗事实,追加认定诈骗数额人民币50余万元,全案犯罪数额追加认定至人民币1020余万元,先后以诈骗罪、组织他人偷越国(边)境罪对闵某甲等10人提起公诉。2022年7月,昆山市人民检察院经审查认为王某、谢某、闵某乙3名诈骗集团幕后"金主"涉嫌犯罪,遂决定追加逮捕。同年9月,公安机关以王某、谢某、闵某乙等人涉嫌诈骗罪、偷越国(边)境罪移送审查起诉。同年9月,昆山市人民检察院以王某、谢某、闵某乙等人涉嫌诈骗罪、偷越国(边)境罪提起公诉,并对幕后"金主"、骨干成员等提出从严惩处的量刑建议。

2021年2月至2022年12月,昆山市人民法院经依法审理,先后以诈骗罪、组织他人偷越国(边)境罪判处"金主"闵某甲有期徒刑十四年,并处罚金人民币二十六万元;以诈骗罪、偷越国(边)境罪判处"金主"王某有期徒刑十三年三个月,并处罚金人民币三十一万元;以诈骗罪、组织他人偷越国(边)境罪分别判处后勤主管闵某丙、诈骗窝点技术主管闵某丁有期徒刑十一年,并处罚金人民币二十一万元;以诈骗罪分别判处境内引流人员组织者谢某、闵某乙有期徒刑十年,并处罚金人民币二十万元;以诈骗罪判处境内协助引流人员胡某有期徒刑八年,并处罚金人民币十五万元;以诈骗罪判处境外实施电信网络诈骗行为的苏某等其他7名人员七年至五年六个月不等的有期徒刑,并处罚金。现判决已生效。

【典型意义】

深挖彻查跨境电信网络诈骗犯罪,依法追捕追诉幕后"金主"和实际控制人，确保打深打透。跨境电信网络诈骗犯罪呈现产业化、集团化特征，犯罪链条长、层级多，办案人员应注意深挖彻查犯罪，确保打深打透，依法查明犯罪集团的组织架构、犯罪模式、人员情况和地位作用等，充分挖掘上下游犯罪线索，全面查明犯罪事实，发现遗漏犯罪嫌疑人或犯罪事实的，特别是遗漏隐藏幕后的“金主”或实际控制人员的，应当及时追捕追诉，依法从严惩处。

案例七

张某某、黄某某等人诈骗、偷越国（边）境案

【基本案情】

2019年初至2021年4月，“陈峰”（另案处理）在缅甸掸邦北部果敢自治区（下称果敢）老街“酒房”等地设立针对中国境内居民的电信网络诈骗犯罪窝点，以直营和代理的方式组建诈骗团伙，招揽人员冒充贷款公司工作人员通过微信等聊天软件、使用“招联金融”等虚假App，以办理网络贷款需要缴纳“会员费”“保证金”等为由，骗取中国境内被害人财物。

2019年7月至2020年12月，张某某、黄某某等6人先后偷渡至果敢。其中，张某某、黄某某及宁某某（另案处理）在湖北省天门市共谋，由张某某先行垫付偷渡费用并联系偷越国（边）境中介，三人在中介安排下共同乘车至云南省保山市并于2020年11月26日登记入住保山市某酒店。后在中介安排下，张某某带领黄某某、宁某某相互配合，共同偷渡至果敢，陆续加入“酒房”诈骗窝点。其中张某某担任业务组长，负责具体实施诈骗并协助管理组内业务员，黄某某、段某某等5人分别担任业务员、虚假APP后台管理员，通过网络实施诈骗。

经查，上述被告人一年内出境赴境外诈骗犯罪窝点累计时间均超过30日。其中，张某某、黄某某超过130日，段某某、凡某甲、苏某某超过90日，凡某乙超过60日。

【诉讼过程】

2021年1月20日，江苏省无锡市公安局新吴分局对本案立案侦

查。2023 年 8 月 29 日，公安机关以张某某、黄某某等 6 人涉嫌诈骗罪、偷越国（边）境罪移送审查起诉。2023 年 12 月 1 日，无锡市新吴区人民检察院以张某某、黄某某等 3 人涉嫌诈骗罪、偷越国（边）境罪，以段某某等 3 人涉嫌诈骗罪提起公诉。

无锡市新吴区人民法院经依法审理，以诈骗罪、偷越国（边）境罪判处被告人张某某、黄某某等 3 人一年至六个月不等的有期徒刑，并处人民币五千元至一万元不等的罚金；以诈骗罪判处被告人段某某等 3 人七个月至六个月不等的有期徒刑，并处人民币四千元至三千元不等的罚金。一审宣判后，各被告人均未提出上诉，判决生效。

【典型意义】

依法严惩偷渡出境从事电信网络诈骗的犯罪分子。境外电信网络诈骗犯罪集团往往打着高薪旗号招募大量人员从事拨打电话、聊天引流等工作，吸引人员前往"淘金"，实则实施诈骗活动。部分境内人员明知境外电诈窝点实施诈骗等犯罪活动，仍贪图"高薪"前往，且为赴境外诈骗窝点、逃避边境检查，采取边境偷渡或虚构事由骗领出入境证件方式偷渡出境，对于此类行为，应当以诈骗罪、偷越国（边）境罪依法严惩，斩断为电诈集团输送电诈人员通道。

案例八

陈某某等人诈骗、偷越国（边）境案

【基本案情】

2018 年至 2022 年间，王某某（另案处理）等人组织、纠集大量国内人员前往菲律宾搭建诈骗窝点，通过控制"UK""宝彩"等虚假网络赌博平台，以后台控制输赢等方式，针对境内居民实施电信网络诈骗。陈某某、钟某某于 2018 年至 2019 年间，多次出境参加上述犯罪团伙，分别担任"组长""代理组长"，负责在网络上推广涉诈赌博网站、手机应用程序等，在诈骗窝点累计时间分别达 9 个月、7 个月。另查明，陈某某在第二次出境时，钟某某在第二次、第三次出境时，均以旅游为由申领出入境证件，出境至菲律宾后即前往电信网络诈骗窝点。陈某某于

2019 年 11 月回国，因本案于 2023 年 5 月被公安机关抓获归案；钟某某于 2020 年 1 月回国，因本案于 2023 年 5 月自动投案。

【诉讼过程】

2023 年 4 月 25 日，上海市公安局静安分局对本案立案侦查。2023 年 8 月 2 日，静安分局以陈某某等人涉嫌诈骗罪、偷越国（边）境罪移送静安区人民检察院审查起诉。2023 年 8 月 29 日，静安区人民检察院对陈某某、钟某某以诈骗罪、偷越国（边）境罪提起公诉。

2023 年 12 月 26 日，静安区人民法院经依法审理，以诈骗罪、偷越国（边）境罪判处陈某某有期徒刑一年七个月，并处罚金人民币两万四千元；以诈骗罪、偷越国（边）境罪判处钟某某有期徒刑一年八个月，并处罚金人民币二万六千元。现判决已生效。

【典型意义】

依法严惩以合法事由掩盖非法目的出境实施电诈的犯罪分子。对行为人以旅游、探亲、求学、务工、经商等虚假事由骗领出入境证件，出境后即前往电信网络诈骗犯罪窝点从事电信诈骗活动的，属于使用以虚假的出入境事由骗取的出入境证件出入国（边）境情形，应当认定为偷越国（边）境行为，构成偷越国（边）境罪的，依法定罪处罚。

案例九

唐某某诈骗案

【基本案情】

2020 年 9 月底，唐某某赴缅北地区，在明知他人实施电信网络诈骗犯罪的情况下，先后加入多个电信网络诈骗窝点，纠集、组织境内“跑分”人员和“卡农”，为电信网络诈骗活动转移资金提供帮助，其行为关联赵某文等 60 名被害人，涉案金额人民币 173 万余元。2023 年 7、8 月间，唐某某知道自己被我国公安机关通缉，在诈骗窝点多次向其户籍所在地派出所民警表达回国自首意愿。2023 年 10 月份，唐某某步行 4 日至云南省临沧市南伞口岸，入境时被公安机关抓获归案。

【诉讼过程】

2021 年 5 月 7 日，山东省五莲县公安局对本案立案侦查。2024 年 2 月 29 日，五莲县公安局以唐某某涉嫌诈骗罪移送五莲县人民检察院审查起诉。2024 年 3 月 25 日，五莲县人民检察院以唐某某犯诈骗罪起诉至五莲县人民法院。庭审期间，唐某某辩护人提出，唐某某在诈骗窝点被他人殴打，属于胁从犯，应当减轻处罚或者免除处罚。检察机关认为，唐某某积极为诈骗活动提供帮助，在窝点具有一定的人身、通讯自由，所受体罚并未达到被胁迫参加犯罪的程度，不宜认定为胁从犯。

2024 年 5 月 13 日，五莲县人民法院作出一审判决，认定唐某某系自首，其在电诈窝点期间行动虽受部分限制，但所受限制系电诈窝点的管理要求，唐某某积极主动实施犯罪，不应认定为胁从犯，综合考虑其犯罪事实情节，以诈骗罪判处唐某某有期徒刑六年五个月，并处罚金人民币十五万元。唐某某未上诉，判决已生效。

【典型意义】

1. 全链条严惩电信网络诈骗“帮凶”，最大限度铲除犯罪土壤。部分犯罪分子明知他人实施电信网络诈骗犯罪，仍为其提供资金转移、技术支持、引流推广等帮助，成为电信网络诈骗黑灰产业链的重要环节，持续为电诈犯罪“输血供粮”，依法应予严惩。对于长时间内相对稳定地为电诈犯罪提供转移资金、技术支持、引流推广等帮助，已经形成稳定协作关系的，应当依法以诈骗罪共犯追究责任。

2. 依法准确认定胁从犯和自首情节，确保不枉不纵。行为人以在窝点被他人殴打为由辩解属胁从犯的，应注意审查判断被殴打的原因系未能完成窝点要求的诈骗“业绩”还是拒绝实施诈骗活动。行为人在诈骗窝点积极发挥作用，具有一定的人身、通讯自由，不属于受胁迫参加犯罪或者达不到胁迫程度的，不宜认定为胁从犯。对于在诈骗窝点期间即向公安机关联系投案，明知自己已经被通缉，仍主动前往口岸并提供真实身份信息入境，后被公安机关抓获，归案后如实供述全部犯罪事实的，依法应当认定自首，从宽处罚。

案例十

张某诈骗案

【基本案情】

2021 年 2 月，张某在柬埔寨务工期间，经人介绍至西哈努克市某“工业园区”加入“财神”电诈集团，任业务员。该犯罪集团以境内女性群体为目标，通过朋友圈及微信群虚构成功男士形象，诱导被害人在集团控制的“金天利”虚假投资平台充值，骗取被害人钱款。张某加入该犯罪集团后，负责维护用于诈骗的微信号，并与被害人进行前期情感交流，待骗取被害人信任后交由其他同伙进一步实施诈骗。经查，该诈骗集团共有成员近 200 人，共骗取中国境内 100 余名被害人钱款约人民币 1 亿元。2021 年 10 月，张某退出该诈骗集团，继续留在园区从事其他工作。2022 年 6 月，张某回国后，公安机关根据前期掌握的犯罪线索将张某抓获。

【诉讼过程】

2021 年 11 月 3 日，上海市公安局闵行分局对本案立案侦查。张某如实供述了其加入境外诈骗集团，负责养号引流、骗取被害人信任等犯罪事实，并提供了公安机关尚未掌握的该诈骗集团的主要架构分工、诈骗模式、行为特征、使用的诈骗 App 平台名称、介绍人、部门主管身份等重要线索。2022 年 8 月 17 日，闵行区人民检察院认为张某认罪悔罪态度较好，对其取保候审足以防止发生社会危险，对张某作出不批准逮捕决定。2022 年 8 月 29 日，公安机关以张某涉嫌诈骗罪移送检察机关审查起诉。

2022 年 9 月 5 日，闵行区人民检察院以诈骗罪对张某提起公诉。考虑到张某作为犯罪集团底层人员，能主动交代公安机关尚不掌握的犯罪集团相关情况，虽不构成立功，但为破获犯罪集团、抓捕犯罪集团主犯发挥一定作用，且认罪认罚、退缴违法所得，应当对其从宽处罚，遂向人民法院建议对其适用缓刑。2022 年 9 月 14 日，闵行区人民法院经依法审理，认定张某犯诈骗罪，判处有期徒刑二年，缓刑二年，并处罚金人民币五千元。张某未上诉，判决已生效。

根据张某提供的线索，公安机关加大案件查办和边境防控力度，发挥认罪认罚从宽的示范效应，督促已到案的行为人主动提供涉犯罪集团线索材料。先后成功劝返多名在逃“财神”集团成员主动投案，抓获该诈骗集团成员70余人，其中包括三名集团首要分子，有力打击了跨国电信网络诈骗集团。

【典型意义】

在依法严惩跨境电信网络诈骗犯罪同时，对于为侦破案件、抓捕首要分子起到重要作用的人员，给政策、给出路，依法从宽处理。对跨境电信网络诈骗犯罪，办案机关要充分运用认罪认罚从宽制度，督促已到案的犯罪集团成员主动提供涉犯罪集团线索材料。对于提供办案机关尚未掌握的情况，为破获犯罪集团、抓捕犯罪集团主犯发挥重要作用的，依法认定立功，给予大幅度从宽处罚；或者虽不构成立功的，仍可以给予其较大幅度从宽处罚。